ПРЕПОДОБНЫЙ ИСААК СИРИН
НИНЕВИЙСКИЙ

СЛОВА ПОДВИЖНИЧЕСКИЕ

ORTHODOX LOGOS PUBLISHING

СЛОВА ПОДВИЖНИЧЕСКИЕ

преподобный Исаак Сирин Ниневийский

Икона на обложке книги:
«преподобный Исаак Сирин Ниневийский»,
Неизвестный автор

© 2025, Orthodox Logos Publishing, The Netherlands

www.orthodoxlogos.com

ISBN: 978-1-80484-203-4

This book is in copyright. No part of this publication may
be reproduced, stored in a retrieval system or transmitted in any form or
by any means without the prior permission in writing of
the publisher, nor be otherwise circulated in any form of binding
or cover other than that in which it is published without a similar
condition, including this condition, being imposed
on the subsequent purchaser.

ПРЕПОДОБНЫЙ ИСААК СИРИН
НИНЕВИЙСКИЙ

СЛОВА
ПОДВИЖНИЧЕСКИЕ

ORTHODOX LOGOS PUBLISHING

СОДЕРЖАНИЕ

Вступление 13

О Преподобном Исааке Сирине
и его наследии 15

Слова подвижнические

Слово 1. Об отречении от мира
и о житии монашеском 20

Слово 2. О благодарности Богу, с присовокуплением
краткого изложения первоначальных учений . . . 27

Слово 3. О том, что душа до познания Божией
премудрости и Божиих тварей доходит без труда,
если безмолвствует вдали от мира и житейских
попечений; ибо тогда может познавать
естество свое и те сокровища, какие имеет
сокрытыми внутри себя 35

Слово 4. О душе, о страстях и о чистоте ума,
в вопросах и ответах 38

Слово 5. О чувствах, а вместе и об искушениях . . 44

Слово 6. О милосердии Владыки, по которому
с высоты величия Своего снизошел к немощи
человеческой, и об искушениях 50

Слово 7. О грехах произвольных,
непроизвольных и совершаемых
по какому-нибудь случаю 53

Слово 8. О хранении и блюдении себя от людей расслабленных и нерадивых; о том, что от сближения с ними воцаряется в человеке нерадение и расслабление, и он исполняется всякой нечистой страсти, – и о хранении себя от близости с юными, чтобы ум не осквернился непотребными помыслами 57

Слово 9. О чине и уставе новоначальных и о том, что прилично им 65

Слово 10. Сказания святых мужей, их преподобные изречения и чудное житие 69

Слово 11. О ветхом старце 71

Слово 12. О другом старце 73

Слово 13. О вопросе одного брата . . . 75

Слово 14. Об одном укоренном брате . . . 77

Слово 15. О разных отличиях безмолвия, о власти ума и о том, сколько властен ум возбуждать собственные свои движения при разных видах молитвы, какой предел дан молитве самим естеством, до какого предела молитва твоя уже не молитва, хотя совершаемое тобою и называется молитвою 82

Слово 16. О чистой молитве 84

Слово 17. О душе, ищущей глубокого созерцания, чтобы погрузиться в оном от плотских помыслов, возбуждаемых памятованием вещей 91

Слово 18. О видении естества бесплотных, в вопросах и ответах 95

Слово 19. Образец умозрения о дне воскресном и о субботе, и приточное их значение . . . 100

Слово 20. Ежедневное напоминание о том, что всего нужнее и что весьма полезно пребывающему в келлии своей и решившемуся быть внимательным к одному только себе 103

Слово 21. О разных предметах.
В вопросах и ответах 105

Слово 22. О том, что тело, которое боится
искушений, делается другом греха 132

Слово 23. Послание, писанное к одному брату,
любителю безмолвия 134

Слово 24. Послание к некоему брату естественному
и духовному, который, живя в мире и желая
видеться с Исааком, убеждал и умолял
в письмах своих прийти к нему 139

Слово 25. О трех способах ведения,
о разности их делания и понятий, о вере души,
о таинственном богатстве, в ней сокровенном,
и о том, сколько ведение мира сего разнствует
в способах своих с простотою веры 141

Слово 26. О первой степени ведения 148

Слово 27. О второй степени ведения 151

Слово 28. О третьей степени ведения,
которая есть степень совершенства 152

Слово 29. Об иных образах и понимании
различия ведения 156

Слово 30. Об образе молитвы и о прочем,
необходимо потребном для всегдашнего
памятования и во многих отношениях
полезном, если сохранит это читающий
с рассуждением 158

Слово 31. Об отшельничестве и о том, что
должно нам не в боязнь приходить и устрашаться,
но подкреплять сердце упованием на Бога и иметь
дерзновение с несомненною верою, потому
что стражем и хранителем имеем Бога 164

Слово 32. О том, чем сохраняется тайное,
внутреннее в душе трезвение и откуда
приходят сонливость и холодность в уме,

и угашают в душе святую горячность,
и умерщвляют стремление к Богу, лишив душу
горячности к духовному и небесному 168

Слово 33. О многих изменениях,
последующих уму и испытуемых молитвою . . 171

Слово 34. О тех, которые живут наиболее близко
к Богу и проводят дни свои в жизни ведения . . 173

Слово 35. О любви к миру 176

Слово 36. О том, что не должно желать
или домогаться без нужды – иметь у себя
в руках какие-либо явные знамения 179

Слово 37. О том, по какой причине Бог
попускает искушения на любящих Его 182

Слово 38. О том, как по возбуждающимся
в человеке помыслам узнавать, на какой
степени стоит он 185

Слово 39. О том, почему люди душевные
прозирают ведением в нечто духовное, соразмерно
с телесною дебелостью, как ум может возноситься
над оною; какая причина тому, что не освобождается
от нее, когда и в какой мере можно уму пребывать
без мечтания в час моления 190

Слово 40. О молитве, поклонах, слезах,
чтении, молчании и псалмопении 194

Слово 41. О молчании 198

Слово 42. Послание к одному из возлюбленных
Исааком, в котором предлагает он а) учение
о тайнах безмолвия и о том, что многие, по незнанию
сих тайн, нерадят о сем чудном делании, большая
же часть держатся пребывания в келлиях, по
преданию, ходящему у иноков, и б) краткий
свод относящегося к сказанию о безмолвии . . 204

Слово 43. О разных предметах и о том,
какая нужда в каждом из них 209

Слово 44. О том, как рассудительному
должно пребывать на безмолвии 213

Слово 45. О порядке тонкой рассудительности . . 217

Слово 46. Об истинном ведении, об
искушениях и о необходимости точно знать,
что не только люди невысокие, немощные
и необучившиеся, но и сподобившиеся на
продолжительное время бесстрастия, достигшие
совершенства в образе мыслей, приблизившиеся
отчасти к чистоте, сопряженной с омертвением,
(ставшие выше страстей, пока они в мире сем, по
Божию попущению от сопряжения жизни их со
страстной плотью, пребывают в борении, и по
причине плоти терпят беспокойство от страстей,
потому что) по милости бывает попущение
на них за падение их в гордыню 222

Слово 47. Общее содержание этой главы,
и о молитве 228

Слово 48. О различии добродетелей
и о совершенстве всего поприща 232

Слово 49. О вере и о смиренномудрии 241

Слово 50. О пользе бегства от мира 250

Слово 51. О том, посредством чего можно
человеку с изменением внешнего образа жизни
приобрести изменение в сокровенных мыслях . . 252

Слово 52. О нощном бдении и о различных
способах его делания 257

Слово 53. О том, какую честь имеет
смиренномудрие и как высока степень его . . . 260

Слово 54. О разных предметах,
в вопросах и ответах 266

Слово 55. Послание к преподобному
Симеону Чудотворцу 269

Слово 56. О любви к Богу, об отречении
от мира и об упокоении в Боге 301

Слово 57. Об удалении от мира
и от всего смущающего ум 314

Слово 58. О том, что Бог на пользу душе
попустил, чтобы она была доступна
страстям, и о подвижнических деланиях 328

Слово 59. О чине монашеского жития, о сокращении
и различии оного и о том, почему и каким образом
добродетели рождаются одна от другой 340

Слово 60. О различных способах брани, какую
диавол ведет с шествующими путем тесным,
превысшим мира 342

Слово 61. О том, что полезно человеку для
приближения его в сердце своем к Богу,
какая истинная причина сокровенно
приближает к нему помощь и какая опять причина
приводит человека в смирение 352

Слово 62. О словесах Божественного Писания,
побуждающих к покаянию, и о том, что изречены
оные по немощи человеческой, чтобы люди не
погибли, отпав от Бога живаго, и что не должно
понимать оные как повод к тому, чтобы грешить . . 357

Слово 63. О том, чем охраняется доброта иноческого
жития, и о чине славословия Божия 360

Слово 64. О перемене и превратности, какая бывает
в шествующих установленным от Бога 362

Слово 65. О безмолвствующих: когда начинают
они понимать, до чего простерлись делами
своими в беспредельном море, т. е. в безмолвном
житии, и когда могут несколько надеяться, что
труды их стали приносить плоды 363

Слово 66. О том, что рабу Божию, обнищавшему
в мирском и исшедшему взыскать Бога, из страха,

что не достиг уразумения истины, не должно
прекращать искания и охладевать в горячности,
порождаемой любовью к Божественному
и исследованием тайн Божиих; о том, как ум
оскверняется страстными припоминаниями . . . 365

Слово 67. О видах надежды на Бога, о том,
кому должно надеяться на Бога и кто
надеется безрассудно и неразумно 367

Слово 68. Об отречении от мира и о воздержании
от вольного обращения с людьми 371

Слово 69. О том, что безмолвникам полезно
не иметь забот, и вредны входы и выходы 375

Слово 70. О путях, приближающих к Богу
и открывающихся человеку из приятности дел
ночного бдения, и о том, что делатели оного
все дни жизни своей питаются медом 378

Слово 71. О силе и действенности
греховных зол, чем они производятся
и чем прекращаются 383

Слово 72. О хранении сердца
и о тончайшем созерцании 389

Слово 73. О признаках и действиях любви к Богу . . 391

Слово 74. О видах добродетелей 393

Слово 75. О непрестанном посте, и о том,
чтобы собрать себя воедино, и о последствиях
сего, и о том, что посредством ведения различий
обучился он правильному употреблению
всего подобного 396

Слово 76. О молчании и безмолвии 404

Слово 78. О видах разных искушений и о том, сколько
сладости имеют искушения, бывающие
и претерпеваемые за истину, и по каким степеням
восходит человек благоразумный 408

Слово 79. О гордости 412

Слово 80. Об изъяснении видов добродетели и
о том, какова сила и какое различие каждого из них . 415

Слово 81. Об очищении тела, души и ума . . . 418

Слово 82. Содержащее в себе предметы
полезные, исполненные духовной мудрости . . 419

Слово 83. О покаянии 420

Слово 84. О том, как велика бывает
мера ведения и мера веры 423

Слово 85. Содержащее в себе исполненные
пользы советы, какие с любовью изглаголал
слушающим его со смирением 426

Слово 86. Об ангельском движении,
возбуждаемом в нас по Божию Промыслу
для преуспеяния души в духовном . . . 435

Слово 87. О втором делании в человеке . . . 437

Слово 88. Об изменении света и тьмы, какое бывает
в душе во всякое время, и об уклонении ее
к десным или шуим 439

Слово 89. О вреде безрассудной ревности,
прикрывающейся личиною ревности Божественной,
и о помощи, какая бывает от кротости
и других нравственных качеств 441

Слово 90. О невольных лукавых помыслах,
происходящих от предшествовавших им
расслабления и нерадения 449

Слово 91. О терпении из любви к Богу и о том,
как терпением приобретается помощь . . . 454

ВСТУПЛЕНИЕ

«Слова подвижнические» преподобного Исаака Сирина – это одно из величайших произведений духовной литературы, оказавшее неизгладимое влияние на развитие христианской аскетики и мистической традиции. Книга является бесценным наследием Восточной Церкви и отражает глубокую мудрость, накопленную святыми отцами в их стремлении к духовному совершенствованию.

Преподобный Исаак Сирин (VII век), епископ Ниневийский, вошел в историю как выдающийся подвижник, мистик и богослов, посвятивший свою жизнь глубокому изучению аскетического делания, молитвы и богообщения. Его «Слова подвижнические» стали настольной книгой для монахов, священнослужителей и мирян, стремящихся к внутреннему очищению и постижению истинной духовной жизни.

Одной из ключевых тем книги является борьба со страстями и постепенное восхождение души к Богу через молитву, пост, смирение и любовь. Преподобный Исаак раскрывает глубокий смысл подвижничества, показывая, что истинная духовность невозможна без самопожертвования и покаяния. Его наставления направлены на внутреннюю работу человека над собой, на развитие любви, терпения, смирения и преданности Богу.

Особенность этой книги заключается в её удивительной глубине и простоте изложения. С одной стороны, Исаак Сирин использует язык, понятный каждому христианину, с другой – его слова проникают в самую суть духовного опыта, открывая перед читателем новые горизонты понимания веры. Его труды о безмолвии, покаянии и духовном утешении остаются актуальными во все времена.

«Слова подвижнические» – это не просто книга, а духовный путь, на который призывается всякий христианин, стремящийся приблизиться к Богу. Они не только вдохновляют, но и помогают понять смысл истинной жизни, основанной на смирении и любви к ближнему. Это произведение будет полезно как для тех, кто только начинает свое духовное путешествие, так и для опытных подвижников.

О ПРЕПОДОБНОМ ИСААКЕ СИРИНЕ И ЕГО НАСЛЕДИИ

Целое тысячелетие после кончины преподобного Исаака Сирина (память 28 января / 10 февраля) его имя было известно в Европе лишь благодаря его трудам. С начала VIII века и до XVIII века личность святого оставалась загадкой для западных ученых, что порождало многочисленные догадки. Одни исследователи отождествляли его с Исааком, пресвитером Антиохийским V века, известным полемистом и стихотворцем, другие же считали, что он был тем самым Исааком, который подвизался в Италии близ Сполето и упоминался святителем Григорием Двоесловом в его «Диалогах». Однако греческие и славянские рукописи свидетельствовали, что он был «епископом Ниневийским и отшельником».

До 1719 года в Европе никаких достоверных сведений о святом Исааке не существовало. Лишь с выходом в Риме первого тома «Bibliothecae orientalis clementino-vaticanaë de scriptoribus syris orthodoxis» Иосифа Симона Ассемани появились новые данные. В этом труде было опубликовано составленное анонимным автором житие преподобного Исаака, переведенное с арабского. Хотя оно не сообщало точно ни времени его жизни, ни места рождения и смерти, в нем содержались важные сведения о его духовном пути. Согласно этому житию, святой Исаак вместе с братом вступил в монастырь Мар-Матфея, где проявил себя в учении и подвижничестве. Брат его стал игуменом, а сам Исаак, пройдя все степени монашеского совершенства, удалился в пустыню, чтобы предаться уединенной молитве.

Когда слава о его духовных подвигах распространилась повсюду, он был поставлен епископом Ниневии. Однако, увидев нравственную грубость жителей, он вскоре отказался от сана, чтобы вновь обрести безмолвие в пустыне. Так он достиг высочайших духовных высот, удалившись в скит и полностью предав себя молитве и богомыслию. О святом Исааке в Европе знали только эти сведения вплоть до 1886 года, когда французский сириолог аббат Жан-Батист Шабо обнаружил и опубликовал труды сирийского историка VIII века Иезудены, епископа Басры.

Иезудена внес важные уточнения: святой Исаак происходил из Беф-Катарайя, расположенной у Персидского залива. Он был поставлен епископом патриархом Георгом, но, пробыв во главе Ниневийской епархии всего пять месяцев, отказался от сана и удалился в горы Мату в Беф-Гузайя, где жил среди отшельников. Позже он ушел в монастырь Раббан-Шабур, где погрузился в изучение священных книг, столь ревностное, что потерял зрение от напряженного чтения и постов. Его труды о монашеской жизни были отмечены глубокой духовной проницательностью и богословской мудростью.

Несмотря на некоторые расхождения между различными источниками, очевидно одно: преподобный Исаак Сирин стал одним из крупнейших духовных писателей, чьи сочинения неизменно привлекают богословов, подвижников и всех ищущих истинного христианского совершенства. Его наставления в области духовной борьбы, молитвы и аскетического делания составляют фундамент православного монашеского предания и сохраняют свою актуальность спустя века.

Сочинения святого Исаака Сирина всегда пользовались величайшим уважением среди православных подвижников. Еще в XII веке преподобный Петр Дамаскин часто цитировал его в своих писаниях. Преподобный

Никифор Уединенник, живший в XIV веке на Афоне, включил выдержки из его трудов в трактат «О трезвении и хранении сердца». В России творения святого Исаака вдохновляли преподобного Нила Сорского, который приводил его наставления в «Уставе о жительстве скитском». Святитель Феофан Затворник не только внимательно изучал его сочинения, но и составил молитву святому Исааку.

На протяжении веков его труды неоднократно переводились и распространялись. Известно, что преподобный Паисий Величковский перевел их на славянский язык, а в 1854 году Оптина пустынь издала его перевод с примечаниями. В XIX веке русский перевод сочинений святого Исаака появился в «Христианском Чтении», а затем был полностью издан Московской духовной академией. Однако поскольку греческий перевод сам являлся не всегда точным переложением с сирийского, в последующих изданиях предпринимались попытки сверки с оригинальным сирийским текстом.

Настоящее издание представляет собой значительную редакцию предыдущих переводов. Оно было тщательно сверено с греческим текстом издания Никифора Феотокиса 1770 года, с рукописями Московской Синодальной библиотеки, а также с наиболее точными западноевропейскими переводами с сирийского языка. Кроме того, впервые включены дополнительные сведения о жизни святого Исаака, а также новые указатели к его творениям.

СЛОВА ПОДВИЖНИЧЕСКИЕ

СЛОВО 1. ОБ ОТРЕЧЕНИИ ОТ МИРА И О ЖИТИИ МОНАШЕСКОМ

Страх Божий есть начало добродетели. Говорят, что он – порождение веры и посевается в сердце, когда ум устранен от мирских хлопот, чтобы кружащиеся от парения мысли свои собрать ему в размышлении о будущем восстановлении. Для того, чтобы положить основание добродетели, лучше всего человеку держать себя в устранении от дел житейских и пребывать в слове света стезей правых и святых, какие Духом указал и наименовал Псалмопевец (см. Пс.22:3; 118:35). Едва ли найдется, а может быть, и вовсе не найдется такой человек, который бы, хотя будет он и равноангельный по нравам, мог вынести честь; и это происходит, как скажет иной, от скорой склонности к изменению.

Начало пути жизни – поучаться всегда умом в словесах Божиих и проводить жизнь в нищете. Напоение себя одним содействует усовершению в другом. Если напояешь себя изучением словес Божиих, это помогает преуспеянию в нищете; а преуспеяние в нестяжательности доставляет тебе досуг преуспевать в изучении словес Божиих. Пособие же того и другого содействует к скорому возведению целого здания добродетелей.

Никто не может приблизиться к Богу, если не удалится от мира. Удалением же называю не переселение из тела, но устранение от мирских дел. В том и добродетель, чтобы человек не занимал ума своего миром. Сердце не может пребывать в тишине и быть без мечтаний, пока чувства чем-нибудь заняты; телесные страсти не приходят в бездействие и лукавые помыслы не оскудевают без пустыни. Пока душа не придет в упоение верою в Бога, приятием в себя силы ее ощущения, дотоле не уврачует немощи чувств, не возможет с силою попрать видимого вещества, которое служит преградою внутреннему, и не ощутит в себе разумного порождения свободы; и плод того и другого – спасение от сетей. Без первого не бывает второго; а где второе правошественно, там третья связуется как бы уздою.

Когда умножится в человеке благодать, тогда по желанию праведности страх смертный делается для него легко презираемым, и много причин находит он в душе своей, по которым ради страха Божия должно ему терпеть скорбь. Все, что считается вредящим телу и внезапно действует на природу, а следовательно, приводит в страдание, ни во что вменяется в очах его в сравнении с тем, на что он надеется в будущем. Без попущения искушений невозможно познать нам истины. Точное же удостоверение в этом находит человек в мысли, что Бог имеет о человеке великое промышление и что нет человека, который бы не состоял под Его Промыслом, особливо же ясно, как бы по указанию перста, усматривает сие на взыскавших Бога и на терпящих страдания ради Него. Но когда увеличится в человеке оскудение благодати, тогда все сказанное оказывается в нем почти в противоположном виде. У него ведение, по причине исследований, бывает больше веры, а упование на Бога имеется не во всяком деле, и Промысл Божий о человеке отрицается. Таковой человек постоянно подвергается в этом кознях подстерегающих *«во мраце состреляти»* (Пс.10:2) его стрелами своими.

Начало истинной жизни в человеке – страх Божий. А он не терпит того, чтобы пребывать в чьей-либо душе вместе с парением ума; потому что при служении чувствам сердце отвлекается от услаждения Богом, ибо внутренние помышления ощущением их, как говорят, связуются в самих служащих им чувствилищах.

Сомнение сердца приводит в душу боязнь. А вера может делать произволение твердым и при отсечении членов. В какой мере превозмогает в тебе любовь к плоти, в такой не можешь быть отважным и бестрепетным при многих противоборствах, окружающих любимое тобой.

Желающий себе чести не может иметь недостатка в причинах к печали. Нет человека, который бы с переменою обстоятельств не ощутил в уме своем перемены в отношении к предлежащему делу. Ежели вожделение, как говорят, есть порождение чувств, то пусть умолкнут, наконец, утверждающие о себе, что и при развлечении сохраняют они мир ума.

Целомудрен не тот, кто в труде, во время борьбы и подвига, говорит о себе, что прекращаются тогда в нем срамные помыслы, но кто истинностию сердца уцеломудривает созерцание ума своего, так что не внимает он бесстыдно непотребным помыслам. И когда честность совести его свидетельствует о верности своей взглядом очей, тогда стыд уподобляется завесе, повешенной в сокровенном вместилище помыслов. И непорочность его, как целомудренная дева, соблюдается Христу верою.

Для отвращения предзанятых душою расположений к непотребству и для устранения восстающих в плоти тревожных воспоминаний, производящих мятежный пламень, ничто не бывает так достаточно, как погружение себя в любовь к изучению Божественного Писания и постижение глубины его мыслей. Когда помыслы погружаются в услаждение постижением сокровенной в словесах премудрости, тогда человек, благодаря силе, которой извлекает из них просвещение, оставляет позади себя мир, забывает все, что в мире. И изглаждает в душе все воспоминания, все действенные образы овеществления мира, а нередко уничтожает самую потребность обычных помыслов, посещающих природу. Самая душа пребывает в восторге при новых представлениях, встречающихся ей в море тайн Писания.

И опять, если ум плавает на поверхности вод, т. е. моря Божественных Писаний, и не может проникнуть своею мыслию Писания до самой глубины, уразуметь все сокровища, таящиеся в глубине его, то и сего самого, что ум занят рвением к уразумению Писания, достаточно для него, чтобы единым помышлением о досточудном крепко связать свои помыслы и воспрепятствовать им, как сказал некто из богоносных, стремиться к естеству телесному, тогда как сердце немощно и не может вынести озлоблений, встречающихся при внешних и внутренних бранях.

И вы знаете, как тягостен худой помысел. И если сердце не занято ведением, то не может преодолеть мятежности телесного возбуждения.

Как скорости колебания весов в ветреную бурю препятствует тяжесть взвешиваемого, так колебанию ума препятствуют стыд и страх. А по мере оскудения страха и стыда является причина к тому, чтобы ум непрестанно скитался, и тогда, по мере удаления из души страха, коромысло ума, как свободное, колеблется туда и сюда. Но как коромыслу весов, если чаши их обременены очень тяжелым грузом, нелегко прийти уже в колебание от дуновения ветра, так и ум, под бременем страха Божия и стыда, с трудом совращается тем, что приводит его в колебание. А в какой мере оскудевает в уме страх, в такой же начинают обладать им превратность и изменчивость. Умудрись же в основание шествия своего полагать страх Божий и в немного дней, не делая кружений на пути, будешь у врат Царствия.

Во всем, что встретится тебе в Писаниях, доискивайся цели слова, чтобы проникнуть тебе в глубину мысли святых и с большою точностью уразуметь оную. Божественной благодатью путеводимые в жизни своей к просвещению всегда ощущают, что как бы мысленный какой луч проходит по стихам написанного и отличает уму голые слова от того, что душевному ведению сказано с великою мыслию.

Если человек многозначащие стихи читает, не углубляясь в них, то и сердце его остается бедным, и угасает в нем святая сила, которая при чудном уразумении души доставляет сердцу сладчайшее вкушение.

Всякая вещь обыкновенно стремится к сродному ей. И душа, имеющая в себе удел духа, когда услышит речение, заключающее в себе сокровенную духовную силу, пламенно приемлет содержание сего речения. Не всякого человека пробуждает к удивлению то, что сказано духовно и что имеет в себе сокровенную великую силу. Слово о добродетели требует сердца, не занимающегося землею и близким с нею общением. В человеке же, которого ум утружден заботою о преходящем, добродетель не пробуждает помысла к тому, чтобы возлюбить ее и взыскать обладания ею.

Отрешение от вещества по своему происхождению предшествует союзу с Богом, хотя нередко, по дарованию благодати, в иных оказывается последний предшествующим первому; потому что любовью покрывается любовь. Обычный порядок дарования благодати иной в порядке общем для людей. Ты же сохраняй общий чин. Если придет раньше к тебе благодать, это – ее дело. А если не придет, то путем всех людей, каким шествовали они, постепенно иди для восхождения на духовный столп.

Всякое дело, совершаемое созерцательно и исполняемое по заповеди, данной для него, вовсе не видимо телесными очами. И всякое дело, совершаемое деятельно, бывает сложно, потому что заповедь, которая только одна, именно деятельность ради плотских и бесплотных, имеет нужду в том и другом, в созерцании и в деятельности. Ибо единое есть сочетание созерцания деятельности.

Дела, показывающие заботливость о чистоте, не подавляют чувства, возбуждаемого памятованием прошедших поступков, но печаль, ощущаемую при сем памятовании, заимствуют из разума. И с сего времени ход припамятования производится в уме с пользою. Ненасытимость души в приобретении добродетели превосходит часть видимых вожделений сопряженного с нею тела. Всякую вещь красит мера. Без меры обращается во вред и почитаемое прекрасным.

Хочешь ли умом своим быть в общении с Богом, прияв в себя ощущение оного услаждения, не порабощенного чувствам? Послужи милостыне. Когда внутри тебя обретается она, тогда изображается в тебе оная святая красота, которой уподобляешься Богу. Всеобъемлемость дела милостыни производит в душе, без всякого промедления времени, общение с единым сиянием славы Божества.

Духовное единение есть непрестанное памятование; оно непрерывно пылает в сердце пламенною любовью, в неуклонении от заповедей заимствуя силу к пребыванию в союзе, не с насилием природе и не по природе. Ибо там находит (человек) опору для душевного созерцания, чтобы оно прочно утвердилось на ней. Посему, сердце приходит в восторг, закрывая двоякие чувства свои, плотские и душевные. К духовной любви, которая отпечатлевает невидимый образ, нет иной стези, если человек не начнет прежде всего быть щедролюбивым в такой же мере, в какой совершен Отец, как сказал Господь наш; ибо так заповедал Он послушным Ему полагать основание сие.

Иное слово действенное, и иное слово красивое. И без познания вещей мудрость умеет украшать слова свои, говорить истину, не зная ее, и толковать о добродетели, хотя сам человек не изведал опытно дела ее. Но слово от деятельности — сокровищница надежды; а мудрость, не оправданная деятельностью, залог стыда.

Что художник, который живописует на стенах воду и не может тою водою утолить своей жажды, и что человек, который видит прекрасные сны, то же и слово, не оправданное деятельностью. Кто говорит о добродетели, что сам испытал на деле, тот так же передает сие слушающему его, как иной отдает другому деньги, добытые трудом своим. И кто из собственного стяжания посевает учение в слух внемлющих ему, тот с дерзновением отверзает уста свои, говоря духовным своим чадам, как престарелый Иаков сказал целомудренному Иосифу: *«аз же даю ти»* единую часть *«свыше братии твоея, юже взях у аморреев мечем моим и луком»* (Быт.48:22).

Всякому человеку, который живет нечисто, вожделенна жизнь временная. Второй по нем, кто лишен ведения. Прекрасно сказал некто, что страх смертный печалит мужа, осуждаемого своею совестью. А кто имеет в себе доброе свидетельство, тот столько же желает смерти, как и жизни. Не признавай того истинным мудрецом, кто ради сей жизни порабощает ум свой боязни и страху. Все доброе и худое, что ни приключается с плотью, почитай за сновидение. Ибо не в смерти одной отрешишься от сего, но часто и прежде смерти оставляет это тебя и удаляется. А если что-либо из сего имеет общение с душою твоею, то почитай сие своим стяжанием в этом веке; оно пойдет с тобою и в век будущий. И ежели это есть нечто доброе, то веселись и благодари Бога в уме своем. Ежели же это есть нечто худое, то будь прискорбен, и воздыхай, и старайся освободиться от сего, пока ты в теле.

Будь уверен, что ко всякому доброму делу, совершаемому в тебе сознательно или бессознательно, посредниками для тебя были крещение и вера, посредством которых призван ты Господом нашим Иисусом Христом на дела Его благие. Со Отцем и Святым Духом Ему слава, и честь, и благодарение, и поклонение во веки веков! Аминь.

СЛОВО 2. О БЛАГОДАРНОСТИ БОГУ, С ПРИСОВОКУПЛЕНИЕМ КРАТКОГО ИЗЛОЖЕНИЯ ПЕРВОНАЧАЛЬНЫХ УЧЕНИЙ

Благодарность приемлющего побуждает дающего давать дары большие прежних. Кто неблагодарен за малое, тот и в большем лжив и неправеден.

Кто болен и знает свою болезнь, тот должен искать врачевства. Кто сознает болезнь свою, тот близок к уврачеванию своему и легко найдет оное. Жестокостью сердца умножаются болезни его; и если больной противится врачу, мучение его увеличивается. Нет греха непростительного, кроме греха нераскаянного. И дар не остается без усугубления, разве только когда нет за него благодарности. Часть несмысленного мала в глазах его.

Содержи всегда в памяти превосходящих тебя добродетелью, чтобы непрестанно видеть в себе недостаток против их меры; содержи всегда в уме тягчайшие скорби скорбящих и озлобленных, чтобы самому тебе воздавать должное благодарение за малые и ничтожные скорби, бывающие у тебя, и быть в состоянии переносить их с радостью.

Во время своего поражения, расслабления и лености, связуемый и содержимый врагом в мучительном томлении и в тяжком деле греха, представляй в сердце своем прежнее время рачительности своей, как был ты заботлив о всем даже до малости, какой показал подвиг. Как с ревностью противился желавшим воспрепятствовать твоему шествию. Сверх же сего, помысли о тех воздыханиях, с какими болезновал ты о малых недостатках, появлявшихся в тебе от нерадения твоего, и о том, как во всех этих случаях получал ты победный венец. Ибо всеми таковыми воспоминаниями душа твоя возбуждается как бы из глубины, облекается пламенем ревности, как бы из мертвых восстает от потопления своего, возвышается и горячим противоборством диаволу и греху возвращается в первобытный свой чин.

Вспомни о падении сильных и смиришься в добродетелях своих. Припомни тяжкие падения падших в древности и покаявшихся, а также высоту и честь, каких сподобились они после сего, и приимешь смелость в покаянии своем.

Преследуй сам себя, и враг твой прогнан будет приближением твоим. Умирись сам с собою, и умирятся с тобою небо и земля. Потщись войти во внутреннюю свою клеть и узришь клеть небесную; потому что та и другая — одно и то же, и, входя в одну, видишь обе. Лествица оного царствия внутри тебя, сокровенна в душе твоей. В себе самом погрузись от греха и найдешь там восхождения, по которым в состоянии будешь восходить.

Писание не истолковало нам, что́ суть вещи будущего века. Но оно просто научило нас, как ощущение наслаждения ими мы можем получить еще здесь, прежде естественного изменения и исшествия из мира сего. Хотя Писание, чтобы возбудить нас к вожделению будущих благ, изобразило оные под именами вещей у нас вожделенных и славных, приятных и драгоценных, когда говорит: *«ихже око не виде, и ухо не слыша»* (1Кор.2:9) и прочее, но этим возвестило нам то, что будущие блага непостижимы и не имеют никакого сходства с благами здешними.

Духовное наслаждение не есть пользование вещами, самостоятельно пребывающими вне души приемлющих. А иначе сказанное: *«Царствие Божие внутрь вас есть»* (Лк.17:21) и: *«да приидет Царствие Твое»* (Мф.6:10) будет уже означать, что внутрь себя прияли мы вещество чего-то чувственного, в залог заключающегося в сем наслаждения.

Ибо необходимо, чтобы самое стяжание было подобно залогу, и целое – части. И сказанное: как в зеркале (1Кор.13:12) хотя не указывает на самостоятельно пребывающее, однако же означает приобретение подобия. А если истинно свидетельство истолковавших Писания, что самое ощущение сие есть умное действие Святаго Духа, то и оно уже есть часть оного целого.

Не тот любитель добродетели, кто с борением делает добро, но тот, кто с радостью приемлет последующие за тем бедствия. Не великое дело терпеть человеку скорби за добродетель, как и не колебаться умом в избрании доброго своего изволения при обольстительном щекотании чувств.

Всякое раскаяние, по отъятии свободы, таково, что ни радости оно не источает, ни дает права на награду приобретшим оное.

Покрой согрешающего, если нет тебе от сего вреда: и ему придашь бодрости, и тебя поддержит милость Владыки твоего. Немощных и огорченных сердцем подкрепляй словом и всем, насколько возможет рука твоя, – и подкрепит тебя Вседержительная Десница. С огорченными сердцем будь в общении и трудом молитвенным, и соболезнованием сердечным – и прошениям твоим отверзнется источник милости.

Постоянно утруждай себя молитвами пред Богом в сердце, носящем чистый помысел, исполненный умиления, – и Бог сохранит ум твой от помыслов нечистых и скверных, да не укорится о тебе путь Божий.

Постоянно упражняй себя в размышлении, читая Божественные Писания, с точным их разумением, чтобы, при праздности ума твоего, не осквернялось зрение твое чужими сквернами непотребства.

Не решайся искушать ум свой непотребными помыслами или зрением вводящих тебя в искушение лиц, даже когда думаешь, что не будешь преодолен сим, потому что и мудрые таким образом омрачались и впадали в юродство. Не скрывай пламени в пазухе своей, без сильных скорбей плоти своей.

Юности трудно без обучения отдаться под иго святыни. Начало помрачения ума (когда признак его начинает открываться в душе) прежде всего усматривается в лености к Божией службе и к молитве. Ибо, если душа не отпадет сперва от этого, нет иного пути к душевному обольщению; когда же лишается она Божией помощи, удобно впадает в руки противников своих. А также, как скоро душа делается беспечною к делам добродетели, непременно увлекается в противное тому. Ибо переход с какой бы то ни было стороны есть уже начало стороны противной. Добродеяние есть попечение о душевном, а не о суетном. Непрестанно открывай немощь свою пред Богом, и не будешь искушаем чуждыми, как скоро останешься один без Заступника своего.

Деятельность крестная двоякая; по двоякости естества и она разделяется на две части. Одна, состоя в претерпении плотских скорбей, производимых действованием раздражительной части души, и есть, и называется деятельность. А другая заключается в тонком делании ума и в Божественном размышлении, а также и в пребывании на молитве, и так далее; она совершается вожделевательною частию души и называется созерцанием. И одна, т. е. деятельность, очищает, по силе ревности, страстную часть души, а вторая – действенность душевной любви, т. е. естественное вожделение, которое просветляет умную часть души.

Всякого человека, который прежде совершенного обучения в первой части переходит к сей, второй, привлекаемый ее сладостию, не говорю уже – своею леностию, постигает гнев за то, что не умертвил прежде *«уды»* свои, *«яже на земли»* (Кол.3:5), т. е. не уврачевал немощи помыслов терпеливым упражнением в делании крестного поношения, но дерзнул в уме своем возмечтать о славе крестной. Сие-то и значит сказанное древними святыми, что если ум вознамерится взойти на крест прежде, нежели чувства его, исцелясь от немощи, придут в безмолвие, то постигает Божий гнев. Сие восхождение на крест, навлекающее гнев, бывает не в первой части претерпения скорбей, т. е. распятия плоти, но когда человек входит в созерцание; а это есть вторая часть, следующая за исцелением души. У кого ум осквернен постыдными страстями и кто поспешает наполнить ум свой мечтательными помыслами, тому заграждаются уста наказанием за то, что, не очистив прежде ума скорбями и не покорив плотских вожделений, но положившись на то, что слышало ухо и что написано чернилами, устремился он прямо вперед, идти путем, исполненным мраков, когда сам слеп очами. Ибо и те, у кого зрение здраво, будучи исполнены света и приобретя себе вождей благодати день и ночь бывают в опасности, между тем как очи у них полны слез, и они в молитве и в плаче продолжают служение свое целый день, даже и ночь, по причине ужасов, ожидающих и в пути и встречающихся им страшных стремнин и образов истины, оказывающихся перемешанными с обманчивыми призраками оной.

Говорят: «Что от Бога, то приходит само собою, а ты и не почувствуешь». Это правда, но только если место чисто, а не осквернено.

Если же нечиста зеница душевного ока твоего, то не дерзай устремлять взор на солнечный шар, чтобы не утратить тебе и сего малого луча, т. е. простой веры, и смирения, и сердечного исповедания, и малых посильных тебе дел, и не быть извергнутым в единую область духовных существ, которая есть тьма кромешная, то, что вне Бога и есть подобие ада, как извергнут был тот, кто не устыдился прийти на брак в нечистых одеждах.

Трудами и хранением себя источается чистота помыслов, а чистотою помыслов – свет мышления. Отсюда же по благодати ум руководится к тому, над чем чувства не имеют власти, чему и не учат, и не научаются они.

Представь себе, что добродетель есть тело, созерцание – душа, а та и другое – один совершенный человек, соединяемый духом из двух частей, из чувственного и разумного. И как невозможно, чтобы душа получила бытие и была рождена без совершенного образования тела с его членами; так душе прийти в созерцание второе, т. е. в дух откровения – в созерцание, образуемое в ложеснах, приемлющих в себя вещество духовного семени, невозможно без совершения дела добродетели; а это есть обитель рассуждения, приемлющего откровения.

Созерцание есть ощущение Божественных тайн, сокровенных в вещах и в их причинах. Когда слышишь об удалении от мира, об оставлении мира, о чистоте от всего, что в мире, тогда нужно сначала понять и узнать, но понятием не простонародным, но чисто разумным, что значит самое наименование: мир, из каких различий составляется это имя, и ты в состоянии будешь узнать о душе своей, сколько далека она от мира и что примешано к ней от мира.

Слово *«мир»* есть имя собирательное, обнимающее собою так называемые страсти. Если человек не знал прежде, что такое мир, то не достигнет он до познания, какими членами далек от мира и какими связан с ним.

Много есть таких, которые двумя или тремя членами отрешились от мира, и отказались от общения ими с миром, и подумали о себе, что стали они чуждыми миру в житии своем; потому что не уразумели и не усмотрели премудро, что двумя только членами умерли они миру, прочие же их члены в теле живут миру. Впрочем, не возмогли они сознать в себе и страстей своих; и как не сознали их, то не позаботились и об их уврачевании.

По умозрительному исследованию, миром называется и состав собирательного имени, объемлющего собою отдельно взятые страсти. Когда вообще хотим наименовать страсти, называем их миром; а когда хотим различать их по различию наименований их, называем их страстями. Страсти же суть части преемственного течения мира; и где прекращаются страсти, там мир стал в своей преемственности. И страсти суть следующие: приверженность к богатству, к тому, чтобы собирать какие-либо вещи; телесное наслаждение, от которого происходит страсть плотского вожделения; желание чести, от которого истекает зависть; желание распоряжаться начальственно; надмение благолепием власти; желание наряжаться и нравиться; искание человеческой славы, которая бывает причиною злопамятства; страх за тело. Где страсти сии прекращают свое течение, там мир умер; и в какой мере недостает там некоторых из сих частей, в такой мере мир остается вне, не действуя теми частями состава своего, как и о святых сказал некто, что, будучи еще живы, стали они мертвы, потому что, живя во плоти, жили не по плоти. И ты смотри, какими из сих частей живешь; тогда узнаешь, какими частями ты живешь и какими умер миру. Когда познаешь, что такое мир, тогда из различия всего этого познаешь и то, чем связан ты с миром и чем отрешился от него. И скажу короче: мир есть плотское житие и мудрование плоти. По тому самому, что человек исхитил себя из этого, познается, что исшел он из мира. И отчуждение от мира познается по сим двум признакам: по превосходнейшему житию и по отличию понятий самого ума. Из сего, наконец, возникают в мысли твоей понятия о вещах, в которых блуждает мысль своими понятиями. По ним уразумеешь меру жития своего: вожделевает ли чего естество без насилия себе, есть ли в тебе какие прозябения неистребляемые или какие, производимые только случаем; пришел ли ум в сознание понятий совершенно нетелесных или весь он движется в вещественном, и это вещественное страстно. Ибо печати овеществления дел, под какими ум невольно представляется во всем, что ни совершает, суть добродетели. В них-то без немощи заимствует для себя причину к горячности и собранности помыслов с доброю целью потрудиться телесно, для упражнения сей горячности, если только делается сие нестрастно. И смотри, не изнемогает ли ум, встречаясь с сими печатями тайных помыслов, по причине лучшего пламенения по Богу, которым обыкновенно отсекаются суетные памятования.

Сих немногих признаков, показанных в главе сей, взамен многих книг достаточно будет к тому, чтобы просветить человека, если он безмолвствует и живет в отшельничестве. Страх за тело бывает в людях столько силен, что вследствие оного нередко остаются они неспособными свершить что-либо достославное и досточестное. Но когда на страх за тело приникает страх за душу, тогда страх телесный изнемогает пред страхом душевным, как воск от силы пожигающего его огня. Богу же нашему слава во веки веков! Аминь.

СЛОВО 3. О ТОМ, ЧТО ДУША ДО ПОЗНАНИЯ БОЖИЕЙ ПРЕМУДРОСТИ И БОЖИИХ ТВАРЕЙ ДОХОДИТ БЕЗ ТРУДА, ЕСЛИ БЕЗМОЛВСТВУЕТ ВДАЛИ ОТ МИРА И ЖИТЕЙСКИХ ПОПЕЧЕНИЙ; ИБО ТОГДА МОЖЕТ ПОЗНАВАТЬ ЕСТЕСТВО СВОЕ И ТЕ СОКРОВИЩА, КАКИЕ ИМЕЕТ СОКРЫТЫМИ ВНУТРИ СЕБЯ

Когда не вошли в душу отвне житейские попечения, но пребывает она в естественном своем состоянии, тогда непродолжителен бывает труд ее и доходит она до познания Божией премудрости; потому что удаление души от мира и безмолвие ее естественно побуждают ее к познанию Божиих тварей, а от сего возносится она к Богу, в удивлении изумевает и пребывает с Богом. Ибо, когда в душевный источник не входят воды отвне, тогда естественные, источающиеся в ней воды непрестанно порождают в душе помышления о чудесах Божиих. А как скоро душа оказывается не имеющею сих помышлений, это значит или что подана к тому некая причина какими-либо чуждыми воспоминаниями, или что чувства от встречи с предметами произвели против нее мятеж. Когда же чувства заключены безмолвием, не позволяется им устремляться вне, и при помощи безмолвия устареют памятования; тогда увидишь, что такое — естественные помыслы души, что такое — самое естество души, и какие сокровища имеет она скрытыми в себе. Сокровища же сии составляет познание бесплотных, возникающее в душе само собою, без предварительной мысли о нем и без труда. Человек даже не знает, что таковые помыслы возникают в природе человеческой. Ибо кто был ему учителем? Или как постиг он то, что, и будучи умопредставлено, не может быть уяснено для других? Или кто был наставником его в том, чему нимало не учился он у другого?

Такова-то природа души. Следовательно, страсти суть нечто придаточное, и в них виновна сама душа. Ибо по природе душа бесстрастна. Когда же слышишь в Писании о страстях душевных и телесных, да будет тебе известно, что говорится сие по отношению к причинам страстей; ибо душа по природе бесстрастна. Не принимают сего держащиеся внешнего любомудрия, а подобно им – и их последователи. Напротив того, мы веруем так, что Бог созданного по образу сотворил бесстрастным. Созданным же по образу разумею по отношению не к телу, но к душе, которая невидима. Ибо всякий образ снимается с предлежащего изображения. Невозможно же представить кому-либо образ, не видавши прежде подобия. Посему должно увериться, что страсти, как сказали мы выше, не в природе души. Если же кто противоречит сказанному, то мы предложим ему вопрос, и пусть ответствует он нам.

Вопрос. Что такое естество души? Бесстрастное ли нечто и исполненное света или страстное и омраченное?

Ответ. Если некогда естество души было светло и чисто, по причине приятия им в себя блаженного света, а подобно сему таковым же оказывается, когда возвращается в первобытный чин, то несомненно уже, что душа бывает вне своего естества, как скоро приходит в страстное движение, как утверждают и питомцы Церкви. Поэтому страсти привзошли в душу впоследствии, и несправедливо говорить, будто бы страсти – в естестве души, хотя она и приводится ими в движение. Итак, явно, что приводится она в движение внешним, не как своим собственным. И если страсти называются душевным потому что душа приводится ими в движение без участия тела, то и голод, и жажда, и сон будут душевными же, потому что и в них, а равно при отсечении членов, в горячке, в болезнях и подобном тому, душа страждет и совоздыхает с телом. Ибо душа соболезнует телу по общению с ним, как и тело соболезнует душе; душа веселится при веселии тела, приемлет в себя и скорби его. Богу же нашему слава и держава вовеки! Аминь.

СЛОВО 4. О ДУШЕ, О СТРАСТЯХ И О ЧИСТОТЕ УМА, В ВОПРОСАХ И ОТВЕТАХ

Вопрос. Что такое естественное состояние души? Что такое состояние противоестественное? Что такое состояние сверхъестественное?

Ответ. Естественное состояние души есть ведение Божиих тварей, чувственных и мысленных. Сверхъестественное состояние есть возбуждение к созерцанию Пресущественного Божества. Противоестественное же состояние есть движение души в мятущихся страстями, как сказал божественный и великий Василий, что душа, когда оказывается сообразною естеством, пребывает горе́, а когда оказывается вне своего естества, является долу на земле; когда же бывает горе́, оказывается бесстрастною; а когда естество низойдет от свойственного ему чина, тогда открываются в нем страсти. Итак, явствует наконец, что страсти душевные не суть душевные по естеству. Если душа в охуждаемых телесных страстях приходит в такое же движение, как и в голоде и в жажде, то, поелику в рассуждении сих последних не положено ей закона, не столько бывает она достойна порицания, как в прочих страстях, заслуживающих порицания. Случается, что иногда иному бывает попущено Богом сделать что-либо, по-видимому неуместное, и вместо порицания и укоризн воздается ему благим воздаянием. Так было с пророком Осиею, который поял в жены блудницу, с пророком Илиею, который по ревности Божией совершил убийство, и с теми, которые, по велению Моисееву, мечом убили своих родителей. Впрочем, говорится, что в душе, и без телесного естества, естественно есть похоть и раздражительность, и это суть страсти души.

Вопрос. То ли сообразно с естеством, когда вожделение души воспламенено Божественным, или когда обращено на земное и телесное? И для чего душевное естество обнаруживает ревность свою с раздражительностью? И в каком случае раздражение называется естественным? Тогда ли, как душа раздражается по какому-либо плотскому вожделению, или по зависти, или по тщеславию, или по чему подобному, или когда раздражает ее что-либо противное сему? Пусть отвечает, у кого слово, и мы последуем ему.

Ответ. Божественное Писание многое говорит и часто употребляет именования не в собственном смысле. Иное свойственно телу, но сказуется о душе. И наоборот, свойственное душе сказуется о теле. И Писание не разделяет сего; но разумные понимают это. Так и из свойственного Божеству Господа иное, неприменимое к человеческой природе, сказано в Писании о Всесвятом Теле Его; и наоборот, уничижительное, свойственное Ему по человечеству, сказано о Божестве Его. И многие, не понимая цели Божественных словес, поползнулись в этом, погрешив неисправимо. Так, в Писании не различается строго свойственное душе и свойственное телу. Посему если добродетель естественным образом есть здравие души, то недугом души будут уже страсти, нечто случайное, прившедшее в естество души и выводящее ее из собственного здравия. А из сего явствует, что здравие предшествует в естестве случайному недугу. Если же это действительно так (что и справедливо), то значит уже, что добродетель есть естественное состояние души, случайное же вне естества души.

Вопрос. Страсти телесные естественно ли или случайно приписываются телу? И страсти душевные, принадлежащие душе, по связи ее с телом, естественно ли или в несобственном смысле ей приписываются?

Ответ. О страстях телесных никто не осмелится сказать, что принимаются в несобственном смысле. А о душевных страстях, как скоро дознано и всеми признается, что душе естественна чистота, должно смело сказать, что страсти нимало не естественны душе; потому что болезнь позднее здравия. А одному и тому же естеству невозможно быть вместе и добрым, и лукавым. Посему необходимо одно предшествует другому; естественно же то, чем предварено другое; потому что о всем случайном говорится, что оно не от естества, но привзошло отвне; и всем случайным и привзошедшим следует изменение, естество же не переиначивается и не изменяется.

Всякая страсть, служащая к пользе, дарована от Бога, страсти телесные вложены в тело на пользу и возрастание ему; таковы же и страсти душевные. Но когда тело, лишением свойственного ему, принуждено стать вне своего благосостояния и последовать душе, тогда оно изнемогает и терпит вред. Когда и душа, оставив принадлежащее ей, последует телу, тогда и она терпит вред, по слову божественного апостола, который говорит: *«плоть бо похотствует на духа, дух же на плоть: сия же друг другу противятся»* (Гал.5:17). Посему никто да не хулит Бога, будто бы Он в естество наше вложил страсти и грех. Бог в каждое из естеств вложил то, что служит к его возрастанию.

Но когда одно естество входит в согласие с другим, тогда оно обретается не в том, что ему свое, но в противоположном тому. А если бы страсти были в душе естественно, то почему душа терпела бы от них вред? Свойственное естеству не вредит ему.

Вопрос. Почему телесные страсти, взращающие и укрепляющие тело, вредят душе, если они не свойственны ей? И почему добродетель утесняет тело, а душу взращает?

Ответ. Не примечаешь ли, как то, что вне естества, вредит ему? Ибо каждое естество исполняется веселия, приблизившись к тому, что ему свойственно. Но ты желаешь знать, что свойственно каждому из сих естеств? Примечай: что вспомоществует естеству, то ему свойственно; а что вредит, то чуждо и привзошло отвне. Итак, поелику дознано, что страсти тела и души одни другим противоположны, то уже все, сколько-нибудь вспомоществующее телу и доставляющее ему отдохновение, свойственно ему. Но когда сдружилась с этим душа, нельзя сказать, что это ей естественно; ибо что свойственно естеству души, то — смерть для тела. Впрочем, в несобственном смысле, сказанное выше приписывается душе; и душа, по немощи тела, пока носит на себе оное, не может от сего освободиться; потому что естественно вступила в общение с скорбным для тела, по причине того единения, какое непостижимою Премудростию установлено между движением души и движением тела. Но хотя и в таком они взаимном общении, однако же отличны и движение от движения, и воля от воли, а также и тело от духа.

Впрочем, естество не переиначивается; напротив того, каждое из естеств, хотя и крайне уклоняется, в грех ли то или в добродетель, однако же приводится в движение собственною своею волею. И когда душа возвысится над попечением о теле, тогда вся всецело цветет духом в движениях своих и среди неба носится в непостижимом. Впрочем, и в этом состоянии не воспрещает телу помнить свойственного ему. И также, если тело оказывается в грехах, душевные помышления не перестают источаться в уме.

Вопрос. Что такое чистота ума?

Ответ. Чист умом не тот, кто не знает зла (ибо такой будет скотоподобным), не тот, кто по естеству находится в состоянии младенческом, не тот, кто принимает на себя вид чистоты. Но вот чистота ума — просветление Божественным, по деятельном упражнении в добродетелях. И не смеем сказать, чтобы приобрел сие кто без искушения помыслами, потому что иначе он был бы не облеченный телом. Ибо не отваживаемся говорить, чтобы наше естество до самой смерти не было боримо и не терпело вреда. Искушением же помыслов называю не то, чтобы подчиняться им, но чтобы положить начало борьбе с ними.

Перечисление движений помыслов

Движение помыслов в человеке бывает от четырех причин: во-первых, от естественной плотской похоти; во-вторых, от чувственного представления мирских предметов, о каких человек слышит и какие видит; в-третьих, от предзанятых понятий и от душевной склонности, какие человек имеет в уме; в-четвертых, от приражения бесов, которые воюют с нами, вовлекая во все страсти, по сказанным прежде причинам. Поэтому человек даже до смерти, пока он в жизни этой плоти, не может не иметь помыслов и брани. Ибо, рассуди сам, возможно ли, чтобы прежде исшествия человека из мира и прежде смерти пришла в бездействие которая либо одна из сих четырех причин? Или возможно ли телу не домогаться необходимого и не быть вынужденным пожелать чего-либо мирского? Если же неуместно представлять себе что-либо подобное, потому что естество имеет нужду в таких вещах, то значит уже, что страсти действуют во всяком, кто носит на себе тело, хочет ли он того или не хочет. Поэтому всякому человеку, как носящему на себе тело, необходимо охранять себя не от одной какой-либо страсти, явно и непрестанно в нем действующей, и не от двух, но от многих страстей. Победившие в себе страсти добродетелями, хотя и бывают тревожимы помыслами и приражением четырех причин, однако же не уступают над собой победы, потому что имеют силу, и ум их восторгается к благим и Божественным памятованиям.

Вопрос. Чем разнствует чистота ума от чистоты сердца?

Ответ. Иное есть чистота ума, а иное – чистота сердца. Ибо ум есть одно из душевных чувств, а сердце обнимает в себе и держит в своей власти внутренние чувства. Оно есть корень, а если корень свят, то и ветви святы, т. е. если сердце доводится до чистоты, то ясно, что очищаются и все чувства. Если ум приложит старание к чтению Божественных Писаний или потрудится несколько в постах, в бдениях, в безмолвиях, то забудет прежний свой образ мыслей и достигнет чистоты, как скоро удалится от скверного жития; однако же не будет иметь постоянной чистоты; потому что как скоро он очищается, так же скоро и оскверняется. Сердце же достигает чистоты многими скорбями, лишениями, удалением от общения со всем, что в мире мирского, и умерщвлением себя для всего этого. Если же достигло оно чистоты, то чистота его не осквернится чем-либо малым, не боится великих, явных браней, разумею брани страшные; потому что приобрело себе крепкий желудок, который может скоро переварить всякую пищу, несваримую в людях немощных. Ибо врачи говорят, что всякая мясная пища неудобоваримая, но много силы сообщает телам здоровым, когда приемлет ее крепкий желудок. Так, всякая чистота, приобретенная скоро, в короткое время и с малым трудом, скоро теряется и оскверняется. Чистота же, достигнутая многими скорбями и приобретенная продолжительным временем, не страшится какого-либо не превышающего меру приражения в которой либо из частей души, потому что укрепляет душу Бог. Ему слава во веки веков! Аминь.

СЛОВО 5. О ЧУВСТВАХ, А ВМЕСТЕ И ОБ ИСКУШЕНИЯХ

Чувства целомудренные и собранные воедино порождают в душе мир и не попускают ей входить в испытание вещей. А когда душа не приемлет в себя ощущения вещей, тогда победа совершается без борьбы. Если же человек вознерадит и дозволит, чтобы имели к нему доступ приражения· то принужден тогда бывает выдерживать брань. Возмущается же и первоначальная чистота, которая бывает весьма проста и ровна. Ибо по сему нерадению большая часть людей, или и целый мир, выходят из естественного и чистого состояния. Поэтому живущие в мире, в тесных связях с мирскими людьми, и не могут очистить ума, по той причине, что много познали зла. Немногие же в состоянии возвратиться к первоначальной чистоте ума. Поэтому всякому человеку надлежит с осторожностью соблюдать всегда чувства свои и ум от приражений. Ибо много потребно трезвенности, неусыпности, предусмотрительности. Великая простота прекрасна.

Человеческой природе, чтобы хранить пределы послушания Богу, потребен страх. Любовь к Богу возбуждает в человеке любовь к деланию добродетелей, чрез это стремится к благодарению. Духовное ведение естественно следует за деланием добродетелей. Тому же и другому предшествуют страх и любовь. И опять, любви предшествует страх. Всякий, кто не стыдится говорить, что можно приобрести последние без делания первых· несомненно полагает первое основание погибели для души своей. Таков путь Господень, что последние рождаются от первых.

Любви к брату своему не заменяй любовью к какой-либо вещи; потому что брат твой тайно приобрел внутрь себя Того, Кто всего драгоценнее. Оставь малое, чтобы приобрести великое. Презри излишнее и малоценное, чтобы приобрести многоценное. Будь мертв в жизни своей, чтобы жить по смерти. Предай себя на то, чтобы умирать в подвигах, а не жить в нерадении. Ибо не те только мученики, которые прияли смерть за веру во Христа, но и те, которые умирают за соблюдение заповедей Христовых. Не будь несмыслен в прошениях своих, чтобы не оскорбить тебе Бога неразумием. Будь мудр в своих молитвах, чтобы сподобиться тебе славы. Проси досточестного у Дающего без зависти, чтобы за мудрое свое хотение приять от Него и почесть. Премудрости просил себе Соломон, и поелику у Великого Царя просил премудрого, то с премудростью приял и царство земное. Елисей просил в сугубой мере той благодати Духа, какую имел учитель, и прошение его не осталось неисполненным.

Израиль просил маловажного, и постиг его гнев Божий. Оставил он то, чтобы в делах Божиих дивиться страшным чудесам Божиим, и домогался удовлетворить похотениям чрева своего. Но *еще брашну сущу во устех их, и гнев Божий взыде на ня* (Пс.77:30–31). Приноси Богу прошения свои сообразно с Его славою, чтобы возвеличилось пред Ним достоинство твое и возрадовался Он о тебе. Если кто попросит у царя немного навоза, то не только сам себя обесчестит маловажностью своей просьбы, как показавший тем великое неразумие, но и царю своею просьбой нанесет оскорбление. Так поступает и тот, кто в молитвах своих у Бога просит земных благ. Ибо вот Ангелы и Архангелы, сии вельможи Царя, во время молитвы твоей, взирают на тебя, с каким прошением обратишься к Владыке их; и изумляются и радуются, когда видят, что ты, земной, оставил плоть свою и просишь небесного; и, напротив того, огорчаются, смотря на того, кто оставил небесное и просит своего гноя.

Не проси у Бога того, что Сам Он без прошения дает нам по Своему промышлению, и дает не только Своим и возлюбленным, но и тем, которые чужды ведения о Нем. Ибо сказано: не будьте, *«якоже язычницы, лишше»* глаголющими в молитвах своих (Мф.6:7). Это есть телесное, и сих язы́цы ищут, сказал Господь. Вы же не *«пецытеся, что ясте, или что пиете»*, или *«во что облечетеся. Весть бо Отец ваш»*, что имеете в этом нужду (Мф.6:25,32). Сын у отца своего не просит уже хлеба, но домогается наибольшего и высшего в дому отца своего. Ибо по немощи только ума человеческого Господь заповедал просить повседневного хлеба. Но смотри, что заповедано тем, которые совершенны ведением и здравы душою. Им сказано: не пекитесь о пище или одежде; потому что если Бог печется о бессловесных животных, о птицах и о тварях неодушевленных, то кольми паче попечется о нас: *«ищите же»* паче *«Царствия Божия и правды Его, и сия вся приложатся вам»* (Мф.6:33).

Если просишь чего у Бога и Он медлит услышать тебя вскоре, не печалься, потому что ты не премудрее Бога. Бывает же сие с тобою или потому, что недостоин ты получить просимое; или потому, что пути сердца твоего не соответственны, но противны прошениям твоим; или потому, что не пришел ты еще в меру, чтобы приять дарование, которого просишь. Ибо не должно нам прежде времени касаться великих мер, чтобы дарование Божие, от скорости приятия оного, не сделалось бесполезным; потому что легко полученное скоро и утрачивается; все же, приобретенное с болезнью сердечной, и хранится с осторожностью.

Терпи жажду ради Христа, да упоит тебя Своею любовью. Смежи очи свои для житейских приятностей, да сподобит тебя Бог, чтобы мир Его царствовал в сердце твоем. Воздерживайся от того, что видят очи твои, да сподобишься духовной радости. Если неугодны будут

Богу дела твои, не домогайся у Него прославления, чтобы не уподобиться человеку, искушающему Бога. Сообразна с житием твоим должна быть и молитва твоя. Ибо тому, кто привязан к земному, невозможно домогаться небесного, и тому, кто занят мирским, нет возможности просить Божественного; потому что пожелание каждого человека показывается делами его; в чем показывает он свое рачение, о том подвизается в молитве. Кто желает великого, тот не бывает занят маловажным.

Будь свободен, хотя и связан ты телом, и ради Христа докажи свободу своего послушания. Будь и благорассудителен в простоте твоей, чтобы не быть тебе окраденным. Возлюби смирение во всех делах своих, чтобы избавиться от неприметных сетей, какие всегда находятся на пути смиренномудренных. Не отвращайся от скорбей, потому что ими входишь в познание истины; и не устрашайся искушений, потому что чрез них обретаешь досточестное. Молись, чтобы не впадать в искушения душевные, а к искушениям телесным приуготовляйся со всею крепостью своею. Ибо вне их не возможешь приблизиться к Богу; потому что среди них уготован Божественный покой. Кто бежит от искушений, тот бежит от добродетели. Разумею же искушение не похотями, но скорбями.

Вопрос. Как согласуется между собою сказанное: *«молитеся, да не внидете в напасть»* (Мф.26:41), а в другом месте: *«подвизайтеся внити сквозе тесная врата»* (Лк.13:24); и еще: *«не убойтеся от убивающих тело»* (Мф.10:28); и: *«иже погубит душу свою Мене ради, обрящет ю»* (Мф.10:39)? Почему Господь везде побуждает нас к перенесению искушений, а здесь повелел: *«молитеся, да не внидете»* в них? Ибо какая добродетель бывает без скорби и искушения? Или какое искушение больше сего – погубить человеку себя самого? Однако же Господь повелел подвергаться сему искушению ради Него. Ибо говорит: *«иже не приимет креста своего и вслед Мене грядет, несть Мене достоин»* (Мф.10:38). Почему же во всем Своем учении, повелевая подвергаться искушениям, здесь заповедал молиться о том, чтобы не *«внити»*! Ибо сказано: *«многими скорбьми подобает нам внити в Царствие Небесное»* (Деян.14:22); и: *«в мире скорбни будете»* (Ин.16:33); и: *«в терпении сих стяжите души ваша»* (Лк.21:19).

О, какой тонкости ума требует путь учений Твоих, Господи! Всегда будет вне его тот, кто не читает смысленно и с ведением. Когда сыны Зеведеовы и матерь их пожелали седения с Тобою в Царствии, сказал Ты им следующее: *«можета ли пити чашу, юже Аз имам пити, или крещением, имже Аз крещаюся, креститися?»* (Мф.20:22). Почему же здесь повелеваешь нам, Владыко, молиться о том, чтобы *«не внити в напасть»*? О каких искушениях повелеваешь нам молиться, чтобы *«не внити»* в них?

Ответ. Сказано: молись, чтобы *«не внити»* в искушения касательно веры. Молись, чтобы вместе с демоном хулы и гордыни *«не внити»* в искушения самомнением ума твоего. Молись, чтобы, по Божию попущению, *«не внити»* тебе в явное диавольское искушение, по причине худых мыслей, какие помыслил ты умом своим и за которые попускается на тебя искушение. Молись, чтобы не отступил от тебя Ангел целомудрия твоего, чтобы грех не воздвиг на тебя пламенеющей брани и не разлучил тебя с ним. Молись, чтобы *«не внити»* в искушение – раздражать одного против другого, или в искушение двоедушия и сомнения, которыми душа вводится в великое борение. А искушения телесные приуготовляйся принимать от всей души, и преплывай их всеми своими членами, и очи свои наполняй слезами, чтобы не отступил от тебя хранитель твой. Ибо вне искушения не усматривается Промысл Божий, невозможно приобрести дерзновения пред Богом, невозможно научиться премудрости Духа, нет также возможности, чтобы Божественная любовь утвердилась в душе твоей. Прежде искушений человек молится Богу как чужой кто. Когда же входит в искушения по любви к Богу и не допускает в себя изменения; тогда поставляется пред Богом как бы имеющий Его должником своим и как искренний друг, потому что, во исполнение воли Божией, вел брань с врагом Божиим и победил его. Вот что значит сказанное: *«молитеся, да не внидете в напасть»*. И еще: молись, чтобы в страшное диавольское искушение *«не внити»* тебе за кичливость твою; но за любовь твою к Богу да содействует тебе сила Божия, и тобою победит врагов своих. Молись, чтобы в искушения сии *«не внити»* тебе за порочность помыслов и дел твоих; но да искусится любовь твоя к Богу, и прославится сила Его в терпении твоем. Ему слава и держава во веки веков! Аминь.

СЛОВО 6. О МИЛОСЕРДИИ ВЛАДЫКИ, ПО КОТОРОМУ С ВЫСОТЫ ВЕЛИЧИЯ СВОЕГО СНИЗОШЕЛ К НЕМОЩИ ЧЕЛОВЕЧЕСКОЙ, И ОБ ИСКУШЕНИЯХ

И еще Господь наш, промышляя сообразно с Своею милостью и по мере благодати Своей, если вникнешь смысленно, повелел молиться и о телесных искушениях. Ибо, зная, что естество наше, по причине перстного и бренного тела, немощно и не в состоянии противостать искушениям, когда бывает в них, и потому отпадает от истины, обращается вспять и одолевается скорбями, повелел молиться, чтобы не впадать нам в искушения внезапно, если и без них возможно благоугодить Богу. А если человек, стремясь к высокой добродетели, внезапно впадет в страшные искушения и не выдержит, то не может он в это время дойти до совершенства в добродетели.

Не надлежит нам иметь лицеприятия ни к себе самим, ни к другим, из страха оставлять дело благородное и честное, в котором сокрыта жизнь души, и выставлять предлоги и учения, потворствующие слабости, например сие: *«молитеся, да не внидете в напасть»* (Мф.26:41). Ибо о таковых сказано, что они под предлогом заповеди грешат втайне. Посему если приключится человеку, и постигнет его искушение, и понуждаем он будет нарушить одну из сих заповедей, т. е. оставить целомудрие или иноческое житие, или отречься от веры, или не подвизаться за Христа, или оставить без исполнения одну из заповедей, то, ежели он убоится и не противостанет искушениям мужественно, — отпадет от истины.

Поэтому всеми силами будем пренебрегать телом, предадим душу Богу и о имени Господнем вступим в борьбу с искушениями. И Кто спас Иосифа в земле Египетской и показал в нем подобие и образец целомудрия, Кто сохранил невредимым Даниила во рве львином и трех юношей в пещи огненной, Кто избавил Иеремию из рва тинного и даровал ему милость в стане халдейском, Кто Петра извел из узилища при затворенных дверях и Павла спас от сонмища иудейского, короче сказать, Кто всегда на всяком месте, во всякой стране соприсущ рабам Своим и являет в них силу и победу Свою, соблюдает их во многих необычайных обстоятельствах, показывает им спасение Свое во всех скорбях их, Тот и нас да укрепит и да спасет среди окружающих нас волн! Аминь.

Да будет в душах наших столько же ревности против диавола и его приставников, сколько имели Маккавеи, и святые пророки, и апостолы, и мученики, и преподобные, и праведные, которые установили Божественные законы и заповеди Духа в местах страшных, при искушениях самых трудных, и мир и тело повергли позади себя, и устояли в правде своей, не уступив над собою победы опасностям, которые вместе с их душами окружали и тела, но победив их мужественно. Имена их написаны в книге жизни даже до Пришествия Христова, и учение их, по Божию повелению, соблюдается для нашего наставления и укрепления, как свидетельствует апостол (см. Рим.15:4), чтобы мы стали мудрыми, и познали пути Божии, и имели у себя пред очами сказания о них и жития их. Как одушевленные и живые образы, их брали себе за образец, шествовали их путем и им уподоблялись. О, как сладостны Божественные словеса душе благосмысленной! Они то же для души, что для тела пища, подкрепляющая его. Сказания же о праведных столь же вожделенны слуху кротких, сколь и постоянное орошение недавно посаженному растению.

Итак, возлюбленный, как доброе некое врачевство для слабых глаз, содержи в уме Промысл Божий, которым охраняется все от начала и доныне; памятование о сем храни в себе на всякий час, о сем размышляй и заботься, из сего извлекай для себя наставления, чтобы навыкнуть тебе хранить в душе своей памятование о величии чести Божией и тем обрести душе своей вечную жизнь во Христе Иисусе Господе нашем, Который, как Бог и человек, соделался Ходатаем Бога и человеков. К славе, окружающей Престол чести Его, не могут приближаться чины Ангельские; но ради нас явился Он в уничиженном и смиренном образе, как говорит Исаия: *«видехом Его, и не имяше вида, ни доброты»* (Ис.53:2). Тот, Кто по естеству невидим всей твари, облекся в тело и совершил домостроительство для спасения и жизни всех народов, в Нем обретших очищение. Ему слава и держава во веки веков! Аминь.

СЛОВО 7. О ГРЕХАХ ПРОИЗВОЛЬНЫХ, НЕПРОИЗВОЛЬНЫХ И СОВЕРШАЕМЫХ ПО КАКОМУ-НИБУДЬ СЛУЧАЮ

Есть грех, совершаемый по немощи, в который человек увлекается непроизвольно; и есть грех, совершаемый произвольно и по неведению. Бывает также, что иной сделает грех по какому-нибудь случаю, и еще – по закоснению и навыку во зле. Вот все роды и виды грехов; и хотя все они достойны порицания, однако же, по сравнении положенных за грехи наказаний, оказывается, что один больше другого. На иного падает наибольшее осуждение, и с трудом приемлется от него покаяние, а грех иного близок к прощению. И как Адам, Ева и змий, хотя все прияли от Бога воздаяние за грех, однако же весьма в различной мере подверглись проклятию, так бывает и с сынами их: каждому тяжесть наказания соразмеряется с намерением его и пристрастием ко греху. Если кто, не имея желания служить греху, по нерадению о добродетели увлекается в грех, потому что не упражнялся в добродетели, то тяжко такому пребывать во грехе; да и наказание его тяжело. А если случится, что иной радеющий о добродетели искушен будет каким-либо прегрешением, то, без сомнения, близка к нему милость, чтоб очистить его грех.

Инаков есть грех, совершаемый, когда человек оказывается радеющим о добродетели и постоянным в делании, так что и ночью не спит, заботясь, чтобы не потерпеть ущерба в том, о чем у него попечение, и днем всюду носит с собою бремя свое, и вся забота его о добродетели, но при сих и подобных сим попечениях, или по неведению какому, или от каких-либо препятствий на пути его, т. е. на пути добродетели, и от волн, во всякое время воздымающихся в членах его, или вследствие уклонения, попущенного ему для испытания его свободы, весовая чаша у него склоняется несколько влево, и телесною немощью увлекается он в один из видов греха; и при этом скорбит, тужит, болезненно воздыхает он в душе своей, по причине бедствия, приключившегося ему от сопротивных.

Инаков же грех, когда человек оказывается слабым и нерадивым в делании добродетели, совершенно оставил путь ее, рабски стремится в послушание всякому греховному наслаждению, оказывает рвение взыскивать средства к полнейшему наслаждению, подобно какому-нибудь рабу, готов со тщанием выполнить волю врага своего и члены свои уготовить в оружие диаволу со всяким ему послушанием, нимало не намерен подумать о покаянии, приблизиться к добродетели, пресечь зло и положить конец пагубному пути своему.

Инаков грех от поползновений и падений, какие могут приключиться на пути добродетели и на стезе правды. Ибо, по словам отцов, на пути добродетели и на стезе правды встречаются падения, препятствия, принуждения и тому подобное.

Иное же дело – падение души, всецелая ее гибель, совершенное оставление. Кто явно принадлежит к числу таковых, тот, когда падет, да не забывает любви Отца своего; но если приключится ему впасть и в многоразличные прегрешения, да не перестает радеть о добре, да не останавливается в своем течении; но, и побеждаемый, снова да восстает на борьбу со своими сопротивниками и ежедневно да начинает полагать основание разрушенному зданию, до самого исхода своего из мира сего имея во устах пророческое слово: *«не радуйся о мне»*, противник мой, *«яко падох»*; ибо снова *«востану, Аще сяду во тме»*,

Господь озарит «мя» (Мих.7:8); и нимало да не прекращает брани до самой смерти, пока есть в нем дыхание, да не предает души своей на одоление, даже и во время самого поражения. Но если и каждый день разбивается ладья его, и терпит крушение весь груз, да не перестает заботиться, запасаться, даже брать взаймы, переходить на другие корабли и плыть с упованием, пока Господь, призрев на подвиг его и умилосердившись над сокрушением его, не ниспошлет ему милость Свою и не даст ему сильных побуждений встретить и вытерпеть разожженные стрелы врага. Такова премудрость, подаваемая от Бога; таков мудрый больной, не теряющий надежды своей. Лучше быть нам осужденным за некоторые дела, а не за оставление всего. Посему-то авва Мартиниан увещевает не изнемогать от множества подвигов, от многоразличных и частых браней на пути правды, не возвращаться вспять и не уступать врагу победы над собою каким-либо постыдным для нас образом. Ибо, как некий чадолюбивый отец, в чинном и стройном порядке, говорит он следующее:

Совет преподобного Мартиниана

«Если вы, чада, действительно подвижники, стремящиеся к добродетели, и есть в вас душевное рачение, то возжелайте ум ваш представить Христу чистым и делать дела Ему благоугодные. Ибо непременно должно вам выдержать за сие всякую брань, воздвигаемую естественными страстями, влечением мира сего, постоянною и непрекращающеюся злобою демонов, с какою обыкновенно нападают на вас, и со всеми их злоухищрениями. Не бойтесь, что жестокость брани непрерывна и продолжительна; не приходите в колебание от долговременности борьбы; не ослабевайте и не трепещите от вражеских ополчений; не впадайте в бездну безнадежности, если, может быть, и приключится вам на время поползнуться и согрешить. Но если и потерпите что-нибудь в сей великой брани, будете поражены в лицо и уязвлены, сие нимало да не воспрепятствует вам стремиться к доброй вашей цели. Паче же пребывайте в избранном вами делании и достигайте сего вожделенного и похвального качества, т. е. чтоб оказаться в брани твердыми, непобежденными, обагренными кровью язв своих, и никоим образом не прекращайте борьбы со своими сопротивниками».

Таковы поучения великого старца. Не надобно вам ослабевать или изнемогать по причине сказанного выше. Горе же тому монаху, который лжет обету своему и, попирая совесть свою, подает руку диаволу, чтобы тот воздвигся против него в виде какого-либо малого или великого греха, и который не может снова стать пред лицом врагов своих сокрушенною частью души своей. С каким лицом предстанет он Судии, когда, достигнув чистоты, друзья его встретят друг друга – те самые, с которыми разлучившись в пути своем, пошел он стезею погибели, утратил и то дерзновение, какое имеют пред Богом преподобные, и ту молитву, которая исходит из чистого сердца, возносится горе превыше Ангельских Сил и ничем не возбраняется, пока не получит просимого в ней и с радостью не возвратится в воссылавшие ее уста? И страшнее всего то, что, как здесь он разлучился с ними в пути своем, так и его разлучит с ними Христос в тот день, когда светлый облак понесет на хребте своем тела, сияющие чистотою, и поставит во вратах небесных. Ибо по тому самому, что здесь уже осуждены дела их, *«не воскреснут нечестивии на суд, ниже грешницы в совет праведных»* ([Пс.1:5](Пс.1:5)) в воскресение суда.

СЛОВО 8. О ХРАНЕНИИ И БЛЮДЕНИИ СЕБЯ ОТ ЛЮДЕЙ РАССЛАБЛЕННЫХ И НЕРАДИВЫХ; О ТОМ, ЧТО ОТ СБЛИЖЕНИЯ С НИМИ ВОЦАРЯЕТСЯ В ЧЕЛОВЕКЕ НЕРАДЕНИЕ И РАССЛАБЛЕНИЕ, И ОН ИСПОЛНЯЕТСЯ ВСЯКОЙ НЕЧИСТОЙ СТРАСТИ, – И О ХРАНЕНИИ СЕБЯ ОТ БЛИЗОСТИ С ЮНЫМИ, ЧТОБЫ УМ НЕ ОСКВЕРНИЛСЯ НЕПОТРЕБНЫМИ ПОМЫСЛАМИ

Кто возбраняет устам своим клеветать, тот хранит сердце свое от страстей. А кто хранит сердце свое от страстей, тот ежечасно зрит Господа. У кого помышление всегда о Боге, тот прогоняет от себя демонов и искореняет семя их злобы. Кто ежечасно назирает за своею душою, у того сердце возвеселяется откровениями. Кто зрение ума своего сосредоточивает внутри себя самого, тот зрит в себе зарю Духа. Кто возгнушался всяким парением ума, тот зрит Владыку своего внутри сердца своего. Если любишь чистоту, при которой может быть зрим Владыка всяческих, то ни на кого не клевещи и не слушай того, кто клевещет на брата своего. Если другие препираются при тебе, замкни уши и беги оттуда, чтобы не услышать тебе выражений гневных и не умерла душа твоя, лишившись жизни. Сердце раздраженное не вмещает в себе тайн Божиих; а кроткий и смиренномудрый есть источник тайн нового века.

Вот, если будешь чист, то внутри тебя небо, и в себе самом узришь Ангелов и свет их, а с ними и в них и Владыку Ангелов. Кого хвалят справедливо, тот не терпит вреда. Но если усладительна для него похвала, то безмездный он делатель. Сокровище смиренномудрого внутри него, и это – Господь. Наблюдающий за языком своим вовек не будет им окраден. Уста молчаливые истолковывают тайны Божии, а скорый на слова удаляется от Создателя своего. Душа доброго сияет паче солнца и ежечасно возвеселяется видением Божественных откровений. Кто последует любящему Бога, тот обогатится тайнами Божиими; а кто последует неправедному и горделивому, тот удалится от Бога и возненавиден будет друзьями своими. Молчаливый языком во всей наружности своей приобретает смиренномудрую чинность, и он без труда возобладает над страстями. Страсти искореняются и обращаются в бегство непрестанным погружением мысли в Боге. Это меч, умерщвляющий их. Как при безмолвной тишине чувственного моря носится и плавает дельфин, так и при безмолвии и утишении раздражительности и гнева в море сердечном, во всякое время, к веселью сердца, носятся в нем тайны и Божественные откровения.

Кто желает видеть Господа внутри себя, тот прилагает усилие очищать сердце свое непрестанным памятованием о Боге, и таким образом, при светлости очей ума своего, ежечасно будет он зреть Господа. Что бывает с рыбою, вышедшею из воды, то бывает и с умом, который выступил из памятования о Боге и парит в памятовании о мире. Сколько человек удаляется от собеседования с людьми, столько же удостаивается дерзновенного умом своим беседования с Богом, и в какой мере отсекает от себя утешение мира сего, в такой удостаивается радости Божией о Духе Святом. И как гибнут рыбы от недостатка воды, так умные движения, возникающие от Бога, исчезают в сердце инока, который часто обращается и проводит время с людьми мирскими.

Мирянин, бедствующий и злостраждущий в делах мирских и житейских, лучше злостраждущего и в мирских делах проводящего время инока. Кто с пламенною ревностью днем и ночью ищет Бога в сердце своем и искореняет в нем приражения, бывающие от врага, тот страшен демонам и вожделенен Богу и Ангелам Его. У чистого душою мысленная область внутри него; сияющее в нем солнце – свет Святыя Троицы; воздух, которым дышат обитатели области сея, – Утешительный и Всесвятый Дух; совосседающие с ним – святые и бесплотные природы; а жизнь, и радость, и веселье их – Христос, свет от света – Отца. Таковый и видением души своей ежечасно увеселяется, и дивится красоте своей, которая действительно во сто крат блистательнее светлости солнечной. Это – Иерусалим и Царство Божие, внутри нас сокровенное, по Господнему слову (Лк.17:21). Область сия есть облако Божией славы, в которое только чистые сердцем внидут узреть лице своего Владыки и озарить умы свои лучами Владычнего света.

А кто раздражителен, кто гневлив, кто славолюбив, кто любостяжателен, кто чревоугодник, кто обращается с мирянами, кто хочет, чтобы исполняема была собственная его воля, кто вспыльчив и исполнен страстей – все таковые пребывают в таком же смятении, как сражающиеся ночью, и осязают тьму, находясь вне области жизни и света. Ибо область сия составляет удел добрых, смиренномудрых, соделавших сердца свои чистыми. Человек не может узреть красоты, которая внутри него, пока не возгнушается всякою красотою вне его и не обесчестит ее. Он не может возвести взора прямо к Богу, пока не отречется совершенно от мира. Кто уничижает и умаляет самого себя, того упремудрит Господь. А кто сам себя почитает премудрым, тот отпадает от Божией премудрости. В какой мере язык воздерживается от многоглаголания, в такой озаряется ум к различению помышлений, а многоглаголанием приводится в замешательство и самый рассудительный ум.

Кто обнищает в мирском, тот обогатится в Боге; а друг богатых обнищает Богом. Кто целомудрен, смиренномудр, гнушается вольностию в словах и изгнал из сердца раздражительность, тот (уверен я в этом), как скоро станет на молитву, видит в душе своей свет Святаго Духа, и радуется в блистаниях озарения светом Его, и веселится видением славы сего озарения и изменением своим до уподобления с оною славою. Нет иного делания, которое бы могло низлагать так полки нечистых демонов, как видение в Боге.

Некто из отцов повествовал мне следующее: «В один день сидел я, и ум мой пленен был видением. А когда пришел я в себя, крепко воздохнул. Стоявший же против меня бес, как скоро услышал сие, убоялся и, как бы пожираемый какою молнией, возопив от нужды и как бы гонимый кем, предался бегству».

Блажен, кто памятует о своем отшествии из этой жизни и воздерживается от привязанностей к наслаждениям мира сего, потому что многократно усугубленное блаженство приимет во время отшествия своего, и не оскудеет для него блаженство сие. Он есть рожденный от Бога; и Святый Дух – кормитель его; из лона Духа сосет он живоносную пищу и, к веселию своему, обоняет воню Его. А кто привязан к мирским, к миру и к успокоению его, кто любит беседование с миром, тот лишается жизни, и мне нечего сказать о нем; остается только с воплем плакать неутешным плачем, который сокрушит сердца слышащих оный.

Пребывающие во тьме, воздвигните главы свои, да озарятся светом лица ваши! Изыдите из-под власти мирских страстей, да изыдет в сретение вам сущий от Отца Свет, и служителям Тайн Своих да повелит разрешить узы ваши, чтобы по следам Его шествовать вам ко Отцу. Увы! Чем мы связаны и что нам препятствует видеть славу Его? О, если бы расторглись узы наши, и нам, взыскав, обрести Бога нашего! Если хочешь знать человеческие тайны и не достиг еще до того, чтобы узнать по духу, –

дознаешь по речам, образу жизни и распорядку каждого, если ты мудр. Кто чист в душе и непорочен в образе жизни, тот всегда с целомудрием произносит словеса Духа и сообразно с мерою своего разумения рассуждает и о Божественном, и о том, что в нем самом. А у кого сердце сокрушено страстями, у того ими же и язык приводится в движение. Если станет он говорить и о духовном, то будет рассуждать под влиянием страсти, чтобы в неправде одержать победу. Мудрый замечает такого человека при первой встрече, и чистый обоняет его зловоние.

Кто душою и телом предан всегда суесловию и парениям ума, тот блудник; кто соглашается и соучаствует с ним в этом, тот прелюбодей; и кто сообщается с ним, тот идолослужитель. Дружба с юными есть блуд, которым гнушается Бог. К умягчению такого человека нет пластыря. А кто всех равно любит по состраданию и без различия, тот достиг совершенства. Юный, следуя за юным, заставляет рассудительных плакать и рыдать о них; старец же, следуя за юным, приобретает страсть, которая смраднее страсти юных. Хотя бы и о добродетелях рассуждал он с юными, но сердце его уязвлено. Юный, если он смиренномудр и безмолвник, если чист сердцем от зависти и раздражительности, удаляется от всякого человека и внимателен к себе, то скоро уразумевает страсти нерадивого старца. А если старец неодинаково расположен к старцу и к юному, то всеми силами старайся с таковым не иметь общения, но паче удаляйся от него.

Горе нерадивым, которые притворствуют и под наружностью чистоты питают собственные свои страсти. Кто достиг седин в чистоте помыслов, в добром житии и в воздержании языка, тот здесь еще наслаждается сладостью плода ведения; а при отшествии своем от тела приемлет Божию славу.

Ничто не охлаждает так огня, вдыхаемого в сердце инока Святым Духом к освящению души, как обращение с людьми, многоглаголание и всякая беседа, кроме беседы с чадами Таин Божиих, способствующей к приращению ведения Божия и к сближению с Богом, ибо таковая беседа сильнее всех добродетелей пробуждает душу к оной жизни, искореняет страсти и усыпляет скверные помыслы. Не приобретай себе друзей и сотаинников, кроме таковых; чтобы не положить преткновения душе своей и не уклониться тебе от пути Господня. Да возвеличится в сердце твоем любовь, соединяющая и сопрягающая тебя с Богом, чтобы не пленила тебя любовь мирская, которой причина и конец – тление. Пребывание и обращение с подвижниками – тех и других обогащает тайнами Божиими. А любовь к нерадивым и ленивым делает, что, предавшись совместно парению ума, они наполняют чрево до пресыщения и без меры. Таковому неприятными кажутся яства без друга его, и говорит он: «Горе вкушающему хлеб свой в одиночестве, потому что не сладок ему будет». И они приглашают друг друга на пиры и платят сим один другому, как наемники. Прочь от нас, эта мерзкая любовь, это неприличное и нечестивое препровождение времени! Бегай, брат, приобыкших к подобным делам и никак не соглашайся есть вместе с ними, хотя бы приключилась тебе и нужда, потому что трапеза их мерзка, при ней прислуживают бесы; друзья жениха-Христа не вкушают ее.

Кто часто устраивает пиры, тот работник блудного демона и оскверняет душу смиренномудрого. Простой хлеб с трапезы непорочного очищает душу ядущего от всякой страсти. Воня от трапезы чревоугодника – обилие яств и печений. Безумный и несмысленный привлекается к ней, как пес к мясной лавке. Трапеза пребывающего всегда в молитве сладостнее всякого благоухания от мускуса и благовония от мира; боголюбивый вожделевает оной, как бесценного сокровища.

С трапезы постящихся, пребывающих во бдении и трудящихся о Господе, заимствуй себе врачевство жизни и возбуди от омертвения душу свою. Ибо среди них, освящая их, возлежит Возлюбленный, и горечь злострадания их претворяет в неисповедимую сладость Свою;

духовные же и небесные служители Его осеняют их и святые их яства. И я знаю одного из братии, который ясно видел это собственными своими глазами.

Блажен, кто заградил себе уста от всякого сластолюбия, отлучающего его от Создателя. Блажен, кому пищею Хлеб, сшедший с неба и даровавший жизнь миру. Блажен, кто на поле своем узрел Орошение жизни, по милосердию исходящее из недр Отчих, и к Нему возвел око. Ибо, когда испиет Оного, возвеселится и процветет сердце его, и будет в веселии и радости. Кто в пище своей узрел Господа своего, тот укрывается от всех и один причащается Его, не вступая в общение с недостойными, чтобы не стать их сопричастником и не остаться без озарения лучом Господним. А у кого в пищу примешан смертоносный яд, тот не может вкушать ее с приятностью без друзей своих. Тот – волк, пожирающий мертвечину, кто вступает в дружбу ради собственного своего чрева. Какая ненасытность у тебя, несмысленный, хочешь наполнить чрево свое за трапезой нерадивых, где душа твоя исполняется всякой страсти! Этих предостережений достаточно для тех, которые могут обуздывать чрево.

Весьма сладостна воня постника, и встреча с ним веселит сердца рассудительных; а на чревоугодника от обращения с постником нападает страх, и он употребляет все меры не есть с ним.

Любезен Богу образ жизни воздержанного, тогда как соседство его весьма тяжело для любостяжательного. Молчаливый много восхваляется у Христа; но не будет приятно приближение его тем, которых бесы уловили пристрастием к забавам и парению ума. Кто не любит смиренномудрого и кроткого, кроме горделивых и злоречивых, которые чужды его делания?

Некто рассказывал мне из собственного своего опыта: «В которые дни имею я беседу с кем-нибудь, в те съедаю по три или по четыре сухаря в день, и если стану принуждать себя к молитве, то ум мой не имеет дерзновения к Богу, и не могу устремить к Нему мысли. Когда же разлучусь с собеседниками на безмолвие, в первый день принуждаю себя съесть полтора сухаря, во второй – один, а как скоро утвердится ум мой в безмолвии, усиливаюсь съесть один целый сухарь, и не могу; ум же мой непрестанно с дерзновением беседует с Богом, хотя и не понуждаю его к тому, и светозарность Божества, не оскудевая, осиявает меня, и влечет меня видеть красоту Божественного света и увеселяться ею. Если же во время безмолвия приключится кому прийти и говорить со мною хотя один час, невозможно мне тогда не прибавить пищи, не оставить чего из правила, не расслабеть умом к созерцанию оного света». Вот видите, братия мои, как прекрасны и полезны терпение и уединение, какую силу и какое удобство доставляют подвижникам. Блажен, кто ради Бога пребывает в безмолвии и наедине ест хлеб свой, потому что всегда он беседует с Богом. Ему слава и держава ныне, и всегда, и вовеки! Аминь.

СЛОВО 9. О ЧИНЕ И УСТАВЕ НОВОНАЧАЛЬНЫХ И О ТОМ, ЧТО ПРИЛИЧНО ИМ

Вот целомудренный и любезный Богу чин – не обращать очей туда и сюда, но простирать всегда взор вперед; не празднословить, но говорить только необходимо нужное; довольствоваться убогими одеждами для удовлетворения телесной потребности; пользоваться яствами, поддерживающими тело, а не для чревоугодия: вкушать всего понемногу, не презирать одного, а другое избирать и этим одним охотно наполнять чрево, прочее же отметать. Выше всякой добродетели рассудительность. Вина же, когда нет с тобою друзей или не имеешь болезни или упадка сил, не вкушай. Не прерывай речи, когда говорит другой; и не отвечай, как невежда, но будь твёрд как мудрец. И где бы ни находился ты, почитай себя меньшим всех и служителем братии своих. Ни перед кем не обнажай ни одного члена своего; не приближайся ни к чьему телу без необходимой причины. Не позволяй, чтобы и к твоему телу приближался кто без важной, как сказано, причины. Уклоняйся от дерзости в речах, как от смерти. И сну своему приобрети целомудренный чин, да не удалится от тебя охраняющая тебя сила. Где ты ни спишь, пусть никто, если только можно, не видит тебя. Ни пред кем не извергай слюны. Если, когда сидишь за трапезой, найдет на тебя кашель, отвороти лицо свое назад и так кашляй. Ешь и пей с целомудрием, как прилично чадам Божиим.

Не протягивай руки своей, чтобы с бесстыдством взять что-либо из предложенного друзьям твоим. А если сидит с тобою странник, раз и два пригласи его вкусить, и предлагай трапезу благочинно, а не в беспорядке. Сиди чинно и скромно, не обнажая ни одного из членов своих. Когда зеваешь, закрой уста свои, чтобы не видели другие; ибо, если удержишь дыхание свое, зевота пройдет. Если входишь в келлию настоятеля, или друга, или ученика, храни очи свои, чтобы не видели, что там есть. Если же понуждает к тому помысл, будь внимателен к себе, не слушайся его, и не делай этого. Ибо кто бесстыден в этом, тот чужд иноческого образа и самого Христа, даровавшего нам сей образ. Не обращай взора на те места, в которых спрятана утварь в келлии друга твоего. Тихо отворяй и затворяй дверь у себя и у друга своего. Ни к кому не входи внезапно, но постучась отвне и испросив дозволения, потом уже войди благоговейно.

Не будь тороплив в походке своей без необходимой потребности, заставляющей поспешить. Всем будь послушен во всяком добром деле, только не следуй за любостяжательными, или сребролюбцами, или миролюбцами, да не явится послушание твое делом диавольским. Беседуй со всяким кротко, смотри на всякого целомудренно, ничьим лицом не насыщай очей своих. Идя дорогою, не опережай старших тебя. А если друг твой отстал, отойдя немного вперед, подожди его. Кто не так поступает, тот несмыслен и уподобляется свинье, которой нет закона. Если друг твой начнет речь с кем-либо встретившимся, подожди его и не торопи. Здоровый больному пусть заблаговременно скажет: сделаем, что потребно.

Никого не обличай в каком бы то ни было проступке, но себя почитай во всем ответственным и виновным в прегрешениях. Всякое низкое дело делать со смиренномудрием не отказывайся и не уклоняйся. Если вынужден засмеяться, не выставляй наружу зубов своих. Если принужден говорить с женщинами, отврати лицо от зрения их и так беседуй с ними. А от инокинь, от встречи и разговоров с ними и от лицезрения их удаляйся, как от огня и как от сети диавольской, чтобы в сердце своем не остудить тебе любви к Богу и не осквернить сердца своего тиною страстей. Если они и сестры тебе по плоти, блюдись от них, как от чужих. Остерегайся сближения со своими, чтобы сердце твое не охладело в любви Божией. Вольного обращения и собеседования с юными убегай, как дружбы с диаволом. Одного имей собеседника и сотаинника – того, кто боится Бога и всегда внимателен к себе самому, беден в храмине своей, но богат тайнами Божиими. Утаивай от всякого свои тайны, деяния и брани. Ни перед кем, кроме крайней нужды, не сиди с открытою головою. С целомудрием приступай к исполнению необходимой нужды, как бы стесняясь хранящего тебя Ангела, и совершай дело со страхом Божиим, и принуждай себя до самой смерти, хотя бы и неприятно было это сердцу твоему.

Лучше тебе принять смертоносный яд, нежели есть вместе с женщиной, хотя это будет матерь или сестра твоя. Лучше тебе жить вместе со змием, нежели спать и лежать под одним покровом вместе с юным, хотя будет это брат твой по плоти. Если идешь дорогой и скажет кто из старших тебе: «Иди, будем петь», послушайся его. А если не скажет сего, языком молчи, сердцем же славословь Бога. Никому ни в чем не противься, ни с кем не ссорься, не лги, не клянись именем Господа Бога твоего. Будешь пренебрегаем, сам не пренебрегай. Будешь обижаем, сам не обижай. Пусть лучше гибнет телесное вместе с телом, только бы не потерпело вреда что-либо душевное. Ни с кем не входи в суд, а незаслуженно осужденный – терпи. Не возлюби душою своею чего-либо мирского, но покорствуй игуменам и начальствующим; а от близких сношений с ними удерживайся, потому что это сеть, уловляющая нерадивых в погибель.

Тебе, чревоугодник, старающийся угодить чреву своему, лучше уголь огненный ввергнуть в утробу свою, нежели печения правителей и начальствующих. На всех изливай милость и от всех будь унижен. Храни себя от многоглаголания, ибо оно угашает в сердце мысленные движения, бывающие от Бога. Как мечущегося на всех льва, избегай рассуждений о догматах: не сходись для этого ни с питомцами Церкви, ни с чужими. Не проходи и стогнами гневливых или сварливых, чтобы сердце твое не исполнилось раздражительности и душою твоею не возобладала тьма прелести. Не живи вместе с горделивым, да не будет действенность Святаго Духа отъята от души твоей, и да не соделается она жилищем всякой лукавой страсти. Если же соблюдешь ты, человек, сии предосторожности и будешь всегда заниматься Богомыслием, то душа твоя действительно узрит в себе свет Христов и не омрачится вовеки. Христу слава и держава вовеки! Аминь.

СЛОВО 10. СКАЗАНИЯ СВЯТЫХ МУЖЕЙ, ИХ ПРЕПОДОБНЫЕ ИЗРЕЧЕНИЯ И ЧУДНОЕ ЖИТИЕ

В один день пошел я в келлию к одному святому брату и по немощи своей прилег у него на одном месте, чтобы походил он за мною ради Бога, потому что знакомых у меня никого там не было. И видел я, как этот брат встает ночью прежде времени и имеет обычай приходить на правило до братии. Довольно времени он стихословил и вдруг на все то время, пока продолжалось это с ним, оставлял правило, падал на лицо свое и до ста или более раз с горячностью, какую возжигала в сердце его благодать, ударял головою в землю. После сего вставал, лобызал крест Владычный, снова делал поклон, и лобызал тот же крест, и опять повергался на лицо свое. И такой обычай соблюдал он всю жизнь, так что невозможно изобразить мне числом множества его коленопреклонений. Да и кто был бы в состоянии исчислить поклоны этого брата, какие клал он каждую ночь? Раз двадцать со страхом и горячностью, с любовию, растворенною благоговением, лобызал он крест и опять начинал стихословие, а иной раз от великого возгорания помыслов, распалявших его горячностью своею, когда не в силах был выносить разжжения оного пламени, препобеждаемый радостью, восклицал, потому что не мог удержаться. Поэтому много дивился я благодати сего брата, и подвигу, и трезвенности его в деле Божием. Поутру же, после первого часа, когда садился он за чтение, делался подобен человеку пленному и в продолжение каждой читаемой им главы не раз падал на лицо свое, и на многих стихах воздевал руки свои к небу, и славословил Бога. От рода же ему был сороковой год. Употреблял он и пищу в весьма малом количестве, и очень сухую. И поелику сверх меры и силы делал частые принуждения телу своему, то казался подобным тени, почему жалость возбуждало во мне изнеможение лица его, так исхудавшего от многого неядения, что в нем не было и двух перстов. И нередко говаривал я ему: «Пожалей и себя, брат, в подвиге своем, и это доброе житие, какое стяжал ты; не спутай и не порви этого, подобного духовной цепи, жития твоего, и из желания прибавить несколько труда не умаль и не останови совершенно течения пути своего. Ешь в меру, чтобы не лишиться возможности есть; не простирай ноги своей сверх силы, чтобы не сделаться вовсе неспособным к делу». Был же он милостив, весьма скромен, и милость оказывал с благодушием.

Чистый по врожденным качествам, готовый на утешение, мудрый по Богу, всеми любим был за чистоту свою и за благодушие. С братиею же, когда имели в нем нужду, нередко работал дня по три и по четыре и только к вечеру уходил в свою келлию, потому что искусен был и во всяком служении. Когда же приобретал что, хотя имел в том нужду, из великого уважения своего к большим и малым, не мог сказать, что не имеет того. И даже когда работал с братиею, то по большей части делал это как бы из уважения и принуждал себя, не находя для себя удовольствия в выходах из келлии. Таково было житие и обращение оного подлинного дивного брата. Богу же нашему да будет слава вовеки! Аминь.

СЛОВО 11. О ВЕТХОМ СТАРЦЕ

В другой раз опять пошел я к одному ветхому, прекрасному и добродетельному старцу. Он весьма любил меня, и был, хотя невежда в слове, но просвещен ведением и глубок сердцем, и говорил, что внушала ему благодать; не часто выходил он из своей келлии, разве только к святым службам; был же внимателен к себе и жил в безмолвии. Некогда сказал я ему: «Пришел мне, отец, помысл пойти в воскресный день на церковную паперть, сесть там и рано утром есть, чтобы всякий входящий и выходящий, увидев меня, уничижил». На сие старец отвечал мне так: «Писано, что всякий, кто делает соблазн мирянам, не узрит света. А ты никому не известен в этой стороне, жития твоего не знают, будут же говорить, что иноки с утра едят; особливо же братия здесь новоначальные и немощны в своих помыслах; многие из них, имея веру к тебе и пользуясь от тебя, как скоро увидят, что сделал ты это, потерпят вред.

Древние отцы делывали так, по причине многих совершенных ими чудотворений и по причине оказываемой им чести и прославления их имени, и делали это, чтобы подвергнуть себя бесчестию, скрыть славу жития своего и удалить от себя причины к гордыне. А тебя что заставляет поступить подобным сему образом? Не знаешь разве, что всякому житию свой чин и свое время? Ты не имеешь такого отличного жития и такого имени, а живешь как и прочие братия. Ты себе не принесешь пользы, а другому повредишь. Притом такое действование полезно не всем, но одним совершенным и великим, потому что в этом есть разрешение чувств. Достигшим же только средины и новоначальным оно вредно, потому что таковые имеют нужду в большей предосторожности и в подчинении чувств. Старцы уже пережили время осторожности, извлекают пользу, из чего только захотят. Ибо неопытные купцы в больших оборотах великие причиняют себе убытки, а в маловажных оборотах скоро идут с успехом вперед. И опять, как сказал я, всякому делу свой порядок, и всякому роду жизни известное время. Кто прежде времени начинает, что сверх его меры, тот ничего не приобретает, а усугубляет только себе вред. Если вожделенно тебе это, с радостью терпи то бесчестие, которое по Божию смотрению, а не по твоей воле постигает тебя, и не смущайся, не питай ненависти к тому, кто бесчестит тебя».

Была у меня однажды еще беседа с сим благоразумным мужем, вкусившим плода с древа жизни за труды, понесенные им с ранней юности до вечера старости своей. И, преподав мне много уроков добродетели, говорил он еще так: «Всякая молитва, в которой не утруждалось тело и не скорбело сердце, вменяется за одно с недоношенным плодом чрева, потому что такая молитва не имеет в себе души», – и еще говорил мне: «Человеку любопритному, который хочет поставить на своем слове, лукавому умом и бесстыдному в чувствах своих, ничего не давай, и у него вовсе ничего не бери, чтобы тебе не удалить от себя чистоту, приобретенную с великим трудом, и не наполнить сердца своего тьмою и смущением».

СЛОВО 12. О ДРУГОМ СТАРЦЕ

Пошел я некогда в келлию к одному из отцов. Святой же нечасто кому отворял двери. Но, как скоро увидел в окно, что иду я, сказал мне: «Хочешь ли войти?» – и я отвечал: «Да, честный отец». После же того, как вошел я, сотворил молитву, сел, и о многом мы побеседовали, напоследок спросил я его: «Что мне делать, отец? Иные приходят ко мне, и я ничего не приобретаю, и никакой не извлекаю пользы из беседы с ними, но стыжусь сказать им: не ходите. Даже препятствуют они мне нередко исправлять обычное правило, и поэтому скорблю». На это отвечал мне блаженный оный старец: «Когда придут к тебе таковые любители праздности, как скоро посидят немного, подай им вид, что хочешь стать на молитву, и пришедшему скажи с поклоном: «Помолимся, брат, потому что наступило уже для меня время правила, и не могу нарушить оного, тяжело мне делается, когда хочу выполнить оное в другой час, и это бывает для меня причиною смущения, и без крайней какой-либо нужды не могу оставлять правила. А теперь нет необходимости, чтобы отменена была моя молитва». И не отпускай его без того, чтобы не молился с тобою. Если скажет: «Молись, а я пойду», – сделай ему поклон и скажи: «Любви ради сотвори со мною хотя эту одну молитву, чтобы мне была польза от молитвы твоей». – И когда станете, продли молитву твою даже сверх того, как обык ты делать. Если так будешь поступать с ними, как скоро придут к тебе, то, узнав, что не потакаешь им и не любишь праздности, не приблизятся и к месту тому, о котором услышат, что ты там.

Посему смотри, чтобы тебе из лицеприятия не разорить дела Божия. Если же встретится кто из отцов или утрудившийся странник, то побыть с таковым вменится тебе вместо самой длинной молитвы. Но если странник будет один из любителей суесловия, то успокой его по возможности и отпусти с миром».

Один из отцов сказал: «Дивлюсь, слыша, что некоторые в келлиях своих занимаются рукоделием и могут без опущения совершать правило свое и не смущаться». Изрек же достойное удивления слово: «По правде сказать, если выхожу за водою, то чувствую замешательство в своем обычае и в порядке оного и встречаю препятствие к усовершению своей рассудительности».

СЛОВО 13. О ВОПРОСЕ ОДНОГО БРАТА

Тот же старец вопрошен был однажды некоторым братом: «Что мне делать? Нередко бывает у меня какая-нибудь вещь, в которой имею надобность или по немощи, или по делу, или по другой какой причине, и без этой вещи не могу жить в безмолвии, но вижу, что кто-нибудь имеет в ней нужду, и, преодолеваемый жалостью, отдаю ему эту вещь, а часто делаю это и потому, что бываю кем-либо упрошен. Ибо вынуждают меня к тому и любовь, и заповедь, и уступаю, что самому мне нужно. А потом потребность для меня этой вещи делает, что впадаю в беспокойство и смущение помыслов; и это отвлекает мой ум от попечения о безмолвии, иногда даже бываю принужден оставить безмолвие и идти искать той же вещи. Если же достает терпения не выходить из безмолвия, то бываю в великой скорби и в смятении помыслов. Поэтому не знаю, что избрать мне: или для успокоения брата своего делать то, что рассеивает меня и прекращает мое безмолвие, или презирать просьбу и пребывать в безмолвии?»

На это старец отвечал и сказал: «Если милостыня, или любовь, или милосердие, или что-либо, почитаемое сделанным для Бога, препятствуют твоему безмолвию, обращают око твое на мир, ввергают тебя в заботу, помрачают в тебе памятование о Боге, прерывают молитвы твои, производят в тебе смятение и неустройство помыслов, делают, что перестаешь заниматься Божественным чтением, оставляешь это оружие, избавляющее от парения ума, ослабляют осторожность твою, производят, что, быв дотоле связан, начинаешь ходить свободно и, вступив в уединение, возвращаешься в общество людей, пробуждают на тебя погребенные страсти, разрешают воздержание чувств твоих, воскрешают для мира тебя, умершего миру, от ангельского делания, о котором у тебя единственная забота, низводят тебя и поставляют на стороне мирян, – то да погибнет такая правда! Ибо выполнять обязанность любви, доставляя успокоение телесное, есть дело для людей мирских, а если и монахов, то недостаточных, не пребывающих в безмолвии, или таких, у которых безмолвие соединено с единодушным общежитием, которые непрестанно и входят и выходят. Для таковых это есть дело прекрасное и достойное удивления.

А тем, которые действительно избрали для себя отшельничество от мира и телом и умом, чтобы установить мысли свои в уединенной молитве, в омертвении для всего преходящего, для зрения мирских вещей и для памятования о них, – таковым не подобает служить Христу деланием чего-либо телесного и правдой дел явных (чтобы ими оправдаться), но, по слову апостола, умерщвлением удов своих, *«яже на земли»* (Кол.3:5), надлежит приносить Христу чистую и непорочную жертву помыслов как первый плод возделывания самих себя и телесную скорбь в терпении опасностей, ради будущего упования. Ибо житие иноческое равночестно ангельскому. И не подобает нам, оставив небесное делание, держаться житейского». Богу же нашему слава вовеки! Аминь.

СЛОВО 14. ОБ ОДНОМ УКОРЕННОМ БРАТЕ

Однажды укорен был некий брат, что не подал милостыни; и он дерзко и гордо отвечал укорившему его: «Монахам не поставлено в обязанность подавать милостыню». Но укоривший возразил ему: «Виден и явен тот монах, которому не поставлено в обязанность подавать милостыню. Ибо не поставлено тому, кто с открытым лицом может сказать Христу, как написано: *«се, мы оставихом вся и вслед Тебе идохом»* (Мф.19:27), т. е. кто ничего не имеет на земле, не занимается телесным, не помышляет ни о чем видимом, не заботится о каком-либо приобретении, но, если кто и дает ему что, берет только нужное на потребу, а что сверх потребности, ставит то ни во что и живет точно как птица. Таковому не поставлено в обязанность подавать милостыню. Ибо как может давать другому из того, от чего свободен сам? Но кто занят делами житейскими, собственными своими руками работает и сам берет у других, тот тем более обязан подавать милостыню. И если нерадеть ему о милостыне, то немилосердие это есть противление Господней заповеди. Ибо если кто не приближается к Богу втайне и не умеет служить Ему духом, но не заботится и о делах явных, которые возможны для него, то какая еще будет у такового надежда приобрести себе жизнь? Таковой несмыслен».

Другой старец сказал: «Дивлюсь тем, которые смущают себя в деле безмолвия, чтобы других успокоить в телесном». И еще говорил: «Не надобно нам к делу безмолвия примешивать попечение о чем-либо другом:

всякое же дело да будет честву́емо на своем месте, чтобы поведение наше не имело в себе смешения. Ибо кто имеет попечение о многих, тот раб многих. А кто оставил все и заботится об устроении души своей, тот – друг Божий. Смотри, подающих милостыню и в отношении к ближним выполняющих любовь удовлетворением нужд телесных, их в мире много; а делатели всецелого и прекрасного безмолвия, занятые Богом, едва обретаются и редки. Кто же из подающих в мире милостыню или соблюдающих правду в том, что касается до тела, мог достигнуть хотя одного из тех дарований, каких бывают сподобляемы от Бога пребывающие в безмолвии?» И еще сказал он: «Если ты мирянин, то проводи время в занятиях добрыми мирскими делами. А если ты инок, то прославься делами, какими отличаются иноки. Если же намерен ты заниматься тем и другим, то утратишь то и другое. Дела инока суть следующие: свобода от телесного, в молитвах телесный труд и непрестанное сердечное памятование о Боге. Суди же сам, можно ли тебе без сих дел удовольствоваться мирскими добродетелями?»

Вопрос. Не может ли инок, злостраждущий в безмолвии, приобрести два рода занятий, т. е. помышлять о Боге и иметь в сердце другую заботу?

Ответ. Думаю, что намеревающийся пребывать в безмолвии, когда все оставит и будет заботиться о своей одной душе, не возможет без упущения управиться в деле безмолвия, даже если поставит себя вне житейского попечения; а тем паче, если будет заботиться и о другом. Господь оставил Себе в мире работающих Ему и радеющих о чадах Его и избрал Себе таких, которые служили бы пред Ним. Ибо не у земных только царей можно замечать различие чинов и видеть, что славнее те, которые всегда стоят пред лицом у царя и участвуют в его тайнах, нежели те, которые занимаются делами внешними; но можно видеть это же в делах Царя Небесного, а именно: какое дерзновение приобрели те, которых всегдашнее пребывание в молитве соделало собеседниками и таинниками Его; какого сподобляются они богатства и небесного и земного, и в какой мере обнаруживают они власть свою над всякой тварью, паче тех, которые служат Богу своим имением и житейскими благами и благоугождают Ему творением добрых дел, что также весьма важно и прекрасно. Поэтому должно нам брать в образец не последних, которые еще недостаточны в делах Божиих, но тех подвижников и святых ратоборцев, которые прекрасно совершили житие свое, оставили все житейское и на земле возделали Царство Небесное, однажды навсегда отринули земное и простерли руки ко вратам небесным.

Чем благоугодили Богу древние святые, проложившие нам путь сего жития? Иже во святых Иоанн Фивейский, это сокровище добродетелей, этот источник пророчества, тем ли благоугодил Богу, что в телесных нуждах упокоивал братий внутри затвора своего, или молитвою и безмолвием? Не спорю, что и первым многие также благоугодили Богу, но менее угодивших молитвою и оставлением всего. Ибо от живущих в безмолвии и прославляющихся оным есть явная некая помощь братиям их. Разумею же, что во время нужды помогают они нам словом или приносят о нас молитвы. А что кроме этого (если памятование или попечение о чем-либо житейском таится в сердце пребывающих на безмолвии), то сие не дело духовной мудрости. Ибо не безмолвствующим, но вне безмолвия живущим сказано: *«воздадите убо кесарева кесаревы, и Божия Богови»* (Мф.22:21), т. е. каждому свое, что ближнего, то ближнему, и что Божие, то Богу. Тем, которые живут в ангельском чине, т. е. имеют попечение о душе, не заповедано благоугождать Богу чем-либо житейским, т. е. заботиться о рукоделии или брать у одного и подавать другому. Поэтому иноку не должно иметь попечения ни о чем таком, что колеблет и возводит ум его от предстояния лицу Божию.

Если же кто, противореча ему, упомянет о божественном апостоле Павле, что он работал собственными своими руками и подавал милостыню, то скажем ему, что

Павел один мог все делать; мы же не знаем, чтобы другой был Павел, подобно ему способный на все. Ибо покажи мне другого такого Павла, и поверю тебе. Притом, что бывает по Божию смотрению, того не выставляй на вид для дел общих. Ибо иное есть дело благовествования, и иное – деятельность безмолвия. Ты же, если намерен держаться безмолвия, будь подобен Херувимам, которые не заботятся ни о чем житейском. И не думай, что кроме тебя и Бога есть кто другой на земле, о ком бы заботиться тебе, – как научен ты прежде тебя бывшими отцами. Если не ожесточит кто собственного сердца своего, и не будет с усилием удерживать милосердия своего так, чтобы стать далеким от попечения о всем дольнем, и ради Бога, и ради чего-либо житейского, и не станет пребывать в одной молитве в определенные на то времена, то не может он быть свободным от смущения и заботы и пребывать в безмолвии.

Посему, когда придет тебе мысль позаботиться о чем-либо под предлогом добродетели и тем возмутить тишину, какая у тебя в сердце, тогда скажи той мысли: «Прекрасен путь любви, прекрасно дело милосердия ради Бога; но я ради же Бога не хочу этого». – «Остановись, отец, – сказал один монах, – ради Бога спешу за тобой», и тот отвечал: «И я ради Бога бегу от тебя». Авва Арсений ради Бога ни с кем не беседовал ни о пользе душевной, ни о чем ином. Другой ради Бога весь день говорил и принимал всех приходящих странников; а он вместо сего избрал молчание и безмолвие, и по сей причине среди моря настоящей жизни беседовал с Божественным Духом, и в величайшей тишине преплывал оное на корабле безмолвия, как ясно видели сие подвижники, дознавшиеся о сем у Бога. И вот закон безмолвия: умолкнуть для всего. А если и в безмолвии окажешься исполненным смятения и будешь смущать тело рукоделиями, а душу заботой о ком-нибудь, то суди сам, какое проводишь тогда безмолвие, заботясь о многих, чтобы угодить тем Богу? Ибо стыдно и сказать, будто бы без оставления всего, без удаления себя от всякой заботы можно преуспеть в безмолвном житии. Богу же нашему слава!

СЛОВО 15. О РАЗНЫХ ОТЛИЧИЯХ БЕЗМОЛВИЯ, О ВЛАСТИ УМА И О ТОМ, СКОЛЬКО ВЛАСТЕН УМ ВОЗБУЖДАТЬ СОБСТВЕННЫЕ СВОИ ДВИЖЕНИЯ ПРИ РАЗНЫХ ВИДАХ МОЛИТВЫ, КАКОЙ ПРЕДЕЛ ДАН МОЛИТВЕ САМИМ ЕСТЕСТВОМ, ДО КАКОГО ПРЕДЕЛА МОЛИТВА ТВОЯ УЖЕ НЕ МОЛИТВА, ХОТЯ СОВЕРШАЕМОЕ ТОБОЮ И НАЗЫВАЕТСЯ МОЛИТВОЮ

Слава Излиявшему обильно дары Свои на людей! Он соделал, что и плотяные служат Ему в чине естеств бесплотных, и природу перстных сподобил глаголать о таковых тайнах, наипаче же – людей грешных, подобных нам, недостойных и слышать такие глаголы. Но Он, по благодати Своей, отверз нам слепоту сердечную к уразумению оных, из рассмотрения Писания и учения великих отцов. Ибо вследствие собственного своего подвига не сподобился я дознать опытом и тысячную часть того, что написал своими руками, особенно же в этом сочинении, которое предложу для возбуждения и просвещения душ ваших и всех читающих оное, в той надежде, что, может быть, воспрянут и, вожделев сего, приступят к деланию.

Иное дело – молитвенное услаждение, а иное – молитвенное созерцание. Последнее в такой мере выше первого, в какой совершенный человек выше несовершенного отрока. Иногда стихи делаются сладостными в устах, и стихословие одного стиха в молитве неисчетно продолжается, не дозволяя переходить к другому стиху, и молящийся не знает насыщения. Иногда же от молитвы рождается некое созерцание, и прерывает оно молитву уст, и молящийся в созерцании становится телом бездыханным, придя в восторг. Такое состояние называем мы молитвенным созерцанием, а не видом чего-то и образом, или мечтательным призраком, как говорят несмысленные. И опять в сем молитвенном созерцании есть мера и различие дарований; и это еще молитва, потому что мысль еще не переступила туда, где нет уже молитвы, в такое состояние, которое выше молитвы. Ибо движение языка и сердца к молитве суть ключи, а что после сего, то уже есть вход в сокровенные клети. Здесь да умолкнут всякие уста, всякий язык; да умолкнет и сердце – этот хранитель помыслов, и ум – этот кормчий чувств, и мысль – эта быстропарящая и бесстыдная птица, и да прекратится всякое их ухищрение. Здесь да остановятся ищущие: потому что пришел Домовладыка.

СЛОВО 16. О ЧИСТОЙ МОЛИТВЕ

Как вся сила законов и заповедей, какие Богом даны людям, по слову отцов, имеет пределом чистоту сердца, так все роды и виды молитвы, какими только люди молятся Богу, имеют пределом чистую молитву. Ибо и воздыхания, и коленопреклонения, и сердечные прошения, и сладчайшие вопли, и все виды молитвы, как сказал я, имеют пределом чистую молитву и до нее только имеют возможность простираться. А от чистоты молитвенной и до внутренней, как скоро мысль переступила этот предел, не будет уже иметь она ни молитвы, ни движения, ни плача, ни власти, ни свободы, ни прошения, ни вожделения, ни услаждения чем-либо из уповаемого в сей жизни или в будущем веке. И поэтому после чистой молитвы иной молитвы нет. До сего только предела всякое молитвенное движение и все виды молитвы доводят ум властью свободы. Потому и подвиг в молитве. А за сим пределом будет уже изумление, а не молитва; потому что все молитвенное прекращается, наступает же некое созерцание, и не молитвою молится ум. Всякая, какого бы то ни было рода, совершаемая молитва совершается посредством движений; но как скоро ум входит в духовные движения, не имеет там молитвы. Иное дело – молитва, а иное – созерцание в молитве, хотя молитва и созерцание заимствуют себе начало друг в друге. Молитва есть сеяние, а созерцание – собирание рукоятей [снопов], при котором жнущий приводится в изумление неизглаголанным видением, как из малых и голых посеянных им зерен вдруг произросли пред ним такие красивые класы. И он в собственном своем делании пребывает без всякого движения; потому что всякая совершаемая молитва есть моление, заключающее в себе или прошение, или благодарение, или хваление. Рассмотри же внимательнее, один ли из сих видов молитвы, или прошение чего-либо, бывает, когда ум переступает свой предел и входит в оную область? Спрашиваю же о сем того, кто ведает истину. Но не у всех сия рассудительность, а только у тех, которые соделались зрителями и служителями дела сего или учились у таковых отцов, и из уст их познали истину, и в сих и подобных сим изысканиях провели жизнь свою.

Как из многих тысяч едва находится один, исполнивший заповеди и все законное с малым недостатком и достигший душевной чистоты, так из тысячи разве один найдется, сподобившийся, при великой осторожности, достигнуть чистой молитвы, расторгнуть этот предел и приять оное таинство; потому что чистой молитвы никак не могли сподобиться многие; сподобились же весьма редкие; а достигший того таинства, которое уже за сею молитвою, едва, по благодати Божией, находится и из рода в род.

Молитва есть моление и попечение о чем-либо и желание чего-либо, как-то: избавления от здешних или будущих искушений, или желание наследия отцов; моление – это то, чем человек приобретает себе помощь от Бога. Сими движениями и ограничиваются движения молитвенные. А чистота и нечистота молитвы зависят от следующего: как скоро в то самое время, как ум приуготовляется принести одно из сказанных нами движений своих, примешивается к нему какая-либо посторонняя мысль или беспокойство о чем-нибудь, тогда молитва сия не называется чистою; потому что не от чистых животных принес ум на жертвенник Господень, т. е. на сердце – этот духовный Божий жертвенник. А если бы кто упомянул об оной, у отцов называемой духовною, молитве и, не уразумев силы отеческих изречений, сказал: «Сия молитва в пределах молитвы духовной», то думаю, если точнее вникнуть в это понятие, хула будет, если какая-либо тварь скажет, будто бы сколько-нибудь преклоняется духовная молитва. Ибо молитва преклоняющаяся – ниже духовной. Всякая же духовная молитва свободна от движений. И если чистою молитвою едва ли кто молится, то что сказать о молитве духовной? У святых отцов было в обычае всем добрым движениям и духовным деланиям давать именование молитвы. И не только отцам, но и всем, которые просвещены видением, обычно всякое прекрасное делание вменять почти за одно с молитвою. Ясно же, что иное дело – молитва, а иное – совершаемые дела. Иногда сию, так называемую духовную, молитву в одном месте называют путем, а в другом ведением, а инде – умным видением. Видишь, как отцы переменяют названия духовных предметов? Ибо точность именований устанавливается для предметов здешних, а для предметов будущего века нет подлинного и истинного названия, есть же о них одно простое ведение, которое выше всякого наименования и всякого составного начала, образа, цвета, очертания и всех придуманных имен. Поэтому, когда ведение души возвысится из видимого мира, тогда отцы в означение оного ведения употребляют какие хотят названия, так как точных именований оному никто не знает. Но, чтобы утвердить на сем ведении душевные помышления, употребляют они наименования и притчи, по изречению святого Дионисия, который говорит, что ради чувств употребляем притчи, слоги, приличные имена и речения. Когда же действием Духа душа подвигнута к Божественному, тогда излишни для нас и чувства, и их деятельность, равно как излишни силы духовной души, когда она, по непостижимому единству, соделывается подобною Божеству и в своих движениях озаряется лучом высшего света.

Итак, поверь, брат, что ум имеет возможность различать свои движения только до предела чистой молитвы. Как же скоро достигнет туда, и не возвращается вспять, или оставляет молитву – молитва делается тогда как бы посредницею между молитвою душевною и духовною. И когда ум в движении, тогда он в душевной области; но как скоро вступает он в оную область, прекращается и молитва. Ибо святые в будущем веке, когда ум их поглощен Духом, не молитвою молятся, но с изумлением водворяются в веселящей их славе. Так бывает и с нами. Как скоро ум сподобится ощутить будущее блаженство, забудет он и самого себя, и все здешнее, и не будет уже иметь в себе движения к чему-либо. Посему некто с уверенностью осмеливается сказать, что свобода воли путеводит и приводит в движение посредством чувств всякую совершаемую добродетель и всякий чин молитвы, в теле ли то, или в мысли, и даже самый ум — этого царя страстей. Когда же управление и смотрение Духа возгосподствуют над умом — этим домостроителем чувств и помыслов, тогда отъемлется у природы свобода, и ум путеводится, а не путеводит. И где тогда будет молитва, когда природа не в силах иметь над собою власти, но иною силою путеводится сама не знает куда, и не может совершать движений мысли, в чем бы ей хотелось, но овладевается в тот час пленившею ее силою, и не чувствует, где путеводится ею? Тогда человек не будет иметь и хотения; даже, по свидетельству Писания, не знает, в теле он или вне тела (см. 2Кор.12:2). И будет ли уже молитва в том, кто столько пленен и не сознает сам себя? Посему никто да не глаголет хулы и да не дерзает утверждать, что можно молиться духовною молитвою. Такой дерзости предаются те, которые молятся с кичливостью, невежды ведением, и лживо говорят о себе, будто бы, когда хотят, молятся они духовною молитвою. А смиренномудрые и понимающие дело соглашаются учиться у отцов и знать пределы естества и не дозволяют себе предаваться таким дерзким мыслям.

Вопрос. Почему же сей неизглаголанной благодати, если она не есть молитва, дается наименование молитвы?

Ответ. Причина сему, как утверждаем, та, что благодать сия дается достойным во время молитвы и начало свое имеет в молитве, так как, по свидетельству отцов, кроме подобного времени, нет и места посещению сей достославной благодати. Наименование молитвы дается ей потому, что от молитвы путеводится ум к оному блаженству, и потому, что молитва бывает причиною оного; в иные же времена не имеет оно места, как показывают отеческие писания. Ибо знаем, что многие святые, как повествуется и в житиях их, став на молитву, были восхищены умом.

Но если кто спросит: почему же в сие только время бывают сии великие и неизреченные дарования, то ответствуем: потому что в сие время более, нежели во всякое другое, человек бывает собран в себя и уготован внимать Богу, вожделевает и ожидает от Него милости. Короче сказать, это есть время стояния при вратах царских, чтобы умолять царя; и прилично исполниться прошению умоляющего и призывающего в это время. Ибо бывает ли другое какое время, в которое бы человек столько был приуготовлен и так наблюдал за собою, кроме времени, когда приступает он к молитве? Или, может быть, приличнее получить ему что-либо таковое в то время, когда спит, или работает что, или когда ум его возмущен? Ибо вот и святые, хотя не имеют праздного времени, потому что всякий час заняты духовным, однако же и с ними бывает время, когда не готовы они к молитве. Ибо нередко занимаются или помышлением о чем-либо встречающемся в жизни, или рассматриванием тварей, или иным чем действительно полезным. Но во время молитвы созерцание ума устремлено к Единому Богу и к Нему направляет все свои движения, Ему от сердца, с рачением и непрестанною горячностью приносит моления. И посему-то в это время, когда у души бывает одно-единственное попечение, прилично источаться Божественному благоволению. И вот видим, что, когда священник приготовится, станет на молитву, умилостивляя Бога, молясь и собирая свой ум воедино, тогда Дух Святый нисходит на хлеб и на вино, предложенные на жертвеннике. И Захарии во время молитвы явился Ангел, и предвозвестил рождение Иоанна. И Петру, когда во время шестого часа молился в горнице, явилось видение, путеводствовавшее его к призванию язычников снисшедшею с неба плащаницею и заключенными в ней животными. И Корнилию во время молитвы явился Ангел и сказал ему написанное о нем. И также Иисусу сыну Навину глаголал Бог, когда в молитве преклонился он на лицо свое. И с очистилища, бывшего над кивотом, откуда священник о всем, что должно было знать, в видениях был от Бога тайноводствуем в то самое время, когда архиерей единожды в год, в страшное время молитвы, при собрании всех колен сынов Израилевых, стоявших на молитве во внешней скинии, входил во Святое святых и повергался на лицо свое – слышал он Божии глаголы в страшном и неизглаголанном видении. О, как страшно оное таинство, которому служил при сем архиерей! Но таковы и все видения, являвшиеся святым во время молитвы. Ибо какое другое время так свято и по святыне своей столько прилично приятию дарований, как время молитвы, в которое человек собеседует с Богом? В это время, в которое совершаются молитвословия, и моления пред Богом, и собеседование с Ним, человек с усилием отовсюду собирает воедино все свои движения и помышления и погружается мыслию в Едином Боге, и сердце его наполнено бывает Богом; и оттого уразумевает он непостижимое. Ибо Дух Святый, по мере сил каждого, действует в нем, и действует, заимствуя вещество из того самого, о чем кто молит; так что внимательностью молитва лишается движения, и ум поражается и поглощается изумлением, и забывает о вожделении собственного своего прошения, и в глубокое упоение погружаются движения его, и бывает он не в мире сем. И тогда не будет там различия между душою и телом, ни памятования о чем-либо, как сказал божественный и великий Григорий: «Молитва есть чистота ума, которая одна, при изумлении человека, уделяется от света Святыя Троицы». Видишь ли, как уделяется молитва приходящим в изумление уразумением того, что рождается от нее в уме, по сказанному мною вначале сего писания и во многих других местах? И еще, тот же Григорий говорит: «Чистота ума есть воспарение мысленного. Она уподобляется небесному цвету, в ней во время молитвы просиявает свет Святыя Троицы».

Вопрос. Когда же кто сподобляется всей этой благодати?

Ответ. Сказано: во время молитвы. Когда ум совлечется ветхого человека и облечется в человека нового, благодатного, тогда узрит чистоту свою, подобную небесному цвету, которую старейшины сынов Израилевых наименовали местом Божиим (см. Исх.24:10), когда Бог явился им на горе. Посему, как я говорил, дар сей и благодать сию должно называть не духовною молитвою, но порождением молитвы чистой, ниспосылаемой Духом Святым. Тогда ум бывает там – выше молитвы, и с обретением лучшего молитва оставляется. И не молитвою тогда молится ум, но бывает в восхищении, при созерцании непостижимого, – того, что за пределами мира смертных, и умолкает в неведении всего здешнего. Сие-то и есть то неведение, о котором сказано, что оно выше ведения. О сем-то неведении говорится: блажен постигший неведение, неразлучное с молитвою, которого да сподобимся и мы, по благодати Единородного Сына Божия. Ему подобает всякая слава, честь и поклонение ныне и присно и во веки веков! Аминь.

СЛОВО 17. О ДУШЕ, ИЩУЩЕЙ ГЛУБОКОГО СОЗЕРЦАНИЯ, ЧТОБЫ ПОГРУЗИТЬСЯ В ОНОМ ОТ ПЛОТСКИХ ПОМЫСЛОВ, ВОЗБУЖДАЕМЫХ ПАМЯТОВАНИЕМ ВЕЩЕЙ

Все, что выше другого, сокрыто от того, чего оно выше; и не иное тело служит ему по природе некоею завесою, так что может и открывать его сокровенность. Всякая умопредставляемая сущность не извне себя заимствует то, что составляет собственное ее отличие: напротив того, внутри ее движений определено сие отличие, т. е. может она непосредственно вступить в большую светлость к приятию первого света или сделаться подобной другому чину, который, очевидно, разнствует не местом, но чистотою приятия и превосходства, или сообразно с умственною мерою по степени приятия горних мановений и сил. Всякая умопредставляемая сущность сокрыта для сущности, которая ниже ее; одна же от другой сокрыты они не по природе, а по движениям добродетелей; и говорю это о святых силах, о душевных чинах и о демонах. Первые от средних, и средние от третьих сокрыты и по природе, и по месту, и по движениям. Сущности же каждого чина, и сами для себя, и одна для другой в том же чине, видимы ли они или невидимы, сокрыты по ведению, а от сущностей низшего чина – по естеству; потому что видение у существ бестелесных не вне их, как у существ телесных, но видеть им друг друга – значит и добродетелями, и мерою движений быть им внутри движений существ, ими видимых. Поэтому, если в равном уделе они досточестны, то, хотя и отдалены друг от друга, однако же не мечтательно, но в нелживом видении, в истинном естестве видят друг друга, кроме Причины всяческих, Которая, как Единая Достопоклоняемая, превыше сей разности. Демоны, хотя и крайне нечисты, однако же в чинах своих не сокрыты друг от друга, но не видят двух чинов которые выше их, потому что духовное видение есть свет движения, и он-то самый служит для них и зеркалом и оком. И как скоро омрачатся движения, существа не видят высших чинов. В собственном своем чине видят друг друга, так как они дебелее духовных чинов. И это имеет место в рассуждении демонов.

Души же, пока осквернены и омрачены, не могут видеть ни друг друга, ни себя самих, а если очистятся и возвратятся в древнее состояние, в каком созданы, то ясно видят сии три чина, т. е. чин низший их, чин высший и друг друга. И не потому, что изменятся в телесный вид, увидят тогда Ангелов ли то, или демонов, или друг друга; напротив того, узрят в самом естестве и в духовном чине. А если скажешь, что невозможно быть видиму демону или Ангелу, если не изменятся они, не примут на себя видимого образа, то сие будет значить, что видит уже не душа, а тело. Но в таком случае какая нужда в очищении? Ибо вот, и нечистым людям по временам являются демоны, равно как и Ангелы; впрочем, когда видят они, видят телесными очами, и здесь нет нужды в очищении. Но не то бывает с душою, достигшею чистоты; напротив того, видит она духовно, оком естественным, то есть прозорливым, или разумным. И не дивись тому, что души видят одна другую, даже будучи в теле. Ибо представляю тебе доказательство ясное, по истинности свидетельствующего, – разумею же блаженного <u>Афанасия Великого</u>, – который в сочинении об <u>Антонии Великом</u> говорит: Великий Антоний, стоя однажды на молитве, увидел чью-то душу, возносимую с великою честию, и ублажил сподобившегося таковой славы; блаженный же был Аммун из Нитрии, и та гора, на которой жил святой Антоний, отстояла от Нитрии на тринадцать дней пути. Сим примером о трех, сказанных выше, чинах доказано уже, что духовные природы видят одна другую, хотя и удалены одна от другой, и что не препятствуют им видеть друг друга расстояние и телесные чувства. Подобно и души, когда достигают чистоты, видят не телесно, но духовно; потому что телесное зрение совершается открыто и видит, что перед глазами, отдаленное же требует иного видения.

Горние чины в бытии неисчетно многи и именуются по отличию и чину. Ибо почему названы Началами, Властями, Силами? Господствами наименованы, может быть, как отличенные честью. И они малочисленнее подчиненных им, как сказал святой Дионисий, епископ Афинский, но больше по власти и ведению, и очень разделены по величию своих чинов. Ибо простираются от чина в чин, пока не достигнут к единству паче всех великого и могущественного — Главы и основания всей твари. Главою же называю не Творца, но Стоящего во главе чудес дел Божиих. Ибо многие — ниже промышления премудрости Бога, их и нашего Творца, и столько ниже, сколько под ними состоящие — ниже их самих. Называю же низшими, разумея высоту и низость не в месте, но в силе ведения, сообразно с тою мерою, какую приобретают в сравнении с последующим, большим или меньшим, ведением. Ибо все сии духовные сущности Божественное Писание наименовало девятью духовными именами и разделило их на три степени; и первую делит на великие, высокие и святейшие Престолы, многоочитых Херувимов и шестокрылатых Серафимов; вторую же степень — на Господства, Силы и Власти, и третью — на Начала, Архангелов и Ангелов. Чины же сии с еврейского толкуются: Серафимы — согревающие и сожигающие; Херувимы — обильные ведением и мудростью; Престолы — Божия опора и Божий покой; и сими именами названы чины сии по их действованиям. Именуются же Престолы как досточестные, Господства – как имеющие власть над всяким царством, Начала – как устрояющие эфир, Власти – как властвующие над народами и над каждым человеком, Силы – как крепкие силою и страшные видением своим, Серафимы – как освящающие, Херувимы – как носящие, Архангелы – как бодрственные стражи, Ангелы – как посылаемые.

В первый день сотворено девять духовных природ в молчании, и одна природа – словом; и это – свет. Во второй день сотворена твердь. В третий день произвел Бог собрание вод и прозябение злаков; в четвертый – отделение света; в пятый – птиц, пресмыкающихся и рыб; в шестой – животных и человека. Устроение целого мира – долгота и широта; начало – восток; конец – запад; правая сторона – север; левая – юг. Целую землю поставил Бог, как одр; высшее небо – как кожу, и свод, и куб; второе небо, как колесо, примкнутое к первому небу, и то, что примкнуто к небу и земле; океан – как пояс, окружающий небо и землю, а внутри его высокие горы, досязающие до неба, и позади гор солнце, чтобы проходило там в продолжение целой ночи, и среди сих гор великое море, которое занимает около трех четвертей всей суши. Богу же нашему да будет слава!

СЛОВО 18. О ВИДЕНИИ ЕСТЕСТВА БЕСПЛОТНЫХ, В ВОПРОСАХ И ОТВЕТАХ

Вопрос. Сколькими различными способами человеческая природа приемлет видение естества бесплотных?

Ответ. Постижение всякого простого и тонкого естества духовных тел подлежит чувству природы человеческой в трех разных видах: или в дебелости видимого предмета — осуществление, или в тонкости оного — неосуществленно, или в истинном созерцании, т. е. в созерцании самой сущности. Что до первого, то на сие имеют власть и чувства; что до второго, то душа усматривает сие в одной поверхности; что до третьего, то нужна здесь сила естества умного. И еще, что до каждого из двух последних, то на сие имеют власть воля и ум; и что до воли и душевного услаждения и того, с чем оно сложено, то воля бывает первою этому причиною. И это суть порождения свободы, хотя, во время потребности, свобода и воля сохраняют безмолвие, пока имеет место и останавливается на сем действование. В одном случае оно указывает только и бывает без ободряющей воли и без истинного ведения, потому что чувства способны принимать в себя случайное без участия воли. Сими тремя способами святые Силы при общении с нами служат к нашему наставлению и к устроению нашей жизни.

Нечистые же демоны, когда приближаются к нам на погибель, а не на пользу нашу, могут в нас приводить в действие два только способа; не могут же приступать к нам, для обольщения нашего, третьим способом; потому что демоны вовсе не имеют силы приводить в нас в движение естественные помыслы ума. Ибо сынам тьмы невозможно приближаться к свету. Но святые Ангелы обладают тем, что могут приводить в движение и просвещать помыслы, тогда как демоны суть властители и творцы ложных мыслей – исчадий тьмы; потому что от светоносных приемлется свет, а от потемненных – тьма.

Вопрос. Какая причина, что тем дан свет, а сим нет?

Ответ. Всякий из этих учителей то ведение, которому учит, сперва сам в себе рассматривает, изучает, приемлет, вкушает и тогда уже может предлагать оное научаемым. Первые учители точное познание о вещах передают из собственного здравого ведения; и это суть те, которые в самом начале могут все обнимать в быстром постижении самого быстрого и чистого ума. Демоны же обладают скоростью, но не светом. Иное же дело – быстрота, а иное – свет. Первая без второго ведет к погибели обладающего ею. Второй показывает истину, а первая – призрак истины, потому что свет показывает действительность вещей, и умножается, и умаляется соразмерно с образом жизни. Святые Ангелы из собственного ведения вливают в нас познание о движении вещей, ведения, которое сами прежде вкушают, и постигают, и тогда передают нам. И также вторые учители, по мере своего ведения, возбуждают в нас представления о движении вещей, потому что иначе о том, в чем сами не пребыли, нет необходимости им в нас возбуждать правые помыслы. Впрочем, будь уверен, как уже сказал я, что если бы мы и могли принять, то они не были бы в состоянии научить нас истинному ведению, хотя вначале и имели оное. И опять, каждый из них возбуждает научаемых к тому или к противному, сообразно с порядком, которым он управляется.

А я признаю за истину то, что ум наш, и без посредства святых Ангелов, может сам собою и не учась возбуждаться к доброму, хотя познания о зле без посредства демонов не приемлют чувства и не приводятся злом в движение, и ум не может сам собою сделать зла. Ибо доброе насаждено в природе, а злое – нет. Все же чуждое и отвне приходящее, для того чтобы быть познанным, имеет нужду в каком-либо посреднике. Между тем как все, что произрастает внутри, проникает хотя сколько-нибудь в природу и без научения. И если таково свойство вещества, что само собою возбуждается оно к добру, то возрастание его и светозарность возможны и без созерцания Ангелов. Впрочем, они наши учители, равно как учители и взаимно друг к другу. Низшие учатся у тех, которые приникают на них и имеют более света; и таким образом учатся одни у других, восходя постепенно до той единицы, которая имеет учителем Святую Троицу. И самый опять первый чин утвердительно говорит, что не сам собою учится он, но имеет учителем посредника Иисуса, от Которого приемлет и передает низшим.

Рассуждаю так, что ум наш не имеет естественной силы устремиться к Божественному созерцанию и одним лишь несовершенством равны мы всем небесным естествам, – потому что в нас и в них действует благодать. По естеству же, и человеческому и ангельскому уму созерцание Божества чуждо, потому что созерцание сие не сопричисляется к прочим созерцаниям. Во всех же разумных, и первых и средних, существах не по естеству бывает, но благодатию совершается созерцание всего сущего, и небесного, и земного; и не естество постигло сие, как прочие вещи.

Умное созерцание, в каком пребывает чин существ небесных, и видение, до пришествия Христа во плоти, не были для них столько доступны, чтобы проникать им в сии тайны. Но когда воплотилось Слово, отверзлась им дверь в Иисусе, как говорит апостол. А если бы мы соделались непорочными и чистыми, то рассуждаю (а сие и действительно так), что у нас – человеков – мысли наши, без посредства существ небесных, не могли бы приблизиться к откровениям и познаниям, возводящим к оному вечному созерцанию, которое подлинно есть откровение тайн; потому что уму нашему недостает такой силы, какая есть у горних сущностей, которые приемлют откровения и созерцания непосредственно от Вечного. Ибо и они приемлют в образе, а не без прикровения; подобно им приемлет и наш ум. Ибо каждый чин приемлет через передание от другого чина с соблюдением строгого порядка и различения в сообщении от первого чина второму, пока тайна перейдет таким образом ко всем чинам. Но многие из тайн останавливаются на первом чине и не простираются на другие чины, потому что, кроме первого чина, все прочие не могут вместить в себя величия тайны. А некоторые из тайн, исходя от первого чина, открываются одному второму чину, и им сохраняются в молчании, другие же чины не постигли оных; и некоторые тайны доходят до третьего и до четвертого чина. И еще, в откровениях, видимых святыми Ангелами, бывают приращение и умаление. А если так бывает у них, то кольми паче можем ли мы приять таковые тайны без их посредства?

Напротив того, от них бывает то, что в уме святых является ощущение откровения какой-либо тайны. И как скоро попущено Богом, чтобы откровение передавалось от чина высшего и потом низшего другому чину, то таким образом, как скоро Божиим мановением попущено доходить чему-либо до естества человеческого, доходит сие к людям, по всему тому достойным. Ибо чрез горние чины приемлют святые свет созерцания даже до славного Присносущия — сей неизучаемой тайны, сами же они приемлют друг от друга, потому что суть *служебнии дуси посылаемы* к тем, которые готовы соделаться наследниками жизни (Евр.1:14). Но в будущем веке упразднится такой порядок, потому что не один от другого будет принимать тогда откровения славы Божией, к прославлению и веселию души своей, но каждому, по мере доблестей его, непосредственно, что следует ему, дано будет Владыкою по достоинству, и не от другого, как здесь, примет он дар. Ибо там нет ни учащего, ни поучаемого, ни имеющего нужду, чтобы другой восполнил недостаток его. Там один Даятель, непосредственно дарствующий способным приять, и от Него приемлют обретающие небесное веселие. Там прекратятся чины учащих и учащихся, и быстрота желания всякого будет стремиться к Единому.

Говорю же, что мучимые в геенне поражаются бичом любви! И как горько и жестоко это мучение любви! Ибо ощутившие, что погрешили они против любви, терпят мучение вящее всякого приводящего в страх мучения; печаль, поражающая сердце за грех против любви, страшнее всякого возможного наказания. Неуместна никому такая мысль, что грешники в геенне лишаются любви Божией. Любовь есть порождение ведения истины, которое (в чем всякий согласен) дается всем вообще. Но любовь силою своею действует двояко: она мучит грешников, как и здесь случается другу терпеть от друга, и веселит собою соблюдших долг свой. И вот, по моему рассуждению, геенское мучение есть раскаяние. Души же горних сынов любовь упоевает своими утехами.

Вопрос. Некто был спрошен: когда человек узнает, что получил отпущение грехов своих?

Ответ. И спрошенный отвечал: когда ощутит в душе своей, что совершенно, от всего сердца возненавидел грехи, и когда явно дает себе направление противоположное прежнему. Таковый уповает, что получил от Бога оставление грехопадений, как возненавидевший уже грех, по свидетельству совести, какое приобрел в себе, по апостольскому слову: неосужденная совесть сама себе свидетель (см. Рим.2:15).

Да сподобимся и мы получить отпущение грехов наших по благодати и человеколюбию Безначального Отца с Единородным Сыном и Святым Духом. Ему слава во веки веков! Аминь.

СЛОВО 19. ОБРАЗЕЦ УМОЗРЕНИЯ О ДНЕ ВОСКРЕСНОМ И О СУББОТЕ, И ПРИТОЧНОЕ ИХ ЗНАЧЕНИЕ

День воскресный есть неприемлемая нами, пока мы с плотью и кровью, тайна ведения истины, и она превосходит помышления. В сем веке нет дня осьмого, ни субботы, в подлинном смысле. Ибо сказавший: *«почи Бог в день седмый»* (Быт.2:2), означил отдохновение по совершении течения жизни сей; потому что гроб оный есть тело, и оно от мира. Шесть дней совершаются в делании жизни хранением заповедей; седьмой день весь проводится во гробе, а восьмой в исшествии из гроба.

Как удостаиваемые приемлют здесь тайны воскресного дня в притче, а не самый день в существе его, так и подвижники приемлют тайны субботы в притче, но не в действительности самую субботу, которая есть отдохновение от всего скорбного и совершенное упокоение от беспокойств. Ибо таинство, а не истинную действительность устроять дал нам здесь Бог. Истинная и несравненная суббота есть гроб, показующий и знаменующий совершенное успокоение от тягости страстей и от сопротивного покою делания. Там субботствует все человеческое естество – и душа, и тело.

Бог в шесть дней привел в порядок весь состав мира сего, устроил стихии, приснодвижному их движению дал благоустройство для служения, и не остановятся они в течении до своего разорения. Их-то силою, то есть силою первобытных стихий, составил Он и наши тела. Но и стихиям не дал покоя в движении их, ни телам нашим, из стихий происшедшим, отдохновения от делания. Предел же отдохновения от делания положил в нас до тех пор, когда тела наши последуют первому своему сродству, и это есть разрешение от жизни сей. Так и Адаму сказал: *«в поте лица твоего снеси хлеб твой»*. И долго ли будет сие? *«дондеже возвратишися в землю, от неяже взят еси»*, и которая *«возрастит тебе терния и волчцы»* (Быт.3:18–19). Вот тайны делания жизни сей, пока ты живешь! Но с той ночи, в которую Господь излиял пот, пременил Он пот, изведший терния и волчцы, на пот, проливаемый в молитве и вместе в делании правды.

Пять тысяч и пятьсот с лишком лет Бог оставлял Адама трудиться на земле, потому что дотоле *«не у явися святых путь»*, как говорит божественный апостол (Евр.9:8). В последок же дней пришел и заповедал свободе один пот заменить другим потом, дозволил не отдохновение от всего, но пременение всего; потому что, за продолжительность злострадания нашего на земле, оказал нам Свое человеколюбие. Посему если престанем проливать на земле пот, то по необходимости пожнем терния. Ибо оставление самой молитвы есть делание отелесения земли, которая естественно произращает терния. Действительно же, страсти суть терния и произрастают в нас от сеяния в тело (см. Гал.6:8). Пока носим на себе образ Адамов, необходимо *«носим»* в себе и страсти Адамовы. Ибо невозможно земле не произращать прозябений, свойственных природе ее. Порождение же ее естества есть земля тел наших, как гласит Божие свидетельство: *«земля, от неяже взят еси»* (Быт.3:19). Та земля произращает терния, а сия разумная – страсти.

Если Господь по всему был для нас образом, в таинстве, во всех различных действиях домостроительства Своего, и даже до девятого часа пятка не преставал от дела и труда (а это есть тайна делания нашего целую жизнь), в субботу же почил во гробе, то где утверждающие, что в жизни еще есть суббота, т. е. отдохновение от страстей? О дне же воскресном высоко для нас и говорить. Наша суббота есть день погребения. Там действительно субботствует существо наше. Ежедневно же, пока стоит земля, належит нам нужда исторгать из нее терния. За продолжительность только нашего делания оскудевают сии терния, потому что не всецело очищается от них земля. И если это так, и при временном обленении или при малом нерадении умножаются терния, и покрывают лицо земли, подавляют посеянное тобою и труд твой обращают в ничто, то каждый уже день должно очищать землю, потому что прекращение очищения увеличивает множество терний, от которого да очистимся по благодати Единосущного и Единородного Сына Божия! Ему слава с Безначальным Отцем и Животворящим Духом вовеки! Аминь.

СЛОВО 20. ЕЖЕДНЕВНОЕ НАПОМИНАНИЕ О ТОМ, ЧТО ВСЕГО НУЖНЕЕ И ЧТО ВЕСЬМА ПОЛЕЗНО ПРЕБЫВАЮЩЕМУ В КЕЛЛИИ СВОЕЙ И РЕШИВШЕМУСЯ БЫТЬ ВНИМАТЕЛЬНЫМ К ОДНОМУ ТОЛЬКО СЕБЕ

Некто из братии написал сие и всегда полагал это пред собою, напоминал об этом себе и говорил: «Неблагоразумно изжил ты жизнь свою, человек посрамленный и достойный всякого зла; остерегись же хотя в этот день, оставшийся от дней твоих, прошедших напрасно без дел добрых и обогатившихся делами худыми. Не спрашивай ни о мире, ни о жизни в нем, ни о монахах, ни о делах их, ни о том, как они живут, как велико их делание, не заботясь ни о чем подобном. Таинственно исшел ты из мира и считаешься как бы мертвым о Христе. Будь готов и вооружись терпением против всякого поношения, всякой обиды, осмеяния и порицания от всех. И все это принимай с радостию, как действительно того достойный; переноси с благодарением всякий труд, и всякую скорбь, и всякую беду от демонов, которых волю исполнял ты; мужественно сноси всякую нужду, и что приключится естественно, и все горести. В уповании на Бога терпи лишение того, что необходимо для тела и вскоре обращается в гной. Желай все сие принимать в надежде на Бога, не ожидая ниоткуда более ни избавления, ни чьего-либо утешения. *«Возверзи на Господа печаль твою»* (Пс.54:23) и во всех искушениях своих осуждай сам себя, как виновного во всем этом. Ничем не соблазняйся и не укоряй никого из оскорбляющих тебя; потому что и ты вкусил с запрещенного древа, и ты приобрел разные страсти. С радостью принимай горести, пусть они потрясут тебя немного; зато впоследствии усладишься. Горе тебе и смрадной славе твоей! Ибо душу свою, которая исполнена всякого греха, оставил ты, как неосужденную, а других осуждал словом и мыслию. Довольно, довольно с тебя этой, свиньям приличной пищи, какою доныне питаешься ты. Что общего с людьми у тебя, скверный, и не стыдишься оставаться в их обществе, проводя жизнь так неразумно? Если обратишь на сие внимание и сохранишь все это – может быть, и спасешься при содействии Божием. В противном же случае, отойдешь в страну темную и в селение демонов, которых волю исполнял ты с бесстыдным лицом. Вот засвидетельствовал я тебе о всем этом. Если Бог праведно подвигнет на тебя людей воздать тебе за обиды и порицания, какие держал ты в мысли и изрекал на них во все время своей жизни, то целый мир должен быть занят тобою. Итак, перестань отныне и претерпи находящие на тебя воздаяния». Все это напоминал себе брат каждый день, чтобы, когда придут на него искушения или скорбь, быть ему в состоянии претерпевать это с благодарностью и с пользою для себя. О, если б и нам с благодарением претерпевать постигающие нас бедствия и извлекать из них для себя пользу, по благодати человеколюбца Бога! Ему слава и держава вовеки! Аминь.

СЛОВО 21. О РАЗНЫХ ПРЕДМЕТАХ. В ВОПРОСАХ И ОТВЕТАХ

Вопрос. Какими узами связывается сердце человеческое, чтобы не стремиться ему ко злу?

Ответ. Теми, чтобы постоянно последовать премудрости и избыточествовать учением жизни. Ибо нет иных более крепких уз, чтобы сдерживать ими бесчиние мысли.

Вопрос. Где предел стремлений у последователя премудрости и чем оканчивается обучение оной?

Ответ. Подлинно невозможно в шествии своем достигнуть своего предела, потому что и святые не дошли в этом до совершенства. Пути премудрости нет конца; она шествует выше и выше, пока не соединит последователя своего с Богом. То и составляет ее признак, что постижение ее безраздельно, потому что Премудрость есть Сам Бог.

Вопрос. Какая первая стезя, приближающая нас к премудрости, и в чем ее начало?

Ответ. В том, чтобы всею силою стремиться вослед Премудрости Божией, и в сем стремлении от всей души поспешать до самого конца жизни, даже из любви к Богу не вознерадеть и о том, чтобы, если нужно, совлечься жизни и отринуть ее от себя.

Вопрос. Кто достойно именуется разумным?

Ответ. Тот, кто действительно уразумел, что есть предел сей жизни. Он может положить предел и своим прегрешениям. Ибо какое ведение или какое разумение выше сего — умудриться человеку выйти из жизни сей в нерастлении, не имея ни одной части, оскверненной зловонием вожделения, и никакой скверны в душе, оставляемой сладостью вожделения. Ибо если какой человек утончает мысли свои, чтобы проникнуть ему в тайны всех естеств, и обогащается изобретениями и наблюдениями во всяком ведении, но душа его осквернена греховною скверною, и не приобрел он свидетельства о надежде души своей, однако же думает, что благополучно вошел в пристань упования; то нет в мире человека неразумнее его, потому что дела его, в непрерывном стремлении его к миру, довели его только до мирской надежды.

Вопрос. Кто воистину крепче всех?

Ответ. Тот, кто благодушествует в скорбях временных, в которых сокрыты жизнь и слава победы его, и не вожделел широты, в которой скрывается зловоние стыда и которая обретающего ее во всякое время напоевает из чаши воздыхания.

Вопрос. Какой бывает вред в шествии к Богу, если кто, по причине искушений, уклоняется от добрых дел?

Ответ. Невозможно приблизиться к Богу без скорби; без нее и праведность человеческая не сохраняется неизменною. И если человек оставляет дела, приумножающие праведность, то оставляет и дела, охраняющие ее. И делается он подобен неохраняемому сокровищу, и борцу, с которого совлечены его оружия, когда окружили его полки врагов его, и кораблю, не имеющему снастей своих, и саду, от которого отведен источник воды.

Вопрос. Кто просвещен в своих понятиях?

Ответ. Кто умел отыскать горечь, сокровенную в сладости мира, воспретил устам своим пить из этой чаши, доискивается всегда, как спасти душу свою, не останавливается в своем стремлении, пока не отрешится от мира сего, и заключает двери чувств своих, чтобы не вошла в него приверженность к сей жизни, не похитила у него тайных сокровищ его.

Вопрос. Что такое мир? Как познаем его и чем вредит он любителям своим?

Ответ. Мир есть блудница, которая взирающих на нее с вожделением красоты ее привлекает в любовь к себе. И кем, хотя отчасти, возобладала любовь к миру, кто опутан им, тот не может выйти из рук его, пока мир не лишит его жизни. И когда мир совлечет с человека все, и в день смерти вынесет его из дому его, тогда узнает человек, что мир подлинно льстец и обманщик. Когда же будет кто усиливаться выйти из тьмы мира сего, пока еще сокрыт в нем, не возможет видеть пут его. И, таким образом, мир удерживает в себе не только учеников и чад своих и тех, которые связаны им, но и нестяжательных, и подвижников, и тех, которые сокрушили узы его и однажды стали выше его. Вот, и их различными способами начинает уловлять в дела свои, повергает к ногам своим и попирает.

Вопрос. Что делать нам с телом, когда окружат его болезнь и тяжесть, а с ним вместе изнеможет и воля в пожелании доброго и в первой крепости своей?

Ответ. Нередко бывает с иными, что одна половина их пошла вослед Господа, а другая половина осталась в мире, и сердце их не отрешилось от здешнего, но разделились они сами в себе и иногда смотрят вперед, а иногда назад. И думаю, сим разделившимся в себе самих и приближающимся к пути Божию Премудрый дает совет, говоря: *«не приступи к нему сердцем раздвоенным»* (Сир.1:28), но приступай, как сеющий и как жнущий (см. Сир.6:19). И Господь, зная, что сии несовершенно отрекающиеся от мира, но разделенные в себе самих, словом или, вернее сказать, помыслом обращаются вспять, вследствие страха пред скорбями и потому, что не отвергли еще от себя плотской похоти, то, желая свергнуть с них это расслабление ума, изрек им определенное слово: *«кто хощет по Мне ити, прежде да отвержется себе»* и т. д. (Мф.16:24).

Вопрос. Что значит отвергнуться себя самого?

Ответ. Как приготовившийся взойти на крест одну мысль о смерти имеет в уме своем и таким образом восходит на крест, как человек, не помышляющий, что снова будет иметь часть в жизни настоящего века, так и желающий исполнить сказанное. Ибо крест есть воля, готовая на всякую скорбь. И Господь, когда хотел научить, почему это так, сказал: кто хочет жить в мире сем, тот погубит себя для жизни истинной; а кто погубит себя здесь *«Мене ради»* (Мф.10:39), тот обрящет себя там, т. е. обретет себя шествующий путем крестным и на нем утвердивший стопы свои. Если же кто снова печется о жизни сей, то лишил он себя упования, ради которого вышел на скорби. Ибо попечение сие не попускает ему приблизиться к скорби ради Бога, и тем самым, что предается он сему попечению, оно увлекает его постепенно и уводит из среды подвига воистину Божественнейшей и блаженной жизни, и возрастает в нем помысл этот, пока не победит его. *«А иже»* в уме своем *«погубит душу свою Мене ради»*, из любви ко Мне, тот неукоризненным и невредимым сохранится в жизнь вечную. Сие-то значит сказанное: *«иже погубит душу свою Мене ради, обрящет ю»*. Посему здесь еще сам уготовь душу свою к совершенному уничтожению для этой жизни. И если погубишь себя для этой жизни, то Господь скажет тебе, так помышляющему: *«дам»* тебе *«живот вечный»*, как обещал Я тебе (Ин.10:28). Если же и в сей жизни пребудешь, то здесь еще самым делом покажу тебе обетование Мое и удостоверение в будущих благах. И тогда обретешь вечную жизнь, когда будешь пренебрегать этой жизнью. И когда, так приготовленный, выступишь на подвиг, тогда сделается в очах твоих достойным пренебрежения все, почитаемое печальным и скорбным. Ибо, когда ум приготовится таким образом, тогда нет для него ни борьбы, ни скорби во время смертной опасности. Посему должно в точности знать, что если человек не возненавидит жизни своей в мире, по причине вожделения жизни будущей и блаженной, то не может вполне перенести всякого рода скорбей и печалей, постигающих его каждый час.

Вопрос. Каким образом человек отсекает прежнюю свою привычку и приучается в жизни к недостаткам и подвижничеству?

Ответ. Тело не соглашается жить без удовлетворения нужд его, пока окружено тем, что служит к наслаждению и расслаблению, и ум не может удержать его от этого, пока оное тело не будет устранено от всего производящего расслабление. Ибо, когда открыто пред ним зрелище наслаждения и сует и каждый почти час видит служащее к расслаблению, тогда пробуждается в нем пламенное пожелание сего и, как бы разжигая его, раздражает. Посему-то Искупитель Господь обязавшемуся идти вослед Его всепремудро и весьма хорошо заповедал: обнажиться и выйти из мира (см. Мф.19:21), потому что человек должен сперва отринуть все, служащее к расслаблению, и потом приступать к делу. И Сам Господь, когда начал брань с диаволом, вел оную в самой сухой пустыне. И Павел приемлющим на себя крест Христов советует выйти из града.

«Да исходим к Нему», говорит, *«вне града, и приимем поношение Его»* (Евр.13:12–13), потому что пострадал Он вне града. Ибо, если отлучит себя человек от мира и от всего, что в мире, скоро забывает прежнюю свою привычку и прежний образ жизни и долгое время не трудится над этим. А от приближения его к миру и к вещам мирским скоро расслабевает сила ума его. Посему должно знать, что особенно споспешествует и ведет к преуспеянию в сей страдальческой и спасительной брани. Итак, пригодно и споспешествует в сей брани, чтобы монашеская келлия была в скудном и недостаточном состоянии, чтобы келлия у монаха была пуста и не содержала в себе ничего, возбуждающего в нем вожделения покоя. Ибо, когда удалены от человека причины расслабляющие, нет ему опасности в двоякой брани – внутренней и внешней. И, таким образом, человек, который вдали от себя имеет служащее к удовольствию, без труда одерживает победу, в сравнении с тем, у которого вблизи возбуждающее его к вожделению. Ибо здесь сугубый подвиг.

Когда человек желает иметь только нужное для поддержания тела его, тогда и потребности его делаются удобопренебрегаемыми, и даже в необходимое время умеренного удовлетворения потребностям своим взирает он на сие не с вожделением, и малым чем-нибудь подчиняет себе тело, и смотрит на это как на нечто удобопренебрегаемое, и приближается к пище не из-за сладости ее, но чтобы помочь естеству и подкрепить оное. Такие средства скоро доводят человека до того, что приступает он к подвижничеству с нескорбным и беспечальным помыслом. Итак, рачительному иноку прилично скорою ногою, не обращаясь вспять, бежать от всего воюющего с иноком, не входить в общение с тем, что ведет с ним брань, но воздерживаться даже от единого воззрения на них и, сколько возможно, удаляться от их приближения.

И говорю это не только о чреве, но и о всем, что вводит в искушение и брань, чем искушается и испытывается свобода инока. Ибо человек, когда приходит к Богу, делает с Богом завет воздерживаться от всего этого, именно же не засматриваться на лицо женское, не смотреть на красивые лица, не питать ни к чему вожделения, не роскошествовать, не смотреть на нарядные одежды, не смотреть на всякий порядок, заведенный у мирян, не слушать слов их и не любопытствовать о них, потому что страсти приобретают большую силу от сближения со всем подобным сему, как расслабляющим подвижника и изменяющим мысли его и намерения. И если воззрение на что-либо хорошее возбуждает произволение истинного ревнителя и склоняет к совершению добра, то явно, что и противоположное сему имеет силу пленять ум. И если с безмолвствующим умом не случается чего-либо большего, а только ввергает он себя в бранный подвиг, то и это великая уже утрата – самому себя из мирного состояния произвольно ввергнуть в смущение.

И если один из старцев, подвижников и борцов, увидев юношу, не имевшего бороды и походившего на жен, почел это вредным для помысла и гибельным для своего подвига, то может ли кто вознерадеть в другом чем когда этот святой не решился войти и облобызать брата? Ибо мудрый старец рассуждал: «Если подумаю только в эту ночь, что есть здесь нечто такое, то и сие будет для меня великим вредом». Посему-то не вошел он и сказал им: «Не боюсь я, чада; но для чего же мне и желать напрасно воздвигать на себя брань? Воспоминание о чем-либо подобном производит в уме бесполезное смущение. В каждом члене этого тела скрывается приманка. Человеку предстоит от сего великая брань, и должно ему охранять себя и облегчать для себя угрожающую в этом брань, спасаясь от нее бегством; а как скоро приближается что-либо такое, человек, хотя и принуждает себя к добру, однако же бывает в опасности от этого, всегда видя это и вожделевая этого».

В земле видим многие сокровенные яды, и летом по причине жара никто не знает их; когда же увлажнены будут и ощутят силу прохлажденного воздуха, тогда оказывается, где был погребен в земле каждый яд. Так и человек, когда он в благодати безмолвия и в теплоте воздержания, тогда действительно бывает в покое от многих страстей; если же входит в мирские дела, то видит тогда, как возрастает каждая страсть, подъемлет главу свою, особливо если ощутит воню покоя. Сказал же я это для того, чтобы никто не предавался самонадеянности, пока живет в сем теле и пока не умрет; хотелось мне также показать, что убегать и удаляться от всего, что ведет к порочной жизни, много помогает человеку в подвижническом борении. Всегда должно нам бояться того, о чем одно воспоминание причиняет нам стыд, и также не попирать совести, и не пренебрегать ею. Итак, попытаемся удалить тело на время в пустыню и заставим его приобрести терпение. А что всего важнее, пусть каждый (хотя бы это и прискорбно было для него, но зато нечего уже будет ему бояться) старается, где бы он ни был, удаляться от причин брани, чтобы, когда приидет потребность, не пасть ему от близости оных.

Вопрос. Кто отринул от себя всякое попечение и вступил в подвиг, какое у него начало брани со грехом и чем начинает он сию борьбу?

Ответ. Всем известно, что всякой борьбе со грехом и вожделением служит началом труд бдения и поста, особливо же, если кто борется с грехом, внутрь нас пребывающим. В этом усматривается признак ненависти ко греху и вожделению его в ведущих сию невидимую брань; начинают они постом, а после него содействует подвижничеству ночное бдение.

О посте и бдении

Кто в течение целой своей жизни любит беседу с этою четою, тот бывает другом целомудрия. Как началом всему худому служит упокоение чрева и расслабление себя сном, возжигающее блудную похоть, так святой путь Божий и основание всех добродетелей – пост. Бдение, бодрствование в службе Божией, в распинании тела целый день и ночь, в противность сладости сна. Пост – ограждение всякой добродетели, начало подвига, венец воздержанных, красота девства и святыни, светлость целомудрия, начало христианского пути, матерь молитвы, источник целомудрия и разума, учитель безмолвия, предшественник всех добрых дел. Как здоровым глазам свойственно вожделение света, так посту, соблюдаемому с рассудительностью, свойственно вожделение молитвы.

Как скоро начнет кто поститься, вожделевает уже с этого времени умом своим прийти в вожделение собеседования с Богом, ибо тело постящееся не терпит того, чтобы целую ночь проспать на постели своей. Когда на уста человеку налагается печать постов, тогда помысл его поучается в умилении, сердце его источает молитву, на лице у него грусть, и срамные помыслы далеки от него, не видно веселости в очах его, враг он похотений и суетных бесед. Никто никогда не видал, чтобы рассудительный постник стал рабом худого вожделения. Пост с рассудительностью – обширная обитель для всякого добра. А кто нерадит о посте, тот приводит в колебание все доброе, потому что пост был заповедью, вначале данною нашему естеству в остережение против вкушения пищи, и нарушением поста пало начало нашего создания. Но в чем состояло первое уничижение, с того начинают подвижники преуспевать в страхе Божием, как скоро начнут хранить закон Божий.

С чего начал и Спаситель, когда явился миру на Иордане. Ибо по крещении Дух извел Его в пустыню, и постился Он там сорок дней и сорок ночей. Подобно и все исходящие вослед Спасителя на сем основании утверждают начало своего подвига, потому что пост есть оружие, уготованное Богом. И кто, если нерадит о нем, не будет укорен за сие? Если постится Сам Законоположник, то как не поститься кому-либо из соблюдающих закон? Посему-то до поста род человеческий не знал победы, и диавол никогда не испытывал поражения своего от нашего естества: но от сего оружия изнемог в самом начале. И Господь наш был вождем и первенцем сей победы, чтобы на главу естества нашего возложить первый победный венец. И как скоро диавол видит сие оружие на ком-нибудь из людей, тотчас приходит в страх сей противник и мучитель, немедленно помышляет и воспоминает о поражении своем в пустыне Спасителем, и сила его сокрушается, и воззрение на оружие, данное нам Началовождем нашим, попаляет его. Какое оружие сильнее этого? И что придает столько смелости сердцу в борьбе с духами злобы, как алчба ради Христа? Ибо в какой мере утруждается и злостраждет тело в то время, как окружает человека полк демонский, в такой мере сердце исполняется упованием. Облеченный в оружие поста во всякое время распаляется ревностью. Ибо и ревнитель Илия, когда возревновал о законе Божием, пребывал в сем деле – в посте. Пост стяжавшему его напоминает заповеди Духа. Он есть посредник Ветхого Закона и благодати, данной нам Христом. Кто нерадит о посте, тот и в других подвигах расслаблен, нерадив, немощен, показывает тем начало и худой признак расслабления души своей и воюющему с ним дает случай к победе, так как нагим и безоружным исходит на подвиг, а посему явно, что выйдет из борьбы без победы, потому что члены его не облеклись в теплоту алчбы в посте. Таков пост. Кто пребывает в нем, у того ум непоколебим и готов сретить и отразить все лютые страсти.

О многих мучениках сказывают, что на тот день, в который ожидали они приять венец мученичества, если предузнавали о сем или по откровению, или по извещению от кого-либо из друзей своих, ничего не вкушали всю ночь, но с вечера до утра стояли бодрственно на молитве. Славя Бога в псалмах, пениях и песнях духовных, с веселием и радованиями ожидали они того часа, как иные уготовившиеся на брак, чтобы в посте сретить меч. Посему и мы, призванные к невидимому мученичеству, чтобы приять венцы святыни, будем трезвиться, и врагам нашим да не будет дано знака отречения ни одним членом, ни одною частью нашего тела.

Вопрос. Почему нередко иные, и даже многие, имея, может быть, и дела сии, не чувствуют тишины, и успокоения страстей, и мира помыслов?

Ответ. Страсти, сокровенные в душе, не исправляются, брат, телесными только трудами; они не удерживают и помыслов о том, что пробуждается всегда чувствами. Труды сии охраняют человека от пожеланий, чтобы не был ими препобеждаем, и от демонского обольщения, но не доставляют душе мира и тишины. Ибо дела и труды тогда доставляют душе бесстрастие, умерщвляют уды, *«яже на земли»* (Кол.3:5), и даруют упокоение помыслов, когда приобщимся безмолвия, когда во внешних чувствах прекратится смятение и несколько времени пребудут они в делании премудрости. А пока человек не лишится возможности быть в сообществе с людьми и членов своих и себя самого от развлечения помыслов не соберет сам в себя, до тех пор не возможет узнать страсти своей.

Безмолвие, как сказал святой Василий, есть начало очищения души. Ибо, когда во внешних членах прекратятся внешний мятеж и попечение о внешнем, тогда ум от внешних попечений и парения возвращается в себя и упокоевается в себе, а сердце пробуждается к исследованию внутренних душевных мыслей. И если человек хорошо устоит в этом, то приходит он понемногу в состояние шествовать к душевной чистоте.

Вопрос. Не может ли душа очиститься и во время пребывания вне двери?

Ответ. Если дерево ежедневно поливается, то засыхает ли когда корень его? Убывает ли когда в сосуде, в который ежедневно прибавляют? И если чистота не иное что есть, как удаление от жизни свободной и оставление этой привычки, то как и когда пожелает очиститься душою своею тот, кто деятельно, сам собою или другими, посредством чувств, обновляет в себе памятование старой привычки, т. е. познание вновь порока? Когда может очиститься душою своею от этого или освободиться от внешних противодействий, чтобы хоть увидеть себя? Если сердце ежедневно осверняется, то когда оно очищается от скверны? Не в силах он противостоять действию внешней силы, не тем ли паче не может очистить сердца, когда стоит среди воинского стана и ежедневно ждет слышать частые вести о брани? И как осмелится он возвестить мир душе своей? Если же удалится от сего, то может понемногу прекращать сперва внутренние волнения. Пока река не преграждена вверху, не иссякают воды ее внизу. Когда же придет человек в безмолвие, тогда душа может различать страсти и разумно изведывать свою мудрость. Тогда и внутренний человек пробуждается на духовное дело и день ото дня более ощущает сокровенную мудрость, цветущую в душе его.

Вопрос. Какие точные указания и близкие признаки, по которым человек ощущает, что начал он видеть в себе плод, сокрытый в душе?

Ответ. Когда сподобится кто благодати многих слез, проливаемых без понуждения, потому что слезы положены уму как бы неким пределом между телесным и духовным, между состоянием страстным и чистотою. Пока не приимет человек сего дарования, совершается дело его еще во внешнем только человеке, и еще вовсе не ощутил он действенности тайн духовного человека. Ибо, когда человек начнет оставлять телесное настоящего века и оказывается переступившим сей предел того, что находится в естестве, тогда скоро достигает сей благодати слез. И слезы сии начинаются от первой обители сокровенного жития и возводят человека к совершенству любви Божией. И чем далее преуспевает он, тем более обогащается сею благодатью, пока от продолжительного излияния слез не начнет пить их и в пище своей, и в питии своем.

И это точный признак, что ум исшел из мира сего и ощутил оный духовный мир. Но в какой мере человек умом своим приближается к сему миру, в такой же мере умаляются слезы сии. И когда ум совершенно бывает в сем мире, тогда совершенно лишается он сих слез. И это есть признак, что человек погребен в страстях.

О различии слез

Бывают слезы сожигающие, и бывают слезы утучняющие. Посему все те слезы, которые исходят из сущности сердца от сокрушения о грехах, иссушают и сожигают тело; а нередко и самое владычественное в душе, во время излияния слез, ощущает от них вред. И сперва человек по принуждению вступает на эту степень слез, и ими отверзается ему дверь войти на вторую ступень, лучшую первой; и это есть страна радости, в которой человек приемлет милость. Это уже слезы, проливаемые по благоразумию: они и украшают, и утучняют тело, и исходят непринужденно сами собою; и не только, как сказано, утучняют тело человеческое, но и вид человека изменяется. Ибо сказано: *«сердцу веселящуся, лице цветет: в печалех же сушу, сетует»* (Притч.15:13).

Вопрос. Что значит воскресение души, о котором говорит апостол: *«аще воскреснусте со Христом»* (Кол.3:1)?

Ответ. Апостол, сказав: *«Бог, рекий из тьмы свету возсияти, Иже возсия в сердцах наших»* (2Кор.4:6), показал, что воскресением души должно называть исшествие из ветхости, именно, чтобы произошел новый человек, в котором нет ничего от ветхого человека, по сказанному: *«и дам им сердце ново, и дух нов»* (Иез.36:26). Ибо тогда воображается в нас Христос Духом премудрости и откровения познания Его.

Вопрос. В чем состоит (говоря кратко) сила делания безмолвия?

Ответ. Безмолвие умерщвляет внешние чувства и воскрешает внутренние движения. А занятие внешним производит противное тому: возбуждает внешние чувства и умерщвляет внутренние движения.

Вопрос. Что бывает причиною видений и откровений, ибо иные имеют видения, а иные трудятся больше их, однако же видение не действует в них столько?

Ответ. Причин сему много. Одни из них – домостроительственные, имеют целью общую пользу, другие же – утешение, дерзновение и научение немощных. И во-первых, все сие устрояется по милости Божией к людям; большею же частью устрояется сие ради троякого рода людей: или ради людей простых и крайне незлобивых, или ради некоторых совершенных и святых, или ради тех, которые имеют пламенную ревность Божию, отреклись и совершенно отрешились от мира, удалились от сожительства с людьми, оставив все, не ожидая никакой помощи от видимого, пошли вослед Богу. На нихто нападает боязнь вследствие их уединения, или окружает их опасность смертная от голода, от болезни или от какого-нибудь обстоятельства и от скорби, так что приближаются они к отчаянию. Посему если таковым бывают утешения, а тем, которые превосходят их трудами, не бывает, то первая сему причина – непорочность и порочность, и именно совести. Вторая же причина, наверное, есть следующая: как скоро имеет кто человеческое утешение или утешение чем-либо видимым, то не бывает ему подобных утешений, разве по некоему домостроительству, ради общей пользы. У нас же слово об отшельниках; и свидетель сказанному один из отцов, который молился об утешении и услышал: «Достаточно для тебя утешения человеческого и беседы с людьми».

И другой некто, подобно сему, когда был в отшельничестве и вел жизнь отшельническую, ежечасно услаждался благодатным утешением; а когда сблизился с миром, взыскал по обычаю утешения – и не обрел, и молил Бога открыть ему причину, говоря: «Не ради епископства, Господи, отступила от меня благодать?» И ему было сказано: «Нет, – но потому, что Бог промышляет о живущих в пустыне, и их удостаивает таких утешений». Ибо невозможно, чтобы кто-либо из людей имел видимое утешение, а вместе приял и невидимое от благодати, Божественное и таинственное: разве по какому-нибудь, упомянутому выше сокровенному домостроительству, которое известно в подобных случаях одному Домостроительствующему.

Вопрос. Одно ли и то же – видение и откровение, или нет?

Ответ. Нет. Они различны между собою. Откровение часто называется то и другое. Ибо так как обнаруживается сокровенно: то всякое видение называется откровением. Откровение же видением не называется. Слово «откровение» большей частью употребляется о познаваемом, о том, что умом испытуется и уразумевается. Видение же бывает всякими способами, например, в изображениях и образах, как бывало древле ветхозаветным, в глубоком сне или в бодрственном состоянии, и иногда со всею точностью, а иногда как бы в призраке и несколько неявственно; почему и сам, имеющий видение, часто не знает, в бодрственном ли состоянии видит он или в сонном. Можно и чрез глас слышать о заступлении, а иногда видеть какой-либо образ, иногда же (видеть) яснее, лицом к лицу. И видение, и совместное пребывание, и вопрошение, а с ним и собеседование суть святые силы, видимые достойными и творящие откровения. И таковые видения бывают в местах наиболее пустынных и удаленных от людей, где человек необходимо имеет в них нужду; потому что нет у него иной помощи и утешения от самого места. Откровения же, ощущаемые умом, при чистоте удобоприемлемы, и бывают только совершенным и могущим разуметь.

Вопрос. Если достиг кто сердечной чистоты, что служит ее признаком? И когда познает человек, что сердце его достигло чистоты?

Ответ. Когда всех людей видит кто хорошими, и никто не представляется ему нечистым и оскверненным, тогда подлинно чист он сердцем. Ибо, как исполниться слову апостольскому, по которому должно всех равно от искреннего сердца честию больших себе творити (см. Флп.2:3), если человек не достигнет сказанного, что око благое не узрит зла (см. Авв.1:13)?

Вопрос. Что такое чистота и где предел ее?

Ответ. Чистота есть забвение способов ведения через естество, заимствованных от естества в мире. А чтобы освободиться от них и стать вне их, вот сему предел: прийти человеку в первоначальную простоту и первоначальное незлобие естества своего и сделаться как бы младенцем, только без младенческих недостатков.

Вопрос. Может ли кто взойти на эту степень?

Ответ. Да. Ибо, вот, иные приходили в меру сию, как и авва Сисой пришел в сию меру так, что спрашивал ученика: «Ел я или не ел?» И другой некто из отцов пришел в таковую простоту и почти в младенческую невинность, почему совершенно забывал все здешнее, так что стал бы и есть до Приобщения, если бы не препятствовали ему в этом ученики; и, как младенца, приводили его ученики к Приобщению. Итак, для мира был он младенец, для Бога же – совершенен душою.

Вопрос. Какие помыслы и размышления должно иметь подвижнику, пребывающему на безмолвии, в безмолвной своей келлии? И что надлежит ему непрестанно делать, чтобы ум его не имел досуга для суетных помыслов?

Ответ. Спрашиваешь о помыслах и размышлении, как человек становится мертвым в келлии своей? Разве человек рачительный и трезвенный душою имеет нужду спрашивать, как ему вести себя, когда бывает он один сам с собою? Какое иное занятие у монаха в келлии его, кроме плача?

Разве бывает у него время от плача обратиться к другому помыслу? И какое занятие лучше этого? Самое пребывание монаха и одиночество его, уподобляясь пребыванию во гробе, далекому от радости человеческой, учат его, что деятельность его – плач. И самое значение имени его к тому же призывает и убеждает, потому что называется он сетующим, т. е. исполненным горести в сердце. И все святые в плаче переселялись из сей жизни. Если же святые плакали, и, пока не переселились из жизни сей, очи их всегда были наполнены слезами, то кто же не будет плакать? Утешение монаху порождается плачем его. И если совершенные и победоносные здесь плакали, то как стерпит исполненный язв, чтобы пребыть ему без плача? Кто имел лежащего пред собою мертвеца своего и видит, что сам он умерщвлен грехами, того нужно ли учить, с какою мыслью пользоваться ему слезами? Душа твоя, которая для тебя дороже целого мира, умерщвлена грехами и лежит пред тобою; ужели же не требует она плача? Поэтому если пойдем на безмолвие и с терпением будем пребывать в нем, то, конечно, в состоянии будем пребывать в плаче. Посему будем непрестанно в уме своем молить Господа, чтобы даровал нам плач. Ибо если приимем сию благодать, лучшую и превосходнейшую прочих дарований, то при помощи ее достигнем чистоты. А как скоро достигнем ее, не отнимется уже у нас чистота до самого исхода нашего из жизни сей.

Посему блаженны чистые сердцем, потому что нет времени, когда бы не услаждались они сею сладостию слез, и в ней всегда зрят они Господа. Пока еще слезы у них на глазах, они сподобляются зрения откровений Его на высоте молитвы своей; и нет у них молитвы без слез. Сие-то и значит сказанное Господом: *«блажени плачущии, яко тии утешатся»* (Мф.5:4). Ибо от плача приходит человек к душевной чистоте. Посему Господь, сказав: *«яко тии утешатся»*, не объяснил: каким утешением. Ибо, когда монах сподобился с помощью слез прейти область страстей и вступить на равнину душевной чистоты, тогда сретает его таковое утешение. Посему если кто из получивших утешение здесь прострется на сию равнину, то на ней встретит утешение, не обретаемое здесь, и уразумевает тогда, какое получает конец плача утешение, которое плачущим дает Бог за чистоту их; потому что непрестанно плачущий не может быть тревожим страстями. Проливать слезы и плакать – это дарование бесстрастных. И если слезы временно плачущего и сетующего могут не только путеводить его к бесстрастию, но и совершенно очистить и освободить ум его от памятования страстей, то что скажем о тех, которые с ведением день и ночь упражняются в сем делании? Посему никто не знает помощи, бывающей от плача, кроме тех одних, которые предали души свои делу сему. Все святые стремятся к сему входу потому что слезами отверзается пред ними дверь для вшествия в страну утешения; и в этой стране в откровениях изображаются преблагие и спасительные следы Божии.

Вопрос. Поелику иные, по немощи тела, не в состоянии непрестанно плакать, что должно иметь им к охранению ума, чтобы против него, когда он ничем не занят, не восставали страсти?

Ответ. Страсти не могут восстать на душу и смутить подвижника, если в отшельничестве его, удаленном от всякого рассеяния, сердце его не занимается житейским, разве только будет он ленив и нерадив к своему долгу.

А преимущественно, если будет он упражняться в изучении Божественных Писаний, то, занимаясь изысканием их смысла, пребывает нимало не тревожим страстями. Ибо, при возрастающем и укореняющемся в нем разумении Божественных Писаний, бегут от него суетные помыслы, и ум его не может отстать от желания читать Писания или размышлять о читанном, и не обращает он ни малого внимания на жизнь настоящую, по причине весьма великого наслаждения своим занятием, возвышаясь над этим в глубоком пустынном безмолвии. Посему забывает себя и естество свое и делается как бы человеком, который пришел в исступление, вовсе не памятует о сем веке, преимущественно занят мыслию о величии Божием и, погружаясь в это умом, говорит: «Слава Божеству Его!» и еще: «Слава чудесам Его! На какую высоту возвел Он мое убожество: чему сподобил меня поучаться, на какие отваживаться помыслы, чем услаждать душу мою!» Обращаясь мыслию к чудесам сим и всегда ими изумляемый, пребывает он в непрестанном упоении и как бы уже вкушает жизнь по воскресении, потому что безмолвие весьма много содействует сей благодати. Ибо ум его находит возможность пребывать в себе самом с миром, какой приобретен им в безмолвии. А вместе с тем возбуждается сим к памятованию того, что сообразно с порядком жизни его. Ибо, мысленно представляя славу будущего века и блага, по упованию уготованные праведным, пребывающим в оной духовной жизни и в Боге, и новое оное восстановление, не содержит ни в мысли, ни в памяти того, что есть в мире сем. И когда будет сим упоен, снова переносится оттуда созерцанием к веку сему, в котором еще живет, и в изумлении говорит: «*«О, глубина богатства и премудрости»*, ведения, смысленности, разумности и домостроительства неисследимого Бога, *«яко неиспытани судове Его и неизследовани путие»* Его (Рим.11:33)! Ибо, когда Он уготовал иной столько чудный век, чтобы ввести в него все разумные существа и сохранить их в нескончаемой жизни, какая была причина сотворить Ему этот первый мир, расширить его, и столько обогатить его полнотою и множеством видов и естеств, и дать в нем место причинам многих страстей, и тому, что их питает и что им противоборствует?

И почему сначала поставил нас в этом мире, водрузил в нас любовь к долголетней в нем жизни и внезапно похищает нас из него смертью, немалое время хранит нас в бесчувственности и неподвижности, уничтожает образ наш, разливает растворение наше, смешивает его с землею, попускает, чтобы состав наш разрушился, истлел и исчез и чтобы вовсе не оставалось ничего от естества человеческого; а потом, во время, какое определил достопоклоняемою премудростию Своею, когда восхощет, воздвигнет нас в ином образе, какой Ему только известен, и введет нас в другое состояние? Сего не мы только, человеки, надеемся, но и сами святые Ангелы, не имеющие нужды в этом мире, по необычайности естества своего малым чем не достигшие совершенства, ожидают нашего восстания из тления, когда восстанет род наш из перси и обновится тление его. Ибо ради нас и им возбранен вход, и они ждут единократного отверстия двери нового века. И сия тварь (Ангелы) с нами почиет от тяжести тела, обременяющей нас, как говорит апостол: *«яко и сама тварь откровения сынов Божиих чает, да свободится от работы истления в свободу славы чад Божиих»* (Рим.8:19,21), по совершенном разорении века сего в целом его устройстве и по восстановлении естества нашего в первоначальное состояние».

И отсюда уже возносится умом своим к тому, что предшествовало сложению мира, когда не было никакой твари, ни неба, ни земли, ни Ангелов, ничего из приведенного в бытие, и к тому, как Бог, по единому благоволению Своему, внезапно привел все из небытия в бытие, и всякая вещь предстала пред Ним в совершенстве.

И снова нисходит умом своим ко всем созданиям Божиим, обращает внимание на чудесность тварей у Бога и на премудрость произведений Его, в изумлении рассуждая сам с собою: «Какое чудо! Насколько домостроительство и Промысл Его превышают всякое понятие, насколько чудная сила Его крепче всех творений Его! Как из небытия привел Он в бытие тварь сию – это неисчислимое множество различных вещей? И как опять разорит ее, уничтожив это чудное благоустройство, эту лепоту естеств, это стройное течение тварей, часы и время, это сочетание ночи и дня, годовые перемены, эти разнообразные, прозябающие из земли цветы, эти прекрасные здания городов и в них преукрашенные чертоги, это быстрое движение людей, это существование их, обремененное трудами от вшествия в мир до самого исшествия? И как внезапно прекратится чудный этот порядок, и наступит другой век, и воспоминание о первой этой твари вовсе не взойдет никому на сердце, и будут иное видоизменение, иные помышления, иные попечения! И естество человеческое также не воспомянет вовсе о сем мире и о первом образе жизни своей, потому что ум человеческий прилепится к созерцанию оного состояния, и уму людей не будет досуга возвратиться снова к брани с плотью и кровью. Ибо с разорением сего века немедленно приимет начало век будущий. И всякий человек скажет тогда следующее: «О матерь, забытая своими чадами, которых родила, воспитала и умудрила и которые во мгновение ока собраны на чужое лоно и соделались истинными чадами неплодной, никогда не рождавшей! *Возвеселися, неплоды, нераждающая»* (Ис.54:1) о чадах, которых родила тебе земля».

И тогда как бы в исступлении размышляет и говорит: «Сколько еще времени будет стоять век этот? И когда восприимет начало век будущий? Сколько еще времени храминам этим спать в этом виде, и телам быть смешанными с перстию? Какова будет оная жизнь? В каком образе восстанет и составится естество это? Как прейдет оно в новую тварь?» И когда размышляет он о сем и подобном сему, приходит он в восторг, изумление и безмолвное молчание, и восстает он в этот час, и преклоняет колена, и с обильными слезами воссылает благодарения и славословия Единому Премудрому Богу, всегда славимому во всепремудрых делах Его.

Итак блажен, кто сподобился такового! Блажен, у кого такой помысл и день и ночь! Блажен, кто о сем и подобном тому размышляет все дни жизни своей! И если человек в начале своего безмолвия не ощущает силы таковых созерцаний, по причине парения ума своего, и не может еще возноситься к силам сказанных выше чудес Божиих, то да не приходит в уныние и да не оставляет тишины безмолвной жизни своей! Ибо и земледелец, когда сеет, не тотчас с посевом семени видит и колос; но за сеянием следует у него уныние, труд, изнеможение собственных членов, удаление товарищей, разлука с близкими людьми. А когда претерпит это, приходит иное время, в которое услаждается делатель, и скачет, и радуется, и веселится.

Какое же это время? Когда вкусит он хлеба, добытого потом своим, и в безмолвии соблюдено будет размышление его. Ибо великую и нескончаемую сладость возбуждают в сердце и в неизреченное удивление приводят ум – безмолвие и это, сказанное выше, терпеливое в безмолвии размышление. И блажен, кто терпеливо пребывает в оном, потому что отверзся пред ним сей Боготочный источник, и пил он из него, и насладился, и не перестанет пить из него всегда, во всякое время, во всякий час дня и ночи, до скончания и последнего предела целой своей временной этой жизни.

Вопрос. Что главное во всех трудах дела сего, т. е. безмолвия, чтобы человеку, который дошел и до сего, можно было знать, что достиг он уже совершенства в житии?

Ответ. То, когда сподобится человек непрестанного пребывания в молитве. Ибо, как скоро достиг он сего, взошел на высоту всех добродетелей и соделался уже обителию Святаго Духа. А если кто не приял несомненно сей благодати Утешителя, то не может свободно совершать пребывания в сей молитве, потому что, как сказано, когда вселится в ком из людей Дух, тогда не прекратит он молитвы, ибо сам Дух молится всегда (см. Рим.8:26). Тогда и в сонном, и бодрственном состоянии человека молитва не пресекается в душе его, но ест ли, пьет ли, спит ли, делает ли что, даже и в глубоком сне, без труда издаются сердцем его благоухания и испарения молитвы. Тогда молитва не отлучается от него, но всякий час, хотя и не обнаруживается в нем внешне, однако в то же время совершает в нем службу Божию втайне. Ибо молчание чистых один из христоносных мужей называет молитвою, потому что помыслы их суть кроткие гласы, которыми сокровенно воспевают Сокровенного.

Вопрос. Что такое духовная молитва? И как подвижнику сподобиться ее?

Ответ. Душевные движения, за строгую непорочность и чистоту, делаются причастными действенности Святаго Духа. И ее сподобляется один из многих тысяч людей, потому что это – тайна будущего состояния и жития. Ибо он возносится, и естество пребывает недейственным, без всякого движения и памятования о здешнем. Не молитвою молится душа, но чувством ощущает духовные вещи оного века, превышающие понятие человеческое, уразумение которых возможно только силою Святаго Духа. А это есть умное созерцание, но не движение и не взыскание молитвы, хотя от молитвы заимствовало себе начало. Ибо чрез это некоторые из подобных сим людей достигали уже совершенства чистоты. И нет часа, в который бы внутреннее их движение было не в молитве, как сказали мы выше. И когда приникает Дух Святый, всегда обретает таковых в молитве; и от этой молитвы возносит их к созерцанию, которое называется духовным зрением. Ибо не имеют они нужды в образе продолжительной молитвы, ни в стоянии и в чине продолжительной службы. Для них достаточно вспомянуть о Боге, и тотчас пленяются любовию Его. Впрочем, не нерадят совершенно и о стоянии на молитве, когда воздают честь молитве, и, кроме непрестанной молитвы, в назначенные часы стоят на ногах.

Ибо видим святого Антония стоящим на молитве девятого часа и ощутившим возношение ума своего. И другой из отцов, с воздетыми руками стоя на молитве, приходил в восхищение на четыре дня. И другие многие, во время таковой молитвы, пленяемы были сильным памятованием о Боге и великою любовью к Нему, и приходили в восхищение. Сподобляется же ее человек, когда хранением заповедей Господних, противящихся греху, и внутренно, и наружно совлечется греха. Кто возлюбит сии заповеди и воспользуется ими по чину, для того необходимым сделается освободиться от многих человеческих дел, т. е. совлечься тела и быть вне его, так сказать, не по естеству, но по потребности. Кто ведет жизнь по образу Законоположника и руководствуется заповедями Его, в том невозможно оставаться греху. Посему Господь обетовал в Евангелии сохранившему заповеди сотворить у него обитель (см. Ин.14:23).

Вопрос. В чем совершенство многих плодов Духа?

Ответ. В том, когда сподобится кто совершенной любви Божией.

Вопрос. И почему узнает человек, что достиг ее?

Ответ. Когда памятование о Боге возбудилось в уме его, тогда сердце его немедленно возбуждается любовью к Богу, и очи его обильно изводят слезы. Ибо любви обычно воспоминанием о любимых возбуждать слезы. А пребывающий в любви Божией никогда не лишается слез, потому что никогда не имеет недостатка в том, что питает в нем памятование о Боге; почему и во сне своем беседует с Богом. Ибо любви обычно производить что-либо подобное, и она есть совершенство людей в сей их жизни.

Вопрос. Если после многого труда, злострадания, борения, которое приял человек, помысл гордыни не стыдится приразиться к нему, потому что заимствует себе пищу в лепоте добродетелей его и рассчитывает на великость понесенного им труда, то чем одолеть человеку помысл свой и приобрести в душе своей такую твердость, чтобы не покорилась она помыслу?

Ответ. Когда познает кто, что отпадает он от Бога, как сухой лист падает с дерева, тогда уразумевает силу души своей: то есть своею ли силой приобрел он добродетели сии и перенес ради них все борения, между тем как Господь удерживал помощь Свою и попускал ему одному вступать в борьбу с диаволом и не ходить с ним вместе, как обыкновенно участвует Он в борьбе с подвизающимися и содействует им; тогда обнаруживается сила его; лучше же сказать, ясным делается поражение и затруднение его. Ибо со святыми всегда бывает Промысл Божий, охраняющий и укрепляющий их. Им побеждает всякий чин людей, если бывает в подвиге и в страданиях мученических и в прочих бедствиях, постигающих за Бога и ради Его претерпеваемых. И это ясно, очевидно и несомненно. Ибо как естество может победить силу щекотаний, непрестанно возбуждающихся в членах людей, причиняющих им скорбь и очень сильных для того, чтобы преодолеть их? И почему другие желают победы и любят ее, но не могут одерживать оной при сильном противоборстве своем, напротив же того, каждый день терпят поражение от телесных щекотаний и пребывают в труде, в плаче и в изнеможении, трудясь о душах своих, а ты удобно возможешь понести притязания тела, которые столь люты, – и не приходить от того в большое замешательство? И как тело, в других случаях чувствительное к страданиям и не терпящее уязвления тернием, уколовшим его ноготь, может преобороть резание железом, переносить сокрушение членов и всякого рода муки и не препобеждаться страданиями, не ощущая, как обычно естеству, даже различия сего в мучениях, если кроме естественной силы не приходит отъинуду [отовсюду, со всех сторон] другая сила, отражающая от него лютость мучений? И поелику заговорили мы о Божием Промысле, то не поленимся привести на память одну душеполезную повесть, возвышающую человека в борениях его.

Один юноша, по имени Феодор, у которого все тело подвергнуто было мучениям, спрошенный кем-то: «Чувствуешь ли ты мучения?», отвечал: «Вначале чувствовал, а впоследствии увидел некоего юношу, который отирал пот моего борения, укреплял меня и доставлял мне прохладу во время страдания моего». О, как велики Божии щедроты! Сколь близка бывает благодать Божия к подвизающимся за имя Божие, чтобы им с радостью претерпевать за Него страдания!

Поэтому не будь непризнателен, человек, к Божию о тебе промышлению. Если, наконец, явно, что ты не победитель, а только как бы орудие, побеждает же в тебе Господь и ты туне получаешь победное имя, кто возбраняет тебе и во всякое время просить той же силы, и побеждать, и принимать похвалу, и исповедоваться Богу? Разве не слыхал ты, человек, сколь многие подвижники от сложения мира, быв непризнательными к сей благодати, пали с высоты жизни и с высоты подвигов своих?

Сколько многочисленны и различны дары Божии роду человеческому сами в себе, столько же бывает различия в приемлемых дарах и соответственно степени приемлющих оные. Бывают меньшие и большие дары Божии; хотя все они высоки и чудны, но один превосходит другой славою и честию, и степень степени выше. И также: посвятить себя Богу и жить добродетельно есть одно из великих дарований Христовых. Ибо многие, забыв, что по сей благодати сподобились они стать отлученными от людей и посвященными Богу, причастниками и преемниками дарований Его, избранными и удостоенными служения и священнодействия Богу, вместо того, чтобы непрестанно устами своими благодарить за сие Бога, уклонились в гордыню и высокомерие и думают о себе не как приявшие благодать священнодействия, чтобы священнодействовать Богу чистым житием и духовным деланием, но как оказывающие милость Богу, когда бы надлежало им рассудить, что Бог изъял их из среды людей и соделал присными Своими для познания тайн Его. И не трепещут они всею душою своею, рассуждая таким образом, наипаче же, когда видят, как у рассуждавших подобно сему прежде них внезапно отъято было достоинство и как Господь в мгновение ока свергнул их с той высокой славы и чести, какую имели они; и уклонились они в нечистоту, непотребство и студодеяние, подобно скотам. Поелику не познали они силы своей и не содержали непрестанно в памяти Давшего им благодать – совершать пред Ним служение, стать включенными в Царство Его, быть сожителями Ангелов и приближаться к Нему ангельским житием, то Бог отстранил их от делания их, и тем, что оставили безмолвие и изменили образ жизни своей, показал им, что не их была сила, если соблюдали они благочиние в житии и не тревожили их понуждения естества, демонов и иных прочих сопротивностей, напротив же того, была это сила благодати Божией, производившая в них то, чего мир по трудности этого не может вместить или слышать, и в чем они пребывали долгое время и не были побеждаемы; почему, конечно, была в них некая сопутствующая им сила, достаточная к тому, чтобы во всем помогать им и охранять их. Но поелику забыли они о силе этой, то исполнилось на них слово, сказанное апостолом: *«яко же не искусиша имети в разуме Бога»*, Владыку своего, совокупившего персть для духовного служения, *«предаде их в неискусен ум»* (Рим.1:27–28), и, как надлежало, восприяли они бесчестие за свое заблуждение.

Вопрос. Бывает ли когда, чтобы тот, кто отважится вдруг совершенно отречься от сожительства с людьми и по благой ревности внезапно уйти в необитаемую и страшную пустыню, умер от сего с голода, по неимению у себя покрова и прочего потребного?

Ответ. Кто бессловесным животным, прежде сотворения их, уготовал жилище и печется об их потребностях, Тот не презрит создания Своего, преимущественно же боящихся Его и в простоте, без пытливости последовавших Ему. Кто волю свою во всем предает Богу, тот не печется уже о нуждах тела своего, о бедствии и злострадании его, но желает пребывать в житии сокровенном и вести жизнь уничижительную, не боится скорбей, но почитает приятным и сладостным отчуждение от целого мира за чистоту жития, изнуряя себя среди холмов и гор, живет как скиталец в кругу бессловесных животных, не соглашается упокоеваться телесно и проводить жизнь, исполненную скверн. И когда предает себя на смерть, ежечасно плачет и молится, чтобы не лишиться ему чистого Божия жития, тогда приемлет от Бога помощь. Ему слава и честь! Он да сохранит нас в чистоте Своей и да освятит нас святынею благодати Святаго Духа, в честь имени Своего, чтобы святое имя Его в чистоте прославлялось во веки веков! Аминь.

СЛОВО 22. О ТОМ, ЧТО ТЕЛО, КОТОРОЕ БОИТСЯ ИСКУШЕНИЙ, ДЕЛАЕТСЯ ДРУГОМ ГРЕХА

Некто из святых сказал, что другом греха делается тело, которое боится искушений, чтобы не дойти ему до крайности и не лишиться жизни своей. Посему Дух Святый понуждает его умереть. Ибо знает, что, если не умрет, не победит греха. Если кто хочет, чтобы вселился в нем Господь, то принуждает он тело свое служить Господу, работает в заповедях Духа, написанных у апостола, и хранит душу свою от дел плотских, описанных апостолом (см. Гал.5:19–21). Тело же, приобщившееся греху, упокоевается в делах плотских, и Дух Божий не упокоевается в плодах его. Ибо, когда тело изнемогает в посте и смирении, тогда душа укрепляется молитвою. Телу обычно, когда много угнетается скорбями безмолвия, терпит лишения и недостатки и приближается к тому, чтобы лишиться жизни своей, умолять тебя и говорить: «Дай мне немного свободы пожить в меру; хожу я теперь право, потому что испытано великими злостраданиями». И как скоро, из сострадания к нему, успокоишь его от скорбей и доставишь ему несколько отдохновения, и хотя ненадолго успокоится оно, мало-помалу станет с ласкательством нашептывать тебе (а ласкательства его весьма сильны), пока не заставит тебя уйти из пустыни, и скажет тебе: «Можем и близ мира жить хорошо, потому что испытаны во многом; поэтому можем и там жить по тем же правилам, какими водимся теперь. Искуси меня только, и, если не буду таким, как тебе угодно, можем возвратиться. Вот, пустыня не бежит от нас». Не верь ему, хотя и сильно будет умолять и даст много обещаний. Оно не исполнит того, что говорит. Когда склонишься на просьбу его, ввергнет тебя в великие падения, из которых не будешь в состоянии восстать и выйти.

Когда придешь от искушений в уныние и пресытишься ими, скажи сам себе: «Снова вожделеваешь ты нечистоты и срамной жизни». И если тело скажет тебе: «Великий грех самому себя убивать», то отвечай ему: «Сам себя убиваю, потому что не могу жить нечисто. Умру здесь, чтобы снова не увидеть мне истинной смерти души моей, смерти для Бога. Лучше мне умереть здесь ради непорочности и не жить худою жизнью в мире. Произвольно избрал я смерть сию за грехи свои. Сам себя умерщвляю, потому что согрешил я Господу; не буду более прогневлять Его. Что мне в жизни далекой от Бога? Буду терпеть озлобления сии, чтобы не быть отчужденным от небесной надежды. Что Богу в жизни моей в этом мире, если живу в нем худо и прогневляю Бога?»

СЛОВО 23. ПОСЛАНИЕ, ПИСАННОЕ К ОДНОМУ БРАТУ, ЛЮБИТЕЛЮ БЕЗМОЛВИЯ

Поелику знаю, что любишь ты безмолвие и что диавол, зная волю твоего ума, под предлогами добра опутывает тебя во многом, пока не сокрушит и не препнет тебя в добродетели, заключающей в себе многие виды доброго, то, чтобы мне, как члену, тесно связанному с тобою, добрый брат, помочь благому твоему желанию полезным словом, позаботился я написать, что сам приобрел у мужей, мудрых добродетелию, и в Писаниях, и у отцов, и собственным опытом. Ибо, если человек не будет пренебрегать и почестями, и бесчестиями и ради безмолвия терпеть поношения, поругание, вред, даже побои, не сделается посмешищем и видящие его не станут почитать его юродивым и глупцом, то не возможет он пребыть в благом намерении безмолвия, потому что, если человек однажды отворит дверь по каким-либо побуждениям, то диавол не престанет выставлять ему на вид некоторые из сих побуждений, под многими предлогами, к частым и бесчисленным встречам с людьми. Поэтому если ты, брат, истинно любишь добродетель такого безмолвия, которое не терпит в себе ни рассеяния, ни отторжения, ни отделения и которым побеждали древние, то найдешь в таком случае возможность совершить похвальное свое желание, как скоро уподобишься отцам своим и приимешь намерение в себе показать житие их. А они возлюбили совершенное безмолвие, не заботились выказывать любовь близким своим, не старались употреблять силы свои на их успокоение и не стыдились избегать встречи с теми, которые почитаются людьми почтенными.

Так они шествовали и не были осуждаемы людьми мудрыми и ведущими, как пренебрегающие братьями, презрители, или нерадивые, или лишенные рассудка, что в оправдание их и сказано одним почитающим безмолвие и отшельничество паче сообщества с людьми. «Человек, – говорит он, – который опытно постигает сладость безмолвия в келлии своей, не как пренебрегающий ближним убегает с ним встречи, но ради того плода, какой собирает от безмолвия». «Для чего, – спрашивает он, – авва Арсений предавался бегству и не останавливался, встречая кого-либо?» Авва же Феодор, если встречал кого, то встреча его была как меч. Никому не говорил он приветствия, когда находился вне своей келлии. А святой Арсений не приветствовал даже и приходящего к нему с приветствием. Ибо в одно время некто из отцов пришел видеть авву Арсения, и старец отворил дверь, думая, что это служитель его; но когда увидел, кто был пришедший, повергся на лицо свое, и, долго умоляемый встать, при уверении пришедшего, что примет благословение и уйдет, святой отказался, говоря: «Не встану, пока не уйдешь». И не встал, пока тот не ушел. И делал блаженный это для того, чтобы, если однажды подаст им руку, снова не возвратились к нему.

Посмотри же на продолжение слова и тогда не скажешь, что, может быть, Арсений пренебрег сим отцом или кем другим, по малозначительности его, а иному ради чести его оказал лицеприятие и беседовал с ним. Напротив того, Арсений равно бегал от всех, и от малых, и от великих. Одно было у него пред очами – ради безмолвия пренебрегать сообщением с людьми, будет ли то человек великий или малый, и ради чести безмолвия и молчания от всех понести на себе укоризну. И мы знаем, что приходил к нему архиепископ, блаженный Феофил, а с ним был и судья той страны, имевший желание видеть святого и оказать ему честь. Но Арсений, когда сидел пред ними, даже малым словом не почтил их высокого сана, хотя и очень они желали слышать слово его. И когда архиепископ стал просить его о том, добрый старец помолчал немного и потом говорит: «Сохраните ли слово мое, если скажу вам?» Они изъявили согласие, сказав: «Да». Старец же сказал им: «Если услышите, что тут Арсений, не приближайтесь туда». Видишь ли чудный нрав старца? Видишь ли пренебрежение его к человеческой беседе? Вот человек, познавший плод безмолвия. Блаженный не рассуждал, что пришел учитель вселенский и глава Церкви, но представлял в мысли следующее: «Единожды навсегда умер я для мира, какая же польза от мертвеца живым?» И авва Макарий укорил его исполненною любви укоризною, сказав: «Что ты бегаешь от нас?» Старец же представил ему чудное и достойное похвалы оправдание, ответив: «Богу известно, что люблю вас; но не могу быть вместе и с Богом, и с людьми». И сему чудному ведению научен он не иным кем, но Божиим гласом. Ибо сказано было ему: «Бегай, Арсений, людей, и спасешься».

Ни один праздный и любящий беседы человек да не будет столь бесстыден, чтобы опровергать это, извращая слова Арсениевы, и да не говорит вопреки сему, что это – изобретение человеческое и изобретено в пользу безмолвия. Напротив того, это – учение Небесное. И да не подумаем мы, будто бы сказано сие было Арсению в том смысле, чтобы бежать и удаляться ему от мира, а не в том, чтобы бегать ему также и от братии! После того как оставил он мир, пошел и поселился в лавре, снова молился он Богу, вопрошая: как можно жить ему добродетельно? – и говорил: «Укажи мне путь, Господи, как спастись», и думал, что услышит что-либо иное; но и во второй раз услышал опять тот же Владычный глас: «Бегай, Арсений, молчи и безмолвствуй. И хотя много пользы (сказано ему) в свидании и в беседе с братиями, однако же не столько полезно для тебя беседовать с ними, сколько бегать от них». И когда приял сие блаженный Арсений в Божественном откровении, и так как, когда был еще в мире, повелено ему бегать, и потом, когда был с братиею, изречено то же самое, тогда уверился он и познал, что к приобретению доброй жизни недостаточно ему бегать только мирских, должно же убегать от всех равно. Ибо может ли кто противиться и прекословить Божественному гласу? Да и божественному Антонию сказано было в откровении: «Если желаешь безмолвствовать, иди не только в Фиваиду, но даже во внутреннейшую пустыню». Посему, если Бог повелевает нам бегать от всех и столько любит безмолвие, когда пребывают в нем любящие Его, кто станет выставлять на вид какие-либо предлоги к тому, чтобы пребывать в собеседовании и сближении с людьми? Если Арсению и Антонию полезны были бегство и осторожность, то кольми паче полезны они немощным? И если тех, и в слове, и в лицезрении, и в помощи которых имел нужду целый мир, Бог почтил больше за их безмолвие, нежели за вспомоществование всему братству, лучше же сказать – всему человечеству, то кольми паче безмолвие нужно тому, кто не в состоянии хорошо охранять себя?

Знаем и о другом некоем святом, что брат его сделался болен и заключен был в другой келлии. А поелику святой во все время болезни его превозмогал свою сострадательность и не приходил повидаться с ним, то больной, приближаясь к исшествию своему из жизни, послал сказать ему: «Если ты не приходил ко мне доныне, то приди теперь, чтобы видеть мне тебя прежде отшествия моего из мира, или приди сюда ночью, и я поцелую тебя, и почию». Но блаженный не согласился даже и в этот час, когда природа обыкновенно требует нашего сострадания друг к другу и преступает определение воли, но сказал: «Если выйду, то не очищусь сердцем моим пред Богом, потому что нерадел посещать духовных братий, естество же предпочел Христу». И брат умер, а он не видел его.

Поэтому никто по лености помыслов да не выставляет на вид, что сие невозможно, да не ниспровергает и да не обращает в ничто своего безмолвия, отвергнув Божий о нем Промысл. Если святые победили самое естество, как оно ни крепко, и если Христос любит, когда чествуют безмолвие, между тем как оставляются в пренебрежении чада Его, то какая может быть у тебя иная необходимость, которой ты не мог бы пренебречь, когда подпадаешь ей? Оная заповедь, в которой сказано: *«возлюбиши Господа Бога твоего всем сердцем твоим, и всею душею твоею»*, и всем умом твоим (Мф.22:37), более целого мира, и естества, и всего, что в естестве, – вполне исполняется, когда пребываешь в безмолвии своем. И заповедь о любви к ближнему заключена в нем же. Хочешь ли, по евангельской заповеди, приобрести в душе своей любовь к ближнему? Удались от него, и тогда возгорится в тебе пламень любви к нему, и радоваться будешь при лицезрении его, как при видении светлого Ангела. Хочешь ли также, чтобы жаждали твоего лицезрения любящие тебя? В определенные только дни имей свидание с ними. Опыт – действительно учитель для всех. Будь здоров. Богу же нашему благодарение и слава во веки веков! Аминь.

СЛОВО 24. ПОСЛАНИЕ К НЕКОЕМУ БРАТУ ЕСТЕСТВЕННОМУ И ДУХОВНОМУ, КОТОРЫЙ, ЖИВЯ В МИРЕ И ЖЕЛАЯ ВИДЕТЬСЯ С ИСААКОМ, УБЕЖДАЛ И УМОЛЯЛ В ПИСЬМАХ СВОИХ ПРИЙТИ К НЕМУ

Не так мы сильны, как думаешь ты, блаженный; и, может быть, не знаешь ты немощи моей и того, что нетрудна для тебя погибель моя; а потому, как бы распаляемый естеством по обычаю его, непрестанно просишь меня о том, о чем и нам заботиться, чего и тебе желать, не должно. Не проси у меня, брат, сего, лишь упокоевающего плоть и ее мудрование, но попекись о спасении души моей. Немного еще времени, и прейдем мы из века сего. Сколько лиц встречу, когда приду к тебе! Сколько увижу людских нравов и мест, пока не возвращусь в свое место! Сколько причин к помыслам приимет душа моя при встрече с людьми! Сколько смущения потерпит от пробудившихся в ней страстей, от которых успокоилась несколько! Это и тебе не неизвестно. Что монаху вредно видеть мирское, сам ты это знаешь. И смотри, какое изменение происходит в уме долгое время безмолвствовавшего с самим собою, когда он вдруг снова впадает в это, и видит, и слышит, что для него непривычно.

Если тому, кто в подвиге и ведет еще брань с сопротивником своим, вредит и встреча с монахами, когда они не близки к его устроению, то рассуди, в какой кладезь падем мы, особливо долгим опытом приобретшие познание? О, если бы избавиться нам от жала врага нашего!

Поэтому не требуй от меня, чтобы я без нужды сделал это. Да не обольщают нас утверждающие, будто бы никакого вреда нет для нас от того, что слышим и видим нечто, ибо мы будто бы одинаковы по мыслям своим и в пустыне, и в мире, и в келлии, и вне ее, и не изменяемся по кротости нашей, и не принимаем худой перемены, и при встрече с лицами и вещами не чувствуем тревоги страстей. Утверждающие это, если и раны приемлют, не знают этого; но мы не достигли еще сего душевного здравия; ибо имеем на себе смердящие язвы, и они вскипят червями, если и один день не будет о них попечения, и останутся они неперевязанными, не будут обложены пластырем и стянуты повязками.

СЛОВО 25. О ТРЕХ СПОСОБАХ ВЕДЕНИЯ, О РАЗНОСТИ ИХ ДЕЛАНИЯ И ПОНЯТИЙ, О ВЕРЕ ДУШИ, О ТАИНСТВЕННОМ БОГАТСТВЕ, В НЕЙ СОКРОВЕННОМ, И О ТОМ, СКОЛЬКО ВЕДЕНИЕ МИРА СЕГО РАЗНСТВУЕТ В СПОСОБАХ СВОИХ С ПРОСТОТОЮ ВЕРЫ

Душа, проходящая стезями жития и путем веры, и нередко преуспевшая в сем последнем, если обращается снова к способам ведения, начинает вскоре хромать в вере, и утрачивается в ней духовная ее сила, обнаруживавшаяся в чистой душе взаимностью вспоможений и по простоте не входившая в исследование всего того, что в ней и к ней относится. Ибо душа, однажды с верою предавшая себя Богу и многократным опытом изведавшая Его содействие, не заботится уже о себе, но связуется изумлением и молчанием и не имеет возможности снова возвратиться к способам своего ведения и употреблять их в дело, чтобы иначе, при их противлении, не лишиться Божия промышления, которое втайне неусыпно взирает над душою, печется о ней и непрестанно следует за нею всеми способами, – не лишиться же потому, что душа обезумела, возмечтав, будто бы сама достаточно может промышлять о себе силою своего ведения.

Ибо те, в коих воссиявает свет веры, не доходят уже до такого бесстыдства, чтобы снова им испрашивать у Бога в молитвах: «Дай нам это», или: «Возьми у нас то», и нимало не заботятся они о себе самих, потому что духовными очами веры ежечасно видят Отеческий Промысл, каким приосеняет их Тот истинный Отец, Который безмерно великою любовию Своею превосходит всякую отеческую любовь, паче всех может и имеет силу содействовать нам до преизбытка, в большей мере, нежели как мы просим, помышляем и представляем себе.

Ведение противно вере. Вера во всем, что к ней относится, есть нарушение законов ведения, впрочем – ведения не духовного. Определение ведения то, что оно не имеет власти что-либо делать без разыскания и исследования, а, напротив того, разыскивает, возможно ли тому быть, о чем помышляет и чего хочет. Что же делает вера? Она не соглашается пребывать в том, кто приближается к ней неправо.

Ведение без разыскания и без своих способов действования не может быть познано. И это есть признак колебания в истине. А вера требует единого чистого и простого образа мыслей, далекого от всякого ухищрения и изыскания способов.

Смотри, как они противятся друг другу. Дом веры есть младенчествующая мысль и простое сердце. Ибо сказано: *«в простоте сердца»* своего прославили Бога (Деян.2:46–47), и: *«аще не обратитеся и будете яко дети, не внидете в Царство Небесное»* (Мф.18:3). Ведение же ставит сети простоте сердца и мысли и противится ей.

Ведение есть предел естества и охраняет его во всех стезях его. А вера совершает шествие свое выше естества. Ведение не отваживается допустить до себя что-либо разрушительное для естества, но удаляется от этого; а вера без труда дозволяет и говорит: *«на аспида и василиска наступиши, и попереши льва и змия»* (Пс.90:13). Ведение сопровождается страхом. Вера – надеждою. В какой мере человек водится способами ведения, в такой же мере связуется он страхом и не может сподобиться освобождения от него. А кто последует вере, тот вскоре делается свободен и самовластен, и как сын Божий всем пользуется со властью свободно. Возлюбивший веру сию, как Бог, распоряжается всяким тварным естеством, потому что вере дана возможность созидать новую тварь, по подобию Божию, как сказано: *«восхоте»*, и все явится пред тобою (Иов.23:13). Нередко она может все производить и из не-сущего. А ведение не может что-либо произвести без вещества. У ведения нет столько бесстыдства, чтобы производить то, чего не дано естеством. Да и как ему произвести это? Текучее естество воды на хребет свой не приемлет следов тела, и приближающийся к огню сожигает себя; а если у него достанет на то дерзости, то последует беда.

Ведение с осторожностью охраняет себя от этого, и никак не соглашается преступить в этом предел. Вера же самовластно преступает все, и говорит: *«аще сквозе огнь пройдеши, не сожжешися, и реки не покрыют тебе»* (Ис.43:2). И вера нередко производила сие пред всею тварью [творением]. А если бы ведению открывался здесь случай искусить себя в этом, то, без сомнения, оно не решилось бы на то. Ибо многие по вере входили в пламень, обуздывали сожигающую силу огня, и невредимо проходили посреди его, и по хребту моря шествовали, как по суше. А все это выше естества, противно способам ведения и показало, что суетно оно во всех способах и законах своих. Видишь ли, как ведение сохраняет пределы естества? Видишь ли, как вера восходит выше естества и там полагает стези своему шествию? Сии способы ведения пять тысяч лет, или несколько меньше, или и свыше сего, управляли миром, и человек нисколько не мог подъять главы своей от земли и сознать силу Творца своего, пока не воссияла вера наша и не освободила нас от тьмы земного делания и суетного подчинения после тщетного парения ума. Да и теперь, когда обрели мы невозмутимое море и неоскудеваемое сокровище, снова вожделеваем уклониться к малым источникам. Нет ведения, которое бы не было в скудости; как бы много ни обогатилось оно. А сокровищ веры не вмещают ни земля, ни небо. Ничего никогда не лишается тот, у кого сердце подкрепляется упованием веры. И когда ничего не имеет, всем владеет он верою, как написано: *«вся, елико аще воспросите в молитве верующе, приимете»* ([Мф.21:22](#)), и еще: *«Господь близ. Ни о чемже пецытеся»* ([Флп.4:5–6](#)).

Ведение всегда ищет способов к охранению приобретающих оное. А вера говорит: *«аще не Господь созиждет дом, всуе трудишася зиждущий: аще не Господь сохранит град, всуе бде стрегий»* ([Пс.126:1](#)). Кто молится с верою, тот никогда не пользуется способами самоохранения и не прибегает к ним.

Ибо ведение на всяком месте хвалит страх, как сказал Премудрый: *«боящемуся Господа блаженна душа»* ([Сир.34:15](#)). Что же вера? Сказано: *«убояся, и начат утопати»* ([Мф.14:30](#)), и еще сказано: *«не приясте бо духа работы паки в боязнь: но приясте Духа сыноположения»* ([Рим.8:15](#)) в свободу веры и надежды на Бога; и еще: не убойся их, и не беги от лица их (см. [Иез.2:6](#)). Страху всегда сопутствует сомнение, а сомнение сопровождается разысканием, а разыскание – принятыми способами, а принятые способы – ведением. И в самом исследовании и разыскании всегда познаются страх и сомнение, потому что не во всякое время во всем успевает ведение, как показали мы прежде сего. Ибо нередко встречаются душе разные случайности, лютые нападения и многие исполненные опасностей случаи, в которых вовсе не могут здесь сколько-нибудь помочь ведение и способы мудрости. Но, с другой стороны, в затруднениях, неотвратимых всеми силами и крайним пределом человеческого ведения, вера нимало не преодолевается ни одним из сих затруднений. Ибо достаточно ли человеческого ведения, чтобы помочь сколько-нибудь в явных бранях с невидимыми природами и с силами телесными, а равно и с многим другим? Видишь ли немощь силы ведения и крепость силы веры? Ведение ученикам своим воспрещает приближаться ко всему чуждому для естества. Но заметь в этом силу веры: что предлагает она учащимся у нее?

Сказано: *«именем Моим бесы иждену́т; змия возмут; аще и что смертно испиют, не вредит их»* (Мк.16:17–18). Ведение, по законам своим, всем шествующим путем его предлагает во всяком деле до начала его разыскать конец и потом начинать, чтобы, если окажется, что конец дела с трудом обретается в пределах человеческой силы, не потрудиться им напрасно и чтобы не открылось, что делу трудно и невозможно совершиться. Что же говорит вера? *«Вся возможна верующему»* (Мк.9:23), потому что для Бога нет ничего невозможного. Какое неизреченное богатство, какое море богатства – в волнах веры и в чудных сокровищах, преизливаемых силою ее! Какого дерзновения, какой сладости и надежды исполнено шествие с нею! Как легки бремена ее и сколько сладости в делании ее!

Вопрос. Кому уподобляется в деле своем тот, кто сподобился вкусить сладости веры и снова обратился к ведению душевному?

Ответ. Тому, кто нашел драгоценную жемчужину и обменял ее на медный обол; тому, кто оставил полновластную свободу и возвратился в состояние нищеты, исполненное страха и рабства.

Неукоризненно ведение, но выше его вера. Если и укорим, то не самое ведение укорим. Да не будет сего! Но мы укоряем то, что оно употребляет разные способы, в которых идет оно вопреки вере и то, что приближается оно к чинам демонским. Впоследствии мы это рассудим ясно, а также: сколько ступеней, на которые восходит сими способами ведение? Какая разность открывается на каждой ступени? Какими помышлениями возбуждается ведение при каждом способе, когда держится оных? В котором из сих способов, когда следует им, оно противится вере и выходит из естества? И какая бывает в нем разность? И на какой степени (когда возвращается к первоначальной своей цели) приходит в естество свое и полагает ступень к вере добрым житием? И до чего дает простираться различию сего состояния? И как переходит от сего к высшему? И какие способы оной иной, или первой степени? И когда ведение сопрягается с верой, делается с нею едино, облекается ею в огненные помышления, возгорается духом, приобретает крыла бесстрастия и от служения земному, употребив иные способы, возносится в область Создателя своего?

Впрочем, до времени довольно нам знать, что вера, и ступени ее, и хождение в оных – выше ведения.

Самое ведение усовершается верою и приобретает силу восходить горе́, ощущать то, что выше всякого ощущения, видеть оное сияние, неуловимое умом и ведением тварей. Ведение есть ступень, по которой человек восходит на высоту веры и, как скоро достигает оной, более уже не нуждается в нем. Ибо сказано: ныне *«от части разумеваем, от части думаем». «Егда же приидет совершенное, тогда, еже от части, упразднится»* (1Кор.13:9–10). Итак, и теперь уже вера как бы пред очи представляет нам действительность совершенства, и верою нашей разумеваем оное непостижимое, а не разысканием и силою ведения.

Вот дела правды: пост, милостыня, бдение, святыня и все прочее, совершаемое телесно; любовь к ближнему, смиренномудрие сердца, прощение проступков, помышление о благах; исследование таинств, сокровенных в Святых Писаниях, размышление ума о делах совершеннейших, как хранить пределы душевных движений, и прочие добродетели, совершаемые в душе. Все это имеет нужду в ведении, потому что ведение охраняет это и учит порядку в этом. И все это только ступени, по которым душа восходит на горнюю высоту веры; и сие называется добродетелями. Но жизнь веры выше добродетели, и делание ее – не труды, но совершенный покой, и утешение, и словеса в сердце, и оно совершается в помышлениях души. Ее также делание – все чудные виды духовного жития, прохождение которых подает чувство духовной жизни, и сладость, и наслаждение душевное, и вожделение, и радость о Боге, и все прочее, что в оном житии дается душе, достойной благодати тамошнего блаженства, и что, как бы указуемое верой в Божественных Писаниях, совершается здесь Богом, богатым в Своих дарованиях.

«Недоумение». Кто-нибудь скажет: если все сии блага, и исчисленные пред сим дела добродетели, и удаление от худого, и различение тонких возникающих в душе помыслов, и борьба с помыслами, и противоборство страстям раздражительным, и все прочее, без чего вера не может показать силы своей в душевном делании, – если все это совершается ведением, то почему же ведение почитается противным вере?

«Решение сомнения». Ответствуем: три суть мысленные способа, по которым ведение восходит и нисходит; и бывает изменение как в способах, какими водится ведение, так и в самом ведении; и чрез это оно вредит и помогает. Три же способа суть: тело, душа, дух. И если ведение в естестве своем одно, то, по отношению к сим областям мысленного и чувственного, оно утончается, изменяет свои способы и делания помышлений своих. Выслушай, наконец, какой порядок сего делания и какие причины, по которым оно вредит и помогает. Ведение есть Божие даяние естеству разумных тварей, данное вначале, при их создании, и оно по природе своей просто и неделимо, как свет солнечный, но сообразно с деланием своим приобретает изменения и деления.

СЛОВО 26. О ПЕРВОЙ СТЕПЕНИ ВЕДЕНИЯ

Когда ведение следует плотскому вожделению, тогда сводит воедино следующие способы: богатство, тщеславие, убранство, телесный покой, рачение о словесной мудрости, годной к управлению в мире сем и источающее обновление в изобретениях, и искусствах, и науках, и все прочее, чем увенчивается тело в этом видимом мире. А по сим отличительным чертам, как сказали и распределили мы, ведение делается противным вере. И оно именуется голым ведением, потому что исключает всякое попечение о Божественном, и по причине преобладания тела вносит в ум неразумное бессилие, и все попечение его совершенно о сем только мире. Вот понятие о себе этого ведения: оно, без всякого сомнения, есть мысленная сила, тайно правящая человеком, Божественная попечительность, назирающая над ним и совершенно о нем пекущаяся. Посему не Божию Промыслу приписывает оно управление миром, но все доброе в человеке, спасение его от вредоносного для него и естественное его остережение от несчастий и от многих противностей, тайно и явно сопровождающих естество наше, кажутся ему следствием собственной его рачительности и собственных его способов. Таково понятие о себе размышляющего ведения. Оно мечтает, что все бывает по его промышлению; и в этом согласно с утверждающими, что нет управления сим видимым миром. Впрочем, не может оно пребыть без непрестанного попечения и без страха за тело, а потому овладевает им малодушие, печаль, отчаяние, страх от бесов, боязнь от людей, молва о разбойниках, слухи о смертях, заботливость в болезни, тревога в скудости и недостатке потребного, страх смерти, страх страданий и злых зверей и все прочее, сходное с сим и уподобляющееся морю, в котором ежечасно день и ночь мятутся и устремляются на пловцов волны, так как ведение сие не имеет попечения о себе возвергать на Бога в уповании веры в Него. А потому во всем, что касается до него самого, бывает занято придумыванием средств и ухищрений. Когда же способы его изобретений в одном каком-либо случае окажутся недействительными, таинственного же в сем Промысла оно не усмотрит, тогда препирается с людьми, которые препятствуют и противятся ему.

В сем-то ведении насаждено древо познания доброго и лукавого, искореняющее любовь.

И оно разыскивает малые проступки других людей, вины их и немощи, и настраивает человека учительствовать, прекословить на словах, измышлять лукавые средства и хитрости; прибегает оно к прочим способам, оскорбительным для человека. В нем надмение и гордыня, потому что всякое доброе дело присвояет себе, а не Богу приписывает.

Вера же дела свои вменяет благодати, потому и не может превозноситься, как написано: *«вся могу о укрепляющем мя Христе»* (Флп.4:13); и еще: *«не аз же, но благодать Божия, яже со мною»* (1Кор.15:10). А что сказал блаженный апостол: *«разум кичит»* (1Кор.8:1), то изрек сие о том ведении, не растворенном верою в Бога и надеждою на Него, а не о ведении истинном. Да не будет сего!

Ведение истинное душу приобретших оное усовершает в смирении, как усовершило Моисея, Давида, Исаию, Петра, Павла и прочих святых, сподобившихся сего, по мере естества человеческого, совершенного ведения. И в подобных сим святым ведение их всегда поглощается необычайными созерцаниями, Божественными откровениями, высоким созерцанием духовного, неизреченными таинствами, и душа их в очах их почитается пеплом и перстию. Другое же ведение, как и свойственно ему, кичится, потому что ходит во тьме, ценит достояние свое по сравнению с тем, что на земле, и не знает, что есть нечто лучшее его. В превозношение же вовлекаются все потому, что они на земле, житие свое взвешивают плотию, опираются на дела свои и не помышляют в уме своем о непостижимом. И подвергаются этому, пока плавают в волнах сих. Но святые преуспевают в славной Божественной добродетели; и делание их горе, и мысль их не уклоняется в попечение об изобретениях и о суетном, потому что ходящие во свете не могут заблуждаться. Посему-то все, удалившиеся от света познания Сына Божия и уклонившиеся от истины, ходят по сим стезям. Вот первая степень ведения, на которой человек последует плотской похоти! Сие-то ведение мы и осуждаем, и признаем оное противным не только вере, но и всякому деланию добродетели.

СЛОВО 27. О ВТОРОЙ СТЕПЕНИ ВЕДЕНИЯ

Когда человек, оставив первую степень ведения, бывает занят душевными помышлениями и пожеланиями, тогда во свете естества души как телесными чувствами, так и душевными помышлениями совершает следующие вышеозначенные превосходные дела, а именно: пост, молитву, милостыню, чтение Божественных Писаний, разные добродетели, борьбу со страстями и прочее. Ибо все благие дела, все различные добрые состояния, усматриваемые в душе, и чудные образы служения во дворе Христовом, на сей второй степени ведения, деланием силы его совершает Дух Святый. И оно-то указует сердцу стези, ведущие нас к вере, чрез него собираем напутствие к будущему веку. Но и здесь еще ведение телесно и сложно. Хотя и сие ведение есть путь, ведущий и препровождающий нас к вере, однако же есть и еще высшая степень ведения. И если кто преуспеет, то найдет возможность, при помощи Христовой, возведенным быть и на оную, когда основание своего делания положит в безмолвном удалении от людей, в чтении Писаний, в молитве и в прочих добрых делах, которыми совершается все относящееся ко второму ведению. И им-то производится все доброе; оно и называется ведением дел, потому что чувственными делами, при посредстве телесных чувств, совершает дело свое на внешней степени. Аминь.

СЛОВО 28. О ТРЕТЬЕЙ СТЕПЕНИ ВЕДЕНИЯ, КОТОРАЯ ЕСТЬ СТЕПЕНЬ СОВЕРШЕНСТВА

Послушай же, как человек утончается, приобретает духовность и уподобляется в житии невидимым Силам, которые служение свое отправляют не чувственно производимыми делами, но совершаемыми заботливостью ума. Когда ведение вознесется над земным и над попечением о делании земного и начнет испытывать свои помышления в том, что сокрыто от очей внутри, и некоторым образом станет пренебрегать тем, от чего бывает непотребство страстей, и прострется горé, и последует вере в попечении о будущем веке и в вожделении обетованного нам, и в изыскании сокровенных таинств, тогда сама вера поглощает сие ведение, и обращается, и рождает оное снова, так что всецело становится оно духом.

Тогда может воспарять оно на крылах в области бесплотных, касаться глубин и неосязаемого моря, представляя в уме Божественные и чудные действия правления в естествах существ мысленных и чувственных, и исследует духовные тайны, постигаемые мыслью простою и тонкою. Тогда внутренние чувства возбуждаются к духовному деланию сообразно состоянию, бывающему в оной жизни бессмертия и нетления, потому что еще в здешнем, как бы втайне, оно прияло мысленное воскресение, в истинное свидетельство о всеобщем обновлении.

Вот три способа ведения, с которыми сопряжено все течение человека в теле, в душе, в духе. С того времени, как начинает человек различать зло от добра, и пока не изыдет он из мира сего, ведение души его пребывает в сих трех мерах. И полноту всякой неправды и нечестия, и полноту правды, и то, чтобы коснуться глубины всех тайн духа, производит единое ведение в сказанных трех мерах, и в нем заключено всякое движение ума, когда восходит или нисходит он в добре, или в зле, или в среднем между добром и злом. Сии же меры у отцов называются: естественное, противоестественное и сверхъестественное. И это суть три направления, по которым возводится и низводится память разумной души, когда по сказанному или по естеству делает кто правду, или превыше естества восхищается ее памятью, в созерцании Бога, или вне естества исходит пасти свиней как расточивший богатство своей рассудительности, работая со множеством демонов.

Совокупное обозрение трех ведений

Первая степень ведения охлаждает душу для дел шествия по Богу. Вторая согревает душу для скорого течения к тому, что на степени веры. Третья же есть упокоение от делания (что есть образ будущего), в едином приснопоучении ума наслаждающееся тайнами будущего. Но так как естество не может еще совершенно возвыситься над состоянием омертвения и тяготою плоти и усовершиться в оном духовном ведении, которое выше другого уклоняющегося ведения, то и ведение сие не в состоянии и послужить к совершенству, не имеющему недостатка; не может человек быть и в мире мертвости, и – совершенно оставить естество плоти. Но пока человек живет во плоти, остается он в переходном состоянии от одного ведения к другому. То вдруг душа его, как убогий и нищий, начинает совершать служение на второй, средней степени добродетели, какая вложена в естестве и может быть произведена при помощи естества телесного; то пребывает, подобно приявшим Духа сыноположения, в таинстве свободы, наслаждается благодатию Духа, по достоинству дающего оную, и снова возвращается к смирению дел своих, и это суть дела, совершаемые с помощью тела. И благодать сохраняет их, чтобы враг не пленил ее приманками, обретаемыми в этом лукавом веке, и помыслами смущенными и поползновенными; потому что человек, пока заключен под завесою дверей плоти, не имеет упования. Ибо в веке сем несовершенном нет совершенной свободы. Всякое делание ведения состоит в делании и продолжительном упражнении; делание же веры не делами совершается, но исполняется духовными помышлениями, в чисто душевном действовании; и оно превыше чувств. Ибо вера утонченнее ведения, как ведение утонченнее вещей чувственных. Все святые, сподобившиеся обрести житие сие (а это есть восторжение к Богу), силою веры пребывают в услаждении оным превышеестественным житием.

Веру же разумеем не ту, какою человек верует в различие достопоклоняемых и Божественных Ипостасей, в превосходящее все, особенно естество самого Божества и в чудное домостроительство, совершенное в человечестве восприятием нашего естества (хотя и сия вера крайне высока), — но веру, воссиявающую в душе от света благодати, свидетельством ума подкрепляющую сердце, чтобы не колебалось оно в несомненности надежды, далекой от всякого самомнения.

И вера сия обнаруживается не в приращении слуха ушей, но в духовных очах, которые видят сокрытые в душе тайны, невидимое и божественное богатство, сокровенное от очей сынов плоти и открываемое Духом, питающимся с трапезы Христовой, в поучении законам Христовым, как сказал Господь: «если заповеди Мои соблюдете, пошлю вам Утешителя, *«Духа истины, егоже мир не может прияти, и Той вы научит»* всякой истине» (Ин.14:15,17,26). Он указует человеку сию святую силу, обитающую в нем во всякое время, сей покров, сию мысленную крепость, всегда покрывающую человека, отражающую от него все вредное, чтобы не приближалось это к душе или к телу его. Сию-то силу ум светлый и духовный невидимо ощущает очами веры. Она-то познается святыми паче в опытном приобщении оной.

Сила эта есть Сам Утешитель, крепостию веры, как огнем, возжигающий душевные члены. И душа устремляется, пренебрегая всякою опасностью в надежде на Бога, на крылах веры возносится над видимою тварью и бывает всегда как бы упоенною, в изумлении пред Божественною попечительностью, в неложном созерцании и невидимом рассматривании Божественного естества, приобучая ум быть внимательным к размышлению о тайнах Его. Ибо, пока не приидет Тот Кто есть совершение таинств, и пока явно не сподобимся откровения оных, вера между Богом и святыми священнодействует неизреченные таинства, которых, по благодати Самого Христа, и мы да сподобимся, здесь – как в залог, а в самой действительной истине – там, во Царствии Небесном с любящими Его. Аминь.

СЛОВО 29. ОБ ИНЫХ ОБРАЗАХ И ПОНИМАНИИ РАЗЛИЧИЯ ВЕДЕНИЯ

Ведение, которое занимается видимым или чувствами воспринимает порядок оного, называется естественным. Ведение же, которое пребывает в области мысленного и своею собственной силой постигает природу бесплотного, именуется духовным; потому что оно приемлет ощущение духом, а не чувствами, и рождение сих двух привходит в душу отвне, и она разумевает их. А ведение, достигшее Божественного, именуется сверхъестественным, и оно паче недоведомо и выше ведения. И созерцание сего ведения душа приемлет не от вещества, которое вне ее, как в первых двух видах ведения, но невещественно, внутри ее самой, туне, скоро и сверх чаяния является и открывается оно из самой внутренности, потому что, по слову Христову, *«Царствие»* Небесное *«внутрь вас есть»* (Лк.17:21), и нельзя ожидать его в известном образе, и не с соблюдением оно приходит, но внутри образа, запечатленного в сокровенном уме, открывается само собою, без помышления о нем, потому что ум не находит в нем вещества.

Первое ведение рождается от непрестанного занятия и рачительного обучения; второе же – от доброго жития и разумной веры, а третье наследуется одной верой, потому что ею упраздняется ведение, дела приемлют конец и чувства делаются излишними для употребления. Посему ведение чествуется, в какой мере нисходит от сего предела; и чем более нисходит, тем паче чествуется. И когда достигает земли и земного, тогда всем владычествует ведение, и без него всякое дело хромо и несовершенно. Когда же душа созерцание свое возвысит горе́, и мысли свои прострет в пренебесное, и возжелает того, что незримо телесными очами и что не во власти плоти, тогда во всем действует вера, которую и нам да дарует Господь Иисус Христос, *«сый благословен во веки, аминь»* (Рим.9:5).

СЛОВО 30. ОБ ОБРАЗЕ МОЛИТВЫ И О ПРОЧЕМ, НЕОБХОДИМО ПОТРЕБНОМ ДЛЯ ВСЕГДАШНЕГО ПАМЯТОВАНИЯ И ВО МНОГИХ ОТНОШЕНИЯХ ПОЛЕЗНОМ, ЕСЛИ СОХРАНИТ ЭТО ЧИТАЮЩИЙ С РАССУЖДЕНИЕМ

Человеку, во время молитвенного прошения своего, утвердиться в уповании на Бога есть лучшая часть благодати веры. Твердость же веры в Бога не то, что здравое исповедание, хотя оно и матерь веры; напротив того, душа видит истину Божию по силе жития. Когда в Святых Писаниях находишь веру, соединенную с делами, тогда рассуждения о ней не принимай за рассуждения о правом исповедании, потому что вера, доводящая до несомненности в уповании, никогда не достигается людьми некрещеными или у которых ум растлен для истины. Ибо несомненность веры в людях высоких душою открывается по мере того, как они по нравам своим сообразуются в житии с заповедями Господними.

Непрестанное изучение Писания – свет для души, потому что оно указывает душе полезные напоминания о том, чтобы остерегаться страстей и пребывать в любви к Богу чистотою молитвы, и также начертывает пред нами мирный путь по следам святых. Впрочем, не сомневайся в силе молитвы нашего стихословия, когда, во время молитвы или ежечасного чтения, не последует за ними сильного возбуждения и непрестанного сокрушения.

Сказанное из опыта слово необходимо принимай, хотя изрекший оное и некнижный человек, потому что царские сокровища больше всех на земле, но не пренебрегают тем, чтобы принять вдобавок себе обол, взятый у нищего; и из малых потоков наводняются реки и делаются великими в течении своем.

О хранении памятований

Если памятование доброго, когда приводим это себе на мысль, обновляет в нас добродетель, то явно, что и памятование распутства, когда припоминаем о нем, обновляет в уме нашем срамное пожелание, потому что памятование того и другого показывает и начертывает в помышлениях наших разность самых воспоминаемых вещей, как бы перстом указывает нам или на срамоту наших помыслов, или на высоту нашего жития и укрепляет в нас помыслы и движения и десных и шуих. Мы бываем заняты ими в тайне ума нашего, и в этом мысленном занятии изображается удел жития нашего, так что по необходимости непрестанно видим самих себя. Итак, не одно сие занятие вредит тому, кто имеет оное, но с ним вместе вредит и видение, а также и памятование, восполняющее это собою. И не одно делание добродетели сильно вспомоществует тому, кто упражняется в сем делании, но и мысленное представление, образуемое припоминанием о лицах, подвизавшихся в добродетели.

А сие делает понятным, почему весьма многие, достигшие степени чистоты, сподобляются лицезрения некоторых святых всегда в ночном видении; и днем ежечасно в мысленном упражнении ума бывает для них источником радости видение сих святых, напечатлевшихся в душах их. И потому с горячностью приступают к деланию добродетелей, и в избытке западает в них пламень к вожделению оных. И говорят, что святые Ангелы принимают на себя подобия некоторых досточтимых и благих святых и в сонном мечтании показывают душе сии подобия во время парения ее мыслей, к ее радости, обогащению и веселию, а днем постоянно приводят их в движение, когда рассматривает душа свои помыслы; и делание ее облегчается радостью святых, и от сего преуспевает она в течении своем. Так бывает и при непрерывности браней. Кто имеет привычку занимать свои мысли худым, тому, при содействии демонов, представляется это в подобии. Демоны принимают на себя подобие и показывают душе мечтания, приводящие ее в ужас, и более при помощи дневного памятования, действуя посредством его. И иногда страшным сим видением, приводящим душу в ужас, скоро доводят ее до изнеможения и иногда представляют ей также трудности жития в безмолвии и уединении, и иное что-либо.

Поэтому и мы, братия, что касается до внимательности к нашим памятованиям и заключения по оным о состоянии души нашей, начнем отныне постоянно рассуждать о различии занимающих нас памятований; какие из них останавливают на себе наше внимание и какие тотчас отгоняем мы от себя, как скоро приближаются к мысли нашей: те ли, которые в нас по предумышлению бесов, повергающих эту пищу страстям, или те, которые от вожделения и раздражительности, или те, которые от святых Ангелов, подающих нам мановение радости и ведения, а также памятования, пробуждающие нас помыслами во время приближения к нам святых Ангелов, или те, которые в нас от впечатлений, предварительно принятых чувством и которыми в душе возбуждаются помыслы, увлекающие к чему-нибудь одному. Чрез познание же сего различия приобретем опытность в двух вещах: в усмотрении памятований и в делании напоминаемых ими дел – и постараемся, чтобы за тем и другим следовала определенная молитва.

О разных степенях любви

Любовь, возбуждаемая чем-нибудь вещественным, подобна малому светильнику, питаемому елеем, которым и поддерживается свет его, или наводняемому дождем потоку, которого течение прекращается с оскудением составляющего его вещества. Любовь же, которая имеет виновником Бога, подобна бьющему из земли источнику; потоки его никогда не пресекаются (ибо Бог – единственный источник любви), и вещество его не оскудевает.

О том, как должно тебе молиться без кружения мыслей
Хочешь ли насладиться стихословием во время службы своей и принять ощущение произносимых тобою словес Духа? Отложи совершенно в сторону количество стихословий, не принимай в расчет знание меры в стихах, произноси их как молитву, оставь обычное вычитывание и уразумей, что говорю тебе и что сказано на основании опыта, как бы в книге одного из мужей, руководимых Богом: да углубляется ум твой в изучение словес Духа, пока душа твоя удивлением к домостроительству не возбудится к великим их разумениям и чрез это не подвигнется к славословию или к полезной печали. И ежели есть что в молитве, усвой это себе; и когда ум твой утвердится в этом, тогда смущение уступит свое место и удалится. Ибо в рабском делании нет мира уму, и в свободе чад нет мятежного смущения; смущение отнимает обыкновенно вкус у смысла и понятливости и расхищает мысли, подобно пиявке, высасывающей жизнь из тела с кровью их членов. И смущение, если только возможно, прилично будет назвать колесницей диавола, потому что сатана имеет всегда обычай, подобно ездоку, восседать на ум, брать с собою кучу страстей, с ними входить в несчастную душу и погружать ее в смущение. Но пойми рассудительно и это: при стихословии псалмопения твоего не будь как бы заимствующим слова у другого, чтобы не подумать, будто бы дело поучения умножаешь беспрерывно, и совершенно не стать далеким от почерпаемых в стихах умиления и радости; но, как сам от себя, произноси слова прошения твоего с умилением и рассудительным разумением, как истинно понимающий дело свое.

Заметь, от чего рождается уныние и от чего парение ума

Уныние – от парения ума, а парение ума – от праздности, чтения и суетных бесед или от пресыщения чрева.

О том, что должно не прекословить лукавым помыслам, но повергать себя пред Богом

Если кто не прекословит помыслам, тайно всеваемым в нас врагом, но молитвою к Богу отсекает беседу с ними, то это служит признаком, что ум его обрел по благодати премудрость, что от многих дел освободило его истинное его ведение и что обретением краткой стези, которой достиг, пресек он долговременное парение на длинном пути, потому что не во всякое время имеем мы силу так воспрекословить всем сопротивным помыслам, чтобы прекратить их; напротив же того, нередко получаем от них язву, долгое время не исцеляемую. Ибо ты входишь учить тех, кому уже шесть тысяч лет. А это служит для них оружием, которым возмогут они поразить тебя, несмотря на всю твою мудрость и на все твое благоразумие.

Но когда и победишь ты их, и тогда нечистота помыслов осквернит ум твой, и зловоние смрада их на долгое время останется в обонянии твоем. Употребив же первый способ, будешь свободен от всего этого и от страха, потому что нет иной помощи, кроме Бога.

О слезах

Слезы во время молитвы – признак Божией милости, которой сподобилась душа в покаянии своем, – признак того, что молитва принята и слезами начала всходить на поле чистоты. Ибо, если не будут отъяты в людях помыслы о преходящем, и не отринут они от себя мирской надежды, и не возбудится в них пренебрежение к миру, и не начнут они уготовлять доброго напутствия к исшествию своему, не начнут в душе восставать помыслы о том, что будет там; то глаза не могут проливать слез, потому что слезы суть следствие беспримесного и невысокопарного размышления, многих, частых и неуклонно пребывающих помыслов, памятования о чем-то тонком, совершающемся в уме, и памятованием сим приводящем сердце в печаль. От сего-то слезы умножаются и наиболее усиливаются.

О рукоделии и о сребролюбии

Когда, во время пребывания твоего на безмолвии, обращаешься к рукоделию, не обращай отеческой заповеди в покрывало своему сребролюбию. Во избежание уныния пусть будет у тебя небольшое дело, не возмущающее ума. Если же для милостыни пожелаешь больше заняться делом, то знай, что молитва в чине своем выше милостыни, а если ради телесных потребностей, то, если ты не ненасытен, к удовлетворению нужд твоих достаточно с тебя и того, чем наделяет тебя Бог. Ибо Он никогда не оставляет делателей Своих, чтобы терпели они недостаток в преходящем. Господь сказал: *«ищите прежде Царствия Божия и правды Его, и сия вся приложатся вам»* (Мф.6:33), прежде прошения вашего.

Некто из святых сказал: «Не тот чин жития твоего, чтобы насыщать алчущих и чтобы келлия твоя сделалась страннопри-имницею для пришлых. Это – дело мирян: им оно паче прилично, как дело прекрасное, а не отшельникам, свободным от видимых попечений и хранящим ум свой в молитве».

СЛОВО 31. ОБ ОТШЕЛЬНИЧЕСТВЕ И О ТОМ, ЧТО ДОЛЖНО НАМ НЕ В БОЯЗНЬ ПРИХОДИТЬ И УСТРАШАТЬСЯ, НО ПОДКРЕПЛЯТЬ СЕРДЦЕ УПОВАНИЕМ НА БОГА И ИМЕТЬ ДЕРЗНОВЕНИЕ С НЕСОМНЕННОЮ ВЕРОЮ, ПОТОМУ ЧТО СТРАЖЕМ И ХРАНИТЕЛЕМ ИМЕЕМ БОГА

Если когда окажешься достойным отшельничества, которое в царстве свободы его имеет бремена легкие, то помысл страха да не понуждает тебя, по обычаю своему, многообразно изменять помыслы и заниматься ими. Но будь паче уверен, что Хранитель твой с тобою, и мудрость твоя во всей точности да удостоверит тебя, что вместе со всеми тварями и ты состоишь под единым Владыкою, Который единым мановением приводит все в движение, и колеблет, и укрощает, и устрояет. Ни один раб не может сделать вреда кому-либо из подобных ему рабов, без попущения о всех Промышляющего и всем Управляющего. И ты немедленно восстань и дерзай. Если и дана иным свобода, то не во всяком деле. Ибо ни демоны, ни губительные звери, ни порочные люди не могут исполнить воли своей на вред и пагубу, если не попустит сего изволение Правящего и не даст сему места в определенной мере. Он и свободе не попускает приводить все в действие. А если бы не было того, не осталась бы в живых никакая плоть. Господь не позволяет, чтобы к твари Его приближалась власть демонов и людей и исполняла на ней волю свою. Поэтому говори всегда душе своей: «Есть у меня оберегающий меня Хранитель, и ни одна из тварей не может явиться предо мною, разве только будет повелено свыше». Будь же уверен, что не осмелятся показаться на глаза тебе и заставить тебя выслушать ушами своими угрозы их. Ибо, если бы дозволено было свыше от Пренебесного, то не было бы нужды в слове и в словах, но за волею их последовало бы и дело.

Скажи также сам себе: «Ежели есть на то воля Владыки моего, чтобы лукавые возобладали над созданием Его, то принимаю сие, не огорчаясь, подобно не желающему, чтобы воля Господа его осталась без исполнения». И таким образом в искушениях твоих будешь исполнен радости, как уведавший и ясно ощутивший, что окормляет тебя и управляет тобою Владычнее мановение. Наконец, утверди сердце свое в уповании на Господа, и да *не убоишися от страха нощнаго, от стрелы летящия во дни* (Пс.90:5). Ибо сказано, что праведного вера в Бога и диких зверей делает кроткими, подобно овцам.

Скажешь: «Я не праведник, чтобы уповать мне на Господа». Но ты действительно для делания правды вышел в пустыню, исполненную скорбей, и для этого соделался послушным Божией воле. Итак, когда несешь труды сии, всуе трудишься, потому что Богу тогда только желателен труд человеческий, когда приносишь ты Ему жертву любви – скорбь свою. Сию рассудительность показывают все любящие Бога, подвергающие себя скорбям из любви к Нему. Ибо благоизволяющие жить о Христе Иисусе в страхе Божием избирают для себя скорбь, терпят гонение. И Он делает их обладателями тайных сокровищ Своих.

О выгодах, доставляемых искушениями тем, которые терпят их с благодарностию и мужественно

Некто из святых говорил: «Был один отшельник, старец почтенный, и я пришел к нему однажды, будучи в печали от искушений. Он лежал больной; поприветствовавши его, я сел подле него и сказал: «Помолись обо мне, отче, потому что весьма печалят меня демонские искушения». Он, открыв глаза свои, внимательно посмотрел на меня и сказал: «Молод ты, чадо, и Бог не оставляет тебя без искушений». Я отвечал ему: «Да, я молод, терплю же искушения мужей сильных». – И он продолжал: «Итак, Бог хочет умудрить тебя». – Я возразил: «Как же умудрить меня? Ежедневно вкушаю смерть». – И он сказал на это: «Любит тебя Бог; молчи! Он дает тебе благодать Свою». Потом присовокупил: «Знай, чадо, тридцать лет вел я брань с демонами, и по истечении двадцатого года вовсе не видел себе помощи. Когда же прожил я и пятый из последних десяти, тогда начал находить покой. И с течением времени он возрастал. И когда прошел седьмой год, а за ним наступил восьмой, покой простерся до гораздо большей меры. В течение же тридцатого года, и когда оный приходил уже к концу, так силен стал покой, что не знаю и меры, до какой он увеличился». И еще присовокупил: «Когда захочу встать для совершения службы Божией, Бог позволяет мне еще совершить одну славу; а что до остального, то, если буду стоять три дня, в изумлении пребываю с Богом и нимало не чувствую труда». Вот какой ненасыщаемый покой порожден многотрудным и долговременным делом!

О том, что хранение языка не только заставляет ум воспрянуть к Богу, но и содействует воздержанию

Был один старец, вкушавший пищу два раза в неделю, и сказывал нам: «В тот день, в который поговорю с кем-нибудь, невозможно для меня сохранить правило поста, по обычаю моему; но принужден бываю разрешить пост». И мы поняли, что хранение языка не только заставляет ум воспрянуть к Богу, но и делам явным, совершаемым с помощью тела, втайне доставляет великую силу к их совершению, а также просвещает в тайном делании, как говаривали отцы, потому что хранение уст заставляет совесть воспрянуть к Богу, если только соблюдает кто молчание с ведением. Этот святой имел постоянное обыкновение проводить ночь в бдении. Ибо говорил: «В ту ночь, которую стою до утра, сплю после псалмопения, а по пробуждении от сна в день этот бываю как бы человеком, не принадлежащим к этому миру; никакие земные помыслы не приходят мне в сердце, и не имею нужды в определенных правилах, но целый этот день бываю в изумлении. Так, в один день хотел я принять пищу, по прошествии перед тем четырех дней, в которые ничего не вкушал. И когда стал я на вечернюю службу, чтобы после оной вкусить, и стоял на дворе келлии моей, между тем как солнце было еще высоко, то, начав службу, только в продолжение первой славы совершал оную с сознанием, а после того пребывал в ней, не зная, где я, и оставался в сем положении, пока не взошло опять солнце в следующий день и не согрело лица моего. И тогда уже, как солнце начало сильно беспокоить меня и жечь мне лицо, возвратилось ко мне сознание мое, и вот увидел я, что настал уже другой день, и возблагодарил Бога, размышляя, сколько благодать Его преизливается на человека и какого величия сподобляет Он идущих вослед Его. После этого Ему Единому подобает слава и велелепие во веки веков!» Аминь.

СЛОВО 32. О ТОМ, ЧЕМ СОХРАНЯЕТСЯ ТАЙНОЕ, ВНУТРЕННЕЕ В ДУШЕ ТРЕЗВЕНИЕ И ОТКУДА ПРИХОДЯТ СОНЛИВОСТЬ И ХОЛОДНОСТЬ В УМЕ, И УГАШАЮТ В ДУШЕ СВЯТУЮ ГОРЯЧНОСТЬ, И УМЕРЩВЛЯЮТ СТРЕМЛЕНИЕ К БОГУ, ЛИШИВ ДУШУ ГОРЯЧНОСТИ К ДУХОВНОМУ И НЕБЕСНОМУ

Кто имеет добрые желания, тому противление не может воспрепятствовать исполнить оные, разве только лукавый найдет место худому предлогу в желающих доброго. Бывает же это по следующей причине. За всякою мыслью доброго желания, в начале его движения, последует некая ревность, горячностью своею уподобляющаяся огненным углям; и она обыкновенно ограждает сию мысль и не допускает, чтобы приблизилось к ней какое-либо сопротивление, препятствие и преграда, потому что ревность сия приобретает великую крепость и несказанную силу ограждать на всякий час душу от расслабления или от боязни, при устремлениях на нее всякого рода стеснительных обстоятельств. И как первая та мысль есть сила святого желания, от природы насажденная в естестве души, так ревность сия есть мысль, движимая раздражительною в душе силою, данная нам Богом на пользу, для соблюдения естественного предела, для выражения понятия о своей свободе исполнением естественного желания, находящегося в душе. Эта есть добродетель, без которой не производится доброе, и она называется ревностью, потому что от времени до времени движет, возбуждает, распаляет и укрепляет человека пренебрегать плотью в скорбях и в страшных сретающих его искушениях, непрестанно предавать душу свою на смерть и вступать в брань от мятежной силы ради совершения того дела, которого сильно возжелала душа.

Ибо некто, облеченный во Христа, ревность сию в словах своих назвал псом — и хранителем закона Божия, то есть добродетели, потому что законом Божиим называется добродетель. Эта сила ревности двумя способами укрепляется, пробуждается и воспламеняется на хранение дома, а также двумя способами приводится в изнеможение, дремоту и леность. А именно: пробуждение и воспламенение бывает, когда человеку приходит на мысль некий страх, заставляющий его бояться за то благо, которое он приобрел или имеет в виду приобрести, чтобы не было украдено, т. е. уничтожено каким-либо случаем или последствием оного. И сие возбуждается в человеке по Божественному промышлению; разумею же страх во всех достойных делателях добродетели, пребывающий в душе для ее пробуждения и ревнования, чтобы не предавалась она дремоте.

Когда же возбужден в естестве этот страх, тогда ревность, названная у нас псом, день и ночь разгорается, как пылающая печь, и пробуждает естество. И, подобно Херувимам, он пробуждается и ежечасно внимает тому, что окрест его, и, как говорит упомянутый выше некто если проходит птица около него, приходит в движение и лает с самою быстрою и несказанною стремительностью. И когда этот страх бывает о теле, тогда делается сатанинским потому что человек поколебался в вере своей в Промысл Божий и позабыл, как печется и промышляет Бог о подвизающихся ради добродетели, ежечасно назирая над ними, о чем и Дух Святый говорит устами пророка: *«очи Господни на праведныя»* и пр. (Пс.33:16); и еще: *«держава Господь боящихся Его»* (Пс.24:14). И Сам Господь как бы от Своего лица сказал боящимся Его: *«не приидет к тебе зло, и рана не приближится телеси твоему»* (Пс.90:10).

Но когда страх бывает о душе по причине того, чтó приключается добродетели и чтó следует за нею, и именно страх, чтобы она не была окрадена и по каким-нибудь причинам не потерпела ущерба, тогда помысл сей божествен, попечение благо, скорбь и томление бывают по Божию промышлению. И еще другой есть способ, то есть крепость и воспламенение пса обнаруживаются, когда наиболее возрастает в душе вожделение добродетели. Ибо в какой мере возрастает в душе вожделение, в такой же воспламеняется и этот пес, то есть естественная ревность к добродетели.

Первый же повод к охлаждению его: когда самое вожделение уменьшится и прекратится в душе. А второй повод, когда войдет в душу какой-то помысл уверенности и отважности и утвердится в ней, и человек станет надеяться, думать и держаться той мысли, что нет ему причины бояться потерпеть вред от какой-нибудь силы; и потому слагает он с себя оружие ревности и бывает как дом без стражи, пес засыпает и надолго оставляет стражу.

Весьма многие мысленные домы бывают окрадены сим помыслом. И это бывает, когда померкнет в душе чистота оного осияния святым ведением. Отчего же она омрачается? Конечно, оттого, что тайно вошел в душу какой-либо самый тонкий помысл гордыни и возгнездился там; или человек стал более предаваться попечению о преходящем или частому обольстительному для него сообщению с миром. Или бывает сие от чрева – этого господина всего худого. Всякий же раз, когда подвижник вступает в общение с миром, душа его тотчас изнемогает. То же бывает, когда сходится он с многими, которые невольно сокрушают душу его тщеславием. Короче говоря, ум предающегося бегству подвижника, когда входит он в общение с миром, уподобляется кормчему, который спокойно плывет по морю, и внезапно попадает в средину подводных камней, и терпит крушение.

Богу же нашему слава, держава, честь и велелепие вовеки! Аминь.

СЛОВО 33. О МНОГИХ ИЗМЕНЕНИЯХ, ПОСЛЕДУЮЩИХ УМУ И ИСПЫТУЕМЫХ МОЛИТВОЮ

Предпочитать доброе изволение – дело желающего; довершить же выбор доброго изволения – дело Божие. Для сего человек имеет нужду в Божией помощи. А посему сделаем, чтобы за появляющимся в нас добрым желанием следовали частые молитвы, и будем просить (Бога), чтобы не только оказал нам помощь, но дал и различить, послужит ли сие к угождению воле Божией, или нет. Ибо не всякое доброе желание входит в сердце от Бога, но только то, которое полезно. Иногда человек желает доброго, но Бог не помогает, потому что какое-нибудь подобное сему желание входит и от диавола и почитается служащим в помощь, а между тем нередко бывает не по мере человеку. Сам диавол умышляет сделать человеку вред и понуждает его взыскать желаемого, когда или не достиг еще он соответствующего тому жития, или желание чуждо образу жизни его, или не пришло еще время, когда можно исполнить оное или начать его исполнение, или человек недостаточно силен делом, или ведением, или телом, или не способствуют нам в том обстоятельства времени. И диавол всяким способом, как бы под личиной этого доброго дела, или смущает человека, или наносит вред его телу, или скрывает сети в уме его. Впрочем, как сказал я, рачительно будем совершать частые молитвы при появляющемся в нас добром желании, и каждый из нас пусть скажет сам в себе: «Да будет воля Твоя, пока не совершу доброго дела сего, которое возжелал я сделать, если угодно воле Твоей. Ибо в деле этом восхотеть – для меня удобно, а исполнить дело без дарования, Тобою ниспосылаемого, не могу, хотя от Тебя и то, и другое, и *«еже хотети, и еже деяти»* (Флп.2:13), потому что без благодати Твоей не решился бы я приять и этого возбудившегося во мне желания или убоялся бы его». Ибо таков обычай у того, кто вожделевает доброго, – при рассуждении ума молитву употреблять в пособие к деланию и к приобретению мудрости, для различения истины от подложного. А доброе отличается при помощи многих молитв, делания, хранения, непрестанного стремления, при помощи частых слез, смирения и небесной помощи, особливо когда в человеке есть сопротивные помыслы гордыни, ибо они не допускают до нас Божию помощь, – приводим же их в бездействие молитвою.

СЛОВО 34. О ТЕХ, КОТОРЫЕ ЖИВУТ НАИБОЛЕЕ БЛИЗКО К БОГУ И ПРОВОДЯТ ДНИ СВОИ В ЖИЗНИ ВЕДЕНИЯ

Один старец на стенах келлии своей написал разные изречения и мысли, и когда спросили его: «Что это значит?» отвечал: «Это – помыслы правды, приходящие ко мне от Ангела, пребывающего со мною, и возникающие во мне естественные правые помышления; записываю же их во время появления их, чтобы, при омрачении своем, заниматься мне ими и они избавляли меня от заблуждения».

Другой старец ублажаем был помыслами своими, что вместо преходящего мира сподобился он негибнущей надежды, и старец отвечал им: «Пока еще я в пути, напрасно хвалите меня: не совершил еще я пути».

Если будешь трудиться в прекрасной добродетели и не почувствуешь, что вкушаешь от нее помощи, то не дивись. Ибо, пока не смирится человек, не получает награды за свое делание. Награда дается не за делание, но за смирение. Кто оскорбляет последнее, тот теряет первую. Кто раньше приял уже награду за добрые дела, тот преимуществует пред имеющим делание добродетели. Добродетель есть матерь печали, а смирению дается благодать. Воздаяние же бывает уже не добродетели и не труду ради ее, но рождающемуся от них смирению. Если же оно оскудеет, то первые будут напрасны.

Делание добродетели есть хранение заповедей Господних. Обилие делания – вот доброе устроение ума.

Оно состоит в смиренномудрии и хранении. Когда оскудевает сила первых, вместо них приемлется это. Христос же требует не делания заповедей, но исправления души, для которого узаконил заповеди подзаконным. Тело равно действует и десными, и шуими а ум, как хочет, или правым является, или погрешает. Иной и делами шуими соделывает жизнь в премудрости Божией, а иной совершает грех как бы под личиной чего-то божественного.

В иных, охраняющих себя, и недостатки бывают хранителями правды. Дарование без искушения – погибель для приемлющих оное. Если делаешь доброе пред Богом, и даст тебе дарование, умоли Его дать тебе познание, сколько подобает для тебя смириться, или приставить к тебе стража над дарованием, или взять у тебя иное, чтобы оно не было для тебя причиною погибели. Ибо не для всех безвредно хранить богатство.

Душа, приявшая на себя попечение о добродетели и живущая с осторожностью и в страхе Божием, не может быть без печали каждый день, потому что добродетели сопряжены с печалями. Кто уклоняется от скорбей, тот вполне разлучается, несомненно, и с добродетелью. Если вожделеваешь добродетели, то предай себя на всякую скорбь. Ибо скорби рождают смирение. Бог не хочет, чтобы душа была без попечения. Кто желает не иметь попечения, тот мудрованием своим вне воли Божией. Попечение же разумеем не о телесном, но о том, что утруждает последующих добрым делам. Пока не достигнем истинного ведения, т. е. откровения тайн, посредством искушений приближаемся к смирению. Кто без скорби пребывает в добродетели своей, тому отверста дверь гордости.

Итак, кто желает быть без печали в мыслях своих? Без оскорблений ум не может пребыть в смирении. А без смиренномудрия не может чисто заняться молитвою к Богу. Сперва человек мыслями своими удаляется от должного попечения, а после сего приближается к нему дух гордыни. Когда же человек пребывает в гордости, тогда удаляется от него промыслительный Ангел, который близ него и возбуждает в нем попечение о праведности. И когда человек оскорбит сего Ангела и он удалится, тогда приближается к человеку чуждый; и с того времени нет уже у него никакого попечения о праведности.

«Прежде сокрушения» – гордыня, говорит Премудрый (Притч.16:18), и прежде дарования – смирение. По мере гордыни, видимой в душе, – и мера сокрушения, каким вразумляет душу Бог. Гордыню же разумею не ту, когда помысл ее появляется в уме или когда человек на время побеждается ею, но гордыню, постоянно пребывающую в человеке. За горделивым помыслом последует сокрушение, а когда человек возлюбил гордыню, не знает уже сокрушения. Богу нашему слава и велелепие вовеки! Аминь.

СЛОВО 35. О ЛЮБВИ К МИРУ

Истинно слово, сказанное Господом, что человеку невозможно с любовью к миру приобрести любовь к Богу, и нет возможности при общении с миром вступить в общение с Богом, и с попечением о мире иметь попечение о Боге. Как скоро оставим Божие по тщеславию или нередко по недостатку потребного для тела, многие из нас уклоняются в иные стороны. Иные изъявили согласие трудиться для Царства Небесного. И не помнят обетования, какое изрек Господь: «Если все попечение ваше приложите о Царстве Небесном, не лишу вас удовлетворяющего потребностям естества видимого, но все приидет к вам вместе с прочим. Ибо не оставлю вас иметь попечение о себе самих». О бездушных птицах, ради нас созданных, печется Господь; ужели же вознерадит о нас? Сие невозможно. Кто печется о духовном или о чем-нибудь служащем духовному, тому доставляется телесное без попечения о том, сколько и когда то нужно.

А кто печется о телесном сверх потребности, тот невольно отпадает от Бога. Если же мы постараемся иметь попечение о том, что служит к славе имени Господня, то Господь попечется о том и о другом по мере подвига нашего.

Впрочем, не будем стараться искушать Бога в телесном, взамен душевных наших дел, но все дела свои направим к надежде будущих благ. Кто из любви к душе своей единожды предал себя добродетели и возжелал совершить делание ее, тот не печется после сего о телесном, есть ли это у него или нет. В отношении Бог нередко попускает, чтобы добродетельные искушаемы были чем-либо таковым и попускает, чтобы отовсюду восставали против них искушения: поражает их в теле их, как Иова, ввергает их в нищету, делает, что отступаются от них люди, поражает их в том, что приобретено ими; только к душам их не приближается вред. Ибо невозможно, чтобы, когда идем путем правды, не встретилась с нами печаль, тело не изнемогало бы в болезнях и страданиях и пребывало бы неизменным, если только возлюбим жить в добродетели. Если же человек проводит жизнь по воле своей, или предаваясь зависти, или губя душу свою, или делая что-либо иное вредное для него, то подлежит он осуждению. А когда пойдет он путем правды, и совершает уже шествие свое к Богу, и имеет многих подобных себе, и встречается с ним что-либо таковое, то не подобает ему уклоняться от стези своей, но должен он с радостью, без пытливости принимать это и благодарить Бога, что послал ему благодать сию и что сподобился он ради Бога впасть в искушение и соделаться сообщником в страданиях с пророками, апостолами и прочими святыми, ради пути сего претерпевшими скорби.

От людей ли, от демонов ли, от тела ли придут на него искушения (невозможно же, чтобы пришли и были попущены без Божия мановения), да будет сие для него поводом к праведности. Ибо невозможно, чтобы Бог возжелавшему пребывать с Ним оказал благодеяние как иначе, а не послав на него искушения за истину, потому что человек не может сам собою, без благодати Христовой, сподобиться сего величия, т. е. за божественные сии труды войти в искушение – и возрадоваться. О сем свидетельствует святой Павел. Ибо столь велико дело сие, что апостол явно называет дарованием, когда человек уготовляется пострадать ради надежды на Бога. Павел говорит: «От Бога *дароваcя*» нам сие, *«не токмо еже в Него веровати, но и еже по Нем страдати»* (Флп.1:29).

Так и святой Пётр написал в послании своём: «Когда *страждете правды ради, блажени есте*» (1Петр.3:14), потому что соделались общниками страстей Христовых» (см. Флп.3:10). Наконец, не надлежит тогда тебе радоваться, когда живёшь пространно, в скорбях же посуплять лицо и почитать чуждыми их пути Божию. Ибо стезя Его от века и от родов крестом и смертию пролагается. А у тебя откуда такая мысль? Дознай из этого, что ты вне пути Божия, и удаляешься от него. По стопам ли святых хочешь идти или намереваешься устроить себе иной, особенный путь и по нему ходить не страдая?

Путь Божий есть ежедневный крест. Никто не восходил на небо, живя прохладно. О пути же прохладном знаем, где он оканчивается. Богу не угодно, чтобы беспечным был тот, кто Ему предал себя всем сердцем. Попечение же его должно быть об истине. А из сего познаётся, что под Божиим он Промыслом, когда Бог непрестанно посылает ему печали.

Промысл никогда не попускает, чтобы живущие в искушениях впадали в руки демонские, особливо если они лобызают ноги у братии, прикрывают и утаивают их вины, как бы свои собственные. Кто хочет в мире сем не иметь попечений и вожделевает этого, но желает и в добродетели упражняться, тот не на её пути. Ибо праведные не только по воле своей подвизаются в добрых делах, но и невольно выдерживают сильное борение с искушениями во испытание своего терпения. Душа, имеющая в себе страх Божий, не боится чего-либо такого, что вредит ей телесно, потому что на Бога уповает отныне и во веки веков. Аминь.

СЛОВО 36. О ТОМ, ЧТО НЕ ДОЛЖНО ЖЕЛАТЬ ИЛИ ДОМОГАТЬСЯ БЕЗ НУЖДЫ – ИМЕТЬ У СЕБЯ В РУКАХ КАКИЕ-ЛИБО ЯВНЫЕ ЗНАМЕНИЯ

Господь не во всякое время, когда Он близок к святым Своим, в помощь им, без нужды явно показывает силу Свою в каком-либо деле и чувственном знамении, чтобы оказываемая им помощь не сделалась бесполезною и не послужила к какому вреду. И делает сие, промышляя о святых и желая показать им, что и на час не прекращает тайного Своего о них попечения, но во всяком деле предоставляет им, по мере сил, показать свой подвиг и потрудиться в молитве. Если же дело препобеждает их трудностью, когда изнемогут они и не в силах будут совершить дела, потому что недостаточна к тому природа их, Сам совершает по величию державы Своей; и, как Сам знает, получают они надлежащую помощь, и, сколько можно, укрепляет их втайне, пока не укрепятся против скорби своей. Ибо делает, что ведением какое дарует им, разрешаются многообразные скорби их, и разумением оного побуждает их к славословию, полезному в том и другом случае. Если же дело требует обнаружения, то ради нужды делает и это; и способы Его бывают самые премудрые, достаточные в скудости и в нужде, а не какие-либо случайные.

Кто без нужды осмеливается на сие или молит Бога и желает, чтобы в руках его были чудеса и силы, тот искушается в уме своем ругателем демоном и оказывается хвастливым и немощным в своей совести. Ибо в скорби должно просить нам Божией помощи. Без нужды же искушать Бога опасно. И кто желает сего, тот недействительно праведен. А то, что Господь сотворил благоволя, обретается у многих святых. Но кто хочет и вожделевает сего по воле своей без нужды, тот падает, лишаясь охранения, и поползается в ведении истины. Ибо, если просящий услышан будет в сем, как отваживался просить о том у Бога, то находит в нем место лукавый и ведет его еще к большему испрошенного. А истинные праведники не только не вожделевают сего, но и отказываются, когда дается им то; и не только пред очами людей, но и втайне сами для себя не желают сего.

Ибо вот один из святых отцов за чистоту свою, по благодати, получил дарование предузнавать идущих к нему и молил Бога (а с ним молились и другие святые, упрошенные на сие старцем), чтобы взято у него было это дарование. Если же некоторые из них и принимали дарования, то принимали по нужде или по простоте своей; а прочих побуждало принять Божие мановение· и, конечно, не без особых к тому причин.

Когда блаженный святой Аммун шел приветствовать святого Антония Великого и заблудился в пути, смотри, что тогда говорил он Богу· и также – что соделал с ним Бог. Припомни и об авве Макарии и о прочих. Истинные праведники всегда помышляют сами в себе, что недостойны они Бога. А что истинные они праведники, дознается сие из того, что признают себя окаянными и недостойными попечения Божия, и исповедуют сие тайно и явно, и умудряются на сие Святым Духом, чтобы не остаться без подобающей им заботливости и трудничества, пока они в этой жизни. Время же упокоения Бог соблюл им в будущем веке. И имеющие в себе живущего Господа, по сему самому не желают быть в покое и освободиться от скорбей, хотя по временам и дается им утешение в духовном.

Не есть добродетель то, чтобы человек, когда достигнет его· не имел попечения и труда в ней; но вот селение

Духа – непрестанно принуждать себя трудиться, хотя и есть способ сделать дело в покое, потому что такова воля Духа: в ком обитает Он – не приучать тех к лености. Напротив того, Дух побуждает их не покоя искать, но предаваться паче деланию и наибольшим скорбям. Искушениями Дух укрепляет их и делает, что приближаются они к мудрости. Такова воля Духа, чтобы возлюбленные Его пребывали в трудах.

Не Дух Божий живет в тех, которые пребывают в покое, но дух диаволов, как сказал некто из любящих Бога: «Клялся я, что умираю всякий день». Тем и отличаются сыны Божии от прочих, что живут они в скорбях, а мир веселится в наслаждении и покое. Ибо не благоволил Бог, чтобы возлюбленные Его покоились, пока они в теле, но паче восхотел, чтобы они, пока в мире, пребывали в скорби, в тяготе, в трудах, в скудости, в наготе, в одиночестве, нужде, болезни, уничижении, в оскорблениях, в сердечном сокрушении, в утружденном теле, в отречении от сродников, в печальных мыслях, имели вид иной, чем у всей твари, место жительства непохожее на обыкновенное человеческое, жилище иноческое, которое безмолвно, не видно человеческому взгляду, не заключает в себе ничего такого, что веселит здесь человека. Иноки плачут, а мир смеется. Они воздыхают, а мир веселится. Они постятся, а мир роскошествует. Трудятся они днем, и ночью предаются подвигам в тесноте и трудах. Некоторые из них пребывают в добровольных скорбях; другие в трудах, борясь со страстями своими; иные гонимы людьми, а иные бедствуют от страстей, от демонов и от прочего. И одни были изгнаны, другие умерщвлены, иные *проидоша в милотех* (Евр.11:37) и проч. И исполнилось на них слово Господа: *«в мире скорбни будете»*, но о Мне возрадуетесь (Ин.16:33). Господь знает, что живущим в телесном покое невозможно пребывать в любви Его, и потому воспретил им покой и услаждение оным Христос Спаситель наш, любовь Которого превозмогает телесные смерти. Он да явит нам крепость любви Своей!

СЛОВО 37. О ТОМ, ПО КАКОЙ ПРИЧИНЕ БОГ ПОПУСКАЕТ ИСКУШЕНИЯ НА ЛЮБЯЩИХ ЕГО

Вследствие любви, какую святые показали к Богу тем, что страждут за имя Его, когда Он содержит их в тесноте, но не отступает от возлюбленных Им, – сердце святых приобретает дерзновение взирать на Бога непокровенным лицом и просить Его с упованием. Велика сила дерзновенной молитвы. Посему попускает Бог святым Своим искушаться всякой печалью – и, с другой стороны, на опыте получать доказательство помощи Его и того, сколько промышляет о них Бог, – потому что вследствие искушений приобретают мудрость; попускает (это), чтобы, оставаясь невеждами, не лишились они обучения в том и другом, но из опыта приобретали ведение о всем и не потерпели осмеяния от демонов, потому что, если бы искусил их в одном добром, то недоставало бы им обучения в другой части, и во бранях были бы они слепы.

И если скажем, что Бог обучает их без их собственного о том познания, то это значит уже сказать, что Бог хочет соделать их подобными волам и ослам, не имеющим ни в чем свободы, и что человек, если не бывает искушен сперва испытанием худого, не имеет понятия о добром, чтобы, когда встретится им доброе, с ведением и свободно воспользоваться тем, как своею собственностью. Как приятно знание, заимствованное самым делом из опыта и из упражнения, и какую силу доставляет тому, кто долговременным опытом своим обрел оное в себе самом, познается сие теми, которые изведали содействие знания, равно как немощь естества и помощь Божией силы, и уверились в этом. Ибо тогда только познают, когда Бог, удержав сперва силу Свою от содействия им, приводит их в сознание немощи естества, лютости искушений, лукавства вражеского и того, с кем у них борьба, каким облечены они естеством и как были охраняемы Божией силою, сколько совершили пути, сколько возвысила их Божия сила и сколько бывают немощны в борьбе со всякою страстью, если удаляется от них эта сила, так что из всего этого приобретают смирение, приближаются к Богу, начинают ожидать Его помощи и пребывать в молитве.

И откуда бы прияли все это, если бы не приобрели опыта о многом худом, впав в сие худое по Божию попущению, как говорит апостол: *«за премногия откровения да не превозношуся, дадеся ми пакостник плоти, аггел сатанин»* (2Кор.12:7)? Но в искушениях многократно испытывая Божию помощь, человек приобретает и твердую веру; отсюда делается небоязненным и приобретает дерзновение в искушениях от самого упражнения, какое имел он.

Искушение полезно всякому человеку. Ибо, если полезно было искушение Павлу, то *«да всяка уста заградятся, и повинен будет весь мир Богови»* (Рим.3:19). Подвижники бывают искушаемы, чтобы присовокупить им к богатству своему; расслабленные – чтобы охранять им себя от вредного; погруженные в сон – чтобы приуготовиться им к пробуждению; далеко отстоящие – чтобы приблизиться им к Богу; свои Богу – чтобы веселиться им с дерзновением. Всякий необученный сын приемлет богатство из дома отца своего не в помощь себе. Поэтому-то Бог сперва искушает и томит, а потом показует дарование. Слава Владыке, Который горькими врачевствами приводит нас в возможность насладиться здравием!

Нет человека, который бы не скорбел во время обучения; и нет человека, которому бы не казалось горьким время, когда испивает он яд искушений. Без них невозможно приобрести сильной воли. Но претерпеть искушения не в наших силах. Ибо как остановить течение воды сосуду из брения, если не укрепит его Божественный огнь? Если, во смирении прося с непрестанным желанием, покоримся Богу в терпении, то все приимем о Христе Иисусе, Господе нашем. Аминь.

СЛОВО 38. О ТОМ, КАК ПО ВОЗБУЖДАЮЩИМСЯ В ЧЕЛОВЕКЕ ПОМЫСЛАМ УЗНАВАТЬ, НА КАКОЙ СТЕПЕНИ СТОИТ ОН

Человек, пока в нерадении, боится часа смертного; а когда приблизится к Богу, боится сретения суда; когда же всецело подвинется вперед, тогда любовью поглощается тот и другой страх. Почему же это? Потому что, когда остается кто в ведении и житии телесном, ужасается он смерти; когда же бывает в ведении душевном и в житии добром, ум его всякий час бывает занят памятованием будущего суда, так как право стоит он по самому естеству, движется в душевном чине, пребывает в своем ведении и житии; и добре устрояется для того, чтобы приблизиться к Богу. Но когда достигнет оного ведения истины, вследствие движения в нем уразумения тайн Божиих и вследствие утверждения надежды будущего, тогда любовью поглощается и оный телесный человек, подобно животному боящийся заклания, и человек разумный, боящийся суда Божия; соделавшийся же сыном украшается любовью, а не устрашающим вразумляется жезлом. *«Аз же и дом»* отца моего *«служити будем Господеви»* (Нав.24:15).

Кто достиг любви Божией, тот не желает уже снова пребывать здесь, потому что любовь сия уничтожает страх.

И я, возлюбленные, поелику вдался в юродство, то не могу сохранить тайну в молчании, но делаюсь безумным для пользы братии, потому что такова истинная любовь: она не может содержать что-либо в тайне от возлюбленных своих. Когда писал я это, персты мои неоднократно останавливались на хартии и не мог я терпеть от сладости, вторгавшейся в сердце мое и заставлявшей умолкнуть чувства. Впрочем, блажен, у кого помышления всегда о Боге, кто удержался от всего мирского и с Ним одним пребывал в беседе ведения своего. И если не оскудеет терпением, то недолго замедлит увидеть плод.

Радость о Боге крепче здешней жизни, и кто обрел ее, тот не только не посмотрит на страдания, но даже не обратит взора на жизнь свою, и не будет там иного чувства, если действительно была сия радость. Любовь сладостнее жизни, и разумение Бога, от которого рождается любовь, сладостнее меда и сота. Любви – не печаль принять тяжкую смерть за любящих. Любовь есть порождение ведения, а ведение есть порождение душевного здравия, здравие же душевное есть сила, происшедшая от продолжительного терпения.

Вопрос. Что такое ведение?

Ответ. Ощущение бессмертной жизни.

Вопрос. Что такое бессмертная жизнь?

Ответ. Ощущение Бога; потому что любовь от ведения, а ведение Бога есть царь всех пожеланий, и сердцу, приемлющему оное, всякая сладость на земле излишня. Ибо нет ничего подобного сладости познания Божия.

Исполни, Господи, сердце мое жизни вечной!

Жизнь вечная есть утешение в Боге; и кто обрел утешение в Боге, тот почитает излишним утешение мирское.

Вопрос. Откуда человек узнает, что приял он мудрость от Духа?

Ответ. От самой мудрости, которая в сокровенности его и в чувствах учит его смиренным нравам; и в уме его открывается ему, как будет принято смирение.

Вопрос. Из чего узнает человек, что достиг смирения?

Ответ. Из того, что находит для себя гнусным угождать миру своим общением с ним или словом; и в глазах его ненавистна слава мира сего.

Вопрос. Что такое страсти?

Ответ. Приражения, которые производятся вещами мира сего, побуждая тело удовлетворять излишней его потребности; и приражения сии не прекращаются, пока стоит сей мир. Но человек, который сподобился Божественной благодати, вкусил и ощутил нечто высшее сего, не попускает приражениям сим входить в сердце его; потому что на месте их утвердилось в нем другое, лучшее их, вожделение, и к сердцу его не приближаются ни самые сии приражения, ни порождаемое ими, но остаются они бездейственными, – не потому, что нет уже страстных приражений, но потому, что приемлющее их сердце мертво для них и живет чем-то иным, – не потому, что человек перестал хранить рассуждения и дела его, но потому, что в уме его нет ни от чего тревоги, ибо сознание его насыщено, насладившись чем-то иным.

Сердце, которое прияло в себя ощущение духовного и ясное созерцание будущего века, таково же бывает в сознании своем к памятованию страстей, каков человек, насытившийся дорогою пищею, к иной, несходной с тою и предложенной ему пище, т. е. вовсе не обращает на нее внимания, не желает ее, а паче гнушается ею и отвращается от нее, не потому только, что она сама в себе гнусна и отвратительна, но и потому, что человек насытился первою, лучшею пищею, которой он питался, не так, как расточивший часть свою и возжелавший потом рожцев, поелику наперед уже расточил отцовское богатство, какое имел. И притом, кому вверено сокровище, тот не спит.

Если будем хранить закон трезвения и дело рассуждения с ведением, плодом чего бывает жизнь, то борьба с приражениями страстей совершенно не приблизится к уму. Препятствует же войти им в сердце не борьба, но насыщение сознания и ведение, каким наполнено сердце, и желание созерцать чудеса, находимые в душе. Вот что воспрепятствовало приражениям приближаться к сердцу: не потому, что, как сказал я, сердце удалилось от хранения и дел рассуждения, которые охраняют ведение истины и свет душевный, но потому, что ум, по сказанным выше причинам, не имеет борьбы. Ибо снедь нищих гнусна богатым, а подобно и снедь больных – здоровым; богатство же и здравие составляются при трезвенности и попечительности. Пока человек живет, он имеет нужду в трезвенности, попечительности и бодрственности, чтобы сберечь свое сокровище. Если же оставит назначенный ему предел, то сделается болен и будет окраден. Не до того только времени трудиться должно, пока увидишь плод; но надобно подвизаться до самого исхода. Ибо нередко и созревший плод побивается внезапно градом. Кто вмешивается в житейские дела и пускается в беседы, о том невозможно еще быть уверенным, что здравие его сохранится в нем.

Когда молишься, произноси такую молитву: «Сподоби меня, Господи, действительно быть мертвым для собеседования с миром сим». И знай, что совместил ты в этом все прошения; старайся же исполнить в себе дело это. Ибо, если за молитвою последует дело, то действительно стоишь ты в свободе Христовой. А умерщвление себя для мира состоит не только в удалении человека от общения в собеседовании с тем, что есть в мире, но и в том, чтобы в беседе ума своего не вожделевал мирских благ.

Если приобучим себя к доброму размышлению, то будем стыдиться страстей, как скоро встретимся с ними. И это знают изведавшие опытом на себе самих. Но будем стыдиться приближения к страстям также и вследствие причин, вызывающих их.

Когда из любви к Богу желаешь совершить какое дело, пределом желания сего поставь смерть; и, таким образом, на самом деле сподобишься взойти на степень мученичества в борьбе с каждой страстью, и не понесешь никакого вреда от того, что встретится с тобою внутри оного предела, если претерпишь до конца и не расслабеешь. Помышление немощного рассудка немощною делает силу терпения; а твердый ум тому, кто следует помышлению его, сообщает даже и силу, какой не имеет природа.

Сподоби меня, Господи, возненавидеть жизнь свою ради жизни в Тебе!

Житие мира сего подобно выводящим некоторые только буквы из начертанных на таблице; и когда кто хочет и пожелает, прибавляет к ним и убавляет, и делает перемену в буквах. А жизнь будущая подобна рукописаниям, начертанным на чистых свитках, запечатленных царскою печатью, в которых нельзя ничего ни прибавить, ни убавить. Поэтому, пока мы среди изменений будем внимательны к себе, и пока имеем власть над рукописанием жизни своей, какое пишем своими руками, постараемся делать в нем дополнения добрым житием, станем изглаждать в нем недостатки прежнего жития.

Ибо, пока мы в этом мире, Бог не прилагает печати ни к доброму, ни к худому, до самого часа исшествия, в который оканчивается дело в отечестве нашем и отходим в страну чужую. И, как сказал святой Ефрем: «Подобает нам размыслить, что душа наша подобна готовому кораблю, не знающему, когда подует на него ветер, и воинству, не ведающему, когда протрубит бранная труба. И если, – говорит, – так бывает сие для малого приобретения, в таких случаях, которые, может быть, снова возвратятся, то как должно нам приуготовляться и снаряжаться пред оным грозным днем, пред этим мостом и пред этою дверью нового века?» Готовность утвердиться в оном исповедании чаяния да дарует Ходатай жизни нашей, Христос. Ему слава, поклонение и благодарение во веки веков! Аминь.

СЛОВО 39. О ТОМ, ПОЧЕМУ ЛЮДИ ДУШЕВНЫЕ ПРОЗИРАЮТ ВЕДЕНИЕМ В НЕЧТО ДУХОВНОЕ, СОРАЗМЕРНО С ТЕЛЕСНОЮ ДЕБЕЛОСТЬЮ, КАК УМ МОЖЕТ ВОЗНОСИТЬСЯ НАД ОНОЮ; КАКАЯ ПРИЧИНА ТОМУ, ЧТО НЕ ОСВОБОЖДАЕТСЯ ОТ НЕЕ, КОГДА И В КАКОЙ МЕРЕ МОЖНО УМУ ПРЕБЫВАТЬ БЕЗ МЕЧТАНИЯ В ЧАС МОЛЕНИЯ

Благословенна честь Господа, отверзающего пред нами дверь, чтобы не было у нас иного прошения, кроме желания к Нему устремляться. Ибо в таком случае оставляем мы все, и душа устремляется вослед Его Единого, так что нет у нее попечения, которое бы воспрепятствовало ей в оном созерцании Господа. В какой мере, возлюбленные, оставляет ум попечение о сем видимом и озабочивается упованием будущего, соответственно возвышению своему над попечением о теле и над помышлением о сем попечении, в такой же утончается он и просветляется в молитве. И в какой мере тело освобождается от вещественных уз, в такой же освобождается и ум. И в какой мере ум освобождается от уз попечений, в такой просветляется он; а в какой просветляется, в такой же утончается и возвышается над понятиями века сего, носящего на себе образы дебелости. И тогда ум научается созерцать в Боге, сообразно Ему а не как видим мы. Если человек не соделается сперва достойным откровения, то не может видеть оного. И если не достигнет чистоты, понятия его не могут стать просветленными, чтобы видеть ему сокровенное. И пока не освободится от всего видимого, усматриваемого в видимой твари, не освободится и от понятий о видимом и не соделается чистым от потемненных помыслов. А где тьма и спутанность помыслов, там и страсти. Если человек не освободится, как сказали мы, от сего и от причин к тому, то ум не прозрит в сокровенное. Посему Господь прежде всего повелел взяться за нестяжательность, удалиться от мирского мятежа и отрешиться от попечения, общего всем людям, сказав: *«всяк, иже не отречется»* от всего человечества и от всего своего и не отвергнется сам от себя, *«не может быти Мой ученик»* (Лк.14:26,33).

Чтобы ум не терпел вреда от всего, от зрения, от слуха, от попечения о вещах, от их истребления, от их умножения, от человека, и чтобы связать его единым упованием на Бога, Господь отклонил от нас всякое попечение мудрования отрешением от всего, чтобы вследствие сего возжелали мы собеседования с Богом. Но молитва имеет еще нужду в упражнении, чтобы ум умудрился долговременным пребыванием в оной. После нестяжательности, разрешающей наши мысли от уз, молитва требует пребывания в оной, потому что с продолжением времени ум снискивает навык к упражнению, познает, как отражать от себя помысл, и долгим опытом научает тому, чего заимствовать не может из иного источника.

Ибо всякое настоящее житие заимствует возрастание от жития предшествовавшего, а предыдущее требуется к снисканию последующего. Молитву предваряет отшельничество, а самое отшельничество нужно ради молитвы, а самая молитва – для того, чтобы приобрести нам любовь Божию, потому что вследствие молитвы сыскиваются причины любить нам Бога.

Надлежит же знать нам, возлюбленные, и то, что всякая беседа, совершаемая втайне; всякое попечение доброго ума о Боге, всякое размышление о духовном установляется молитвою и нарицается именем молитвы, и под сим именем сводится воедино, будешь ли разуметь различные чтения, или глас уст в славословии Богу, или заботливую печаль о Господе, или телесные поклоны, или псалмопение в стихословии, или все прочее, из чего составляется все учение чистой молитвы, от которой рождается любовь Божия; потому что любовь от молитвы, а молитва – от пребывания в отшельничестве. В отшельничестве же имеем мы нужду для того, чтобы нам была возможность наедине беседовать с Богом. Но отшельничеству предшествует отречение от мира. Ибо если человек не отречется сперва от мира и не удосужится от всего мирского, то не может уединиться. И, таким образом, отречению от мира предшествует опять терпение, а терпению – ненависть к миру, и ненависти к миру – страх и любовь. Ибо если не устрашит сердца страх геенны и любовь не приведет к желанию блаженств, то не возбудится в сердце ненависть к миру сему. А если не возненавидит мира, то не потерпит быть вне его покоя. И если не предварит в уме терпение, то человек не возможет избрать места, исполненного суровости и никем не обитаемого. Если не изберет себе отшельнической жизни, не возможет пребывать в молитве. Если не будет постоянно беседовать с Богом, не пребудет в сих, с молитвою соединенных, размышлениях и во всех видах сказанного нами молитвенного учения, то не ощутит любви.

Итак, любовь к Богу – от собеседования с Ним, а молитвенное размышление и поучение достигается безмолвием, безмолвие – нестяжательностью, нестяжательность – терпением, терпение – ненавистью к похотениям, а ненависть к похотениям – страхом геенны и чаянием блаженств. Ненавидит же похотения тот, кто знает плод их, и что уготовляется ими человеку, и до какого блаженства не допускается он ради похотений. Так, всякое житие связано с предшествующим, и у него заимствует себе приращение, и переходит в другое, высшее. И если одно житие оскудеет, то и последующее за ним не может явиться и быть видимым, потому что все разрушается и гибнет. Что сверх сего, то есть мера слова. Богу нашему слава и велелепие вовеки! Аминь.

СЛОВО 40. О МОЛИТВЕ, ПОКЛОНАХ, СЛЕЗАХ, ЧТЕНИИ, МОЛЧАНИИ И ПСАЛМОПЕНИИ

Не называй праздностью продолжительность молитвы невысокопарной, собранной и долгой, из-за того, что оставил ты при этом псалмы. Но паче упражнения в стихословии возлюби на молитве поклоны. Молитва, когда подает тебе руку, заменяет собою Божию службу. И когда во время самой службы дано тебе будет дарование слез, услаждение ими не называй праздностью в молитве; потому что благодать слез есть полнота молитвы.

В то время, как ум твой рассеян, паче молитвы занимайся чтением. Но, как сказано, не всякое писание полезно. Возлюби безмолвие гораздо более дел. Если можно, чтение предпочитай стоянию. Ибо чтение – источник чистой молитвы. Ни под каким видом не предавайся нерадению; трезвись же от парения ума. Ибо псалмопение – корень жития. Впрочем, знай и то, что дела телесные много полезнее стихословия, совершаемого с парением ума. А печаль умная превосходит и телесный труд. Во время нерадения трезвись и возбуждай в себе понемногу ревность; потому что она сильно возбуждает сердце и согревает душевные мысли. Против похоти, во время нерадения, помогает природе раздражительность, ибо прекращает холодность души. Нерадение же обыкновенно приходит на нас по сим причинам: или от обременения чрева, или от множества дел.

Благочиние в делании есть свет мудрования. Это не иное что, как ведение. Всякая молитва, которую совершаем ночью, да будет в очах твоих досточестнее всех дневных деяний. Не обременяй чрева своего, чтобы не помутился ум твой, и не быть тебе в смятении от парения мыслей, когда встанешь ночью, и не расслабли члены твои, и тебе самому не оказаться исполненным женского расслабления, а сверх сего, чтобы душа твоя не омрачилась, и не стали помутневшими разумения твои, и чтобы, по причине омрачения, не прийти тебе в совершенную невозможность собрать их воедино для стихословия, и чтобы не притупился в тебе вкус ко всему, и не перестало услаждать тебя стихословие псалмопения, тогда как ум, при легкости и светлости мысли, с удовольствием обыкновенно вкушает его разнообразие. Ибо, когда возмущено ночное благочиние, тогда и в дневном делании ум бывает смущен, и ходит в омрачении, и не услаждается, по обычаю, чтением, потому что обратится ли ум к молитве или к поучению, на мысли находит как бы буря. Сладость, подаваемая подвижникам днем, источается в чистом уме из света ночного делания.

Всякий человек, который опытом не изведал продолжительного безмолвия, пусть не ожидает сам собою узнать что-либо большее о благах подвижничества, хотя он и велик, и мудр, и учителен, и имеет много заслуг.

Остерегайся, чтобы не изнемогло слишком тело твое, и от того не усилилось против тебя нерадение и не охладило в душе твоей вкуса к ее деланию. Всякому надлежит как бы на весах взвешивать житие свое. В то время, когда насыщаешься, остерегайся давать себе и в малом свободу. Да будет целомудренно сидение твое во время удовлетворения естественной нужды. Наипаче же, во время сна своего будь целомудрен и чист и строго наблюдай не только за помыслами, но и за членами своими. Храни себя от самомнения во время добрых в тебе изменений. Немощь свою и невежество свое относительно тонкости сего самомнения рачительно открывай Господу в молитве, чтобы не быть тебе оставленным и не искуситься в чем-либо срамном, потому что за гордостью следует блуд, а за самомнением – обольщение.

Рукоделием занимайся по мере нужд своих, лучше же сказать, для удержания тебя в безмолвии твоем. Не изнемогай в уповании на Промыслителя своего, потому что дивно домостроительство Его в присных Ему. Ибо в необитаемой пустыне не человеческими руками устрояет Он дела живущих упованием на Него. Если Господь посетил тебя в телесном без твоего труда, когда подвизаешься в попечении о душе своей, то по ухищрению убийцы – диавола – возникает тогда в тебе помысл, что причина всего этого промышления, без сомнения, в тебе самом. И тогда вместе с сим помыслом прекращается промышление о тебе Божие, и в тот самый час устремляются на тебя весьма многие искушения: или от оставления тебя Промыслителем, или от возобновления болезней и недугов, восстающих в теле твоем.

Бог прекращает попечение Свое не за одно возникновение помысла, но за то, что ум останавливается на сем помысле. Ибо не накажет и не судит Бог человека за невольное движение, если и согласимся на время с помыслом. Ежели в тот же час пробoдем в себе страсть и явится в нас сокрушение, то Господь не взыскивает с нас за такое нерадение; взыскивает же за нерадение, которому действительно предается ум так, что взирает на это бесчувственно и признает это чем-то должным и полезным, а не почитает сего опасною для себя заботою.

Будем же всегда молиться Господу так: «Христе, полнота истины, да воссияет в сердцах наших истина Твоя, и да познаем, как по воле Твоей ходить путем Твоим!»

Когда посевает в тебе лукавый некий помысл, или из числа сих издалека приходящих, или из числа предзанятых тобою прежде, и часто появляется в уме твоем, тогда за верное признай, что скрывает он тебе сеть. Но ты пробудись и отрезвись вовремя. А если помысл из десных и добрых, то знай, что Бог хочет дать тебе некоторый образ жизни, и потому помысл сей, сверх обычая, возбуждается в тебе. Если же помысл омрачен, и ты сомневаешься в нем, и не можешь ясно постигнуть, свой он или тать, помощник или наветник, скрывающийся под доброю личиною, – то вооружись на него прилежною самою скорою молитвою со многим бдением и день и ночь. Ты и не отревай его от себя, и не соглашайся с ним; но со тщанием и горячностью сотвори о нем молитву и не умолкай, призывая Господа. Он покажет тебе, откуда сей помысл.

СЛОВО 41. О МОЛЧАНИИ

Паче всего возлюби молчание, потому что приближает тебя к плоду; язык же немощен изобразить оное. Сперва будем принуждать себя к молчанию, и тогда от молчания родится в нас нечто, приводящее к самому молчанию. Да подаст тебе Бог ощутить нечто, рождаемое молчанием. Если же начнешь сим житием, то не умею и сказать, сколько света воссияет тебе отсюда. Не думай, брат, что – как рассказывают о чудном Арсении, когда посетили его отцы и братия, приходившие видеть его, а он сидел с ними молча и в молчании отпускал их от себя – все сие делал он совершенно по воле и что вначале не принуждал себя к этому. От упражнения в сем делании со временем рождается некая сладость и понуждает тело пребывать в безмолвии. И множество слез рождается у нас в сем житии, и в чудном созерцании сердце ощущает в них что-то разно – в иное время с трудом, а в иное с удивлением, потому что сердце умаляется, делается подобно младенцу, и, как скоро начнет молитву, льются слезы. Велик тот человек, который терпением членов своих приобрел внутренне в душе своей чудный сей навык. Когда на одну сторону положишь все дела жития сего, а на другую молчание, тогда найдешь, что оно перевешивает на весах. Много советов человеческих, но, когда сблизится кто с молчанием, излишним для него будет делание хранения их и излишними окажутся прежние дела, а сам он окажется превзошедшим сии делания, потому что приблизился к совершенству. Молчание помогает безмолвию. Как же это? Живя во многолюдной обители, невозможно не встречаться нам с кем-нибудь.

И равноангельный Арсений, который больше всех любил безмолвие, не мог избежать сего. Ибо невозможно не встречаться с отцами и братиями, живущими с нами, и встреча эта бывает неожиданно: человеку необходимо идти в <u>церковь</u> или в другое место. Все это видел достоблаженный оный муж, и именно, что невозможно ему избежать сего, пока живет близ человеческой обители. И когда часто бывал в невозможности, по месту жительства своего, удалиться от сближения с людьми и монахами, живущими в тех местах, тогда научен был благодатию сему способу – непрестанному молчанию. И если когда по необходимости некоторым из них отворял дверь свою, то увеселялись они только лицезрением его, а словесная беседа и потребность в ней стали у них излишними.

Многие из отцов лицезрением сим приведены были в состояние охранять себя самих и умножать духовное богатство, воспользовавшись уроком, каким служило для них лицезрение блаженного. И некоторые из них привязывали себя к камню, или связывали веревкою, или томили себя голодом в то время, как рождалось в них желание идти к людям; потому что голод много способствует укрощению чувств.

Находил я, брат, многих отцов, великих и чудных, которые более, нежели о делах, прилагали попечение о благочинии чувств и о телесном навыке; потому что отсюда происходит благочиние помыслов. Много причин встречается человеку вне его воли, которые заставляют его выходить из пределов свободы своей. И если не будет он охраняем в чувствах своих предварительно снисканным неослабным навыком, то может случиться, что долгое время не войдет он сам в себя и не обретет первоначального мирного своего состояния.

Преуспеяние сердца – непрестанное помышление о своем уповании. Преуспеяние жития – отрешение от всего. Памятование о смерти – добрые узы для внешних членов. Приманка для души – радость, производимая надеждою, процветающей в сердце. Приращение ведения – непрестанные испытания, каким ум ежедневно подвергается внутренне вследствие двояких изменений. Ибо если от уединения рождается в нас иногда и уныние (и сие, может быть, попускается по Божию усмотрению), то имеем превосходное утешение надежды – слово веры, которое в сердцах у нас. И хорошо сказал один из мужей богоносных, что для верующего любовь к Богу – достаточное утешение даже и при погибели души его. Ибо, говорит он, какой ущерб причинят скорби тому, кто ради будущих благ пренебрегает наслаждением и упокоением?

Даю же тебе, брат, и сию заповедь: пусть у тебя всегда берет перевес милостыня, пока в самом себе не ощутишь той милостыни, какую имеет Бог к миру. Наше милосердие пусть будет зерцалом, чтобы видеть нам в себе самих то подобие и тот истинный образ, какой есть в Божием естестве и в сущности Божией. Сим и подобным сему будем просвещаться для того, чтобы нам с просветленным произволением подвигнуться к житию по Богу. Сердце жестокое и немилосердное никогда не очистится. Человек милостивый – врач своей души, потому что как бы сильным ветром из внутренности своей разгоняет он омрачение страстей. Это, по евангельскому слову жизни, добрый долг, данный нами взаем Богу.

Когда приближаешься к постели своей, скажи ей: «В эту ночь, может быть, ты будешь мне гробом, постель; и не знаю, не приидет ли на меня в эту ночь, вместо сна временного, вечный, будущий сон». Поэтому, пока есть у тебя ноги, иди вослед делания, прежде нежели связан ты будешь узами, которых невозможно уже будет разрешить. Пока есть у тебя персты, распни себя в молитве, прежде нежели пришла смерть. Пока есть у тебя глаза, наполняй их слезами, прежде нежели покроются они прахом. Как роза, едва подует на нее ветер, увядает, так, если внутри тебя дохнуть на одну из стихий, входящих в состав твой, – ты умрешь. Положи, человек, на сердце своем, что предстоит тебе отшествие и непрестанно говори себе: «Вот пришел уже к дверям посланник, который пойдет сзади меня. Что же я сижу? Преселение мое вечно, возврата уже не будет».

Кто любит собеседование со Христом, тот любит быть уединенным. А кто любит оставаться со многими, тот друг мира сего. Если любишь покаяние, возлюби и безмолвие. Ибо вне безмолвия покаяние не достигает совершенства, и, если кто будет противоречить сему, не входи с ним в состязание. Если любишь безмолвие – матерь покаяния, то с удовольствием возлюби и малые телесные лишения и укоризны, и обиды, какие польются на тебя за безмолвие. Без этого предуготовления не возможешь жить в безмолвии свободно и невозмутимо. Если же будешь пренебрегать указанным, то соделаешься причастником безмолвия, сколько благоугодно будет Богу. Любовь к безмолвию есть непрестанное ожидание смерти. Кто без сего помышления вступает в безмолвие, тот не может понести того, что всеми мерами должны мы терпеть и сносить.

Уразумей и то, рассудительный, что избираем уединенное жительство с душами своими, безмолвие и затворничество не для дел, простирающихся сверх правил, не для того, чтобы их сделать. Ибо известно, что этому, по причине телесного рвения, способствует более общение с многими. И если бы необходимо было сие, то некоторые из отцов не оставили бы сопребывания и общения с людьми, а другие не стали бы жить в гробах, и иные не избрали бы себе затвора в уединенном доме, где, всего более расслабив тело и оставив его не в состоянии исполнять наложенные ими на себя правила, при всевозможной немощи и телесном истомлении, с удовольствием целую жизнь свою переносили еще тяжкие, постигшие их болезни, от которых не могли стоять на ногах своих, или произнести обычную молитву, или славословить устами своими, но даже не совершали псалма или иного чего, совершаемого телом; и вместо всех правил достаточно для них было одной телесной немощи и безмолвия. Так вели они себя все дни жизни своей. И при всей этой мнимой праздности, никто из них не пожелал оставить своей келлии и, по причине неисполнения ими правил своих, идти куда-нибудь вон, или в церковь – возвеселить себя гласами и службами других.

Восчувствовавший грехи свои лучше того, кто молитвою своею воскрешает мертвых, когда обитель его будет среди многолюдства. Кто один час провел, воздыхая о душе своей, тот лучше доставляющего пользу целому миру своим лицезрением. Кто сподобился увидеть самого себя, тот лучше сподобившегося видеть Ангелов. Ибо последний входит в общение очами телесными, а первый очами душевными. Кто последует Христу в уединенном плаче, тот лучше похваляющегося собою в собраниях. Никто да не выставляет на вид сказанного апостолом: *«молил бых ся бо сам аз отлучен быти от Христа»* (Рим.9:3). Кто приял силу Павлову, тому и повелевается это делать. А Павел для пользы мира поят был пребывающим в нем Духом, как сам засвидетельствовал, что делал сие не по своей воле. Ибо говорит он: *«нужда бо ми належит: горе же мне есть, аще не благовествую»* (1Кор.9:16). И избрание Павла было не для того, чтобы показать ему образ своего покаяния, но чтобы благовествовать человечеству; для сего приял он и преизбыточествующую силу.

Впрочем, будем мы, братия, любить безмолвие, пока мир не умерщвлен в сердцах наших. Будем всегда памятовать о смерти, и в сем помышлении приближаться к Богу сердцем своим, и пренебрегать суету мира, и презренными соделаются в глазах наших мирские удовольствия; с приятностью в болезненном теле претерпим всегдашнюю праздность безмолвия, чтобы сподобиться наслаждения с теми, которые *«в вертепах и пропастех земных»* (Евр.11:38) чают славного откровения Господа нашего с небеси. Ему и Отцу Его, и Святому Его Духу слава, и честь, и держава, и велелепие во веки веков! Аминь.

СЛОВО 42. ПОСЛАНИЕ К ОДНОМУ ИЗ ВОЗЛЮБЛЕННЫХ ИСААКОМ, В КОТОРОМ ПРЕДЛАГАЕТ ОН А) УЧЕНИЕ О ТАЙНАХ БЕЗМОЛВИЯ И О ТОМ, ЧТО МНОГИЕ, ПО НЕЗНАНИЮ СИХ ТАЙН, НЕРАДЯТ О СЕМ ЧУДНОМ ДЕЛАНИИ, БОЛЬШАЯ ЖЕ ЧАСТЬ ДЕРЖАТСЯ ПРЕБЫВАНИЯ В КЕЛЛИЯХ, ПО ПРЕДАНИЮ, ХОДЯЩЕМУ У ИНОКОВ, И Б) КРАТКИЙ СВОД ОТНОСЯЩЕГОСЯ К СКАЗАНИЮ О БЕЗМОЛВИИ

Поелику вынужден я обязанностью писать к тебе, брат, о необходимо должном, то письмом моим, по данному тебе нашему обещанию, извещаю любовь твою, что нашел я тебя строгостью жития своего приуготовившим себя к тому, чтобы идти на пребывание в безмолвии. Поэтому все, что слышал я о сем делании от мужей рассудительных, после того как собрание их изречений сообразил в уме своем с ближайшим, какой имел на самом деле, опытом, кратким словом напечатлеваю в твоей памяти; только и сам ты, по внимательном прочтении сего послания, содействуй себе обычным тебе тщанием, потому что с мудрым разумением, не наряду с обычным чтением, должен ты приступить к чтению словес, собранных в сем нашем послании, и, по причине великой сокровенной в нем силы, при прочем чтении принять оное как бы некий свет; и тогда дознаешь, что значит пребывание в безмолвии, в чем состоит делание оного, какие тайны сокрыты в сем делании и почему некоторые умаляют цену правды в общественной жизни и предпочитают ей скорби и подвиги безмолвнического пребывания и иноческого жития. Если желаешь, брат, в краткие дни свои обрести жизнь нетленную, то с рассудительностью да будет вступление твое на безмолвие. Войди в исследование его делания, и не ради одного только имени вступай на сей путь, но вникни, углубись, подвизайся и потщись со всеми святыми постигнуть, что такое глубина и высота сего жития. Ибо во всяком человеческом деле, в начале его делания и до конца, предполагаются какой-либо способ и надежда совершения; а сие побуждает ум положить основание дела. И эта цель укрепляет ум к понесению трудности дела; и в воззрении на сию цель заимствует ум для себя некоторое утешение в деле. И как иной неослабно напрягает ум свой до окончания своего дела, так же и досточестное дело безмолвия делается пристанью тайн при обдуманной цели, на которую, от начала до конца, внимательно смотрит ум во всех продолжительных и тяжких трудах своих. Как глаза кормчего устремлены на звезды, так живущий в уединении во все продолжение своего шествия внутреннее воззрение устремляет на ту цель, к какой положил идти в уме своем с того первого дня, в который решился совершать путь свирепым морем безмолвия, пока не найдет той жемчужины, для которой пустился он в неосязаемую бездну моря безмолвия, и исполненное надежды внимание облегчает его в тягости делания и в жестокости опасностей, встречающихся с ним в шествии его. А кто в начале своего безмолвия не предполагает сам в себе этой цели в предстоящем его делании, тот поступает нерассудительно, как и сражающийся с воздухом. Таковой во всю свою жизнь никогда не избавляется от духа уныния; и с ним бывает одно из двух: или не выносит он нестерпимой тяготы, побеждается ею и совершенно оставляет безмолвие, или терпеливо пребывает в безмолвии, и келлия делается для него домом темничным, и томится он в ней, потому что не знает надежды на утешение, порождаемое деланием безмолвия. Посему-то, желая сего утешения, не может просить с сердечною болезнью и плакать во время молитвы. Всему этому на потребу жизни нашей оставили нам признаки в писаниях своих отцы наши, исполненные жалости и любящие сынов своих.

Один из них сказал: «Для меня та польза от безмолвия, что, когда удалюсь из дома, в котором живу, ум мой отдыхает от бранного уготовления и обращается к лучшему деланию».

Подобным образом и другой говорил: «Я подвизаюсь в безмолвии для того, чтобы услаждались для меня стихи при чтении и молитве. И когда от сладости при уразумении их умолкнет язык мой, тогда, как бы во сне каком, прихожу в состояние сжатия чувств и мыслей моих. И также, когда при удалении во время сего безмолвия утихнет сердце мое от мятежа воспоминаний, тогда посылаются мне непрестанно волны радости внутренними помышлениями, сверх чаяния внезапно приходящими к услаждению сердца моего. И когда приближаются волны сии к кораблю души моей, тогда от вещаний мира и от плотской жизни погружают ее в истинные чудеса, в безмолвие, пребывающее в Боге».

И другой также говорил: «Безмолвие отсекает предлоги и причины к новым помыслам и внутри стен своих доводит до обветшания и увядания воспоминания о предзанятом нами. И когда обветшают в мысли старые вещества, тогда ум, исправляя их, возвращается в свой чин».

И еще другой сказал: «Меру сокровенного в тебе уразумеешь из различия мыслей твоих, говорю же о мыслях постоянных, а не случайно возбуждаемых и в один час проходящих. Нет никого носящего на себе тело, кто пришел бы в свой дом, не отлучившись от двух, добрых или худых изменений: и, если он рачителен, то — от изменений маловажных, и при помощи естества (потому что отцы суть отцы рождаемых), а если он нерадив, — то от изменений высоких, и при помощи закваски оной благодати, бывшей в естестве нашем».

И иной говорил: «Избери себе делание усладительное, непрестанное бдение по ночам, во время которого все отцы совлекались ветхого человека и сподоблялись обновления ума. В сии часы душа ощущает оную бессмертную жизнь, и ощущением ее совлекается одеяния тьмы, и приемлет в себя Духа Святаго».

И другой еще сказал: «Когда видит кто различные лица, и слышит разнообразные голоса, несогласные с духовным его занятием, и вступает в собеседование и в общение с таковыми, тогда не может он найти свободного времени для ума, чтобы видеть себя втайне, привести себе на память грехи свои, очистить свои помыслы, быть внимательным к тому, что к нему приходит и сокровенно беседовать в молитве».

И еще: «Чувства сии подчинить власти души невозможно без безмолвия и отчуждения от людей, потому что разумная душа, будучи существенно соединена и сопряжена с сими чувствами, и со своими помыслами невольно увлекается, если человек не будет бодрствен в сокровенной молитве».

И еще: «О, сколько доставляет услаждения, как веселит, радует и очищает душу бодрствование – своим пробуждением вместе с молитвою и чтением! Сие наипаче знают те, которые во всякое время жизни своей в этом бывают занятии и живут в самом строгом подвижничестве».

Посему и ты, человек, любящий безмолвие, сии указательные мановения отеческих словес положи пред собою как некоторую цель и к сближению с ними направляй течение своего делания. А прежде всего умудрись дознаться, что наипаче надлежит согласовать с целью своего делания. Ибо без этого не возможешь приобрести ведения истины; и этим потщись с преизбытком показать свое терпение.

Молчание есть таинство будущего века, а слова суть орудие этого мира. Человек-постник пытается душу свою молчанием и непрестанным постом уподобить естеству духовному. Когда же человек в божественном своем делании отлучает себя на то, чтобы пребывать в своем сокровенном, тогда посвящается он в сии таинства, и служение его бывает исполнено Божественных таинств, а чрез оные – и невидимых Сил, и святыни господствующей над тварями Власти. И если некоторые отлучали себя на время, чтобы войти им в Божественные тайны, то были назнаменованы сею печатью. И некоторым из них вверяемо было, к обновлению стоящих на средней степени, обнаружение тайн, сокрытых в недоведомом Господнем молчании, потому что послужить таковым тайнам было бы неприлично человеку, у которого наполнено чрево и ум возмущен невоздержанием.

Но и святые не дерзали на беседование с Богом и не возносились до сокровенных тайн, разве только при немощи членов, при бледном цвете лица от любви к алчбе и от безмолвного ума, и при отречении от всех земных помыслов. Ибо, когда по долгом времени в келлии твоей, среди воздержания чувств от всякой встречи, осенит тебя сила безмолвия-, тогда сретаешь сперва радость, без причины овладевающую по временам душою твоею, и потом отверзутся очи твои, чтобы, по мере чистоты твоей, видеть крепость твари Божией и красоту созданий. И когда ум путеводится чудом сего видения, тогда и ночь и день будут для него едино в славных чудесах созданий Божиих. И сего ради в самой душе похищается чувство страстей сладостью сего видения, и в оном-то восходит ум еще на две степени мысленных откровений, находящиеся в следующем за ним порядке, начиная с чистоты и выше. Сего да сподобит Бог и нас! Аминь.

СЛОВО 43. О РАЗНЫХ ПРЕДМЕТАХ И О ТОМ, КАКАЯ НУЖДА В КАЖДОМ ИЗ НИХ

Чувство духовное такого качества, что принимает в себя созерцательную силу, подобно зенице телесных очей, имеющих в себе чувственный свет. Мысленное созерцание есть естественное видение, соединенное с естественным состоянием; и оно называется естественным светом. Святая сила есть дарование солнца рассудительности, поставленного между светом и созерцанием природы, суть нечто среднее, созерцаемое рассудительными при свете. Страсти суть как бы твердая какая сущность; они занимают средину между светом и созерцанием и препятствуют при созерцании различать разнообразие вещей. Чистота есть светлость мысленного воздуха, недрами которого окрыляется внутреннее наше естество. Если ум нездрав в естестве своем, то недейственно в нем ведение; как и телесное чувство, когда от каких-нибудь причин повреждено, теряет зрение. Если же ум здрав, но нет в нем ведения, то без него не различает ум духовного, как и глаз, здоровый в целом своем составе, бывает нередко слаб по отношению к чувственному зрению. А если во всем этом сохранено что чему свойственно, но не близка благодать, то в деле различения останется все сие недейственным, как и в часы ночи, поелику нет тогда солнца, глаза бывают неспособны разбирать предметы. И когда все (т.е. и глаз, и зрение) здорово и само в себе совершенно, и действует хорошо, и видит те вещи, которые не были различены или же не различаются, то сим исполняется сказанное: *«во свете Твоем узрим свет»* (Пс.35:10). Если же благодать мысленного Солнца бывает близка, возбуждает к желанию, поощряет и делает бодрственным, но нет в уме чистоты, то он подобен пустому воздуху, который непрозрачен от густоты облаков и темных веществ, удобно возносящихся к солнечному свету, веселящему нас сладостию видения его.

Поелику зрение нетвердо в различении, то и естество слабо в действительности. Душе ощущать сладость воссиявающего над всем второго Солнца препятствует наложенное на нее телесное, которое закрывает собой озарения истины, так что они не доходят до нас. Итак, с понуждением сыскивается все это нами сказанное, и потому, что трудно в одном человеке найти все это в целой совокупности, без недостатка и укоризны, и потому, что не могут многие достигать совершенства в каком-либо духовном ведении. Недостаток же сей бывает по следующим причинам: по недостаточности разума, по беспорядочности воли, по несоответствующему цели положению, по оскудению чистоты, по неимению учителя и руководителя, по удержанию благодати (сказано: *«мужу скупому не лепо есть богатство»* и обладание великим. – Сир.14:3), по препятствиям от обстоятельств, от места и нравов.

Истина есть ощущение Бога, каковое вкушает в себе человек ощущением чувств духовного ума. Любовь есть плод молитвы; и от созерцания своего возводит ум к ненасытному ее вожделению, когда ум пребывает в молитве без уныния, и человек умом, только в безмолвных помышлениях, молится пламенно и с горячностью. Молитва есть умерщвление мыслей похоти плотской жизни. Ибо молящийся прилежно есть то же, что умирающий для мира; и терпеливо пребывать в молитве значит отречься человеку от себя самого. Поэтому в самоотвержении души обретается любовь Божия.

Как от семени пота постов произрастает колос целомудрия, так от сытости – распутство, и от пресыщения –

нечистота. При алчущем и смиренном чреве никак не проникают в душу срамные помыслы. Всякая поглощаемая снедь прибавляет собою влаг и делается естественною в нас крепостью. И когда орудные члены, от происшедшего в них напряжения целого тела, делаются полными, и при этом случится увидеть что-либо телесное, или в сердце невольно возбудится что-либо вместе с помыслом, тогда от помысла внезапно приходит в движение что-то приятное и распространяется по всему телу. Хотя ум целомудренного и непорочного в своих помыслах крепок, однако же оным ощущением, происшедшим в членах, тотчас возмущается рассудок его, и как бы с высокого какого места нисходит он с своего места, на котором стоит; и святость помыслов его колеблется, и светлое целомудрие оскверняется мятежом страстей, вошедших в сердце при распалении членов. Тогда половина силы его изнемогает, почему можно сказать, что забывает он и первую цель надежды своей, и, прежде нежели вступит в борьбу, без борьбы оказывается пленником, без усилия врагов своих делается подчиненным похоти немощной плоти. Ко всему этому понуждает волю доброго человека сильное вожделение непрестанного насыщения. Хотя бы и твердо пребывал он в пристани целомудрия, однако же пресыщение склоняет его предаться тому, чего никогда не хотел бы он допустить в сердце свое. И как скоро уснет один помысл, окружает его сборище помыслов, заключающих в себе пустые и срамные мечты, и это чистое ложе его делает притоном блуда и позорищем видений. Когда же в упоении помыслов приобщится беседе с ними, то осквернит преподобные свои члены и без приближения жены. Какое море волнуется и кипит так от бури, как мятется ум, подвергшийся силе волн, от пресыщения чрева возбуждаемых на него морем плоти его?

Как просветляется красота твоя, целомудрие, возлежанием на голой земле, трудом алкания, отъемлющего у тебя сон, вследствие злострадания плоти, которая при воздержании от яств между ребрами и чревом делается подобною глубокому рву! Всякая снедь, приемлемая нами внутрь, и всякое упокоение образуют в нас срамные подобия и безобразные призраки; и они рождаются, выходят наружу, делаются видимыми в сокровенной области ума нашего и раздражают нас к тайному сообщению с делами срамными. А пустота чрева и мысли наши делает страною пустынною, не тревожимою помыслами и безмолвствующею от всех мятежных помыслов. Чрево же, наполненное от пресыщения, есть область привидений; и пресыщение делает его четыревратным для нелепых мечтаний, хотя будем и одни в пустыне. Ибо говорят, что пресыщение вожделевает многого.

Когда сподобишься Божественной благодати и душевного бесстрастия, тогда разумей, что не вследствие непоявления в тебе безобразных помыслов или невозбуждения помыслов плотских (без них никому пробыть невозможно), также не вследствие помыслов, удобно тобою побеждаемых (потому что ими, конечно, не оскверняется и не возмущается мысль, как бы ни была она крайне высока), но вследствие помыслов лучшей мысленной деятельности не оставляется ум в необходимости вести с ними брань и губить их; но, как скоро проникнет помысл, ум хищнически восхищается от сближения с ними некоею силою, вне воли состоящею, которая по навыку и по благодати удерживает закваску внутри сердца, которое есть обитель ума.

Иное – ум подвижника; а иное – чин священства. Ум, по милости небесной умерший для мира, имеет простые помыслы о некоторых только предметах, без борьбы и подвига. Совершенство, сопряженное с плотью и кровью, владычественно царствует над помыслами, проистекающими от плоти и крови, но не доводит до совершенного бездействия и их, и других свойственных естеству помыслов. Пока еще стихийною жизнью бьется животворная мысль человека, основание ума его на всяком движении и склонении заимствует изменение от четырех влаг. Богу же нашему да будет слава во веки веков! Аминь.

СЛОВО 44. О ТОМ, КАК РАССУДИТЕЛЬНОМУ ДОЛЖНО ПРЕБЫВАТЬ НА БЕЗМОЛВИИ

Послушай, возлюбленный, если желаешь, чтобы дела твои были не напрасны и дни твои не праздны и не лишены пользы, на какую рассудительные надеются от безмолвия, то вступление твое в оное пусть будет с рассуждением, а не в уповании чего-нибудь, чтобы не стать тебе похожим на многих. Напротив того, пусть будет в мысли твоей положена цель, к которой бы направлять тебе дела жизни своей. Выспрашивай о сем более знающих, и притом знающих из опыта, а не по одному умозрению. И не переставай сего делать, пока не обучишься делам безмолвия на всех стезях. При каждом сделанном тобой шаге разыскивай, путем ли ты идешь или уклонился с него и идешь какою-нибудь стезею вне настоящей дороги. И по одним делам явным не уверяйся в том, что в точности совершается тобой житие безмолвническое.

Если желаешь обрести что-нибудь и постигнуть это опытом своим, то в душе твоей сокровенно да будут знаки и приметы на каждом сделанном тобой шаге, и по оным будешь узнавать истину отцов и прелесть врага. А пока не умудришься на пути своем, пусть послужит для тебя сие немногое: когда, во время безмолвия, примечаешь в уме своем, что мысль твоя может свободно действовать помыслами десными и во власти ее над которым-либо из них нет ей принуждения, тогда знай, что безмолвие твое правильно.

И еще, когда совершаешь службу, если во время разных служб бываешь, по возможности, далеким от парения ума и внезапно пресекается стих на языке твоем, и это на душу твою налагает оковы молчания, без участия твоей свободы, и последует сие за долговременным пребыванием на безмолвии, то знай, что ты в безмолвии своем простираешься вперед и что кротость начала в тебе усугубляться. Ибо одно безмолвие без праведности достойно охуждения. Одно житие у любомудрых и рассудительных признается как бы единственным членом, отлученным от вспомоществования других членов.

И еще, когда примечаешь в душе своей, что при каждом возникающем в ней помысле, при каждом припамятовании и во время созерцаний, какие бывают в безмолвии твоем, глаза твои наполняются слезами, и слезы без принуждения орошают ланиты твои, то знай, что начало совершаться пред тобой отверстие преграды на разорение сопротивных.

И если находишь в себе, что по временам мысль твоя без предварительного о том промышления, вне обычного порядка, погружается внутрь тебя и пребывает в этом состоянии около часа или сколько-нибудь времени, а потом примечаешь, что члены твои как бы в великом изнеможении и мир царствует в помыслах твоих, и то же самое повторяется с тобой всегда, то знай, что облако начало приосенять скинию твою.

Если же, когда довольно времени проведешь на безмолвии, находишь в душе своей помыслы, которые делят ее на разные части и овладевают ею, и как бы насильно она ежечасно объемлется сими помыслами, и мысль ее во всякое время возводится к тому, что сделано было ею, или желает пускаться в суетные разыскания, то знай, что напрасно трудишься в безмолвии, и в парении ума проводит время душа твоя, и причины тому бывают внешние или внутреннее нерадение о должном, а паче о бдении и чтении. И ты немедленно устрой дело свое.

Если же, когда вступишь в дни сии не обретаешь мира от тревожащих тебя страстей, то не дивись. Если недро мира, по удалении от него лучей солнечных, надолго остается теплым, и также запах врачевств и дым мира, разливающийся в воздухе, пребывают немалое время, прежде нежели рассеются и исчезнут, то тем паче страсти, подобно псам, привыкшим лизать кровь в мясной лавке, когда не дают им обычной им пищи, стоят при дверях и лают, пока не сокрушена будет сила прежнего их навыка.

Когда нерадение начнет, как тать, вкрадываться в душу твою, и в омрачении возвращается она вспять, и дом близок к тому, чтобы наполниться омрачением, тогда являются следующие признаки: почувствуешь в себе тайно, что изнемогаешь в вере своей, преимуществуешь в видимом; упование твое умаляется, терпишь утрату в близком тебе, а вся душа твоя исполняется укоризны в устах и в сердце на всякого человека, и на всякую вещь, и на все, с чем ни встречаешься помыслами и чувствами, и на Самого Всевышнего, и боишься вреда телесного, по причине чего малодушие овладевает тобой каждый час, и по временам душа твоя возбуждается таким страхом, что пугаешься и бегаешь тени своей; потому что неверием затмил ты веру (под верою же разумеем не основание общего всех исповедания, но оную мысленную силу, которая светом ума подкрепляет сердце и свидетельством совести возбуждает в душе великое упование на Бога, чтобы не заботилась она о себе самой, но попечение свое во всем беззаботно возвергла на Бога).

Когда же простираешься ты вперед, следующие явственные признаки найдешь близкими в душе своей: укрепляешься во всем надеждою и обогащаешься молитвою, не оскудевает никогда в уме твоем служащее к пользе, с чем бы ты ни встречался, ощущаешь немощь естества человеческого, и каждый таковой случай хранит тебя от гордыни.

А с другой стороны, недостатки ближнего делаются недостойными внимания в очах твоих, и с таким желанием вожделеваешь выйти из тела, с каким стал бы пребывать в будущем веке. О всяком скорбном для нас приключении, встречающемся с тобой явно и тайно, со всею осторожностью, далекою от самомнения, находишь, что по справедливости и по суду приблизилось к тебе все сие. И за все принесешь исповедание и благодарение. Вот признаки трезвенных, осторожных, пребывающих в безмолвии и желающих достигнуть строгости жития.

Расслабленные же не имеют нужды в сих тонких приметах, угрожающих им падением, потому что далеки они от сокровенных добродетелей. Когда одна из них начнет проникать в душу твою, уразумей в этот час, на которую сторону начал ты склоняться: ибо вскоре узнаешь, какого ты сообщества. Да подаст нам Бог истинное ведение! Аминь.

СЛОВО 45. О ПОРЯДКЕ ТОНКОЙ РАССУДИТЕЛЬНОСТИ

Будь всегда внимателен к себе самому, возлюбленный; и среди непрестанных дел своих рассмотри и встречающиеся тебе скорби, и пустынность местопребывания твоего, и тонкость ума твоего вместе с грубостью твоего ведения, и большую продолжительность безмолвия твоего вместе с многими врачевствами, т. е. искушениями, наводимыми истинным Врачом к здравию оного внутреннего человека, а в иное время и бесами, иногда же болезнями и телесными трудами, а иногда боязливыми помышлениями души твоей, страшными воспоминаниями о том, что будет напоследок; иногда же привитием и обязанием благодати сердечной теплоты и сладостных слез, и духовной радости, и всего прочего, скажу так, не умножая слов. Совершенно ли во всем этом примечаешь, что язва твоя начала заживать и закрываться, т. е. начали ли изнемогать страсти? Положи примету, и входи непрестанно сам в себя, и смотри: какие страсти, по твоему замечанию, изнемогли перед тобой, какие из них пропали и совершенно отступили от тебя, и какие из них начали умолкать вследствие душевного твоего здравия, а не вследствие удаления того, что смущало тебя, и какие научился ты одолевать умом, а не лишением себя того, что служит для них поводом? Обрати также внимание на то, точно ли видишь, что среди загноения язвы твоей начала нарастать живая плоть, т. е. душевный мир. Какие страсти постепенно и какие стремительно понуждают и чрез какие промежутки времени? Суть ли это страсти телесные, или душевные, или сложные и смешанные? И возбуждают ли в памяти темно, как немощные, или с силою восстают на душу? И притом – властительски или татским образом? И как обращает на них внимание владеющий чувствами царь – ум? И когда они напрягут силы и вступят в брань, сражается ли с ними, и приводит ли их в бессилие своею крепостью, или не обращает даже на них взора и ставит их ни во что? И какие изгладились из прежних, и какие вновь образовались? Страсти возбуждаются или какими-нибудь образами, или чувством без образов и памятью без страстных движений и помышлений, и тогда же производят раздражения. По всему этому можно также определить степень устроения души.

Первые не пришли в устройство, потому что душе предстоит еще подвиг, хотя и обнаруживает против них крепость свою, а вторые достигли устроения, о котором сказало Писание, говоря: *«сяде Давид в дому своем»*, и упокоил его Бог *«от всех врагов его окрестных»* (2Цар.7:1).

Разумей сие не об одной страсти, но вместе со страстями естественными, пожеланием и раздражительностью, и о страсти славолюбия, которое изображает и мысленно представляет лица и возбуждает к похоти и желанию, и также о страсти сребролюбия, когда душа входит в общение с нею тайно, и хотя и не соглашается вступить самым делом, но представляет в уме образы предметов, на которые направлено сребролюбие при собирании богатства, и заставляет душу помышлять о них и производить в ней желание – вместе с прочим обладать и ими.

Не все страсти ведут брань приражением помыслов. Ибо есть страсти, которые душе показывают только скорби: нерадение, уныние, печаль не нападают приражением помыслов и услаждением, но только налагают на душу тяжесть. Крепость же души изведывается в победе над страстями, ведущими брань приражением помыслов.

И человеку надлежит иметь тонкое разумение обо всем этом и знать приметы, чтобы, при каждом сделанном шаге, сознавать, куда достигла и в какой стране начала шествовать душа его; в земле ли ханаанской, или за Иорданом.

Но обрати внимание и на сие. Достаточно ли ведению душевного света к различению сего, или оно различает это во тьме, или совершенно лишено такой способности? Точно ли находишь, что разумная часть души начала очищаться? Парение мыслей в уме проходит ли в час молитвы? Какая страсть смущает ум во время приближения к молитве? Ощущаешь ли в себе, что сила безмолвия приосенила душу кротостью, тишиною и миром, какой необычным образом рождается в уме? Восхищается ли непрестанно ум без участия воли к понятиям о бесплотном, в объяснение чего не дозволено входить чувствам? Возгорается ли в тебе внезапно радость, ни с чем не сравнимым наслаждением своим заставляющая умолкнуть язык? Источается ли непрестанно из сердца некая сладость и влечет ли всецело ум? Входит ли по временам незаметно во все тело некое услаждение и радование, чего плотский язык не может выразить, пока все земное не будет при сем памятовании почитать прахом и тщетою. Ибо оное первое, из сердца истекающее услаждение, иногда в час молитвы, иногда во время чтения, а иногда также вследствие непрестанного поучения и продолжительности помышления согревает ум; а сие последнее всего чаще бывает без всего этого, и многократно во время поделия, а также часто и по ночам, когда находишься между сном и пробуждением, как бы спя и не спя, бодрствуя и не бодрствуя. Но когда найдет на человека это услаждение, бьющееся в целом теле его, тогда думает он в этот час, что и Царство Небесное не иное что есть, как именно это.

Смотри также, приобрела ли душа силу, которая чувственные памятования потребляет силою овладевающей сердцем надежды и внутренние чувства укрепляет неизъяснимым убеждением в несомненности? И сердце без попечения о том, чтобы не было пленено оно земным, пробуждено ли непрестанным собеседованием и непрерывным сердечным деланием, совершаемым со Спасителем нашим?

Старайся приобрести разумение в различии гласа Его и беседы, когда услышишь. Возможность же скоро вкусить сего доставляет душе непрерывное безмолвие непрестанным и постоянным своим деланием. Ибо, по нерадению приемлющих, и по обретении сие снова утрачивается, и долгое уже время вновь не приобретается.

И осмелится ли кто, положившись на свидетельство совести своей, сказать о сем то же, что сказал блаженный Павел: *«известихся, яко ни смерть, ни живот, ни настоящая, ни грядущая, ни все прочее возможет меня разлучити от любве»* Христовой (Рим.8:38–39), т. е. не разлучат ни телесные, ни душевные скорби, ни голод, ни гонение, ни нагота, ни одиночество, ни затвор, ни беда, ни меч, ни ангелы и силы сатанины с их злобными ухищрениями, ни упраздняемая слава приражением своим к человеку, ни клеветы, ни укоризны, ни заушения, наносимые без причины и напрасно?

Если же не начал ты усматривать в душе своей, брат, что все это некоторым образом избыточествует или оскудевает, то труды твои, и скорби, и все безмолвие твое – бесполезное отягощение себя. И если чудеса совершаются руками твоими, и мертвых воскрешают они, не идет то и в сравнение с этим, и немедленно подвигни душу свою, и со слезами умоляй Спасающего всех отъять завесу от двери сердца твоего и омрачение бури страстей уничтожить на внутренней тверди, чтобы сподобиться тебе увидеть луч оного дня; да не будешь ты как мертвец, вечно пребывающий в омрачении.

Всегдашнее бдение вместе с чтением и частые поклоны, совершаемые преемственно кем-нибудь, не замедлят рачительным подать блага сии. И кто обрел их, тот обрел сими именно средствами. Желающие снова обрести их имеют нужду пребывать в безмолвии, а вместе и в делании сказанного нами, и притом ни к чему кроме души своей, даже ни к одному человеку, не привязываться мыслию своею, упражняться же во внутреннем делании добродетели. Но и относительно самых дел – лишь в некоторых из них мы находим отчасти близ себя верное чувство, утверждающее нас и в отношении прочего.

Кто пребывает в безмолвии и опытом изведал благость Божию, тот не имеет нужды в большом уверении; напротив того, душа его нимало не болезнует неверием, подобно колеблющимся в истине; потому что свидетельства ума его достаточно для него к уверению себя самого паче бесчисленного множества слов, не оправданных опытом. Богу же нашему слава и велелепие вовеки! Аминь.

СЛОВО 46. ОБ ИСТИННОМ ВЕДЕНИИ, ОБ ИСКУШЕНИЯХ И О НЕОБХОДИМОСТИ ТОЧНО ЗНАТЬ, ЧТО НЕ ТОЛЬКО ЛЮДИ НЕВЫСОКИЕ, НЕМОЩНЫЕ И НЕОБУЧИВШИЕСЯ, НО И СПОДОБИВШИЕСЯ НА ПРОДОЛЖИТЕЛЬНОЕ ВРЕМЯ БЕССТРАСТИЯ, ДОСТИГШИЕ СОВЕРШЕНСТВА В ОБРАЗЕ МЫСЛЕЙ, ПРИБЛИЗИВШИЕСЯ ОТЧАСТИ К ЧИСТОТЕ, СОПРЯЖЕННОЙ С ОМЕРТВЕНИЕМ, (СТАВШИЕ ВЫШЕ СТРАСТЕЙ, ПОКА ОНИ В МИРЕ СЕМ, ПО БОЖИЮ ПОПУЩЕНИЮ ОТ СОПРЯЖЕНИЯ ЖИЗНИ ИХ СО СТРАСТНОЙ ПЛОТЬЮ, ПРЕБЫВАЮТ В БОРЕНИИ, И ПО ПРИЧИНЕ ПЛОТИ ТЕРПЯТ БЕСПОКОЙСТВО ОТ СТРАСТЕЙ, ПОТОМУ ЧТО)_ПО МИЛОСТИ БЫВАЕТ ПОПУЩЕНИЕ НА НИХ ЗА ПАДЕНИЕ ИХ В ГОРДЫНЮ

Сколько раз иные каждый день преступают закон и покаянием врачуют души свои, и благодать приемлет их, потому что во всяком разумном естестве перемена происходит неопределимым образом и с каждым человеком ежечасно происходят изменения. И рассудительный находит много случаев уразуметь это. Но испытания, каждый день сопровождающие его, наиболее могут умудрить его в этом, если будет трезвиться, и да наблюдает за собой в уме своем и дознает, какое изменение в кротости и снисходительности принимает мысль с каждым днем, как внезапно из мирного своего состояния приходит в смущение, когда не будет удалена какая-либо к тому причина, и как человек бывает в великой и несказанной опасности.

И сие-то святой Макарий, с великой предусмотрительностью и рачительностью, явственно написал на память и в наставление братиям, чтобы, во время изменения в противное, не впадали в отчаяние, потому что и со стоящими на степени чистоты, как с воздухом охлаждение, приключаются всегда падения, даже если нет у них нерадения или расстройства жизни; напротив же того, даже когда соблюдают они чин свой, случаются с ними падения, противные намерению собственной их воли. Да и блаженный Марк, как изведавший точным опытом, свидетельствует о сем и пространно излагает сие в писаниях своих, чтобы не подумал кто, будто бы святой Макарий сказал это в послании своем случайно, а не по действительному опыту, и чтобы от таковых двоих свидетелей ум со всею несомненностью приял для себя утешение во время нужды. Посему что же теперь? «Изменения, — говорит, — в каждом бывают, как в воздухе». Выразумей же это слово: «в каждом»; потому что естество одно и чтобы не подумал ты, будто бы сказал это о низших и худших, совершенные же свободны от изменения и неуклонно стоят на одной степени без страстных помыслов, как утверждают евхиты; сказал он поэтому: «в каждом».

Как же это, блаженный? Впрочем, говоришь ты, бывает же холод, и вскоре потом зной, также град, и немного спустя ведро. Так бывает и в нашем упражнении: то брань, то помощь от благодати; иногда душа бывает в обуревании, и восстают на нее жестокие волны; и снова происходит изменение, потому что посещает благодать и наполняет сердце человека радостью и миром от Бога, целомудренными и мирными помыслами. Он указывает здесь на сии помыслы целомудрия, давая тем разуметь, что прежде них были помыслы скотские и нечистые; и дает совет, говоря: если за сими целомудренными и скромными помыслами последует нашествие противных, не будем печалиться и отчаиваться; не будем также хвалиться и во время упокоения благодати, но во время радости станем ожидать скорби. Советует же не печалиться нам, когда последуют несчастья, показывая тем, что ум должен не избегать их, но с радостью принимать, как естественное и свойственное нам. Не предадимся отчаянию, подобно человеку, который ожидает чего-то, превосходящего самый подвиг, и совершенного и неизменного упокоения и вместе не допускает подвигов и печалей, и того, чтобы в нем произошло движение чего-либо сопротивного, что и Господь Бог наш не нашел приличным дать сему естеству в этом мире.

Макарий дает совет сей, чтобы мы не сделались совершенно праздными, оставшись без дела, и с этой мыслию не расслабели в отчаянии и не пребыли неподвижными в течении своем. «Знай, – говорит он, – что все святые пребывали в сем деле. Пока мы в мире сем, после трудов сих бывает нам втайне и избыточествующее утешение, потому что каждый день и каждый час требуется от нас опыт любви нашей к Богу в борьбе и в подвиге против искушений. И это значит – не печалиться и не унывать нам в подвиге. И, таким образом, благоуспешен делается путь наш. А кто хочет отвратиться или уклониться от этого, бывает добычею волков. Достойно, подлинно, удивления в этом святом, что таким кратким словом подтвердил мысль сию и доказал, что она исполнена разума, и в уме читающего совершенно уничтожил сомнение. Он же говорит: кто уклоняется от сего и делается добычею волков, тот хочет идти не путем· и положил в уме своем домогаться сего, и намеревается ходить своею особенною стезей, которой не пролагали отцы. Но учит он и тому, чтобы во время радости ожидать скорбей. Когда по действию благодати внезапно бывают в нас великие помыслы, и, как сказал святой Марк, бываем в изумлении при мысленном созерцании Высшего Естества, когда приближаются к нам Ангелы, исполняют нас созерцания, тогда все противное удаляется, и во все то время, в которое человек бывает в подобном состоянии, продолжаются мир и несказанная тишина. Но когда приосенит тебя благодать и приблизятся к тебе святые Ангелы, ограждающие тебя, и при сем приближении отступят все искушения, ты не превозносись и не помышляй в душе своей, что достиг необуреваемой пристани и неизменяемого воздуха и совершенно исшел из этого недра противных дуновений, и нет уже более врага и злой встречи; потому что многие возмечтали это и впали в беды, как сказал блаженный Нил.

Или не думай также, что ты выше многих и тебе прилично быть в таком состоянии, а другим нимало не прилично, по недостаточности жития их; или поелику не имеют они достаточного ведения, то и лишаются подобных дарований, а ты имеешь на это право, потому что достиг совершенства святости, и духовной степени, и неизменяемой радости. Напротив того, рассмотри лучше в себе нечистые помыслы и те неблагоприличные образы, какие утвердились в уме твоем во время обуревания, в час смятения и беспорядочности помыслов, незадолго до сего восставших против тебя в слепом омрачении; подумай, с какой скоростью и уклонился ты в страсти, и беседовал с ними в омрачении ума, не устыдился и не ужаснулся Божественного видения, дарований и даров, какие приял ты. И знай, что все это к смирению нашему навел на нас Божий Промысл, который о каждом из нас промышляет и устрояет, что кому полезно. А если превознесешься дарованиями Его, оставит тебя, и совершенно падешь в том, в чем будешь искушаем одними помыслами.

Итак, знай, что устоять – не твое и не добродетели твоей дело, совершит же это благодать, которая носит тебя на дланях руки своей, чтобы ты не приходил в боязнь. Сие вложи себе в мысль во время радости. Когда превознесется помысл, как сказал отец наш святой, и плачь, и проливай слезы, и припадай при воспоминании о своих грехопадениях во время попущения, чтобы избавиться тебе этим и приобрести чрез то смирение.

Впрочем, не отчаивайся, и в помыслах смирения умилостивлением соделай простительными грехи свои.

Смирение и без дел многие прегрешения делает простительными. Напротив того, без смирения и дела бесполезны, даже уготовляют нам много худого. Смирением, как сказал я, соделай беззакония твои простительными. Что соль для всякой пищи, то смирение для всякой добродетели; оно может сокрушить крепость многих грехов. Итак, о нем надо скорбеть непрестанно мыслью со смирением и с печалью рассуждения. И если приобретем оное, соделает нас сынами Божиими, и без добрых дел представит Богу, потому что без смирения напрасны все дела наши, всякие добродетели и всякое делание.

Итак, Бог хочет изменения в мысли. Мысль делает нас и лучшими, и непотребными. Его одного достаточно, чтобы, не нуждаясь в помощниках, стать пред Богом и говорить за нас. Благодари и немолчно исповедуйся Богу в том, что столь немощное и способное к уклонению получил ты естество – и, при содействии благодати, до чего иногда возвышаешься, каких сподобляешься дарований и в чем бываешь превыше естества; когда же бывает попущено – до чего снисходишь и приобретаешь ум скотский! Содержи в памяти бедность естества своего и скорость, с какою последуют в тебе изменения, как сказал некто из святых старцев. «Когда, – говорит он, – приходит к тебе помысл гордыни, говоря тебе: «Вспомни свои добродетели», ты скажи: «Посмотри, старик, на свой блуд». Разумел же тот блуд, каким, во время попущения, искушаем бываешь в помыслах, что с каждым устрояет благодать, или вводя нас в брань, или являя нам помощь, когда что для нас полезно.

Смотри же, как хорошо чудный сей старец выразил эту мысль. «Когда, – говорит, – приходит к тебе помысл гордыни о высоте жития твоего, скажи: «Посмотри, старик, на свой блуд"». Из сего ясно, что старец сказал это человеку высокой жизни. Ибо невозможно, чтобы таким помыслом тревожимы были люди, кроме стоящих на высокой степени и в житии достойном похвалы. Ясно же и то, что страсть сия восстает в душе после сделанной добродетели, чтобы лишить душу делания оной. А если угодно, и из одного послания того же святого Макария можешь научиться, на какой степени стоят святые и что попускается на них для искушения в этом. Послание же сие есть следующее.

Авва Макарий пишет ко всем своим чадам возлюбленным и ясно научает, какое о них Божие домостроительство во время браней и благодатной помощи; потому что Божией премудрости благоугодно сим обучать святых, пока они в жизни сей, в борении с грехом за добродетель, чтобы взор их во всякое время возводим был к Богу, и при непрестанном устремлении взора к Богу возрастала в них святая любовь Его, когда непрестанно будут они стремиться к Богу от нападения страстей и страха уклонения и утвердятся в вере, надежде и любви Его.

И сие действительно сказано теперь не тем, которые пребывают с людьми, ходят по всяким местам и всегда преданы делам и помыслам срамным и нечистым, также не тем, которые вне безмолвия соблюдают правду, делами и чувствами своими ежечасно уловляются, во всякое время бывают в опасности падения (потому что необходимость, встречающаяся с ними вовсе не по их воле, ввергает их в невольные несчастья), не могут охранять совершенно не только помыслов, но и чувств своих; но тем, которые в состоянии соблюдать тела свои и помыслы, вовсе далеки от мятежа и сообщения с людьми, в отречении от всего и от душ своих, нашли возможность охранять ум свой молитвою, изменения благодатных смотрений приемлют, не оставляя безмолвнического жития, и живут под мышцею Господня ведения, втайне умудряются духом на безмолвие, удалением от мирских вещей и видения некоторых предметов, и стяжали умерщвление мирского помысла. Ибо от этого страсти не умирают; помысл же умирает у них вследствие удаления от мирских вещей и при содействии благодати. И нас благодать сия да сохранит на этом пределе! Аминь.

СЛОВО 47. ОБЩЕЕ СОДЕРЖАНИЕ ЭТОЙ ГЛАВЫ, И О МОЛИТВЕ

Кратко выраженная мысль этой главы есть следующая: ежечасно надлежит нам знать, что в сии двадцать четыре часа дня и ночи имеем мы нужду в покаянии. Значение же слова «покаяние», как дознали мы из действительного свойства вещей, таково: оно есть с исполненною сокрушения молитвою приближающееся к Богу неослабное прошение об оставлении прошедшего и мольба о хранении будущего. Посему и Господь наш опору нашей немощи указал в молитве, говоря: пробудитесь, *«бдите и молитеся, да не внидите в напасть»* (Мф.26:41). Молитесь и будьте неленивы, во всякое время бодрствующе и молящеся (см. Лк.21:36; Кол.4:2). *«Просите, и дастся вам: ищите и обрящете: толцыте, и отверзется вам. Всяк бо просяй приемлет, и ищай обретает, и толкущему отверзется»* (Мф.7:7–8). Особенно же подтвердил слово Свое и к большей рачительности подвиг нас притчею о друге, который в полночь пришел к другу своему и просил у него хлеба; Господь говорит: аминь *«глаголю вам: аще и не даст ему востав, зане друг ему есть, но за безочьство»* *«его, востав даст ему, елика требует»* (Лк.11:8). И вы молитесь и не будьте нерадивы. Какое несказанное побуждение к дерзновению! Податель побуждает нас просить у Него, чтобы дать нам Божественные Свои дарования. И хоть Сам, как знает Он, домостроительствует все, что благодетельно для нас, однако сии слова Его исполнены великой силы для возбуждения в нас дерзновения и упования. Поелику Господь знает, что прежде смерти не отъемлет Он у нас возможности к уклонению, что весьма близко к нам это изменение, а именно переход от добродетели к пороку, что человек и естество его удобно приемлют в себе противное, то повелел быть тщательными и подвизаться во всегдашней молитве. Если бы в этом мире была страна удостоверения, то, как скоро человек достиг бы оной, естество его стало бы тогда выше потребности, и делание его выше страха, и не повелел бы нам Бог подвизаться в молитве, совершая сие Своим промышлением; потому что в будущем веке не приносят Богу молитв с прошениями о чем-либо. В оном отечестве свободы естество наше не приемлет изменения и уклонения под страхом сопротивления, потому что во всем совершенно. Поэтому повелел не ради только молитвы и хранения себя самих, но и по причине тонкости и непостижимости того, что всегда с нами встречается и не объемлется ведением ума нашего в тех состояниях, в каких нередко находимся непроизвольно во всякое время. Ибо, хотя мысли наши и весьма тверды и прилеплены к добру, однако же Промысл Его неоднократно оставлял нас на пределе искушений и ввергал в оные, как сказал блаженный Павел: *«за премногая откровения, да не превозношуся, дадеся ми пакостник плоти, аггел сатанин, да ми пакости деет. О сем трикраты Господа молих, да отступит от Мене: и рече ми: довлеет ти благодать Моя: сила бо Моя в немощи совершается»* (2Кор.12:7–9).

Итак, если это Твоя воля, Господи, и младенчество наше требует всего этого для руковождения и пробуждения своего Тобою, а не тогда, когда человек любовию Твоею упоен, подобно мне, и влечется вослед доброго, так что вовсе не взирает на мир, по причине упоения Тобой, в каком он находится, даже когда мне сверх этого дал Ты достигнуть откровений и созерцаний, которых невозможно объяснить плотским языком, дал видеть и слышать глас служения духовных˙ и сподобиться исполненного святости созерцания Твоего; но и при всем этом я, человек совершенный о Христе, недостаточен для того, чтобы охранять себя самого, потому что есть нечто такое, что по тонкости своей не может быть постигнуто моею силою, хотя и приобрел я ум Христов; то радуюсь уже посему, Господи, в немощах, в скорбях, в темницах, в узах, в нуждах, от естества ли это, от сынов ли естества, или от врагов его; но, радуясь, терплю ныне немощи мои, т. е. немощи в искушениях моих, да вселится в меня сила Божия. Если после всего этого имею нужду в жезле искушений, чтобы им расширялось во мне вселение Твое и я сохраняем был в приближении к Тебе, то знаю, что никто не возлюблен Тобою паче меня, и потому возвеличил Ты меня над многими. И дал мне познать чудные и славные силы Твои так, как не дал ни одному из других моих, апостолов. И наименовал меня *сосудом избранным* (см. Деян.9:15), как могущего сохранить чин любви Твоей. По всему этому, и особливо для того, чтобы преуспевало и простиралось вперед дело проповеди, если я буду освобожден от уз искушений, Ты, сколько знаю, даровал бы мне свободу, если бы сие было полезно для меня. Но Ты благоволил, чтобы не был я без скорби и заботы в мире сем, так как для Тебя не столько важно то, чтобы множилось наипаче дело проповеди Евангелия Твоего в мире, сколько то, чтобы мне была польза от искушений моих и чтобы душа моя сохранилась у Тебя здравою.

Итак, если все это, рассудительный, есть великий дар искушений, потому что чем более превознесен человек и, по подобию Павлову, вступил в духовное, тем паче имеет еще нужду в страхе и осторожности и пожинает пользу от встречающихся с ним искушений, то кто есть сей достигший в страну удостоверения, исполненную хищников (см. Мф.11:12), и приявший то, чтобы стать ему неуклонным, чего не дано было и святым Ангелам, *да не без нас совершенство приимут* (Евр.11:40), – приял то, что противно всему духовному и телесному, и хочет быть всецело неизменяемым, хочет, чтобы не приближалось к нему искушение и в помыслах? Порядок же мира сего есть сия мысль, выраженная как бы во всех Писаниях: если каждый день постоянно приемлем тысячи ударов, то да не малодушествуем и да не останавливаемся в течении на поприще; потому что в одном маловажном случае можно нам восхитить победу и получить венец.

Мир этот есть состязание и поприще для состязаний. Время это есть время борьбы. А в стране борьбы, и во время состязания, закона не полагается, т. е. царь не полагает воинам своим предела, пока не будет кончено состязание и пока всякий человек не будет приведен к дверям Царя царствующих, и там испытан бывший в состязании, кто не допустил одержать над ним победу, и кто обратил хребет свой. Ибо много раз случается, что человек, ни к чему не годный по неискусству своему, непрестанно бывает поражаем и низлагаем и во всякое время являет бессилие, но иногда вдруг похищает знамя из рук у воинства сынов исполиновых – и превозносится имя его, и восхваляется он гораздо более подвизавшихся и соделавшихся известными в победах, и получает венец и дорогие дары паче товарищей своих. Поэтому ни один человек да не останется в отчаянии! Не будем только нерадеть о молитве и не поленимся просить помощи у Господа.

Твердо положим в мысли своей и то, что, пока мы в мире сем и оставлены во плоти, хотя бы вознеслись до небесного свода, не можем оставаться без дел и труда, и быть без попечения. Это (прости меня) есть совершенство; а что паче сего, то неразумное размышление. Богу же нашему да будет слава, и держава, и велелепие вовеки! Аминь.

СЛОВО 48. О РАЗЛИЧИИ ДОБРОДЕТЕЛЕЙ И О СОВЕРШЕНСТВЕ ВСЕГО ПОПРИЩА

Совершенство всего поприща заключается в трех следующих вещах: в покаянии, в чистоте и в усовершении себя. Что такое покаяние? Оставление прежнего и печаль о нем. Что такое чистота? Кратко сказать: сердце, милующее всякую тварную природу. Что такое усовершение себя? Глубина смирения, т. е. оставление всего видимого и невидимого (видимого, т. е. всего чувственного, и невидимого, т. е. мысленного) и попечения о том.

В другое время был опять спрошен: «Что такое покаяние?» – и сказал: «Сердце сокрушенное и смиренное». – «Что такое смирение?» – и сказал: «Сугубое, добровольно принятое на себя омертвение для всего». – «И что такое сердце милующее?» – и сказал: «Возгорение сердца у человека о всем творении, о человеках, о птицах, о животных, о демонах и о всякой твари. При воспоминании о них и при воззрении на них очи человека источают слезы, от великой и сильной жалости, объемлющей сердце. И от великого терпения умаляется сердце его, и не может оно вынести, или слышать, или видеть какого-либо вреда или малой печали, претерпеваемых тварью. А посему и о бессловесных, и о врагах истины, и о делающих ему вред ежечасно со слезами приносит молитву, чтобы сохранились и очистились; а также и об естестве пресмыкающихся молится с великою жалостью, какая без меры возбуждается в сердце его по уподоблению в сем Богу».

И еще был спрошен: «Что такое молитва?» – и сказал: «Свобода и упразднение ума от всего здешнего, – сердце, совершенно обратившее взор свой к вожделению уповаемого в будущем. А кто далек от сего, тот на ниве своей сеет смешанное семя и подобен впрягающему в ярмо вместе вола и осла» (см. Втор.22:10).

И еще был спрошен: «Как может человек приобрести смирение?» – и сказал: «Непрестанным памятованием прегрешений, надеждою, приближающеюся к смерти, бедным одеянием, тем, чтобы во всякое время предпочитать последнее место и во всяком случае принимать охотно на себя дела самые последние и уничиженные, не быть непослушным, сохранять непрестанное молчание, не любить ходить в собрания, желать оставаться неизвестным и не идущим в счет не иметь никакого дела в полном своем распоряжении· ненавидеть беседы со многими лицами, не любить прибытков и, сверх сего, возвышать свою мысль от всякого порицания и обвинения какого-либо человека и от соревнования, не быть таким человеком, которого руки были бы на всех и на которого были бы руки всех· но одному в уединении заниматься своим делом и не брать на себя попечения о чем-либо в мире, кроме себя самого. Короче сказать: странническая жизнь· нищета и пребывание в уединении – вот от чего рождается смирение и очищается сердце».

Достигших же совершенства признак таков: если десятикратно в день преданы будут на сожжение за любовь к людям, не удовлетворяются сим, как Моисей сказал Богу: *аще убо оставиши им грех их, остави: аще же ни, изглади мя из книги Твоея, в нюже вписал еси* (Исх.32:32); и как говорил блаженный Павел: *молил бых ся сам отлучен быти от Христа по братии моей*, и так далее (Рим.9:3); и еще: ныне радуюся в скорбях о вас, язычниках (Кол.1:24). И прочие апостолы за любовь к жизни человеков прияли смерть во всяких ее видах.

Конец же всего этого вкупе – Бог и Господь. По любви к твари Сына Своего предал Он на крестную смерть.

«Тако бо возлюби Бог мир, яко и Сына Своего Единороднаго дал есть» за него на смерть (Ин.3:16), не потому, что не мог искупить нас иным образом, но Он научил нас тем преизобилующей любви Своей; и смертию Единородного Своего Сына приблизил нас к Себе. А если бы у Него было что более драгоценное, и то дал бы нам, чтобы сим приобрести Себе род наш. И, по великой любви Своей, не благоволил стеснить свободу нашу, хотя и силен Он сделать это, но благоволил, чтобы любовью собственного нашего сердца приблизились мы к Нему. И Сам Христос, по любви Своей к нам, послушен был Отцу Своему в том, чтобы с радостью принять на Себя поругание и печаль, как говорит Писание: *«вместо предлежащия Ему радости претерпе крест, о срамоте нерадив»* (Евр.12:2). Посему-то Господь в ту ночь, в которую был предан, сказал: *«сие есть Тело Мое, Еже»* за мир *«даемо»* в жизнь (Лк.22:19); и: *«сия есть Кровь Моя, Яже за многия изливаема во оставление грехов»* (Мф.26:28); и еще говорит: *«за них Аз свящу Себе»* (Ин.17:19). Так достигают сего совершенства и все святые, когда соделываются совершенными и уподобляются Богу излиянием любви своей и человеколюбия ко всем. И домогаются святые сего признака – уподобиться Богу совершенством в любви к ближнему. Так поступали и отцы наши, иноки, когда для оного совершенства всегда принимали в себя уподобление, исполненное жизни Господа нашего Иисуса Христа.

Говорят, что блаженный Антоний никогда не решался сделать что-либо, полезное более для него самого, нежели для ближнего, в том уповании, что выгода его ближнего – наилучшее для него делание. Рассказывают также об авве Агафоне, будто бы сказал он: «Желал бы я найти прокаженного и взять у него тело его, а ему дать свое». Видишь ли совершенную любовь? И также относительно того, что у него было вне его, он не мог утерпеть, чтобы не упокоить тем ближнего своего. И еще: был у него ножичек; брат, пришедши к нему, пожелал его иметь, и авва не дал ему выйти из келлии своей без этого ножичка. Таково и прочее, написанное о подобных мужах. Но к чему я говорю это? Многие из них ради ближнего предавали тела свои зверям, мечу и огню. Никто не может взойти на степень этой любви, если не ощутит он втайне надежды своей. И не могут приобрести любви к человекам те, которые любят мир сей. Когда приобретает кто любовь, облекается в Самого Бога. А тому, кто стяжал Бога, необходимо не только не соглашаться на приобретение с Ним чего-либо иного, но и совлечься тела своего.

Если же любовью к миру облечется кто в этот мир и в эту жизнь, то не облечется он в Бога, пока не оставит сего. Ибо Сам Бог засвидетельствовал сие, говоря: *«аще кто»* не оставит всего *«и не возненавидит душу свою, не может Мой быти ученик»* (Лк.14:26). Должно не только оставить, но и возненавидеть это. А если кто не может быть учеником Господним, то как Господь будет обитать в нем?

Вопрос. Почему так сладостна надежда, и житие ее и дела ее легки, и скоро совершаются дела ее в душе?

Ответ. Потому что пробуждается в душе святых естественное пожелание, и дает им пить из этой чаши, и упоевает их красотою оною. Посему-то не чувствуют уже они труда, но делаются нечувствительными к скорбям, и во все продолжение своего шествия думают, что шествие их совершается по воздуху, а не человеческими идут они стопами; потому что не видят они трудности пути, пред ними нет холмов и потоков, *«и будут им острая в пути гладки»* и проч. (Ис. 40, 4), и потому что ежечасно обращено внимание их на лоно Отца их, и самая надежда как бы перстом, в каждое мгновение, указует им отдаленное и невидимое, как бы гадательно взирающим на сие сокровенным оком веры, и потому что желанием отдаленного, как бы огнем, разжжены все части души, и отсутствующее вменяется ими за присущее. Туда простирается все протяжение их помыслов, и всегда поспешают достигнуть туда; и когда приближаются к совершению какой-либо добродетели, не частично над нею одной трудятся, но вдруг и всецело совершают ее во всех частях, потому что исполины сии шествие свое не царским совершают путем, как все прочие, но избирают для себя стези краткие, по которым иные явственно приходят скоро в обители. Самая надежда разжигает их как бы огнем, и не могут дать себе отдыха в стремительном и непрестанном течении, совершаемом с радостью. С ними бывает сказанное блаженным Иеремиею, ибо говорит: *«рекох, не воспомяну имене Господня, ниже возглаголю ктому во имя Его: и бысть в сердцы моем яко огнь горящ»*, и проницающий в кости мои (Иер.20:9). Так памятование о Боге действует в сердцах их, упоеваемых надеждою обетовании Божиих.

Краткие стези добродетелей суть добродетели всеобщие, потому что не имеют они большого расстояния между многими стезями жития от одной стези до другой: не выжидают ни места, ни времени, не допускают расточения, но тотчас принимаются за дело и исполняют это.

Вопрос. Что такое бесстрастие человеческое?

Ответ. Бесстрастие не в том состоит, чтобы не ощущать страстей, но в том, чтобы не принимать их в себя. Вследствие многих и различных добродетелей, явных и сокровенных, приобретенных святыми, страсти изнемогли в них и нелегко могут восстать на душу; и ум не имеет нужды непрестанно быть в отношении к ним внимательным, потому что во всякое время исполнен мыслями своими вследствие размышления и беседы о наилучших образах, которые с сознанием возбуждаются в разуме. И как скоро начинают возбуждаться страсти, ум внезапно восхищается от сближения с ними каким-то уразумением, приникшим в уме, и страсти, как сказал блаженный Марк, остаются в нем как бы праздными.

Ум, по благодати Божией, исполняя добродетельные деяния и приблизившись к ведению, мало ощущает то, что составляет худую и неразумную часть души. Ибо ведение восхищает его в высоту и отчуждает его от всего, что в мире.

И по причине непорочности святых и тонкости, удобоподвижности и остроты ума их, а также по причине их подвига, очищается ум их и оказывается просветленным, по сухости их плоти. И, вследствие обучения их безмолвию и продолжительного пребывания в оном, легко и скоро дается каждому внутреннее и ведет к восторгу в созерцании. При сем, обыкновенно, изобилуют они созерцаниями, и ум их никогда не имеет недостатка в предметах разумения, и никогда не бывают они без того, что производит в них плод духа. Долговременным навыком изглаживаются в сердце их воспоминания, которыми возбуждаются в душе страсти, и упраздняется сила диавольской власти. Ибо, когда душа не сдружится со страстями помышлением о них, тогда, поелику занята она иною заботою, сила страстей не может в когтях своих удержать духовных чувств ее.

О смирении
Вопрос. Какие преимущества смирения?
Ответ. Как самомнение есть расточение души в мечтании ее, которое приводит ее к парению и не препятствует ей парить в облаках своих помыслов, так что кружится она по всей твари, так смирение собирает душу в безмолвие, и сосредоточивается она в себе самой. Как душа непознаваема и невидима телесными очами, так и смиренномудрый не познается среди людей. И как душа внутри тела скрыта от зрения и от общения со всеми людьми, так и истинно смиренномудрый человек, по своему отлучению от всех и по лишении во всем, не только не желает быть видим и знаем людьми, но даже такова его воля, – если можно, от самого себя погрузиться внутрь себя, войти в безмолвие и вселиться в нем, всецело оставив все свои прежние мысли и чувствования, соделаться чем-то, как бы не существующим в твари, не пришедшим еще в бытие, вовсе незнаемым даже самой душе своей. И пока таковой человек бывает сокровен, заключен в себе и отлучен от мира, всецело пребывает он во Владыке своем.

Смиренномудрый никогда не останавливается посмотреть на собрания, народное стечение, волнение, шум, разгул, хлопоты и наслаждение, следствием которого бывает невоздержность; не вовлекается в речи, беседы, клики и рассеяние чувств, но всему предпочитает разобщаться со всеми в безмолвии, уединившись и отлучившись от всей твари, заботясь о себе самом в стране безмолвной. Во всем умаление, нестяжательность, нужда, нищета – для него вожделенны. Ему желательно не то, чтобы иметь у себя многое и быть в непрерывных делах, но чтобы во всякое время оставаться на свободе, не иметь забот, не возмущаться здешним, так, чтобы помыслы его не исходили вне его. Ибо уверен он, что, если вдастся во многое, не возможет пробыть без смущения помыслов, потому что при многих делах бывает много забот и сборище помыслов многосложных. И человек перестает уже – в мире помыслов своих быть выше всех земных попечений, за исключением малых, самых необходимых потребностей, и утрачивает мысль, озабоченную единственно лучшими ее помыслами. Если же потребности не перестают удерживать его от лучших помыслов, то доходит он до состояния, в котором и терпит, и делает вред, – и с этого времени отверзается дверь страстям, удаляется тишина рассудительности, бежит смирение и заключается дверь мира. По всему этому смиренномудрый непрестанно охраняет себя от многого, и тогда находит себя во всякое время в тишине, в покое, в мире, в кротости, в благоговении.

В смиренномудром никогда не бывает суетливости, торопливости, смущения, горячих и легких мыслей, но во всякое время пребывает он в покое. Если бы небо прильнуло к земле, смиренномудрый не ужаснется. Не всякий безмолвник смиренномудр, но всякий смиренномудрый – безмолвник. Кто несмиренномудр, тот не уничижен; но уничиженных несмиренномудрых найдешь многих. Сие и значит, что сказано кротким и смиренным Господом: *«научитеся от Мене, яко кроток есмь и смирен сердцем:*

и обрящете покой душам вашим» ([Мф.11:29](Мф.11:29)). Смиренномудрый во всякое время пребывает в покое, потому что нечему привести ум его в движение или в ужас. Как никто не может устрашить гору, так небоязнен и ум его. И, если можно так выразиться (а, может быть, и не неуместно сказать это), смиренномудрый несть *«от мира сего»* ([Ин.8:23](Ин.8:23)); потому что и в печалях не ужасается и не изменяется, и в веселии не приходит в удивление и не ширится. Но все веселие его и истинное радование – во Владыке его. За смиренномудрием следует кротость и собранность в себя, то есть целомудрие чувств, соразмерность голоса, немногословие, небрежение о себе, бедная одежда, ненадменная походка, наклонение очей долу, превосходство в милосердии, скорое излияние слез, уединенная душа, сердце сокрушенное, неподвижность к раздражению, нерасточенные чувства, малость имущества, умаление во всякой потребности, перенесение всего, терпение, небоязненность, твердость сердца, происходящая от возненавидения временной жизни, терпение в искушениях, веские, а не легкие мысли, угашение помыслов, хранение тайн целомудрия, стыдливость, благоговение, а сверх всего этого непрестанное безмолвствование и всегдашнее обвинение его в невежестве.

Смиренномудрому никогда не встречается такая нужда, которая приводила бы его в смятение или в смущение. Смиренномудрый иногда, будучи один, стыдится себя самого. Дивлюсь же тому, что истинно смиренномудрый не осмелится и помолиться Богу, когда приступает к молитве, или счесть себя достойным молитвы, или просить чего-либо иного, и не знает, о чем молиться; но только молчит всеми своими помышлениями, ожидая одной милости и того изволения, какое изыдет о нем от лица достопоклоняемого Величия, когда преклоняет он лицо свое на землю, и внутренне зрение сердца его вознесено к превознесенным вратам во Святое святых, где Тот, Коего селение – мрак, Кто притупляет очи Серафимов, Чья добродетель побуждает легионы к ликостоянию их, Кто на все чины их изливает молчание. – И осмеливается он только так говорить и молиться: «По воле Твоей, Господи, да будет со мною!» То же говорить и мы будем о себе. Аминь.

СЛОВО 49. О ВЕРЕ И О СМИРЕННОМУДРИИ

Желаешь ли ты, человек малый, обрести жизнь? Сохрани в себе веру и смирение, потому что ими обретешь милость, и помощь, и словеса, изрекаемые в сердце Богом хранителю, сокровенно и явно с тобою пребывающему. Желаешь ли приобрести сие, т. е. причастие жизни? Ходи пред Богом в простоте, а не в знании. Простоте сопутствует вера; а за утонченностью и изворотливостью помыслов следует самомнение; за самомнением же – удаление от Бога.

Когда предстанешь в молитве пред Богом, соделайся в помысле своем как бы муравьем, как бы пресмыкающимся по земле, как бы пиявицею и как бы ребенком лепечущим. Не говори пред Богом чего-либо от знания, но мыслями младенческими приближайся к Нему и ходи пред Ним, чтобы сподобиться тебе того отеческого промышления, какое отцы имеют о детях своих, младенцах. Сказано: *«храняй младенцы Господь»* (Пс.114:6).

Младенец подходит к змее, берет ее за шею, и она не делает ему вреда. Нагим ходит младенец целую зиму, когда другие одеты и укрыты, и холод входит во все члены его; а он нагой сидит в день холода, зимней стужи и изморози – и не болезнует. Ибо тело простоты его иным, невидимым одеянием покрывает оный сокровенный Промысл, соблюдающий нежные члены его, чтобы не приблизился к ним от чего-либо вред.

Веришь ли теперь, что есть некий сокровенный Промысл, которым нежное тело, склонное по своей нежности и слабому сложению тотчас принять в себя всякий вред, охраняется среди сопротивного ему и не преодолевается тем? Сказано: *«храняй младенцы Господь»* (Пс.114:6), и не только сих малых телом, но и тех мудрых в мире, которые оставляют ведение свое, опираются на оную вседовлеющую Премудрость, волею своею уподобляются младенцам и потом уже научаются оной мудрости, не ощущаемой от дел обучения. И прекрасно сказал богомудрый Павел: *«кто мнится мудр быти»* в мире сем, *«буй да бывает, яко да премудр будет»* (1Кор.3:18). Впрочем, проси у Бога, чтобы дал тебе прийти в меру веры. И если ощутишь в душе своей наслаждение ею, то не трудно сказать мне при сем, что нечему уже отвратить тебя от Христа. И не трудно тебе каждый час быть отводимым в плен далеко от земного, и укрыться от этого немощного мира и от воспоминаний о том, что в мире. О сем молись неленостно, сего испрашивай с горячностью, об этом умоляй с великим рачением, пока не получишь. И еще молись, чтобы не изнемочь. Сподобишься же этого, если прежде с верою понудишь себя попечение свое возвергнуть на Бога и свою попечительность заменишь Его промышлением. И когда Бог усмотрит в тебе сию волю, что со всею чистотой мыслей доверился ты Самому Богу более, нежели себе самому, и понудил себя уповать на Бога более, нежели на душу свою, тогда вселится в тебя оная неведомая сила, и ощутительно почувствуешь, что с тобою несомненно сила, – та сила, которую ощутив в себе, многие идут в огонь и, ходя по водам, не колеблются в помысле своем опасением потонуть; потому что вера укрепляет душевные чувства, и человек ощущает в себе, что как будто нечто невидимое убеждает его не внимать видению вещей страшных и не взирать на видение, превосходящее чувства.

Может быть, ты думаешь, что такое духовное ведение приобретает кто-либо сим душевным ведением? Не только невозможно сим душевным ведением приять оное духовное, но даже нет возможности ощутить его и чувством или сподобиться его – кому-либо из ревностно упражняющихся в ведении душевном. И если некоторые из них желают приблизиться к оному ведению Духа, то, пока не отрекутся от сего душевного, и от всяких изворотов его тонкости, и многосложных его способов и не поставят себя в младенческий образ мыслей, дотоле не возмогут приблизиться, хотя мало, к ведению духовному. Напротив того, великим препятствием бывают для них навык и понятия душевного ведения, пока не изгладят сего мало-помалу. Оное ведение Духа просто и не просияет в помыслах душевных. Пока разум не освободится от помыслов многих и не придет в единую простоту чистоты, дотоле не возможет ощутить оного духовного ведения.

Вот порядок сего ведения – ощутить наслаждение оною жизнью оного века; посему охуждает оно помыслы многие. Сие душевное ведение, кроме множества помыслов, не может познавать что-либо другое, приемлемое в простоте ума, по слову Изрекшего: *«аще не обратитеся, и будете яко дети»*, не можете войти в Царствие Божие (Мф.18:3). Но вот многие не приходят в простоту сию, а по добрым делам их уповаем, что соблюдается им часть в Царствии Небесном, так как из смысла евангельских блаженств, которые Господь изобразил различно, можно нам уразуметь, что сими блаженствами показал нам многие изменения в разных родах жития: потому что каждый человек, на всяком пути, каким шествует к Богу, сам всеми теми мерами отверзает пред собою дверь Небесного Царствия.

Но оного духовного ведения никто не может приять, если не обратится и не будет как дитя. Ибо с сего только времени ощущается оное услаждение Небесным Царствием. О Царствии Небесном говорят, что оно есть духовное созерцание. И обретается оно не делами помыслов, но может быть вкушаемо по благодати. И пока не очистит себя человек, не имеет он достаточных сил и слышать о нем, потому что никто не может приобрести оного изучением. Если ты, чадо, достигнешь чистоты сердца, производимой верою в безмолвии от людей, и позабудешь знание мира сего, так что не будешь и ощущать его, то внезапно обретется пред тобою духовное ведение, без разыскания о нем. Поставь, говорят, столп, и возливай на него елей, и найдешь сокровище в недре своем (см. Быт.35:14). Если же ты опутан сетью душевного ведения, то не неуместно мне сказать, что удобнее тебе освободиться от железных уз, нежели от этой сети; и всегда будешь недалек от сетей прелести, и никогда не уразумеешь, как возыметь дерзновение пред Господом и упование на Него, на всякий же час будешь ходить по острию меча и никоим образом не возможешь быть без печали. В чувстве немощи и в простоте молись, чтобы хорошо жить тебе пред Богом и быть без попечения. Ибо как тень следует за телом, так и милость за смиренномудрием. Поэтому если желаешь жить этим, то отнюдь не подавай руки немощным помыслам. Если всякий вред, всякая злоба и все опасности окружат и будут устрашать тебя, не заботься о сем и не ставь сего ни во что.

Если однажды вверил ты себя Господу, вседовлеющему для охранения твоего и смотрения о тебе, и если пойдешь вослед Его, то не заботься опять о чем-либо таковом, но скажи душе своей: «На всякое дело довлеет для меня Того, Кому единожды я предал душу свою. Меня здесь нет; Он это знает». Тогда на деле увидишь чудеса Божии: увидишь, как во всякое время Бог близок, чтобы избавлять боящихся Его, и как Его Промысл окружает их, хотя и невидим. Но потому, что невидим телесными очами хранитель оный· пребывающий с тобою, не должен ты сомневаться относительно его, будто бы его нет; ибо нередко открывается он телесным очам, чтобы тебе иметь дерзновение.

Как скоро человек отринет от себя всякую видимую помощь и человеческую надежду и с верою и чистым сердцем пойдет вослед Богу, тотчас последует за ним благодать, и открывает ему силу свою в различных вспоможениях. Сперва открывает – в этом явном, касающемся до тела, и оказывает ему помощь промышлением о нем, так что в этом всего более может он ощутить силу Божия Промысла о нем. И уразумением явного уверится и в сокровенном, как и свойственно младенчеству его мыслей и житию его. Ибо как иначе уготовляется потребное для него, когда о том и не заботился? Многие удары, приближающиеся к нему, часто исполненные опасностей, проходят мимо, когда человек о них и не помышлял; между тем благодать неощутимо и весьма чудесно отражает от него это и хранит его, как питающая чад своих птица, которая простирает над ними крылья свои, чтобы не приблизился к ним от чего-либо вред.

Благодать дает ему видеть очами своими, как близка была к нему погибель его и как остался он невредимым.

Так обучает его и в отношении сокровенного, открывает пред ним хитросплетение мыслей и помыслов трудных, непостижимых. И легко отыскивается человеком уразумение их, взаимная между ними связь и прелесть их, и к которому из сих помыслов прилеплен человек, как они рождаются один от другого и губят душу. И благодать посрамляет пред очами его всю злокозненность демонов и обиталище помыслов их, влагает в него разум усмотреть будущее; в простоте его воссияет сокровенный свет, чтобы вполне ощущать и силу мыслей в тонких помыслах, и как бы перстом указует ему, что потерпел бы он, если бы не дознал сего. И тогда рождается у него отсюда та мысль, что всякую вещь, малую и великую, должно ему в молитве испрашивать себе у Создателя своего.

Когда Божественная благодать утвердит мысли его, чтобы во всем этом уповал он на Бога, тогда мало-помалу начинает он входить в искушения. И благодать попускает, чтобы насылаемы были на него искушения, соответственные его мере, чтобы понести человеку тяжесть их. И в сих искушениях ощутительно приближается к нему помощь, чтобы не страшился он, пока не обучится постепенно, и приобретет мудрость, и в уповании на Бога станет презирать врагов своих. Ибо умудриться человеку в духовных бранях, познать своего Промыслителя, ощутить Бога своего и сокровенно утвердиться в вере в Него – невозможно иначе, как только по силе выдержанного им испытания.

Как скоро благодать усмотрит, что в помысле человека начало появляться некоторое самомнение и стал он высоко о себе думать, тотчас попускает, чтобы усилились и укрепились против него искушения, пока не познает свою немощь, не прибегнет к Богу и не прилепится к Нему со смирением.

Сим приходит человек в меру мужа, совершенного верою и упованием на Сына Божия, и возвышается до любви. Ибо чудная любовь Божия к человеку познается, когда бывает он в обстоятельствах, разрушающих надежду его. Здесь-то Бог силу Свою показует в спасении его. Ибо никогда человек не познает силы Божией в покое и свободе; и нигде Бог не являл ощутительно действенности Своей, как только в стане безмолвия и в пустыне, в местах, лишенных разговоров и смятения, какие бывают у живущих с людьми.

Не дивись, что, когда приступаешь к добродетели, отовсюду источаются на тебя жестокие и сильные скорби; потому что и добродетелью не почитается та, совершение которой не сопровождается трудностью дела. Ибо по сему самому, как сказал святой Иоанн, она и наименована добродетелью. «Добродетели, – говорит, – обычно встречать затруднения; она достойна порицания, когда привязана к покою». Блаженный монах Марк сказал: «Всякая добродетель именуется крестом, когда исполняет заповедь Духа». Посему-то *вси хотящии жити в страхе Господнем и о Христе Иисусе, гоними будут* (2Тим.3:12). Ибо говорит Он: *аще кто хощет по Мне ити, да отвержется себе, и возмет крест свой, и по Мне грядет* (Мк.8:34). Кто не хочет жить в покое, тот, погубив *душу свою Мене ради, обрящет ю* (Мф.16:25).

Для того предварил Он тебя и предложил тебе крест, чтобы ты определил себе смерть, и потом уже послал душу свою идти вослед Его.

Ничто так не сильно, как отчаяние: оно не знает, чтобы кто победил его десными ли то, или шуими. Когда человек в мысли своей отсечет надежду по отношению к жизни своей, тогда нет ничего дерзостнее его. Никто из врагов не может противостать ему, и нет скорби, слух о которой привел бы в изнеможение мудрование его; потому что всякая приключающаяся скорбь легче смерти, а он подклонил голову, чтобы принять на себя смерть.

Если во всяком месте, во всяком деле, во всякое время, во всем, что ни захотел бы ты совершить, обречешь себя в уме своем на труды и скорбь, то не только во всякое время окажешься благодерзновенным и не ленивым, чтобы противостать всякому представляющемуся тебе неудобству, но от силы ума твоего побегут от тебя устрашающие и ужасающие тебя мысли, обыкновенно порождаемые в человеке помыслами, устремленными к покою. И все, что встречается тебе трудного и неудобного, покажется тебе удобным и легким. Нередко будет встречаться с тобою противное тому, чего ты ожидал; а быть может, никогда не встретится с тобою ничего подобного.

Ты знаешь, что надежда покоя во все времена заставляла людей забывать великое, благое и добродетели. Но и те, которые в мире сем живут для тела, не могут вполне достигать исполнения желаний своих, если не решаются в уме своем терпеть скорбное. И поелику свидетельствует о сем опыт, то не нужно убеждать в этом словами, потому что во всяком роде прежде нас, и даже доныне, не от иного чего, но от сего именно люди изнемогают и не только не одерживают победы, но даже лишаются наилучшего. Посему скажем короче, что если человек небрежет о Царстве Небесном, то не по чему другому, как по желанию малого здешнего утешения. И не это одно бывает с ним, но часто сильные удары и страшные искушения уготовляются всякому человеку, последующему собственной воле, и к этому идут помыслы его, потому что правит им похоть.

Кто не знает, что и птицы приближаются к сети, имея в виду покой? В сравнении со знанием птиц не более ли скудно, может быть, наше знание о том, что сокровенно или бывает прикрыто обстоятельствами, местом или чем иным, в чем и диавол изначала уловляет нас обещанием покоя и мыслями о нем.

Но имея в мыслях то, чтобы речь текла по желанию, уклонился я от цели, какую предположил в слове своем вначале, а именно, что во всякое время должно нам мыслям своим полагать цель – скорби во всяком деле, которым хотим начать путь ко Господу, и конец совершения пути тщательно утверждать на этом начале. Как часто человек, когда хочет начать что-либо ради Господа, спрашивает так: «Есть ли в этом покой? Нет ли возможности удобно пройти сим путем без труда? Или, может быть, есть на нем скорби, причиняющие томление телу?» Вот как везде, горе и долу, всеми мерами домогаемся мы мнимого покоя. Что говоришь ты, человек? Желаешь взойти на небо, приять тамошнее Царство, общение с Богом, упокоение в тамошнем блаженстве, общение с Ангелами, жизнь бессмертную и спрашиваешь: не труден ли сей путь? Странное дело! Желающие того, что есть в этом преходящем веке, переплывают страшные волны морские, отваживаются проходить путями многотрудными – и вовсе не говорят, что есть труд или печаль в том, что хотят сделать. А мы на всяком месте допытываемся о покое. Но если во всякое время будем представлять в уме путь крестный, то размыслим, какая печаль не легче этого пути?

И ужели еще кто не удостоверился в том, что никто никогда не одержал победы на брани, никто не получал даже тленного венца, никто не достиг исполнения своего желания, хотя бы оно было и похвально, никто не послужил ничем в делах Божиих и не преуспел ни в одной из достохвальных добродетелей, если сперва не пренебрег трудами скорбей и не отринул от себя мысли, побуждающей к покою, от которой рождаются нерадение, уныние, леность и боязнь, а от них – расслабление во всем.

Когда ум возревнует о добродетели, тогда и внешние чувства, как-то: зрение, слух, обоняние, вкус и осязание – не уступают над собою победы таким трудностям, которые для них чужды, необычайны, выходят из предела сил естественных. А если в какое время обнаружит свою деятельность естественная раздражительность, то телесная жизнь бывает пренебрегаема паче уметов. Ибо когда сердце возревнует духом, тело не печалится о скорбях, не приходит в боязнь и не сжимается от страха, но ум, как адамант, своею твердостью противостоит в нем всем искушениям. Поревнуем же и мы духовною ревностью о воле Иисусовой, и отгнано будет от нас всякое нерадение, порождающее в мыслях наших уныние; потому что ревность рождает отважность, душевную силу и телесную рачительность. Какая сила бывает в демонах, когда душа подвигнет против них свою природную сильную ревность? А также и усердие называется порождением ревности. И когда она приводит в действие свою силу, то придает душе крепость непреодолимую. Да и самые венцы исповедничества, какие приемлют подвижники и мученики за терпение свое, приобретаются сими двумя деланиями – ревности и усердия, которые порождаются силою естественной раздражительности: они в лютой скорби мучений не ощущают страданий. Да даст Бог и нам такое усердие благоугождать Ему! Аминь.

СЛОВО 50. О ПОЛЬЗЕ БЕГСТВА ОТ МИРА

Подлинно упорен, труден и неудобен подвиг, совершаемый нами среди дел житейских. Сколько бы человек ни мог соделаться непобедимым и крепким, однако, как скоро приближается к нему то, что служит причиною приражения браней и подвигов, – не оставляет его страх и угрожает ему скорым падением, даже более, нежели при явной брани с диаволом.

Поэтому, пока человек не удаляется от того, от чего сердце его приходит в смятение, врагу всегда есть удобство напасть на него. И если немного задремлет он, враг легко погубит его. Ибо, когда душа охвачена вредными встречами с миром, самые встречи сии делаются для нее острыми рожнами; и она как бы естественно побеждается, когда встретит их. И поэтому древние отцы наши, проходившие сими стезями, зная, что ум наш не во всякое время возможет и в состоянии будет неуклонно стоять на одном месте и блюсти стражбу свою, в иное же время не может и усмотреть того, что вредит ему, премудро рассуждали и, как в оружие, облекались в нестяжательность, которая, как написано, свободна от всяких борений (чтобы таким образом своею скудностью человек мог избавиться от многих грехопадений), и ушли в пустыню, где нет житейских занятий, служащих причиною страстей, чтобы, когда случится им изнемочь, не встречать причин к падениям, разумею же раздражение, пожелание, злопамятность, славу, но чтобы все это и прочее соделала легким пустыня. Ибо ею укрепляли и ограждали они себя, как непреоборимым столпом. И когда каждый из них мог совершить подвиг свой в безмолвии, где чувства при встрече с чем-либо вредным не находили себе помощи, для содействия нашему противоборнику. Лучше нам умереть в подвиге, нежели жить в падении.

СЛОВО 51. О ТОМ, ПОСРЕДСТВОМ ЧЕГО МОЖНО ЧЕЛОВЕКУ С ИЗМЕНЕНИЕМ ВНЕШНЕГО ОБРАЗА ЖИЗНИ ПРИОБРЕСТИ ИЗМЕНЕНИЕ В СОКРОВЕННЫХ МЫСЛЯХ

Пока человек пребывает в нестяжательности, непрестанно приходит ему на мысль преселение из жизни; и полагает он всегда размышление свое о жизни по воскресении, во всякое время всячески готовится туда и приобретает терпение против всякой чести и телесного покоя, посеваемого в мысли его; и помысл о пренебрежении мира ежечасно животрепещет в уме его; и дерзает он умом своим, и приобретает во всякое время крепкое сердце, чтобы встретить всякую опасность и всякий страх, причиняющий смерть; даже не боится и смерти, потому что ежечасно устремляет на нее взор, как на приближающуюся, и ожидает ее; попечение же его со всяким несомненным упованием возвергнуто на Бога. И если встретятся ему скорби, то он как бы уверен и точно знает, что скорби доставят ему венец; и терпит их со всякою радостью, принимает их с весельем и радованием. Ибо знает, что Сам Бог по причинам полезным предназначает ему оные в Своем неявном промышлении о недоведомом для нас.

Если же случится ему, по действию и ухищрению оного мудреца на всякое зло, по какой-либо причине приобрести что-либо преходящее, то в сей же самый час в душе его начинает пробуждаться любовь к телу; помышляет он о долгой жизни; ежечасно в нем возникают и приходят в силу помыслы о плотском покое, превозмогает над ним телесное, и изыскивает сам в себе, невозможно ли ему, каким то ни было образом, иметь у себя все, что составляет для него этот покой, и выходит он из этой свободы, не покоряющейся какому-либо помыслу страха; отсюда при всяком случае останавливается он на мыслях, приводящих в боязнь, и придумывает причины к страху, потому что отнята у него эта твердость сердца, какую приобрел он, когда в своей нестяжательности был выше мира, и какою обогащался в душе своей, так как стал он наследником мира сего, по мере того, что приобрел. Подвергается же он страху по закону и домостроительству, определенному Богом. На служение чему уготованы бывают члены наши, тому и порабощаемся и, по слову апостола, повинны бываем работать со всяким страхом (см. Рим.6:16; Евр.2:15).

Прежде всех страстей – самолюбие; прежде всех добродетелей – пренебрежение покоем. Кто тело свое предает покою, тот в стране мира причиняет ему скорбь. Кто наслаждается в юности своей, тот делается рабом в старости и воздыхает в последние дни свои. Как тому, у кого голова в воде, невозможно вдыхать в себя тонкого воздуха, вливающегося в это пустое недро, так и тому, кто погружает мысль свою в здешние заботы, невозможно вдыхать в себя ощущений оного нового мира. Как воня смерти расстраивает телесный состав, так и непристойное зрелище – мир ума. Как невозможно, чтобы в одном теле были здравие и болезнь и одно не уничтожалось другим, так невозможно, чтобы в одном доме было изобилие денег и любовь, и одно из них не уничтожало другого. Как стекло не может оставаться целым при столкновении с камнем, так и святой, когда бывает, остается и беседует с женою, не может пребыть в чистоте своей и не оскверниться. Как с корнем вырываются деревья сильным и постоянным потоком вод, так искореняется и любовь к миру в сердце притоком искушений, устремленных на тело.

Как лекарства истребляют нечистоту худых соков в теле, так и жестокость скорбей очищает сердце от лукавых страстей. Как мертвец не может чувствовать дела живых, так и душа инока, погребенного в безмолвии, как в гробе, лишена того веяния, какое обыкновенно, наподобие дыма, появляется при ощущении чего бы то ни было, находящегося в употреблении у людей. Как невозможно остаться невредимым тому, кто щадит своего врага во время битвы, так невозможно и подвижнику душу избавить от погибели, если щадит он тело свое. Как дитя поражается страшными зрелищами и, убежав (от них), держится за края одежды своих родителей, призывая их на помощь, так и душа, в какой мере утесняется и сокрушается страхом искушений, спешит прилепиться к Богу, призывая Его в непрестанной молитве. И пока искушения продолжают одно за другим нападать на нее, умножает моление; и, напротив, когда получает освобождение, предается парению мыслей.

Как предаваемым в руки судей для наказания за злодеяние, если они, как скоро приближаются к пыткам, смирятся и немедленно сознаются в неправде своей, наказание уменьшается, и вскоре по малых скорбях освобождаются они; если же какие преступники бывают упорны и не сознаются, то подвергают их новым пыткам, и хотя напоследок, после многих истязаний, когда тело их покрыто бывает ранами, и сознаются они невольно, но не получают от того никакой пользы; так и мы, когда за прегрешения наши, неосмотрительно нами сделанные, милосердие предает нас в руки праведного всех Судии и повелевает распростереть нас под жезл искушений, чтобы облегчить тамошнее наказание наше, если, как скоро приблизится к нам жезл Судии, смиримся, вспомним свои неправды и принесем в них исповедание пред Отмстителем, по кратковременных искушениях вскоре избавимся; а если ожесточимся в скорбях своих и не исповедуем, что мы повинны им и достойны потерпеть еще и большие сих (скорби), но станем обвинять людей, а иногда и бесов, в иное же время и Божию правду, и утверждать, что мы не заслуживаем таких дел, и это будем помышлять и говорить, а не помыслим, что Бог лучше нас самих знает и ведает нас, что суды Его по всей земле, и без Его повеления не наказывается человек, – то все случающееся с нами будет причинять нам непрестанную печаль, скорби наши увеличатся, и одна после другой будут они, подобно веревке, связывать нас, пока не познаем себя, не смиримся и не почувствуем беззаконий своих (ибо, не почувствовав их, невозможно нам дойти до исправления); и напоследок, томимые множеством скорбей, без пользы для себя будем приносить исповедание, когда, обыкновенно, уже не бывает утешения. Но сие – восчувствовать грехи свои – есть Божие дарование, входящее в нашу мысль, когда Бог видит, что утомлены мы многообразными искушениями, чтобы, при всех несчастиях и скорбях наших, не отойти нам из мира сего, не получив никакой пользы. И то, что не уразумеваем искушений, бывает не по трудности: но от неразумия. Нередко иные, находясь в подобных обстоятельствах, отходят из мира сего виновными в своих грехах, но отрицающимися от них и обвиняющими; милосердный же Бог ожидал, не смирятся ли они как-нибудь, чтобы простить их и сотворить им избавление; и не только сотворил бы избавление их от искушений, но простил бы им и прегрешения, умилостивившись и малым сердечным исповеданием.

Как иной человек, принеся великий дар царю, награждается от него ласковым взором, так и тому, кто имеет в молитве своей слезы, великий Царь веков, Бог, прощает всякую меру грехопадений и награждает его благоволительным взором. Как овца, выходя из ограды и скитаясь отдельно: останавливается у логовища волков, так и монах, отлучающийся от собрания друзей своих, под предлогом пребывания на безмолвии, постоянно приходит, и уходит, и приближается к зрелищам и театральным позорищам, проходя по городам.

Как человек, который на раменах своих несет многоценную жемчужину и идет путем, на котором есть разбойники и о котором носится худая молва, ежечасно бывает в страхе, чтобы не подвергнуться нападению, так и тот, кто несет бисер целомудрия и шествует в мире по вражескому пути, не имеет надежды избавиться от разбойников и расхитителей, пока не придет в обитель гроба, т. е. в страну упования. И может ли не страшиться тот, кто несет с собою драгоценную жемчужину? Так и этот не знает, в каком месте, откуда и в какой час нападут на него и лишат его внезапно надежды его, и в дверях дома своего, т. е. во время старости своей, будет он ограблен.

Как человек, который пьет вино в день плача, упившись, забывает всякую печаль о своем трудном положении, так и упоенный любовию Божиею – во всем мире, который дом плача, забывает все свои труды и печали и по причине своего упоения делается нечувствительным ко всем греховным страстям. Сердце его подкрепляется надеждою на Бога; душа его легка, как пернатая птица; ум его ежечасно возносится от земли, превыше всего человеческого, парит приснопоучением помыслов своих и наслаждается среди бессмертных у Всевышнего. Ему слава и держава во веки веков! Аминь.

СЛОВО 52. О НОЩНОМ БДЕНИИ И О РАЗЛИЧНЫХ СПОСОБАХ ЕГО ДЕЛАНИЯ

Когда пожелаешь стать на служение бдения, тогда, при содействии Божием, поступи, как скажу тебе. Преклони по обычаю колена твои и восстань; и не тотчас начинай службу твою, но, когда помолишься сперва, и совершишь молитву и назнаменуешь сердце свое и члены свои животворящим знамением креста, стой несколько времени молча, пока успокоятся чувства твои и утишатся помыслы твои. После сего возведи внутренний взор свой ко Господу и с печалью умоляй Его укрепить немощь твою, чтобы стихословие твое и мысли сердца твоего соделались благоугодными святой Его воле. И скажи безмолвно в молитве сердца своего так:

«Господе Иисусе, Боже мой, призирающий на тварь Свою, Ты, Которому явны страсти мои, и немощь естества нашего, и сила супостата нашего, Ты Сам укрой меня от злобы его, потому что сила его могущественна, а естество наше бедственно, и сила наша немощна. Посему Ты, Благий, Который знаешь немощь нашу и понес на Себе трудности нашего бессилия, сохрани меня от мятежа помыслов и от потопа страстей и соделай меня достойным сей святой службы, чтобы мне страстями своими не растлить ее сладости и не оказаться пред Тобою бесстыдным и дерзким».

Должно же нам со всею свободою вести себя во время службы нашей без всякой детской и смущенной мысли. А если увидим, что времени немного и до окончания службы застигнет нас утро, то по доброй воле с ведением оставим из обычного правила одну или две славы, чтобы не было места смятению, чтобы не утратить вкуса к службе нашей и не читать не в должном порядке псалмы первого часа.

Если, когда отправляешь службу, помысл заговорит в тебе и станет нашептывать: «Поспеши несколько, ибо дела у тебя много; скорее освободишься», ты не приобщайся к сему помыслу. А если сильнее будет беспокоить тебя этим, то воротись тотчас назад на одну славу, или на сколько хочешь, и каждый стих, заключающий в себе вид молитвы с размышлением повторяй многократно. И если опять будет смущать и стеснять тебя помысл, оставь стихословие, преклони колена на молитву и скажи: «Желаю не слова вычислять, но обителей достигнуть; ибо всякою стезею, какою ни поведешь меня, пойду скоро». Оный народ, сливший тельца в пустыне, сорок лет ходил по ней, переходя горы и холмы, восходя на них и нисходя с них, а землю обетования не видел даже издалека.

Если же, когда пребываешь во бдении, продолжительное стояние одолевает тебя своею долговременностью, и изнеможешь от бессилия, и скажет тебе помысл, вернее же сказать, злохитренный проговорит в помысле, как в змии: «Окончи, потому что не можешь стоять», то отвечай ему: «Нет; но посижу одну кафисму и это лучше сна. И если язык мой молчит и не выговаривает псалма, ум же поучается с Богом в молитве и в собеседовании с Ним, то бодрствование полезнее всякого сна». Бдение не есть всецело ни стояние, ни стихословие одних псалмов. Напротив того, иной всю ночь проводит в псалмах, другой — в покаянии, молитвах умиленных и земных поклонах, а иной — в слезах и рыдании о своих грехах.

Об одном из наших отцов говорят, что сорок лет молитву его составляла одна речь: «Я согрешил, как человек, Ты же прости, как Бог». И отцы слышали, как он с печалью твердил этот стих, а между тем плакал и не умолкал; и сия одна молитва была у него вместо службы днем и ночью. И еще, иной немного вечером стихословит, остаток же ночи проводит в пении тропарей, а другой – в славословии и чтении. Иной ставит себе правилом не преклонять колен, подобно тому, на кого нападал блудный помысл. Богу же нашему слава и держава во веки веков! Аминь.

СЛОВО 53. О ТОМ, КАКУЮ ЧЕСТЬ ИМЕЕТ СМИРЕННОМУДРИЕ И КАК ВЫСОКА СТЕПЕНЬ ЕГО

Хочу отверзть уста мои, братия, и говорить о высоком предмете, о смиренномудрии; но исполняюсь страхом, как и тот, кто знает, что намеревается беседовать о Боге по своему собственному разуму. Смиренномудрие есть одеяние Божества. В него облеклось вочеловечившееся Слово и чрез него приобщилось нам в теле нашем. И всякий, облеченный в оное, истинно уподобился Нисшедшему с высоты Своей, сокрывшему добродетель величия Своего и славу Свою прикрывшему смиренномудрием, чтобы тварь не была попалена видением сего. Ибо тварь не могла бы взирать на Него, если бы не восприял Он части от нее и таким образом стал беседовать с нею; не могла бы и услышать словес из уст Его лицом к лицу. Потому-то и сыны Израилевы не могли слышать гласа Его, когда глаголал к ним из облака, и сказали Моисею: «С тобою пусть глаголет Бог, и ты возвести нам словеса Его, и *да не глаголет к нам Бог, да не когда умрем*» (Исх.20:19).

Да и как тварь могла открыто приять лицезрение Его? Видение Божие так страшно, что и ходатай сказал: *пристрашен есмь и трепетен* (Евр.12:21); потому что на горе Синайской явилась сия добродетель славы; гора дымилась и колебалась от страха бывшего на ней откровения, так что и звери, приближавшиеся к низшим частям горы, умирали; а сыны Израилевы, очистив себя, по повелению Моисееву, три дня уготовлялись и снаряжались, чтобы сделаться достойными слышать глас Божий и видеть Божие откровение; но, когда наступило время, не могли приять видения света Его и крепости гласа громов Его.

Ныне же, когда пришествием Своим излиял на мир благодать Свою, то не в трусе, не в огне, не в гласе страшном и крепком снисшел Он, но – как дождь на руно и как капля, тихо капающая на землю, и видим был беседующим с нами иным способом, т. е. когда Он как бы в сокровищнице утаил величие Свое под завесою плоти (см. Евр.10:20) и среди нас беседовал с нами в ней, соделав ее Себе мановением Своим в лоне Девы и Богородицы Марии, дабы мы, видя, что Он с нами беседует, как единый из нашего рода, не ужасались при воззрении на Него.

Поэтому всякий, кто облекся в то одеяние, в котором видим был Сам Творец, облекшись в тело наше, тот облекся в Самого Христа; потому что и он пожелал облечься, по внутреннему своему человеку, в то подобие, в каком Христос видим был твари Своей и пожил с нею, и в этом подобии он видим бывает своим сорабам, и сим украсился он вместо одеяния чести и внешней славы.

Посему тварь, словесная и бессловесная, взирая на всякого человека, облеченного в сие подобие, поклоняется ему, как владыке, в честь Владыки своего, Которого видела облеченным в это же подобие и в нем пожившим. Ибо какая тварь не будет благоговеть, взирая на смиренномудрого? Впрочем, пока слава смиренномудрия не была всем открыта, пренебрегаемо было это исполненное святости зрелище. Ныне же воссияло величие его пред очами мира, и всякий человек чтит подобие сие, где бы оно ни виделось. В сем посредстве сподобилась тварь приять видение Творца и Зиждителя своего. Поэтому не презирается оно и врагами истины, и хотя бы приобретший оное был скуднее всякой твари, однако ж обручившийся ему, как венцом и порфирою, украшается им.

Смиренномудрого никогда человек не преследует ненавистью, не уязвляет словом и не презирает его. Поелику любит его Владыка его, то всеми любим он. И он всех любит, и его все любят. Все желают его и на всяком месте, куда ни приближается, взирают на него, как на Ангела света, и воздают ему честь. Если и начнут речь мудрый или наставник, то они умолкнут, потому что место говорить уступают смиренномудрому. Очи всех устремлены на его уста, в ожидании, какое слово изыдет из них. И всякий человек ожидает словес его, как словес Божиих. Его краткое слово то же, что слова мудрецов, в которых они излагают мысли свои. Слова его сладостны слуху мудрых более, нежели сот и мед для гортани. Все приемлют его, как Бога, хотя он и неучен в слове своем, уничижен и невзрачен по виду своему.

Кто презрительно говорит о смиренномудром и не признает его за человека, тот как бы на Бога отверзает уста свои. Но, между тем как в очах его пренебрегается смиренный, у всякой твари соблюдается честь ему. Приближается ли смиренномудрый к губительным зверям, – и едва только обратят взор свой на него, укрощается свирепость их; они подходят к нему, как к своему владыке, поникают своими головами, лижут руки и ноги его, потому что ощутили от него то благоухание, какое исходило от Адама до его преступления, когда звери собраны были к Адаму и нарекал он им имена в раю. Это отнято было у нас; но обновил и даровал нам сие паки пришествием Своим Иисус. Сим-то и помазано благоухание человеческого рода. Приближается ли также смиренномудрый к смертоносным гадам – и едва только приблизится ощущение руки его и коснется их тела, прекращается едкость и жестокость смертоносной их горечи, и своими руками давит их, как саранчу. Приближается ли он к людям – и внимают ему, как Господу. И что говорю о людях? Даже демоны, при всей наглости и злобе своей, при всей высоковыйности гордыни своей, приближаясь к нему, делаются как прах; вся злоба их теряет силу, разрушаются козни их, бездейственными остаются злоухищрения их.

Теперь, поелику показали мы величие чести смирению от Бога и сокрытую в нем силу, то покажем уже, что есть самое смирение и когда человек удостаивается приять оное в том совершенстве, какого оно достигает. Сделаем также различие между смиренномудрым по видимости и между сподобившимся истинного смиренномудрия.

Смирение есть некая таинственная сила, которую, по совершении всего Божественного жития, восприемлют совершенные святые. И не иначе, как только одним совершенным в добродетели, сила сия дается силою благодати, поскольку они естеством могут принять по определению Божию, потому что добродетель сия заключает в себе все. Поэтому не всякого человека, кто бы он ни был, можно почитать смиренномудрым, но одних сподобившихся сего, сказанного нами чина.

Не всякий, кто по природе скромен и безмолвен, или благоразумен, или кроток, достиг уже степени смиренномудрия. Но истинно смиренномудр тот, кто имеет в сокровенности нечто достойное гордости, но не гордится и в помысле своем вменяет это в прах. Да и того, кто смиряется при воспоминании грехопадений и проступков и памятует оные, пока не сокрушится сердце его, и ум его при воспоминании о них не снизойдет с высоты горделивых мыслей, – хотя и сие похвально – не назовем смиренномудрым, потому что есть еще в нем горделивый помысл и не приобрел он смирения, а только ухищряется приблизить его к себе. И хотя, как сказал я, и сие похвально, однако же смирение еще не принадлежит ему; желает он только смирения, но смирения нет у него. Совершенно же смиренномудр тот, кто не имеет нужды мудрованием своим изобретать способы быть смиренномудрым, но во всем этом совершенно и естественно имеет смирение без труда; и хотя приял он в себя некое дарование великое и превышающее всю тварь и природу, но на себя смотрит как на грешника, на человека, ничего не значащего и презренного в собственных своих глазах;

и хотя вошел он в тайны всех духовных существ и во всей полноте совершен стал в мудрости всей твари, сам себя признает ничего не значащим. И этот, не ухищренно, но без принуждения таков в сердце своем.

Возможно ли человеку соделаться таким и по природе так изменить себя, или нет?

Итак, не сомневайся, что приятая человеком сила таинств совершает в нем это, во всякой добродетели, без его трудов. Это есть сила, которую прияли блаженные апостолы в виде огня. Для нее-то заповедал им Спаситель *«от Иерусалима не отлучатися»*, пока не примут силы свыше (Деян.1:4). Иерусалим сей есть добродетель, сила – смирение, а сила свыше – Утешитель, т. е. Дух утешения. Сие-то и значит сказанное о нем в Божественном Писании, что тайны открываются смиренномудрым. Сего же Духа откровений, показующего тайны, сподобляются приимать внутрь себя смиренномудрые. Посему-то и сказано некоторыми святыми, что смирение усовершает душу Божественными созерцаниями.

Итак, да не осмелится человек помыслить в душе своей, что сам собою пришел он в меру смиренномудрия, и ради одного помысла умиления, возникшего в нем в некое время, или за малые слезы, истекшие у него, или за одно какое-либо доброе свойство, которое имеет он по естеству или которым овладел с усилием, – приобрел он то, что составляет полноту всех тайн, что служит хранилищем всех добродетелей, и все это, говорю, приобрел малыми делами, а не сим дарованием. Напротив того, если человек победил всех сопротивных духов, и из дел всякой добродетели не осталось ни одного, которого бы не совершил явно и не приобрел, если победил и покорил все твердыни сопротивников, и после этого ощутил в себе духом, что приял сие дарование, когда, по слову апостола, *«Дух спослушествует духови»* его (Рим.8:16), – то сие есть совершенство смиренномудрия. Блажен, кто приобрел его; потому что ежечасно лобызает и объемлет он недро Иисусово.

Если же спросит человек: «Что мне делать? Как приобрести? Каким способом соделаться достойным приять смирение? Вот, принуждаю сам себя и, как скоро подумаю, что приобрел оное, вижу, что вот противные ему мысли обращаются в моем уме, и оттого впадаю теперь в отчаяние».

Сему вопрошающему такой дан будет ответ: *«довлеет ученику»* сделаться подобным учителю своему, рабу – подобным господину своему (Мф.10:25). Смотри, как приобрел смирение Тот, Кто заповедал оное и дарует сие дарование, и подражай, и обретешь его. Он сказал: *«грядет сего мира князь и во Мне не имать ничесоже»* (Ин.14:30). Видишь ли, как при совершенстве всех добродетелей приобрести смирение? Поревнуем Сему давшему заповедь. Он говорит: *«лиси язвины имут, и птицы небесныя гнезда: Сын же человеческий не имать где главы подклонити»* (Мф.8:20). Говорит же сие Тот, Кто от всех, во всяком роде совершенных, освященных и достигших полноты, имеет славу, вместе с Отцом, Его пославшим, и со Святым Духом, ныне и всегда, и во веки веков. Аминь.

СЛОВО 54. О РАЗНЫХ ПРЕДМЕТАХ, В ВОПРОСАХ И ОТВЕТАХ

Вопрос. Хорошо ли удаляться от всего, что раздражает страсти? И такое бегство, когда душа избегает браней и избирает себе покой, победою ли признается или поражением души?

Ответ. Ответим на это кратко. Иноку всячески должно избегать всего, что раздражает в нем лукавые страсти, особенно — отсекать в себе причины страстей и то, чем приводятся в действие и от чего возрастают, хотя бы то самые малые страсти. Если же настанет время противостать страстям и бороться с ними, когда ставятся нам сети в духовном созерцании, то сделаем это не шутя, но искусно. И человеку всегда должно отвращать мысль свою от страстей к естественному добру, какое Создателем вложено в природу, хотя диавол и извратил истину лукавым искушением. И если прилично так сказать, то ему должно бегать не только от докучливости страстей, но и от чувств своих, и погружаться во внутреннего своего человека, и там уединенно пребывать, непрестанно делая в винограднике сердца своего, пока не приведет он дел в согласие с монашеским именем, нареченным ему в сокровенности его и явно.

И может быть, что сим пребыванием близ внутреннего человека придем в совершенное соединение с ведением нашей надежды, живущего в нас Христа. Ибо когда ум наш пребывает там уединенно и отшельнически, тогда не он уже ведет брань со страстями, но благодать; разве только и самые страсти не приходят в нем в действие.

Вопрос. Если человек что делает ради душевной чистоты, а другие, не понимая, соблазняются его духовным житием, то должно ли ему удаляться божественного своего жития по причине соблазна или делать, что полезно для его намерения, хотя то и соблазнительно для взирающих на него?

Ответ. Скажем и о сем, что, если кто по правилам, какие принял от бывших прежде него отцов, делает что-либо служащее к очищению ума его, и предположил в себе эту цель – достижение чистоты, а другие, не знающие, соблазняются его намерением, то в ответственности не он, а соблазняющиеся. Не для того он воздерживается, или постится, или живет в строгом затворничестве и делает, что полезно для его цели, чтобы другие соблазнялись, но для того, чтобы очистить ум свой. А соблазняющиеся порицают его по незнанию цели жития его и погрешают против истины, потому что, пребывая в нерадении, неспособны были уразуметь ту духовную цель, которую предположил он себе, т. е. чистоту своей души. О них блаженный Павел написал, говоря: *«слово крестное погибающим убо юродство есть»* (1Кор.1:18). Что же теперь? Поелику слово крестное сими, не ощутившими силы слова, вменено было в юродство, то Павлу должно ли было молчать, а не проповедовать? Но вот и доныне учение крестное служит преткновением и соблазном для иудеев и для эллинов; поэтому и нам молчать об истине, чтобы не соблазнялись? Но Павел не только не молчал, но даже громко взывал, говоря: *«мне да не будет хвалитися, токмо о кресте Господа нашего Иисуса Христа»* (Гал.6:14). Сия хвала о кресте высказана святым не для того, чтобы других соблазнить, но потому, что велика проповедуемая сила Креста. Посему и ты, святой, совершай житие свое сообразно с тою целью, какую предположил себе пред Богом, в чем не осуждается совесть твоя, и житие свое испытывай по Божественным

Писаниям и по тем заповедям, какие принял ты от святых отцов. И если не будешь обвиняем ими, то не бойся того, чем соблазнились другие. Ибо ни один человек не может всех равно осведомить или всем угодить, и (в то же время) в сокровенности своей поработать Богу.

Блажен тот монах, о блаженный, который действительно стремится к чистоте души своей всею силою своею и тем законным путем, каким шествовали к чистоте отцы наши, по тем степеням ее, по каким они восходили по чину и степени, и он возвысится до приближения к ней в премудрости и терпении скорби, а не по чуждым степеням ухищрений.

Чистота души есть первоначальное дарование естеству нашему. Без чистоты от страстей душа не врачуется от недугов греха и не приобретает славы, утраченной преступлением. Если же кто сподобился очищения, т. е. душевного здравия, то ум его действительно и на самом деле приемлет в себя радость духовным чувством; ибо делается он сыном Божиим и братом Христовым и не имеет времени ощущать встречающееся с ним доброе и худое.

Да даст нам Бог познать волю Его, чтобы, всегда ее исполняя, прийти нам в вечный Его покой, по благодати и человеколюбию Господа нашего Иисуса Христа, Которому подобает всякая слава, честь и поклонение, ныне и во веки беспредельных веков. Аминь.

СЛОВО 55. ПОСЛАНИЕ К ПРЕПОДОБНОМУ СИМЕОНУ ЧУДОТВОРЦУ

Послание твое, святой, не просто начертанные слова; напротив того, в нем, как в зеркале, изобразил и показал ты любовь свою ко мне. И как представлял ты меня себе, так и написал, и самым делом показал, что любишь меня чрезмерно, а потому, от сильной любви, позабыл и меру мне. Ибо, что я должен был написать твоему преподобию и о чем мне, если бы у меня было попечение о своем спасении, надлежало у тебя спрашивать и узнать от тебя истину, о том предупредил ты написать мне, по великой любви. А может быть, сделал это и по ухищрению любомудрия, чтобы тонкими и духовными вопросами, которые ты мне предлагаешь, пробудить душу мою от нерадения, в какое глубоко она была погружена. Впрочем, и я, по этой любви, по которой забыл ты меру мне, забываю свою скудость, а потому обращаю внимание не на то, к чему могу быть способен, но на то, что может сделать твоя молитва. Ибо когда я забуду меру себе, а ты молитвами своими упросишь Бога, чтобы совершилось прошение твое, тогда, без сомнения, чего просил ты в молитве, дано это будет от Бога тебе, как искреннему Его служителю.

Итак, первый вопрос в послании твоем следующий:

Вопрос. Должно ли сохранять все заповеди Господни и нет ли способа спастись не сохраняющему их?

Ответ. Об этом, как мне кажется, нет нужды кому-либо и спрашивать. Ибо хотя заповедей и много, однако же должно сохранять их. В противном случае, Спасителю не нужно было бы и давать их, потому что Владыка, как думаю, ничего не сказал и не сделал лишнего, на что не было бы причины и в чем не имелось бы нужды. Ибо целью пришествия Его, когда дал нам животворящие заповеди Свои, как очистительные врачевства в нашем страстном состоянии, было то, чтобы очистить душу от зла, произведенного первым преступлением, и восстановить ее в первобытное ее состояние. Что врачевства для больного тела – то заповеди для страстной души. И явно, что заповеди были даны против страстей, для уврачевания преступной души, как ясно говорит Господь ученикам Своим: *«имеяй заповеди Моя и соблюдаяй их, той есть любяй Мя; а любяй Мя возлюблен будет Отцем Моим, и Аз возлюблю его и явлюся ему Сам. И к нему приидема и обитель у него сотворима»* (Ин.14:21,23). И еще: *«о сем разумеют вси, яко Мои ученицы есте, аще... любите друг друга»* (Ин.13:35,34). Ясно же, что любовь может быть приобретена после душевного здравия; а душа, не сохранившая заповедей, не есть здравая.

Хранение заповедей еще ниже духовной любви. И поелику много таких, которые хранят заповеди из страха или ради награды в будущем, а не по любви, то Господь многим убеждает к хранению заповедей по любви, дающей душе свет. И еще: *«да видят»* люди *«ваша добрая дела и прославят Отца вашего, Иже на небесех»* (Мф.5:16). Но в душе не могут быть видимы добрые дела, каким научил Господь, если не будут сохранены заповеди. А что заповеди не тяжелы для любящих истину, об этом Господь сказал: *«приидите вси труждающиися и обремененнии, и Аз упокою вы. Иго бо Мое благо, и бремя Мое легко есть»* (Мф.11:28,30). А что все заповеди должны быть сохраняемы нами рачительно, и об этом Он Сам заповедал, говоря: кто разоряет *«едину заповедей сих малых»* и учит тому *«человеки»*, тот *«мний наречется в Царствии Небеснем»* (Мф.5:19). После всего этого, узаконенного к спасению нашему, не могу сказать, что не должно сохранять всех заповедей. Да и самая душа не в состоянии будет сделаться чистою, если не будет хранить их. Заповеди даны Господом как врачевства, чтобы очищать от страстей и грехопадений.

Ты знаешь, что зло привзошло к нам от преступления заповедей. Итак, ясно, что здравие возвращается снова их хранением. А без делания заповедей, пока прежде всего не пойдем оным путем, ведущим к душевной чистоте, не должно нам и желать и ожидать очищения души. И не говори, что Бог и без делания заповедей может, по благодати, даровать нам душевное очищение; ибо это – Господни суды, и Церковь не повелевает нам просить чего-либо такового. Иудеи, во время возвращения своего из Вавилона в Иерусалим, шествовали путем естественно проложенным, и таким образом пришли во святой град свой, и узрели чудеса Господни. Но Иезекииль сверхъестественно, по действию откровения, был восхищен и прибыл в Иерусалим, и в Божественном откровении соделался зрителем будущего обновления. Подобное сему бывает и в отношении душевной чистоты. Иные путем протоптанным и законным, чрез хранение заповедей в многотрудном житии, кровию своею приходят в душевную чистоту; а другие удостаиваются ее по дару благодати. И чудно то, что не позволено просить в молитве чистоты, даруемой нам по благодати, и отказываться от жития, препровождаемого в делании заповедей. Ибо тому богатому, вопросившему Господа, как *«живот» вечный наследую»* (Лк.10:25), Господь ясно сказал: *«соблюди заповеди»* (Мф.19:17). И когда богатый спросил: «Какие заповеди?» – во-первых, повелел ему удерживаться от злых дел и так напомнил о заповедях естественных (см. Мф. 19, 18–19). Когда же домогался узнать еще больше, сказал ему: *«аще хощеши совершен быти, продаждь имение твое и даждь нищим»*, и возьми крест свой, *«и гряди вслед Мене»* (Мф.19:21). А это значит: умри для всего, что имеешь у себя, и потом живи во Мне; изыди из ветхого мира страстей, и так войдешь в новый мир

Духа; сними и совлеки с себя ведение худых нравов и ухищрений, и так облечешься в простое ведение истины. Ибо Господь, сказав: возьми крест твой (см. Мф.16:24), научил тем человека умереть для всего в мире. И когда умертвил Он в нем ветхого человека, т. е. страсти, тогда сказал ему: *«гряди вслед Мене»* (Мф.19:21). Ветхому человеку невозможно ходить путем Христовым, как сказал блаженный Павел: *«яко плоть и кровь Царствия Божия наследити не могут, ниже тление нетления наследствует»* (1Кор.15:50); и еще: совлекитесь *«ветхого человека, тлеющаго в похотех»*, и тогда возможете облечься в нового, обновляемого познанием уподобления Сотворшему его (см. Еф.4:22,24); и еще: *«мудрование»* перстное *«вражда на Бога: закону бо Божию не покоряется, ниже бо может»*. Ибо сущии во плоти плотское мудрствуют и Богу угодити духовным мудрствованием *«не могут»* (Рим.8:7,8). Ты же, святой, если любишь чистоту сердца и сказанное тобою духовное мудрствование, прилепись к Владычним заповедям, как сказал Владыка наш: *«аще»* любиши *«внити в живот, сохрани заповеди»* (Мф.19:17), из любви к Давшему их, а не из страха или за воздаяние награды. Ибо сладость, сокрытую в правде, вкушаем не тогда, как делаем правду, но когда любовь к правде снедает сердце наше; и соделываемся грешниками не тогда, как сделаем грех, но когда не возненавидим его и не раскаемся в нем. И не говорю, чтобы кто-либо из древних или из людей последних времен и не сохранив заповедей, достиг чистоты и сподобился духовного созерцания; напротив того, как мне кажется, кто не сохранил заповедей и не шествовал по следам блаженных апостолов, тот недостоин именоваться святым.

Блаженный Василий и блаженный Григорий, о которых сказал ты, что были любителями пустыни, столпами и светом Церкви и восхваляли безмолвие, пришли в безмолвие не тогда, когда были праздны от делания заповедей, но жили сперва в мире и хранили заповеди, какие должно было хранить живущим в обществе, и потом пришли в душевную чистоту, и сподобились духовного созерцания. Поистине я уверен, что когда жили они в городах, то принимали странных, посещали больных, одевали нагих, умывали ноги труждащихся и, если кто поял их *«поприще едино»*, шли с ним *«два»* (Мф.5:41). И когда сохранили заповеди, потребные в жизни общественной, и ум их начал ощущать первоначальную непоколебимость∙ Божественные и таинственные созерцания, тогда возревновали они – и вышли в пустынное безмолвие; и с сего времени пребывали с внутренним своим человеком∙ почему соделались созерцателями и пребыли в духовном созерцании, пока не были призваны благодатию соделаться пастырями Церкви Христовой.

Относительно же сказанного тобою, что Великий Василий иногда хвалил сожительство со многими, а иногда отшельничество, замечу, что истинно рачительные двумя способами приобретают себе пользу∙ каждый – по мере сил, по тому различию и по той цели, какую предположил он себе. Ибо в сожительстве со многими иногда бывает польза сильным, а иногда немощным; то же самое бывает и в пустыне. Кто достиг душевного здравия, у кого ум срастворен с Духом и кто умертвил себя для жития человеческого, тому общежитие со многими не бывает вредным, если трезвится он в делах своих. И он не для того живет со многими, чтобы самому получать пользу, но чтобы приносить пользу (другим), потому что Богом он призван был (на это) именем прочих отцов. Но и немощному, которому нужно еще возрастать, питаясь млеком заповедей, полезно также сожительство с многими, пока не обучится, не образуется, не пострадет от искушений, не будет падать и в большом числе случаев восставать и не приобретет душевного здравия. Нет младенца, которого не питали бы потоками молока, и ни один монах, не быв вскормлен млеком заповедей, не преуспел, не препобедил страстей и не сподобился чистоты. А подобным образом и пустыня, как сказали мы, иногда полезна немощным и спасающимся бегством∙

и иногда и сильным: и первым – чтобы найденное ими (в мире) вещество не содействовало тому, чтобы в них разгорелись и возросли страсти; а сильным – тем, что они не окружены веществом и не встретят брани лукавого. Действительно, как сказал ты, пустыня усыпляет страсти. Но от человека требуется не это одно – усыпить страсти, а и то, чтобы искоренить их, т. е. преодолеть их, когда будут против нас упорствовать. Страсти же усыплённые пробуждаются, как скоро встречается причина прийти им в деятельность.

А как узнать тебе, говоришь ты, что не одна пустыня усыпляет страсти? Заметь, что во время болезни и великой немощи страсти не сильно нападают на нас.

И не это только, но даже нередко усыпляют они одна другую, когда одна другой уступает место. Ибо страсть тщеславия заставляет уступить ей место блудную страсть, и опять страсть блудная укрощает страсть славолюбия. Итак, не потому только будем желать пустыни, что усыпляет она страсти, но пожелаем, чтобы, при недостатке чувственного и в удалении от всего, умудриться нам в ней, и чтобы обновился в нас внутренний, духовный о Христе человек, чтобы на всякий час быть нам наблюдателями над самими собою, и чтобы ум наш соделался бодрственным и охранял себя ежечасно, и не похищалось у него памятование надежды его.

Сего, кажется мне, достаточно на первый твой вопрос, если только и в этом настояла нужда. Скажем за сим и о втором, а он был следующий:

Вопрос. Почему Господь наш, для уподобления нашего величию Отца Небесного, назначил нам милосердие, иноки же предпочитают милосердию безмолвие?

Ответ. Вот на него ответ. Хорошо, что из Евангелия представил ты пример и образец исследования об этом великом житии – безмолвии. Мы становимся против милосердия· но не стараемся обратить оное в ничто, как нечто излишнее. Господь для уподобления нашего Отцу Небесному назначил нам милосердие, потому что творящих его приближает оно к Богу. И мы, иноки, не чтим безмолвия без милосердия, а стараемся, сколько возможно, удалиться от попечения и мятежа. Не то что мы хотим противостать необходимости, когда она встречается; но заботимся о безмолвии, чтобы пребывать в богомыслии, которым всего более можем возвратить себе чистоту после смущения и приблизиться к Богу.

Если же, когда на известное время будет необходимая какая потребность в нас братиям, не должно нерадеть об оной. Посему будем непрестанно понуждать себя — во всякое время внутренне быть милосердным ко всякому разумному естеству. Ибо так внушает нам учение Господне, и в этом состоит отличие нашего безмолвия, а не (бывает оно) как придется. И надобно не только сохранять это внутреннее наше милосердие, но, когда призывают самые обстоятельства дел и нужда, не вознерадеть и о том, чтобы доказать любовь свою явно, и в особенности, если безмолвники не определили себя на совершенное безмолвие — даже и не встречаться ни с кем, но следуют правилу назначающих для себя безмолвие на одну или на семь седмиц. Ибо таковые, даже в продолжение времени, назначенного правилом, не удерживают себя от дел милосердия к ближнему, разве кто крайне жесток, суров и бесчеловечен, и держится безмолвия лицемерно и напоказ. Ибо мы знаем, что без любви к ближнему ум не может просвещаться Божественною беседою и любовью.

И какой ныне мудрый монах, имея у себя пищу и одеяние и видя ближнего своего алчущим и обнаженным, не отдаст ему того, что имеет, но сбережет что-либо из этого? Или еще, кто, видя, что человек единой с ним плоти томится в болезни, бедствует от изнеможения и имеет нужду в призрении, из любви к безмолвию правило затвора предпочтет любви к ближнему? Когда же нет чего-либо подобного; будем в уме хранить любовь и милосердие к братьям. Ибо в том только случае, когда вещь близко; Бог требует от нас исполнить и показать любовь на самом деле. Посему явно, что, если ничего у себя не имеем, не дозволяется нам ввергать себя в попечение и мятежи ради нищих; а если что имеем, требуется от нас это.

Также если, по принятому нами роду жизни, удаляемся от сожительства с людьми и от того, чтобы видеться с ними, то не надлежит нам оставлять келлию свою и место иноческого и отшельнического пребывания и предавать себя на то, чтобы кружиться по миру, посещать больных и проводить время в подобных делах. Ибо явно, что в подобных случаях бывает переход от высшего к низшему. Если же кто живет в обществе многих, и находится близ людей в месте пребывания своего с ними, и трудами других упокоевается во время здоровья или болезни, то и сам обязан делать то же, а не выставлять на вид ложного своего безмолвия, так чтобы самому вполне требовать себе от других упокоения, но, как скоро увидит в тесных обстоятельствах сына плоти своей, носящего на себе один с ним образ, лучше же сказать, увидит поверженного и страждущего Христа, – удаляться и скрываться от него. Всякий таковой немилосерд.

И не приводи мне на память Иоанна Фиваидского и Арсения, не говори: «Кто же из них употреблял себя на подобные дела или прилагал попечение о больных и нищих, нерадел же о своем безмолвии?» Ты и не приближайся к каким-либо делам таковых мужей. Ибо если далек ты от всякого упокоения и сообщения с людьми, как далеки были они, то Господь и тебе повелевает пренебрегать подобными делами. Если же далек ты от оного совершенства и во всякое время пребываешь в телесных трудах и в общении с людьми, то почему нерадишь о заповедях (которые должно хранить тебе по мере сил своих), представляя в предлог, что проводишь великое житие святых, к которому ты и не приближался?

А я не буду столь нерадив, чтобы не помянуть о поступке святого Макария Великого, который служит обличением небрегущим о братиях своих. Макарий пошел однажды посетить одного больного брата. И когда Великий спросил болящего, не желает ли он чего, а тот отвечал: «Немного мягкого хлеба» (а тогда все монахи, по большей части, пекли себе хлебы однажды в целый год: таков был обычай в том месте), достоблаженный сей муж, будучи уже девяноста лет, немедленно встал, пошел из скита в Александрию, и сухие хлеба, которые взял в кожаную одежду, променял на мягкие, и принес их брату.

Но нечто и сего еще большее сделал подобный Великому Макарию авва Агафон, муж опытнейший из всех того времени монахов и паче всех почитавший молчание и безмолвие. Итак, сей чудный муж, во время большого торга, пришел продать свое рукоделие и на торжище нашел одного лежащего больного странника; нанял для него дом, остался с ним, работал своими руками, и, что получал за то, на него тратил, и прислуживал ему шесть месяцев, пока больной не выздоровел. Сей же Агафон (как повествуют о нем) сказал: «Желал бы я найти прокаженного и ему отдать свое тело, а себе взять его». Вот совершенная любовь.

Боящиеся Бога, возлюбленный, охотно вожделевают того и заботятся о том, чтобы хранить заповеди. И если окажется на деле, что отыскание оных им достается в руки, то подвергаются ради них и опасности. Жизнодавец совершенство заповедей связал и заключил в двух заповедях, объемлющих собою все прочие, – в любви к Богу и в подобной ей любви к твари, т. е. в любви к образу Божию. И первая удовлетворяет цели духовного созерцания, а вторая – созерцанию и деятельности.

Ибо естество Божеское просто, несложно, невидимо, естественно ни в чем не имеет нужды; ибо сознание в приснопоучении своем по природе не имеет нужды в телесной деятельности, и в действии чего-либо, и в дебелости представлений: деятельность его проста и обнаруживается в единой части ума, сообразно той простоте достопоклоняемой Причины, Которая выше ощущения чувства плоти. А вторая заповедь, т. е. человеколюбие, по двойственности естества, требует, чтобы попечение о делании ума было сугубое, т. е. что исполняем невидимо в сознании, то подобным образом желаем исполнить и телесно, и не только явно, но и тайно. И заповедь, совершаемая делами, требует совершения и в сознании.

Как человек составлен из двух частей, т. е. из души и тела, так и все в нем требует двоякой заботы, сообразно с двойственностью его состава. И поелику деятельность везде предшествует созерцанию, то невозможно кому-либо возвыситься до области этого высшего, если самим делом не исполнить прежде низшего. И ныне ни один человек не смеет сказать о приобретении любви к ближнему, что преуспевает в ней душою своею, если оставлена им та часть, которая, по мере сил, сообразно с временем и местом, доставляющим случай к делу, исполняется телесно. Ибо при сем только исполнении делается достоверным, что есть в человеке и дает о себе знать любовь созерцательная. И когда бываем в этом, по возможности, верны и истинны, тогда дается душе сила — в простых и безвидных мыслях простираться до великой области высокого и Божественного созерцания. А где человеку нет возможности любовь к ближнему проявить в делах видимых и телесно, там достаточно пред Богом любви нашей к ближнему, совершаемой только мыслию; особливо — если затворническое и безмолвное житие и преуспеяние в оном пребывают достаточно в делании ее.

Если же скудны мы во всех частях безмолвия, то восполним недостаток присоединением к нему заповеди, т. е. чувственной деятельности. И это, как восполнение покоя жизни нашей, исполнять будем утруждением тела нашего, чтобы свобода наша не оказалась предлогом к подчинению себя плоти, когда напрасно станем трудиться под отшельническим именем. Ибо явно, что тому, кто совершенно не имеет общения с людьми и всецело погружен мыслью в Боге, когда мертв он для всего, в удалении от этого, не повелевается помогать и служить людям. Но кто содержит правило безмолвия своего в продолжение семи недель или одной недели, и по исполнении своего правила сходится и вступает в общение с людьми, и утешается вместе с ними, но нерадит о братиях своих, которые в скорбях, думая тем непрерывно выдержать недельное правило, тот немилосерд и жесток. И само собою явствует, что он по недостатку милосердия, и по самомнению, и по ложным помыслам не снисходит до участия в таковых делах.

Кто пренебрегает больным, тот не узрит света. Кто отвращает лицо свое от скорбящего, для того омрачится день его. И кто пренебрегает гласом зло страждущего, у того сыны в слепоте ощупью будут искать домов его.

Не поругаем великого имени безмолвия невежеством своим. Ибо всякому житию свое время, и место, и отличие. И тогда Богу ведомо, угодно ли будет все делание оного. А без сего суетно делание всех пекущихся о мере совершенства. Кто ожидает, чтобы немощь его утешали и посещали другие, тот пусть смирит себя и потрудится вместе с ближним своим в то время, когда терпит он искушение, чтобы собственное свое делание с радостью совершить ему в безмолвии своем, будучи далеким от всякого самомнения и от бесовской прелести. Одним из святых, мужем разумным, сказано: «Ничто не может так избавлять монаха от беса гордыни и споспешествовать ему в сохранении целомудрия при разжении блудной страсти, как то, чтобы посещать ему лежащих на ложах своих и одержимых скорбию плоти».

Велико ангельское дело безмолвия, когда ради потребности смирения присоединит к себе таковую рассудительность. Ибо мы бываем окрадываемы и расхищаемы там, где не знаем. Сказал я это, братия, не для того, чтобы вознерадеть нам о деле безмолвия и пренебречь им. Ибо везде убеждаем к безмолвию и теперь не оказываемся противоречащими словам своим. Из сказанного нами никто да не берет и не выводит чего-либо отдельно и, отложив в сторону все прочее, да не удерживает неразумно это одно в руках своих. Помню, во многих местах говорил я, моля, что если кому и случится в келлии своей быть совершенно праздным по нужде немощи нашей, постигающей нас, то из-за этого не должно помышлять о совершенном выходе из келлии и внешнее делание почитать лучшим делания келейного. Совершенным же выходом назвал я не то, если временем встретится нам необходимое дело, выйти на несколько недель и в продолжение оных приобрести упокоение и жизнь ближнего – и ты стал бы называть это праздностью и признавать занятием неприличным. Но если думает кто о себе, что он совершен и пребыванием своим пред Богом, и удалением своим от всего видимого – выше всех живущих здесь, то пусть он разумно откажется и от сего. Велико есть делание рассуждения о том, что совершается с помощью Божией. И Бог, по милости Своей, да даст нам исполнить слово Его, какое изрек Он, сказав: *«якоже хощете да творят вам человецы, и вы творите им такожде»* (Лк.6:31). Ему слава и честь! Аминь.

Еще писал ты в послании своем, что монах, желающий возлюбить Бога, паче всего обязан иметь попечение о чистоте души своей. И сказал ты прекрасно, если имеешь достаточные на то силы. А поелику говоришь еще, что душа не имеет дерзновения в молитве, как не препобедившая еще страстей, то представляется мне в том и другом противоречие, хотя я и невежда. Ибо если душа не препобедила страстей, то как ей иметь попечение о чистоте? Поелику и правилом духовной правды не повелено ей, когда не препобедила своих страстей, домогаться того, что выше ее. Ибо не из того, чего вожделевает человек, познается, что он любит; но из того, что любит, делается заключение о том, чего вожделевает: любовь естественно предшествует вожделению. (Чего не возлюбит человек, того не будет вожделевать.) Страсти суть дверь, заключенная пред лицом чистоты. Если не отворит кто этой заключенной двери, то не войдет он в непорочную и чистую область сердца. И сказанное тобою, что душа не имеет дерзновения в час молитвы, сказано справедливо. Ибо дерзновение выше не только страстей, но и чистоты. Порядок этого преемства бывает такой, как я говорю: терпение с принуждением себя борется со страстями за чистоту. Поэтому если душа препобедит страсти, то приобретает чистоту; а истинная чистота делает, что ум приобретает дерзновение в час молитвы.

Ужели же подвергнемся укоризне, в молитве прося этой душевной чистоты, о которой теперь речь, и [ужели] делом гордости и самомнения бывает наше прошение, если просим у Бога того, что предписывает нам Божественное Писание и отцы наши, и для чего монах идет в отшельничество? Но думаю, святой, что, как сын не сомневается в отце своем и не просит у него такими словами: «Научи меня искусству», или: «Дай мне что-нибудь», так не подобает монаху рассуждать и просить у Бога: «Дай мне то и то». Ибо он знает, что промышление Божие о нас выше того, какое бывает у отца о сыне. И потому следует нам смириться, плакать о тех причинах согрешений, которые вне нашей воли, соделаны ли оные помыслом или самим делом, и с сокрушенным сердцем говорить словами мытаря: *«Боже, милостив буди мне грешнику»* (Лк.18:13), тайно и явно делать, чему научил Господь, сказав: *«егда сотворите вся поведенная вам, глаголите, яко раби неключимии есмы: яко, еже должни бехом сотворити, сотворихом»* (Лк.17:10), чтобы совесть твоя засвидетельствовала тебе, что ты неключим и имеешь нужду в помиловании. Знаешь же и сам ты, что не дела отверзают оную заключенную дверь сердца, но сердце сокрушенное и смирение души, когда препобедишь страсти смирением, а не превозношением. Ибо больной сперва смиряется и прилагает попечение о выздоровлении от своих недугов, а потом уже домогается сделаться царем; потому что чистота и душевное здравие суть царство души.

Какое же это царство души? Как больной не говорит отцу: «Сделай меня царем», но прилагает сперва попечение о недуге своем, и по выздоровлении царство отца его делается вполне его царством, так и грешник, приносящий покаяние, получая здравие души своей, входит с Отцом в область чистого естества и царствует во славе Отца своего.

Припомним, как святой апостол Павел описывает свои прегрешения и душу свою ставит на самом последнем и низшем месте, говоря: *«Христос Иисус прииде в мир грешники спасти, от нихже первый есм аз. Но сего ради помилован бых, да во мне первом покажет все Свое долготерпение»* (1Тим.1:15–16). Ибо вначале был я гонителем, досадителем и хульником, *«но помилован бых, яко неведый сотворих в неверствии»* (1Тим.1:13). Когда же и в какое время сказал он это? После великих подвигов, исполненных силы дел, после проповеди по благовествованию Христову, проповеданной им в целом мире, после многократных смертей, многообразных скорбей, какие терпел от иудеев и язычников. И все еще взирал он на первые свои дела, не только не почитал себя достигшим чистоты, но не помышлял даже признать себя, как следовало, учеником. Ибо говорил: *«несмь достоин нарещися апостол, зане гоних церковь Христову»* (1Кор.15:9). И когда паче всех одержал победу над страстями, говорил: *«умерщвляю тело мое и порабощаю, да не како, иным проповедуя, сам неключимь буду»* (1Кор.9:27). Если же скажешь, что апостол в иных местах повествует о себе и великое, то пусть сам он убедит тебя относительно этого. Ибо говорит, что делал сие не добровольно, не ради себя, но для проповеди. И когда повествует о сем для пользы верных, представляет себя за таковую похвалу лишенным всякого разума, взывая и говоря: *«вы мя понудисте»* (2Кор.12:11); и еще: *«не глаголю по Господе, но яко в безумии в сей части похвалы»* (2Кор.11:17). Вот сие справедливое и верное правило, какое дал нам святой Павел, праведный и правый. Итак, сохраним оное и поревнуем о нем. Отречемся от того, чтобы искать у Бога высокого, когда не посылает и не дарует Он этого;

потому что Бог знает сосуды, избранные на служение Ему. Ибо блаженный Павел даже и после того не просил Царства душе, но говорил: *«молил бых ся сам отлучен быти от Христа»* (Рим.9:3). Как же осмелимся мы, и прежде времени, ведомого Богу, просить душе Царства, не соблюдши заповедей, не препобедив страстей и не отдав долга?

Посему умоляю тебя, святой, да не входит тебе и на помысл это; но паче всего приобрети терпение для всего, что ни бывает с тобой. И в великом смирении и в сокрушении сердца о том, что в нас и о помыслах наших, будем просить у Господа отпущения грехов своих и душевного смирения.

Одним из святых написано: «Кто не почитает себя грешником, того молитва не приемлется Господом». Если же скажешь, что некоторые отцы писали о том, что такое душевная чистота, что такое здравие, что такое бесстрастие, что такое видение, то писали не с тем, чтобы нам с ожиданием домогаться этого прежде времени; ибо написано, что *«не приидет Царствие Божие с соблюдением»* (Лк.17:20) ожидания. И в ком оказалось такое намерение, те приобрели себе гордость и падение. А мы область сердца приведем в устройство делами покаяния и житием благоугодным Богу; Господне же приходит само собою, если место в сердце будет чисто и не осквернено. Чего же ищем с соблюдением, разумею Божии высокие дарования, то отвергнуто Церковью Божиею; и приемшие это стяжали себе гордость и падение. И это не признак того, что человек любит Бога, но недуг души. Да и как нам домогаться высоких Божиих дарований, когда божественный Павел хвалится скорбями и высоким Божиим даром почитает общение в страданиях Христовых.

Еще писал ты в послании своем, что возлюбила душа твоя любовь к Богу, но не достиг ты любви, хотя ты имеешь великое вожделение любить; а сверх того – вожделенно для тебя пустынное отшельничество. И сим показал ты, что положено в тебе начало сердечной чистоты и что памятование о Боге прилежно разжигается и возгревается в сердце твоем. И это – великое дело, если истинно; но не желал бы я, чтобы писал ты это; потому что не к одной принадлежит это степени. Если же сказал это для вопроса, то и вопрос требовал иного порядка. Ибо кто говорит, что душа его не имеет еще дерзновения в молитве, потому что не препобедила страстей, тот смеет ли сказать, что душа его возлюбила любовь к Богу? Нет способа возбудиться в душе Божественной любви, вослед которой таинственно течешь ты в отшельничестве, если она не препобедила страстей. Ты же сказал, что душа твоя не препобедила страстей и возлюбила любовь к Богу; и в этом нет порядка. Кто говорит, что не препобедил страстей и возлюбил любовь к Богу, о том не знаю, что он говорит.

Но скажешь: не говорил я «люблю», но «возлюбил любовь». И это не имеет места, если душа не достигла чистоты. Если же хочешь сказать это только для слова, то не ты один говоришь, но и всякий говорит, что желает любить Бога; и не только христиане говорят это, но и неправо поклоняющиеся Богу. И слово это всякий произносит, как свое собственное; однако же, при произношении таких слов, движется только язык, душа же не ощущает, что говорит. И многие больные не знают даже того, что они больные. Ибо зло есть недуг души, и прелесть – гибель истины. И весьма многие из людей, недугуя сим, объявляют себя здоровыми и у многих заслуживают похвалу. Ибо, если душа не уврачуется от зла и не будет приведена в естественное здравие, в каком создана, чтобы родиться от здравия духа, человеку невозможно вожделевать сверхъестественных даров Духа, потому что душа, пока болезнует страстями, не ощущает чувством своим духовного и не умеет вожделевать оного, вожделевает же только по слуху ушей и по Писаниям. Итак, справедливо сказал я выше, что вожделевающим совершенства надлежит сохранять все заповеди, потому что сокровенное делание заповедей врачует душевную силу. И оно должно быть не просто и как попало. Ибо написано, что *«без кровопролития не бывает оставление»* (Евр.9:22). Но сперва естество наше в вочеловечении Христовом прияло обновление, приобщилось Христову страданию и смерти; и тогда, по обновлении излиянием крови, обновилось и освятилось естество наше и соделалось способным к принятию заповедей новых и совершенных.

А если бы заповеди сии даны были людям до излияния крови, до обновления и освящения естества нашего, то, может быть, и самые новые заповеди, подобно заповедям древним, отсекали бы только порок в душе, но не могли бы истребить в душе самый корень порока. Ныне же не так: напротив того, последовавшее сокровенное делание и заповеди новые и духовные, которые душа хранит с соблюдением страха Божия, обновляют и освящают душу и сокровенно врачуют все члены ее. Ибо явно для всех, какую страсть безмолвно в душе исцеляет каждая заповедь, и действительность их ощутительна и Врачующему, и врачуемому, как было и с кровоточивой женой.

Знаешь, возлюбленный, что если не будет исцелена страстная часть души, не обновится, не освятится втайне, не будет связана житием Духа, то душа не приобретет здравия и не освободится от того, чтобы не печалило ее встречающееся ей в твари. И исцеление сие может совершиться по благодати, как было с блаженными апостолами; потому что они верою усовершились в любви Христовой. А иногда бывает, что душа приобретает здравие законно. Ибо, кто деланием заповедей и трудными делами истинного жития препобедил страсти, тот пусть знает, что законно приобрел он душевное здравие и отдоен млеком от отелесения мира сего, и отсекся от него обычай прежних его впечатлений и возрожден, как и первоначально, в духовном, и по благодати был узрен в области Духа, в мыслях внутреннего человека, и приял его в себя мир новый, несложный.

Когда же ум обновлен и сердце освящено, тогда все возникающие в нем мысли возбуждаются сообразно с естеством того мира, в который вступает оно.

Сперва возбуждается в нем желание Божественного, и вожделевает оно общения с Ангелами и откровения тайн духовного ведения; и ум его ощущает духовное ведение тварей, и воссиявает в нем созерцание тайн Святыя Троицы, также – тайн достопоклоняемого ради нас домостроительства, и потом всецело входит в единение с ведением надежды будущего.

Итак, из того, что я написал тебе, уразумей состояние свое. Если бы душа, когда заключена в области страстей, могла истинно возлюбить Бога, то не имела бы большой нужды спрашивать и дознавать о таинствах мира духовного. Но явно, что обучение и ведение при страстях не приносят пользы и недостаточны для того, чтобы отверзть дверь, заключенную пред лицом чистоты. Если же отъяты от души будут страсти, то ум просвещается, и устрояется на чистом месте естества, и не имеет нужды в вопросах, потому что ясно видит блага, обретающиеся на своем месте. Ибо, как внешние наши чувства не вследствие обучения и вопросов ощущают соприкосновенные им естества и вещи, но каждое чувство естественно и не с помощью вопросов ощущает встречающуюся ему вещь (потому что нет учения посредствующего между ощущающим и ощущаемым: слепому сколько ни говори о славе солнца и луны, о сонме звезд, о блеске драгоценных камней, – и приемлет, и судит, и представляет себе красоту, какую имеют они, только по названию, знание же и рассуждение его далеки от сладости, доставляемой самым видением); так, подобным сему образом, представляй себе и о созерцании духовном. Ибо ум, прозирающий в сокровенные тайны Духа, если он в своем естественном здравии, вполне созерцает славу Христову, а не спрашивает и не учится, но наслаждается тайнами нового мира, превыше свободы воли своей, соразмерно горячности веры и надежды на Христа, как написал блаженный Павел: *«еже видит, что и уповает... терпением ждем»* (Рим.8:24,25).

Итак, должны мы ждать и пребывать уединенно и с простотою во внутреннем нашем человеке, где нет отпечатлений помыслов, ни воззрения на что-либо сложное, потому что ум, на что взирает, от того приемлет и образы. Когда взирает на мир, тогда согласно с видоизменением образов, по которым он носится, в таком же числе принимает от них в себя образы и подобия, которые, по мере своего множества и по различию своего изменения, возбуждают в нем помыслы; когда же помыслы возбуждены, отпечатлеваются они в уме. Если же ум проникает взором во внутреннего человека, где нет ничего такого, что могло бы служить изменением образов, и где сложное не отделяется от другого сложного инаковостью образа, но все – единый Христос, то явно, что ум приемлет тогда простое созерцание, без которого ничто иное не облагоухает душевной гортани, и соделывает, что душа приобретает дерзновение во время молитвы; потому что это есть пища естества души. И когда ум станет в области познания истины, тогда не имеет нужды в вопросах. Ибо, как телесное око не спрашивает сперва, и потом уже взирает на солнце, так и душевное око не входит сперва в исследование, и после того уже созерцает ведение Духа. Таким образом, и то таинственное созерцание, какого вожделеваешь ты, святой, открывается уму по приобретении душевного здравия. Желать же посредством исследования и расспросов уразумевать таковые тайны есть неразумие души. Ибо и блаженный Павел руководился не наукой или иным вещественным способом (познания), когда сказал, что видел и слышал тайны и *«неизреченны глаголы, ихже не леть есть человеку глаголати»* (2Кор.12:4), но восхищением восхищен был в духовную область и видел откровение тайн.

Итак, и ты, святой, если любишь чистоту, отсеки от всех любовь, изливаемую на всех, и, вошедши в виноградник сердца своего, делай в нем, истребляй в душе своей страсти, старайся не знать зла человеческого. Чистота взирает на Бога, воссияет и цветет в душе не вследствие вопросов, но вследствие неведения зла какого бы то ни было человека. Если же желательно тебе, чтобы сердце твое соделалось вместилищем тайн нового мира, то обогатись сперва делами телесными, постом, бдением, службою, подвижничеством, терпением, низложением помыслов и прочим. Привяжи ум свой к чтению Писаний и углублению в них; напиши пред очами у себя заповеди и отдай долг страстей, когда бываешь побежден и побеждаешь. И непрестанным собеседованием, молитвенным и просительным, и углублением в молитвословия искореняй в сердце своем всякий образ и всякое подобие, прежде тобою воспринятое. Приучай ум свой углубляться всегда в тайны Спасителева домостроительства и оставь просить себе ведения и созерцания, которые, в своем месте и в свое время, превыше выражения их словами; продолжай делание заповедей и труды в стяжании чистоты; и проси себе у Господа в молитве, огнем разжженной, о всем печали (какую вложил Он в сердца апостолам, мученикам и отцам), да уканет она в сердце твое, и да сподобишься умного жития. Начало, средину и конец жития сего составляет следующее: отсечение всего единением о Христе. Если же вожделеваешь созерцания тайн, самым делом возделывай в себе заповеди, а не одним стремлением к их ведению.

Духовное созерцание действует в области чистоты внутри нас. И ты домогайся сперва уразуметь, как должно входить тебе в область тайн Духа, и потом начинай.

Первою из тайн именуется чистота, достигаемая при действенности заповедей. Созерцание же есть духовное созерцание ума, состоящее в том, что он приходит в изумление и постигает, что было и будет. Созерцание есть видение ума, приводимого в изумление домостроительством Божиим во всяком роде и роде и постигающего славу Божию и тяготы нового мира. При этом сокрушается и обновляется сердце, и, подобно младенцам о

Христе, человек воспитывается млеком заповедей новых и духовных, делается без зла, приобучается к тайнам Духа и к откровениям ведения, восходя от ведения к ведению, и от созерцания к созерцанию, и от постижения к постижению, и обучается и укрепляется таинственно, пока не будет вознесен к любви, соединен с надеждою, и не водворится в нем радость, и не будет он вознесен к Богу и увенчан естественною славою своего сотворения, в какой был создан.

Сими пажитями Духа восходит ум к откровениям ведения, и падает, и восстает, и побеждает, и побеждается, и пережигается в пещи келлии, и таким образом очищается, и бывает с ним милость, и деятельно сподобляется он того созерцания Святыя Троицы, которого вожделеваешь ты. Ибо есть три созерцания естеств, в которых ум возвышается, оказывает свою деятельность и обучается: два созерцания естеств сотворенных, разумных и неразумных, духовных и телесных, и еще – созерцание Святыя Троицы. Посему сперва бывает созерцание всякой твари, пришедшей в бытие, и ум проникает ее откровением ведения; а что не подлежит чувствам, в том бывает умное созерцание.

И ум имеет созерцание для созерцания себя самого; в нем-то внешние философы вознеслись умом своим при представлении тварей.

Посему созерцание сынов таинства веры сопряжено с верою и пасется на луге Писаний: оно воедино собирает ум от всякого внешнего парения и связует его единением Христовым, как Василия Великого и Григория; и созерцание его бывает в таинственных словесах, положенных в Писании. И словеса, не постигаемые ведением, приемлются нами при помощи веры, и ведение о них получаем в созерцании, какое бывает в нас по очищении. Для тайн Духа, которые выше ведения и которых не ощущают ни телесные чувства, ни разумная сила ума, Бог дал нам веру, которою познаем только, что тайны сии существуют. И от этой веры рождается в нас надежда относительно них. Верою исповедуем, что Бог есть Господь, Владыка, Творец и Создатель всяческих, а ведением решаем, что должно нам хранить заповеди Его и разуметь, что ветхие заповеди хранит страх, как сказал Сам Он, а животворные заповеди Христовы хранит любовь, по сказанному: *«Аз заповеди Отца Моего соблюдох и пребываю в Его любви»* (Ин.15:10). Посему явно, что Сын хранит заповеди Отца Своего не по страху, но из любви, а потому повелевает и нам соблюдать заповеди Его из любви, как говорит: *«аще любите Мя, заповеди Моя соблюдите. И Аз умолю Отца, и иного Утешителя даст вам»* (Ин.14:15–16). Пришествием Утешителя называет дарования откровения тайн Духа; посему в приятии Духа, Которого прияли апостолы, – все совершенство духовного ведения. И Господь исповедал и обещал, умолив Отца Своего, дать им Утешителя, чтобы, по исполнении ими заповедей и очищении самих себя, пребывал с ними вовеки.

Видишь ли, что за сохранение заповедей ум сподобляется благодати таинственного созерцания и откровений ведения Духа; а не как предполагала твоя мудрость, что дело хранения заповедей служит препятствием созерцанию Божественных тайн, совершаемых в безмолвии.

Посему умоляю тебя: если ощутишь в душе своей, что достиг ты в область любви, соблюдай новые заповеди из любви к Давшему их, а не по страху, как и блаженный Павел, когда возгорелся Божественною любовью, сказал: *«кто»* ны *«разлучит от любве»* Христовой? *«Скорбь ли»*, или темница, *«или гонение»*, и прочее? И еще присовокупляет: *«известихся бо, яко ни смерть, ни живот, ни настоящая, ни грядущая»* возмогут *«разлучити меня от любве Божия, яже о Христе Иисусе, Господе нашем»* (Рим.8:35,38,39). И чтобы не подумать кому, будто бы вожделевает он великой награды, или чести, или преизобильного даяния духовных даров, как вожделевает твоя святыня, сказал: *«молил бых ся сам отлучен быти от Христа»* (Рим.9:3), чтобы присвоены Ему были чуждые. И чтобы ты знал, что не таинственного и отшельнического созерцания искал он, как твое преподобие, вожделевал же того, чего часто иные сподоблялись по благодати; слушай, что говорит в другом месте: *«аще языки человеческими глаголю и ангельскими, любве же не имам, бых яко медь звенящи, или кимвал звяцаяй. И аще имам пророчество, и вем тайны вся и весь разум, и аще имам всю веру, яко и горы преставляти, любве же не имам, ничтоже есмь»* (1Кор.13:1,2); потому что законная дверь, вводящая в это, есть любовь. Если приобретем любовь, она вводит нас в это. Если же сподобимся сего по благодати без любви, то непременно когда-нибудь утратим мы это, потому что стяжание и страж святых возвысившихся и Божественного жития есть любовь.

Как скоро монах лишится любви, сердце его тотчас же лишается мира, а оно есть селение Божие, и заключается для него дверь благодати, которою Господь наш внидет и изыдет, по сказанному Им: *«Аз есмь дверь»* жизни, и *«Мною»* человек *«внидет»* в жизнь и *«пажить обрящет»* (Ин.10:9) для питания духовной своей жизни, где не препятствуют ему ни зло, ни прелесть; но во все восхождения откровений ведения и таинственных созерцаний Божественная любовь вводит его и изводит, как и тех, которые имеют свободу Христову. И чтобы узнать тебе истину сего, а именно, что духовная жизнь действительно есть Божественное созерцание ума, послушай великого Павла. Ибо вопиет он: неугодно мне это без любви; и если не войду в созерцание законными вратами любви, то не пожелаю оного; и если бы дано было мне по благодати, когда не приобрел я любви, то не домогаюсь сего, потому что вошел к нему не естественною дверью, которая есть любовь. Поэтому сперва должно приобрести любовь, которая есть первоначальное созерцание Святыя Троицы; а после того и без даяния, естественным путем, будет у меня созерцание духовного. Уразумей же мудрость блаженного Павла, что оставил он все дарования, сообщаемые благодатью, и просил самого существенного основания вещей, которое приемлет дарования и хранит их, как говорит некто. Дарование созерцания тварей дано было и Моисею, и многие сподобились оного, впрочем не с утверждением но в откровении. Я же, крестившийся Духом Святым и исполненный благодати, хочу внутрь себя приять ощущение живущего во мне Христа. Ибо Христос Ипостасиею Своею соделал обновление естества нашего, в Него облечены мы водою и Духом, и в неизреченном таинстве соединил Он нас с Собою, и соделал членами тела Своего; но здесь – в виде только залога, а в новом мире естественно сообщает Он жизнь прочим членам. Для чего поэтому желаешь и домогаешься созерцания прежде любви, когда божественный Павел отверг оное без любви?

Ибо, сказав, что «делание заповедей служит мне препятствием к созерцанию», явно похулил ты любовь к ближнему, и предпочел ей созерцание, и вожделеваешь видеть его там, где оно не усматривается. Пока не можем мы еще видеть созерцания, мудрейший, но само созерцание показывает нам себя на своем месте. Как по мере естественного возраста душа приемлет улучшение ведения, и ощущает существующее в мире, и день ото дня более и более обучается этому, так и в духовном человек приемлет в себя духовное созерцание и Божественное ощущение, и обучается этому в той мере, в какой ум возрастает в житии разума, и простирается вперед. Когда же придет в область любви, тогда созерцает духовное на своем месте. Но сколько бы человек ни употреблял усилия, чтобы духовное снизошло к нему, оно не покоряется. И если дерзновенно возмечтает он, и возведет взор к духовному, и будет доходить до него разумением не вовремя, то скоро притупляется зрение его, и вместо действительного усматриваются им призраки и образы. Как скоро вполне постигнешь это рассудительным умом своим, не будешь домогаться созерцания не вовремя. Если же кажется тебе, что и теперь видишь созерцание, созерцание сие есть тень призрака, а не созерцание; потому что у всего мысленного бывает подобие и мечтательный образ, а бывает также и истинное созерцание. Ибо вот и в естествах сложных бывает мечтание, а иногда возможно и истинное созерцание. Если же созерцание истинно, то обретается свет и созерцаемое усматривается близким к действительности. А когда бывает противное сему, тогда глаз вместо действительности видит тень: видит воду, где нет воды, видит здания, приподнятые вверх и висящие на воздухе, между тем как они стоят на земле. По таковому явлению телесного то же думай и о мысленном.

Если зрение ума не будет очищено деланием заповедей, делами безмолвного жития, не приобретет в совершенстве света любви, не преуспеет возрастом обновления Христа, улучшением ведения не приблизится к духовным естествам в той степени, на которой ищет ангельского духовного жития; то не возможет соделаться истинным зрителем Божественного созерцания. Все же те подобия духовного, какие думает составить себе ум, называются призраком, а не действительностью. И это, что ум видит одно вместо другого, происходит оттого, что он не очистился. Ибо естество истины пребывает всегда неизменным и не изменяется никогда в подобие; причиною же мечтания образов сих бывает немощь, а не чистота ума.

Это было и с философами внешними, потому что почли духовным то, о чем не прияли истинного учения от Бога. От скопления и движения мыслящей силы их, от разумений помыслов своих заключали они в самомнении своем, что они суть нечто; а вместе с этим рассуждали, как они существуют: чтобы открытие их происхождения и изменение уподобления соделалось для них тем и другим. И разглагольствовали об этом в ненадлежащем самомнении, Единого Бога разделили в многобожии, говорили и сошлись между собою в суесловии помыслов, и эту мечту безумия помыслов своих назвали умозрением естеств.

Посему истинное созерцание естеств чувственных и сверхчувственных, и Самой Святой Троицы, приходит в откровении Христовом. Ему научил и его указал человекам Христос, когда первоначально в Своей Ипостаси совершил обновление естества человеческого, возвратил и дал ему первую свободу и проложил нам путь Собою к тому, чтобы животворящими Его заповедями восходить к истине.

И естество тогда только способно соделаться зрителем истинного, а не мечтательного созерцания, когда человек первоначально претерпением страданий, деланием и скорбью совлечется ветхого страстного человека, как новорожденный младенец совлекается одежды, выносимой из матерних ложесн. Тогда ум способен возродиться духовно, быть узренным в мире Духа и приять созерцание отечества своего.

Поэтому ныне созерцание тварей, хотя оно и сладостно, есть только тень ведения. И сладость его не отличается от мечтаний во сне. Поэтому созерцание нового мира духом откровения, которым ум услаждается духовно, есть действие благодати, а не тень ведения; и сладость его неотделима от той, какую описал апостол, говоря: *«ихже око не виде, и ухо не слыша, и на сердце человеку не взыдоша, яже уготова Бог любящим Его, святым же Бог открыл есть Духом Своим: Дух бо вся испытует, и глубины Божия»* (1Кор.2:9–10). И сие-то созерцание бывает пищею ума, пока не укрепится он и не придет в состояние приять созерцание высшее первого созерцания; потому что одно созерцание передает человека другому созерцанию, пока ум не будет введен в область совершенной любви. Ибо любовь есть вместилище духовного и водворяется в чистоте души. Когда ум станет в области любви, тогда действует благодать, ум приемлет духовное созерцание и делается зрителем сокровенного.

Двумя способами, как сказал я, дается дарование откровений умного созерцания: иногда дается по благодати, за горячность веры; а иногда – за делание заповедей и за чистоту. По благодати, как блаженным апостолам, которые не деланием заповедей очистили ум и сподобились откровения созерцания, но горячностью веры; потому что в простоте уверовали в Христа и, не колеблясь сомнением, с горящим сердцем последовали за Ним. И когда Христос совершил достопоклоняемое Свое домостроительство, то послал им Духа Утешителя, очистил и усовершил ум их, действенно умертвил внутри их ветхого, страстного человека и действенно оживотворил в них нового, духовного человека, и прияли они ощущение того и другого. Так и блаженный Павел обновлен был таинственно и потом приял созерцание откровения тайн; но и при этом не полагался на оное. Хотя и действенно приял он благодать и дар, но все время жизни своей совершал течение, чтобы, по возможности, воздать той благодати, какой сподобился, когда Господь с ним, как с присным Своим, беседовал на пути и послал его в Дамаск. Не написано, что Иисус беседовал с ним явно, но пишется, что Анания сказал ему: *«Савле брате, Господь»* наш *«Иисус»* Христос, *«явлейтися на пути, посла мя»* к тебе, да прозрят очи твои, *«и исполнишися Духа Свята»* (Деян.9:17). И когда крестил его, исполнился он Духа Святаго и ощутил сокровенные тайны откровений, как совершилось сие и с святыми апостолами, когда пребывал с ними Иисус и сказал им: много *«имам глаголати вам, но не можете носити ныне: егда же приидет»* Дух Святый, Он *«наставит вы на всяку истину... и грядущая возвестит вам»* (Ин.16:12–13).

И блаженный Павел, очевидно, тогда, как приял Духа Святаго и обновился им, сподобился тайн откровения, стал созерцать духом откровений, и услаждался созерцанием, слышал неизреченные глаголы, зрел созерцание высшее естества, насладился созерцаниями Небесных Сил, и услаждался духовным. И да не будет того, что в безумии своем утверждают еретики, называемые евхиты, будто бы сего восхождения достиг он своим желанием! (Ум вовсе не может восходить туда).

Напротив того, Павел восхищен был Духом откровений, как сам написал в послании к Коринфянам, вопреки этим суетным людям, которые уподобляли себя святым апостолам, исповедовали мечты своих помыслов и называли их духовными созерцаниями. Это относится ко многим еретикам, т. е. близко сие к Оригену, к Валентину, к сыну Диссанову, к Маркиону, к Манесу и к прочим древним начальникам зловредных ересей, начавшихся со времен апостольских, и даже доныне по местам обретающихся.

Итак, поелику некоторые люди, развращенные бесовским мечтанием, восхотели растлить учение блаженных апостолов, то божественный апостол вынужден был в ничто обратить похвальбу еретиков, хвалившихся тенью делания являвшихся им бесов, когда со смирением и великим страхом описывает он Божественное свое созерцание, относя оное к лицу другого. Ибо говорит: *«вем человека о Христе, прежде лет четыренадесяти: аще в теле, не вем, аще ли кроме тела, не вем, Бог весть: восхищена» бывша... «в рай», и слыша «глаголы, ихже не леть есть человеку глаголати»* (2Кор.12:2,4). Поэтому говорит он, что восхищением восхищен был, а не произвольно восшел умом своим в созерцание, до третьего неба. Написал, что видел созерцания; сказал, что слышал глаголы; но какие были словеса или образы созерцаний, того не мог написать. Ибо, когда ум духом откровений видел это на своем месте, тогда не приял дозволения изречь это на несвойственном для сего месте. А если бы и восхотел изречь сие, то не мог бы, потому что видел сие не телесными чувствами. Что ум приемлет телесными чувствами, то ими же может опять и изъяснить в области телесной, а что ощутительно созерцает, или слышит, или чувствует внутри себя, в области Духа, того, когда возвращается к телу, неспособен пересказать, а только воспоминает, что видел это; но как видел, не умеет поведать ясно.

И сим обличаются ложные писания, так называемые откровения, сочиненные начальниками ересей, растленных мечтанием бесовским, об обителях на тверди, в которые возводят ум для самовольного уразумения, и о восхождениях ума на небо, и о местах, отведенных для суда, и о многовидных образах горних Сил, и о действенности их. Все это есть тень ума, упоенного самомнением и приведенного в безумие бесовским деланием. Поэтому-то блаженный Павел единым словом заключил дверь пред лицом всякого созерцания и затвор его внес внутрь молчания, где ум, если бы и мог объявить о сем, не получил бы на то дозволения. Ибо сказал, что все созерцания, какие язык в состоянии обнаружить в телесной области, суть мечтания душевных помыслов, а не действие благодати.

Итак, преподобие твое, памятуя сие, да наблюдает над мечтаниями помыслов глубоких. А этой брани всего чаще подвергаются монахи ума тонкого, ищущие суетной славы, вожделевающие новых открытий и делающие все напоказ.

Некто, по имени Малпа́, ведший род свой из Едессы, в одно время изобрел ересь евхитов, тогда как проводил высокое житие и переносил самые тяжкие труды и скорби. Ибо говорят, что, будучи учеником блаженного Иулиана, называемого Сава́, на короткое время ходил с ним на Синай и в Египет и видел великих отцов того времени, видел блаженного Антония, слышал от него таинственные словеса, изглаголанные им о чистоте и спасении душ, слышал тонкие вопросы о страстях, в которых Антоний объяснял, что ум, по очищении своем, имеет созерцания тайн Духа и что душа может, по благодати, сподобиться бесстрастия, когда деланием заповедей совлечется ветхих страстей и придет в здравие первобытного своего естества.

И когда Малпа, в цвете юности своей, выслушал слова сии, то воспламенился как огонь, пришел в свой город, когда возгорелась в нем страсть славолюбия, и избрал себе отшельническую храмину, и посвятил себя на дела и жестокие скорби и непрестанные молитвы. И когда возгорелась в нем страсть непомерного славолюбия, т. е. надежда достигнуть ему той высоты, о которой он слышал, так как не обучился он искусству противоборствовать врагам истины, не уразумел козней, обманов и ухищрений супостата, какими сильных и крепких увлекает он в погибель, надеялся же только на дела, на скорби, на нестяжательность, на подвижничество, на воздержание, не приобретши самоуничижения, смирения, сердечного сокрушения – сих непреодолимых оружий при сопротивлении лукавого, не памятуя и Писания, которое говорит: когда исполните дела, сохраните заповеди, претерпите скорби, почитайте себя рабами непотребными, – и только разжигаем был высоким о себе самомнением, основанным на делании им жития своего, и сгорал желанием высоты, о которой слышал, – то по истечении многого времени, когда диавол увидел, что нет у него делания смирения, а только вожделевает созерцания, чтобы ощутить тайны, о которых слышал, явился ему в безмерном свете, говоря: «Я – Утешитель и послан к тебе от Отца, чтобы сподобить тебя увидеть созерцание, которого желаешь за дела свои, дать тебе бесстрастие и на будущее время упокоить тебя от дел». Взамен же сего злокозненный потребовал поклонения у сего несчастного. И этот объюродевший, поелику не ощутил брани лукавого, немедленно с радостью принял его, и поклонился ему, и тотчас же стал под властью его.

И враг, вместо Божественного созерцания, наполнил его бесовскими мечтаниями, сделал, что перестал он трудиться ради истины, надмил его и поругался над ним тщетною надеждою бесстрастия, говоря ему: «Теперь не имеешь ты нужды в делах, в злостраданиях тела, в борьбе со страстями и похотями», – и сделал его ересеначальником евхитов. Когда же умножились они и открылось мерзкое и неправое их учение, изгнаны они были тогдашним епископом.

И еще некто другой, по имени Асина́, в том же городе Едессе, сочинив многие трисловия, которые поются и доныне, проводил высокое житие и безрассудно связал себя самыми трудными делами, пока не прославился. Его обольстил диавол, вывел из келлии его и поставил на верху горы, называемой Сторий, уговорился с ним, показал ему образ колесниц и коней и сказал ему: «Бог послал меня поять тебя в рай, как Илию». И как скоро вдался тот в обман младенческим своим умом и взошел на колесницу, разрушилась вся эта мечта, низринулся он с великой высоты, упал оттуда на землю и умер смертью, достойною вместе смеха и плача.

Не напрасно я сказал здесь это, но чтобы познать нам поругание от бесов, жаждущих погибели святых, и не вожделевать не вовремя высоты умного жития а иначе – будем осмеяны лукавым супостатом нашим, ибо и ныне вижу, что юноши, исполненные страстей, безбоязненно суесловят и учат о тайнах бесстрастия.

Относительно людей, которые исполнены страстей, и входят в исследование об отношениях телесного и бестелесного, и не отличаются от больных, учащих о здоровье, одним из святых написано: «Блаженный Павел, когда узнал об учениках, которые пренебрегали заповедями и не препобедили страстей, но вожделевали блаженства в созерцании тайн, возможном по очищении, сказал им: совлекитесь сперва ветхого человека страстей, и тогда вожделевайте облечься в человека нового, обновляемого познанием тайн по подобию Творца· и не вожделевайте того моего и прочих апостолов видения, действенно совершенного благодатию; потому что Бог, *егоже хощет милует: а егоже хощет, ожесточает»* (Рим.9:18). Ибо кто противостанет лицу Его или воспротивится воле Его? Бог подает иногда даром; иногда же требует дел и очищения, и потом уже посылает дар; а иногда и после дел и очищения не дает здесь, но хранит, чтобы даровать созерцание на своем месте».

Находим же, что так поступает Он и относительно меньшего в сравнении с сим дара – разумею прощение грехов. Ибо вот, в крещении туне прощает и совершенно ничего не требует, кроме веры – при покаянии же в грехах по крещении не туне прощает, но требует трудов, скорбей, печалей сокрушения, слез, долговременного плача, и потом уже прощает. Разбойника туне простил за одно исповедание словом на кресте и обетовал ему Царство Небесное; а у мучеников и исповедников, вместе с сердечной их верой, требовал скорбей, истязаний, строгания, мучений, многообразных смертей.

Итак, святыня твоя, убедившись сим и подобным сему, да взирает на первых и последних и да не домогается созерцания, когда не время созерцанию. И пока заключен ты в месте тела, будь рачителен в делах покаяния и противоборцем страстей, терпеливым в делании заповедей, и остерегайся бесовского поругания, а также проповедующих непреложное совершенство в мире сем, страстном и удобопреклонном.

Это не дано даже и святым Ангелам, сим служителям Отца и Духа; и они ожидают обновления в посредствующем· чтобы свободиться *«от работы истления в свободу чад Божиих»* (Рим.8:21). Ибо возможно ли совершенство здесь, где солнце восходит и заходит среди облаков, временем ведро, а временем засуха, иногда радость, а иногда сетование? Что противно сему, то – часть волков· как сказал некто из святых. Бог же да утвердит основание жития нашего истинным утверждением и святым Своим учением. Ему подобает слава, держава и велелепие ныне и в нескончаемые веки веков! Аминь.

СЛОВО 56. О ЛЮБВИ К БОГУ, ОБ ОТРЕЧЕНИИ ОТ МИРА И ОБ УПОКОЕНИИ В БОГЕ

Душа, которая любит Бога, в Боге и в Нем едином имеет себе упокоение. Отрешись прежде от всякого внешнего союза, и тогда возможешь быть сердцем в союзе с Богом, потому что единению с Богом предшествует отрешение от вещества. Хлеб дается в пищу младенцу после того, как откормлен он молоком – человек, который хочет преуспевать в Божественном, должен прежде устранить себя от мира, как младенец от объятий и сосцов материнских. Телесное делание предшествует душевному, как персть предшествовала душе, вдунутой в Адама. Кто не снискал телесного делания, тот не может иметь и душевного; потому что последнее рождается от первого, как колос от пшеничного зерна. А кто не имеет душевного делания, тот лишен и духовных дарований.

Страдания, в настоящем веке переносимые за истину, не идут в сравнение с услаждением, какое уготовано страждущим за доброе. Как за сеющими в слезах следуют рукояти радования (см. Пс.125:5,6), так и за злостраданием ради Бога последует радость. Сладок кажется земледельцу хлеб, добытый потом – сладки и делания ради правды сердцу, приявшему ведение Христово. С благою волею претерпи и уничижение, и смирение, чтобы приять тебе дерзновение пред Богом. Человек, с ведением терпящий всякое жестокое слово, когда сам не сделал предварительно неправды сказавшему его, возлагает этим на главу свою терновый венец, но блажен, потому что нетленно увенчивается во время, которого не ведает.

Кто с ведением убегает суетной славы, тот ощутил в душе своей будущий век. Кто говорит, что оставил мир, и ссорится с людьми из-за какой-либо потребности, чтобы не было у него в чем-либо недостатка к упокоению его, тот совершенно слеп, потому что, добровольно оставив целое тело, ратует и ссорится из-за одного его члена. Кто бегает покоя в настоящей жизни, у того ум соглядал уже будущий век. А кто связан любостяжательностью, тот раб страстей. Не думай, что одно приобретение золота и серебра есть любостяжательность, но и все, что бы то ни было, к чему привязана воля твоя. Не хвали того, кто злостраждет телесно, когда у кого дана воля чувствам, разумею же слух, зияющие и неудержимые уста и рассеянные очи. Когда ставишь душе твоей пределы, так чтобы устроять себя милосердием; приучай душу свою не искать оправдания в других делах; чтобы не оказалось, что делаешь одною рукою и расточаешь другою: ибо там потребность в сердолюбии, а здесь в широте сердца.

Знай же, что оставлять грехи должникам принадлежит к делам справедливости. Тогда увидишь тишину и светлость повсюду в уме твоем. Когда превзойдешь путь справедливости, тогда прилепишься к свободе во всяком деле.

Некто из святых сказал об этом: «Слеп милостивый, если не бывает справедлив; разумею же, что должен давать другому из добытого собственными усилиями и трудами, а не из добытого ложью, неправдою, ухищрениями». И еще он же в другом месте сказал: «Если угодно сеять в нищих, то сей из собственного. А если вознамерился сеять из чужого, то знай: это – самые горькие плевелы». А я присовокупляю, что если милостивый не бывает выше своей справедливости; то он не милостив, т. е. милостивый не только дает людям милостыню из своего собственного, но и с радостью терпит от других неправду, и милует их. А когда препобедит справедливость милостыней, тогда увенчивается не подзаконными венцами праведников, но евангельскими венцами совершенных. Ибо подавать нищим из собственности своей, одеть нагого, любить ближнего, как себя самого, не обижать, не лгать – это провозглашал и закон ветхий; совершенство же евангельского домостроительства повелевает так: *«от взимающаго твоя не истязуй, и всякому просящему дай»* (Лк.6:30). И должно с радостью терпеть не только неправедное отъятие какой-либо вещи и прочее внешнее, но и самую душу полагать за брата. Этот – милостив, а не тот, кто подаянием только оказывает милость брату своему! Но и тот милостив, кто услышит или увидит что-либо опечаливающее брата его, и сострадает сердцем, а равно и тот, кто, будучи заушен братом своим, не возымеет столько бесстыдства, чтобы отвечать и опечалить сердце его.

Почти делание бдения, чтобы найти тебе утешение близким к душе твоей. Занимайся чтением в безмолвии, чтобы ум твой всегда возводим был к чудесам Божиим. Возлюби с терпением нищету, чтобы собрать воедино ум свой от парения. Возненавидь жизнь пространную, чтобы помышления свои сохранить безмятежными. Удерживайся от многих и заботься об одной душе своей, чтобы спасти ее от расточения внутренней тишины. Возлюби целомудрие, чтобы не постыдиться во время молитвы своей пред Богом, приобрети чистоту в делах своих, чтобы озарялась душа твоя в молитве и памятованием о смерти возжигалась радость в уме твоем. Остерегайся малого чтобы не впасть в большое. Не будь ленив в делании своем, чтобы не постыдиться, когда станешь среди друзей своих, и не оказаться не имеющим путевого запаса почему друзья оставят тебя одного среди пути. С ведением веди дела свои, чтобы не быть отклонену ими от всего течения твоего. Приобрети свободу в жизни своей, чтоб освободиться от бури. Не связывай свободы своей тем, что служит к наслаждению, чтобы не сделаться тебе рабом рабов. В одеянии своем люби бедные одежды, чтобы уничижить рождающиеся в тебе помышления, т. е. высокоумие сердца.

Кто любит блеск, тот не может приобрести смиренных мыслей, потому что сердце внутренно отпечатлевается по подобию внешних образов.

Кто, любя пустословие, умел приобрести чистый ум? Кто, домогаясь уловить людскую славу, мог приобрести смиренные помыслы или кто, будучи невоздержан и распущен телесно, может сделаться чист умом и смирен сердцем? Когда ум увлекается чувствами, тогда и он ест с ними звериную пищу. А когда чувства увлечены умом, тогда они приобщаются с ним ангельской пищи.

За смиренномудрием следует воздержность и самоограничение; а тщеславие – служитель блуда и дело гордыни. Смиренномудрие, по причине постоянного самоограничения, приходит в созерцание и украшает и душу целомудрием; а тщеславие, по причине непрестанного мятежа и смущения помышлений своих, из всего встречающегося собирает скверные сокровища и оскверняет сердце. Оно также непотребным взором смотрит на природу вещей и занимает ум срамными мечтаниями; а смиренномудрие духовно ограничивает себя созерцанием и приобретшего оное возбуждает к славословию.

Творящих знамения, чудеса и силы в мире – не приравнивай к безмолвствующим с ведением. Бездейственность безмолвия возлюби паче, нежели насыщение алчущих в мире и обращение многих народов к поклонению Богу. Лучше тебе самого себя разрешить от уз греха, нежели рабов освобождать от рабства. Лучше тебе умириться с душою твоею в единомыслии тройственного в тебе состава, т. е. тела, души и духа, нежели учением своим умиротворять разномыслящих. Ибо Григорий говорит: «Хорошо богословствовать ради Бога, но лучше сего для человека соделать себя чистым для Бога». Лучше тебе, будучи ведущим и опытным, быть косноязычным, нежели от остроты ума своего, подобно реке, источать учения. Полезнее для тебя позаботиться о том, чтобы мертвость души твоей от страстей воскресить движением помыслов твоих к Божественному, нежели воскрешать умерших.

Многие совершали силы· воскрешали мертвых, трудились в обращении заблудших и творили великие чудеса; руками их многие приведены были к Богопознанию, и после всего этого сами, оживотворявшие других, впали в мерзкие и гнусные страсти, умертвив самих себя и для многих сделались соблазном, когда явны стали деяния их, потому что были они еще в душевном недуге и не заботились о здравии душ своих, но пустились в море мира сего исцелять души других, будучи еще же сами немощны, и утратили для душ своих надежду на Бога указанным выше образом. Ибо немощь чувств их не в состоянии была сретить и вынести пламень вещей, которые обыкновенно приводят в рассвирепение лютость страстей, ибо им нужно было еще охранение, именно, – чтобы вовсе не видать женщин, не предаваться покою· не приобретать серебра и других вещей, не начальствовать над другими и не быть выше кого-нибудь.

Пусть лучше считают тебя необразованным за малость в тебе умения прекословить, нежели одним из мудрых за бесстыдство. Будь нищ ради смирения и не будь богат ради бесстыдства. Тех, которые держатся учения противного твоему, обличай силою добродетелей твоих, а не убедительностью слов твоих. Кротостью и спокойствием уст своих заграждай уста бесстыдству непокорных и заставляй его умолкнуть. Обличай невоздержных благородством жития своего, а тех, у кого бесстыдны чувства, – воздержностью очей своих.

Все дни жизни своей, куда бы ни пришел ты, признавай себя странником, чтобы быть тебе в состоянии избавиться от вреда, порождаемого вольностью в обращении. Во всякое время думай о себе, что ничего не знаешь, чтобы избежать тебе порицания – по подозрению, будто бы ты хочешь по своему установить мнение другого.

Благословляй всегда устами, и не будут тебя злословить, потому что от злословия рождается злословие, а от благословения – благословение. Во всяком деле почитай себя скудным для того, чтобы учить, – и во всю жизнь свою будешь оказываться мудрым. Не преподавай другому того, чего сам не достиг чтоб не было тебе стыдно себя самого и, по сличении жития твоего, не открылась ложь твоя. Если же станешь говорить кому что-либо полезное, то говори в виде учащегося, а не со властью и бесстыдством, и наперед сам себя осуди и покажи, что ты ниже его, чтобы слушающим показать чин смирения, и побудить их выслушать речь твою, и приступить к деланию, и будешь почтен в глазах их. Если можешь, то в подобных случаях говори со слезами, чтобы доставить пользу и себе, и слушающим тебя, и будет с тобою благодать Божия.

Если приял ты благодать Божию и сподобился насладиться зрением судеб Божиих и видимых тварей, что составляет первую степень ведения· то приуготовь себя и вооружись против духа хулы. Но не стой в стране этой без оружия, чтобы не умереть тебе вскоре от подстерегающих и обольщающих тебя. Оружием твоим да будут слезы и непрестанный пост. Остерегайся читать учения еретические, потому что сие всего чаще вооружает на тебя духа хулы. А когда наполнишь чрево, не имей бесстыдства входить в исследование каких-либо предметов и понятий Божественных, чтобы не раскаиваться. Разумей же, что говорю тебе: в наполненном чреве – ведения тайн Божиих нет. Часто и не зная сытости, читай в книгах учителей о Промысле Божием, потому что они руководствуют ум к усмотрению порядка в тварях и делах Божиих, укрепляют его собою, своею тонкостью приуготовляют его к приобретению светозарных мыслей и делают, что в чистоте идет он к уразумению тварей Божиих. Читай Евангелие, завещанное Богом к познанию целой вселенной, чтобы приобрести тебе напутие от силы Промысла Его о всяком роде и чтобы ум твой погрузился в чудеса Божии. Такое чтение помогает твоему намерению. Чтение же твое да будет в не возмущаемой ничем тишине; и будь свободен от многопопечительности о теле и от житейского мятежа, чтобы вкусить тебе в душе своей сладчайший вкус сладостным уразумением, превосходящим всякое чувство, и чтобы душа твоя ощутила это чрез пребывание свое в том. Слова людей благоискусных да не будут для тебя как слова лицемеров и торгующих словом Божиим, чтобы не остаться тебе во тьме до конца жизни своей, и не лишиться пользы от сих слов, и во время брани не прийти в смятение, как смущенному и не впасть в яму, под видом добра.

Во что ни намеревался бы ты вникнуть, признаком вшествия внутрь пусть будет для тебя следующее. Когда благодать начнет отверзать очи твои к ощущению зрения предметов в их действительности; тогда очи твои тотчас начнут изливать ручьями слезы, так что не раз множеством их омоются ланиты твои. И тогда брань чувств утихает и скрывается внутри тебя. Если кто будет учить тебя противно сему, не верь ему. Кроме слез, не ищи другого более явного признака в теле. Когда же ум возвысится над тварями, тогда и для тела прекращаются слезы и всякое возбуждение и ощущение.

«Мед обрет, яждь умеренно, да не како пресыщен изблюеши» (Притч.25:16). Естество души удободвижно и легко: иногда, восторгаясь, вожделевает она восходить высоко и узнавать, что превыше ее естества. Нередко из чтения Писаний и воззрения на вещи постигает нечто. Когда же будет попущено и сравнит она себя с постигнутым ею, тогда оказывается, что она в мере смотрения своего ниже и меньше того, до чего простерлось ведение ее, а потому в помышлениях своих облекается в страх, и трепет, и в боязнь, как бы устыдившись того, что отважилась коснуться высших ее духовных предметов, спешит снова возвратиться в ничтожество свое. По причине страха, внушаемого предметами, находит на нее какая-то боязнь, и рассудительность дает указание уму души,

чтобы обучалась она молчанию, а не была бесстыдною, дабы не погибнуть, и не искала превосходящего ее, и не допытывалась того, что выше ее. Поэтому, когда дана тебе власть уразумевать – уразумевай, а не касайся с бесстыдством тайн, но поклоняйся, славословь и благодари в молчании. Как не хорошо есть много меда, так и входить в исследование о словесах Божиих, чтобы при желании всматриваться в отдаленные предметы, не приблизившись еще к ним по неудобству пути, не изнемогла и не повредилась у тебя сила зрения.

Ибо иногда вместо действительности видишь какие-то призраки. И ум, когда придет в уныние от изыскания оного, забывает и намерение свое. Посему прекрасно сказал Соломон, что, *«якоже град неогражден»*, так и человек нетерпеливый (Притч.25:28). Итак, очищай, человек, душу свою, свергни с себя попечение о том, что вне твоего естества, и на помышления и движения свои повесь завесу целомудрия и смирения, и чрез это найдешь то, что внутри твоей природы; потому что смиренномудрым открываются тайны.

Если намерен ты предать душу свою на дело молитвы, очищающей ум, и на пребывание в бодрствовании ночью, чтобы приобрести светлый разум, то удаляйся от зрения мира, прекрати беседы с людьми и не желай принимать по обычаю в келлию свою друзей, даже под предлогом пользы; кроме единонравных, единомысленных с тобою и сотаинников твоих; бойся нарушения душевной беседы; которая обыкновенно возбуждается непроизвольно, по отсечении, и отрешении, и совершенном прекращении внешней беседы. С молитвою твоею сопряги милостыню, и душа твоя узрит свет истины. Ибо в какой мере сердце перестает тревожиться внешними предметами, в такой же – ум может чрез уразумение мыслей доходить до постижения и дел Божественных и до изумления (ими). Ибо душе обычно скоро заменять (человеческие собрания собеседованием с Богом и словесами Божиими и) одну беседу другою, если постараемся показать малую рачительность. А чтобы заменить одно собеседование другим, занимайся чтением Писания, открывающим тебе путь тонкости созерцания, и житиями святых, хотя сначала и не ощутишь сладости по причине омрачающей близости вещей. И когда станешь на молитву и на правило свое, то вместо размышления о том, что видел и слышал в мире, найдешь в себе размышление о Божественных Писаниях, какие прочел, и сим размышлением приведется в забвение память о мирском, и, таким образом, придет ум в чистоту. Это и значит написанное, что душа приемлет помощь от чтения, когда станет она на молитву, и также от молитвы просвещается в чтении. И чтение, опять, вместо внешнего смущения доставляет пищу разным видам молитвы, а потому и чтением душа просвещается, чтобы всегда молиться неленостно и несмущенно.

Плотолюбцам и чревоугодникам входить в исследование предметов духовных так же неприлично, как и блуднице разглагольствовать о целомудрии. Крайне болезненное тело отвращается и не терпит тучных снедей – и ум, занятый мирским, не может приблизиться к исследованию Божественного. Огонь не возгорается в сырых дровах, и Божественная горячность не возжигается в сердце, любящем покой. Блудница не пребывает в любви к одному, и душа, привязанная к многим вещам, не пребывает в Божественных учениях. Как тот, кто не видел своими глазами солнца, не может кому-либо описать его света по одному слуху, и даже не ощущает его света, так и не вкусивший душой своею сладости духовных дел.

Если имеешь что лишнее сверх дневной потребности, раздай это нищим и иди с дерзновением приносить молитвы свои, т. е. беседуй с Богом, как сын с отцом. Ничто не может так приблизить сердце к Богу, как милостыня, и ничто не производит в уме такой тишины, как произвольная нищета. Лучше, чтобы многие называли тебя невеждою за простоту, нежели – мудрым и совершенным по уму за славу. Если кто, сидя на коне, протянет к тебе руку, чтобы принять милостыню, не откажи ему, потому что в это время он, без сомнения, скуден, как один из нищих.

Когда же подаешь, подавай с великодушием, с ласковостью на лице и снабди его в большей мере, нежели сколько просил он. Ибо сказано: *«посли»* кусок твой *«на лице»* бедного, и не по многом времени найдешь воздаяние (Еккл.11:1). Не отделяй богатого от бедного и не старайся распознавать достойного от недостойного; пусть все люди будут для тебя равны для доброго дела. Ибо сим способом можешь и недостойных привлечь к добру, потому что душа посредством телесного скоро привлекается в страх Божий. И Господь разделял трапезу с мытарями и блудницами, и не отлучал от Себя недостойных, чтобы сим способом всех привлечь в страх Божий и чтобы посредством телесного приблизились к духовному. Поэтому благотворением и честью уравнивай всех людей, будет ли кто иудей, или неверный, или убийца, тем паче, что и он брат тебе, одной с тобой природы, и не с ведением заблудился от истины.

Когда сделаешь кому добро, не жди от него воздаяния – и за то, и за другое вознаградит тебя Бог. А если возможно для тебя, делай добро и не ради будущего воздаяния. Если возложишь на душу свою предел нищеты, и, по благодати Божией, освободишься от попечений, и нищетою своею станешь выше мира, то смотри, не возлюби стяжания по нищелюбию, для подаяния милостыни, не ввергни души своей в смятение тем, что будешь брать у одного и давать другому, не уничтожь чести своей зависимостью от людей, прося у них. И не утрать свободы и благородства ума своего в попечении о житейском, потому что степень твоя выше степени милостивых; нет, прошу тебя, не будь зависим.

Милостыня подобна воспитанию детей, а безмолвие – верх совершенства. Ежели есть у тебя имение, расточи его вдруг. Если же ничего не имеешь, и не желай иметь.

Очисти келлию свою от роскоши и от излишнего, и это поведет тебя к воздержанию невольно, хотя бы ты и не хотел. Скудость вещей учит человека воздержанию, а когда дозволим мы себе послабление относительно вещей, тогда не в состоянии будем воздерживать себя.

Одержавшие победу в брани внешней избавились и от внутреннего страха, и ничто насильственно не теснит их, не беспокоятся они бранью, угрожающей им спереди или сзади; разумею же брань, воздвигаемую на душу чувствами и нерадением, как-то слухом и языком, или когда даем и берем. Все это, входя в душу, производит в ней ослепление. И при наступлении внешнего смятения не может она быть внимательною к себе в воздвигаемой на нее тайной брани и тишиною побеждать внутренние восстания. А когда кто затворит врата градские, т. е. чувства, тогда ратует внутри и не боится находящихся в засаде вне града.

Блажен, кто знает это, и пребывает в безмолвии, и не тревожит себя множеством дел, но всю телесную деятельность заменил трудом молитвенным и верит, что, пока трудится с Богом и на Него возлагает попечение день и ночь, не будет иметь недостатка в чем-либо необходимом, потому что для Бога удаляется от рассеяния и от труда. Если же кто не может пребывать в безмолвии без рукоделия, то пусть работает, пользуясь рукоделием как пособием, а не для выгод, из корыстолюбия. Рукоделие назначается для немощных, а для более совершенных оно бывает причиною смятения. Ибо неимущим и малодушным отцы положили заниматься работою, но не как делом необходимым.

В то время как Бог внутренно приводит сердце твое в умиление, непрестанно твори поклоны и коленопреклонения. Не попускай сердцу своему заботиться о чем-нибудь, когда демоны начнут убеждать тебя заниматься другими делами, и тогда смотри, и дивись, что произойдет у тебя из этого. Ничто другое в подвижнических трудах не бывает так важно и трудно и не возбуждает такой зависти в бесах, как если повергает кто себя пред Крестом Христовым, молясь день и ночь, и бывает со связанными назади руками. Хочешь ли не охладеть в своей горячности и не обнищать слезами – направь себя к тому, и блажен ты, человек, если о сказанном тебе будешь заботиться день и ночь и не станешь домогаться ничего другого, кроме этого, тогда воссияет внутри тебя свет, и правда твоя возблистает скоро, и будешь как сад цветущий и как источник неоскудевающей воды.

Смотри, какие блага порождаются человеку от подвижничества. Нередко бывает, что человек преклонил колена в молитве, и руки его воздеты к небесам, лицо устремлено на крест Христов, и все помышления свои собирает он воедино в молитве к Богу, и в то время, как человек молится Богу со слезами и умилением, в тот самый час вдруг внезапно начинает бить в сердце его источник, изливающий услаждение, члены его расслабевают, очи закрываются, лицо поникает к земле, и помышления его изменяются, так что не может он делать поклонов от радости, возбуждающейся во всем теле его. Обрати внимание, человек, на то, что читаешь. Ибо если не будешь подвизаться, то не обретешь, и если не будешь с горячностью ударять в двери и непрестанно бодрствовать, то не будешь услышан.

Кто, слыша это, пожелает внешней праведности кроме неспособного пребывать в безмолвии? Впрочем, если кто не может упражняться в безмолвии (потому что благодатью Божией дается человеку быть внутри двери), то пусть не оставляет другого пути, чтобы иначе не лишиться обоих путей жизни. Пока внешний человек не умрет для всего мирского, не только для греха, но и для всякого телесного делания, а также и внутренний человек – для лукавых мыслей, и не изнеможет естественное движение тела до того, чтобы не возбуждалась в сердце греховная сладость, дотоле и сладость Духа Божия не возбудится в человеке, члены его не приимут чистоты в жизни сей, Божественные мысли не войдут в душу его и пребудут неощутимыми и незримыми. И пока человек не упразднит в сердце своем попечения о житейском, кроме необходимых потребностей естества, и не предоставит заботиться о сем Богу, дотоле не возбудится в нем духовное упоение и не испытает он того утешения, каким утешался апостол (см. Гал.2:20; 2Кор.12:3–4).

Сказал же я это, не отсекая надежды, будто бы если кто не достигнет верха совершенства, то не сподобится и благодати Божией и не сретит Его утешение. Ибо действительно, когда человек презрит неуместное, и совершенно удалится от сего, и обратится к добру, в скором времени ощущает помощь. Если же употребит и несколько усилия, то найдет утешение душе своей, получит отпущение грехопадений, сподобится благодати и приимет множество благ. Впрочем, он меньше в сравнении с совершенством того, кто отлучил себя от мира, обрел в душе своей тайну тамошнего блаженства и достиг того, для чего пришел Христос. Ему слава со Отцем и со Святым Духом ныне, и всегда, и во веки веков! Аминь.

СЛОВО 57. ОБ УДАЛЕНИИ ОТ МИРА И ОТ ВСЕГО СМУЩАЮЩЕГО УМ

Великую честь оказал Бог людям двояким обучением: каким одарил их, и повсюду отверз им затворенную дверь для вшествия в спасительное познание. Желателен ли тебе верный свидетель сказанного? Будь сам в себе и не погибнешь. А если хочешь узнать это и отвне, то имеешь и иного учителя и свидетеля, который безошибочно наставит тебя на путь истины.

Ум смущенный не может избежать забвения, и премудрость не отверзает таковому двери своей. Кто с точным ведением смог постигнуть, к какому равенству ведет общий всех конец, тот для отречения от житейского не имеет нужды в ином учителе. Первоначально данный Богом человеку естественный закон есть рассматривание тварей Его. Закон писанный присовокуплен по падении.

Кто не удаляется добровольно от причин страстей, тот невольно увлекается в грех. Причины же греха суть следующие: вино, женщины, богатство, телесное здравие; впрочем — не потому, что это суть грехи по самому естеству, но потому, что природа удобно склоняется этим в греховные страсти; и поэтому человек должен тщательно остерегаться сего. Если всегда будешь памятовать немощь свою, то не преступишь предела осторожности. Людям гнусна нищета, а Богу гораздо более гнусна душа высокосердая и ум надменный. У людей почтено богатство, а у Бога — душа смиренная.

Когда хочешь положить начало доброму деланию, приуготовься сперва к искушениям, которые тебя постигнут, и не сомневайся в истине. Ибо у врага в обычае, когда увидит, что с горячею верою начал кто-либо доброе житие, встречать его разными страшными искушениями, чтобы, пришедши от сего в страх, охладел он в добром произволении и вовсе уже не имел горячности приближаться к богоугодному деланию. И сопротивник делает это не потому, что имеет такую силу (тогда никто не мог бы сделать что-либо доброе), но потому, что попускается ему Богом, как дознали мы на праведном Иове. Посему уготовься мужественно встретить искушения, какие насылаются на добродетели; и потом уже начинай их делание. А если не будешь приуготовлен к сретению искушений, то удержись от делания добродетелей.

Человек, сомневающийся, что Бог – помощник в добром делании, боится тени своей, и во время достатка и обилия томится голодом, и при окружающей его тишине исполняется бури. А кто уповает на Бога, тот тверд сердцем, и всем людям явна досточестность его, и пред всеми врагами его похвала его.

Заповеди Божии выше всех сокровищ мира. Кто стяжал их; тот внутри себя обретает Бога. Кто упокоевается всегда в попечении о Боге, тот Бога приобрел домоприставником. Кто вожделевает исполнения воли Божией, тот небесных Ангелов будет иметь путеводителями. Кто боится грехов, тот беспрепятственно совершит страшное шествие и во время мрака обретет свет пред собою и внутри себя. Стопы боящегося грехов охраняет Господь, и во время поползновения претворяет его милость Божия. Кто прегрешения свои почитает малыми, тот впадает в худшее прежнего и понесет семикратное наказание.

Посевай милостыню на смирении и пожнешь милость на суде. Чем погубил ты доброе, тем снова приобретай оное. Обол задолжал ты Богу: вместо него не возьмет Он с тебя жемчужины; например, погубил ты целомудрие – Бог не примет от тебя милостыни, если пребываешь в блуде, потому что хочет от тебя святости тела, так как преступил ты заповедь. Ужели, думая оставить стяжание мира, будешь вести брань за что-либо иное? Оставил ты насажденное, и с другими разве пришел ратовать?

Святой Ефрем сказал, что во время жатвы не будешь противоборствовать зною зимними одеждами. Так каждый, что сеет, то и пожнет. И всякий недуг врачуется свойственными ему лекарствами. Ты, может быть, побежден завистью – для чего же усиливаешься бороться со сном? Пока проступок еще мал и не созрел, истреби его, прежде нежели распространится и созреет. Не предавайся нерадению, когда недостаток кажется тебе малым, потому что впоследствии найдешь в нем бесчеловечного властелина и побежишь перед ним, как связанный раб. А кто вначале противоборствует страсти, тот вскоре возгосподствует над нею.

Кто может с радостью перенести обиду, даже имея в руках средство отразить ее, тот приял утешение от Бога по вере в Него. И кто со смиренномудрием терпит взводимые на него обвинения, тот достиг совершенства, и ему удивляются святые Ангелы. Ибо нет никакой иной добродетели столь высокой и трудной.

Не верь себе, что ты силен, пока не будешь искушен и не найдешь себя неизменным. Так и во всем испытывай себя. Приобрети в себе правую веру, чтобы попрать тебе врагов твоих. Пусть ум твой будет не высокомерен, и не полагайся на силу твою, чтобы не попущено было впасть тебе в естественную немощь; и тогда по собственному своему падению уразумеешь немощь свою. Не доверяй своему знанию, чтобы враг посредством его не уловил тебя своею хитростью. Пусть язык твой будет кроток, и никогда не встретится с тобою бесчестие. Приобрети уста сладкие, и все будут тебе друзьями. Не хвались никогда в речах своих делами своими, чтобы не быть посрамленным. Во всем, чем ни хвалится человек, Бог попускает ему изменяться, чтобы он был уничижен и научился смирению. Поэтому должен ты все предоставить

Божию предведению и не верить, будто бы в этой жизни есть что-либо неизменное.

Сделавшись таким, возводи непрестанно око свое к Богу, потому что покров и Промысл Божий объемлет всех людей, но он невидим, разве только очистившим себя от греха и помышляющим всегда о Боге, и притом – о Нем Едином. Преимущественно же открывается им Промысл Божий, когда ради Бога входят они в великое искушение. Ибо тогда ощущают они Промысл Божий, как бы усматривая его телесными очами, сообразно с мерою и причиною искушения, какое постигает каждого из них, и это – для того, чтобы подвижников сих возбудить к мужеству, как было с Иаковом, Иисусом Навином, тремя отроками, Петром и прочими святыми, которым являлся он в человеческом некоем образе, ободряя и утверждая их в благочестии. Если же скажешь, что сие даровано от Бога святым по особому промышлению, и они по своему достоинству сподоблялись таковых видений, то пусть образцами в мужестве будут для тебя святые мученики, которые, нередко многие вместе, а иногда поодиночке, во многих и разных местах подвизались за Христа и нашедшею на них силою мужественно претерпели в бренных телах строгание железом и всякого рода мучения, нестерпимые для естества. Ибо им явственно являлись святые Ангелы, чтобы каждый уразумел, как на тех, кои ради Бога всячески терпят всякое искушение и всякую скорбь, обильно являет себя Божий Промысл в показание их доблести и в посрамление врагов их. Ибо сколько святые мужались при таковых видениях, столько противники терпением их были раздражаемы и приводимы в неистовство.

Нужно ли говорить что о подвижниках, чуждых миру сему, и об отшельниках? Они пустыню соделали градом, обратили в селение и обитель Ангелов. К ним, по благоустройству жития их, всегда приходили Ангелы и, как слуги единого Владыки, иногда соратуя, пребывали с теми, которые все дни жизни своей любили пустыню и из любви к Богу имели жилища свои в горах, вертепах и пропастях земных. И так как они, оставив земное, возлюбили небесное и соделались подражателями Ангелов, то и сами святые Ангелы по справедливости не скрывали за это от них зрака своего и исполняли всякое желание их, по временам же являлись им, научая, как надлежит им жить, а иногда объясняли то, в чем недоумевали они; иногда же сами святые вопрошали их, о чем надлежало; иногда Ангелы наставляли на путь тех из них, которые заблуждались; иногда избавляли тех, которые впадали в искушения; иногда, при внезапной беде и угрожающей опасности, исхищали их от этого, спасая, например, от змия, или от (падения) скалы, или от стрелы, или от брошенного камня; иногда, если враг явно нападал на святых, являлись видимым образом, и говорили, что посланы на помощь к ним, и придавали им смелость, отважность и отраду; а в иное время совершали чрез них исцеления, иногда же исцеляли самих святых, подвергшихся каким-либо страданиям; иногда телам их, изнемогшим от неядения, прикосновением руки или словами сообщали сверхъестественную силу и укрепляли их; иногда же приносили им пищу, хлеб и даже овощи или какие-либо другие с хлебом вкушаемые снеди; и некоторым из них объявляли время, а иным – и образ их преставления. И нужно ли перечислять многое, чем доказывается любовь к нам святых Ангелов и всевозможное попечение их о праведных? Они промышляют о нас, как старшие братья о младших. Сказано же сие, чтобы всякий мог уразуметь, что *«близ Господь всем призывающим Его во истине»* (Пс.144:18), и видеть, каково промышление Его о тех, которые посвятили себя на благоугождение Ему и от всего сердца Ему следуют.

Если веруешь, что Бог промышляет о тебе, к чему тебе беспокоиться и заботиться о временном и о потребном для плоти твоей? А если не веруешь, что Бог промышляет, и потому, помимо Его, сам заботишься о потребном для себя, то ты самый жалкий из всех людей.

Для чего ты и живешь, и будешь жить? *«Возверзи на Господа печаль твою, и Той тя препитает»* (Пс.54:23). *«И не убоишися страха нашедшаго»* (Притч.3:25).

Кто однажды навсегда посвятил себя Богу, тот проводит жизнь в покое ума. Без нестяжательности душа не может освободиться от мятежа помыслов и вне безмолвия чувств не ощутит мира в мысли. Не входя в искушения, никто не приобретет духовной мудрости. Без прилежного чтения не уразумеет тонкости помыслов. Без тишины помыслов ум не подвигнется в сокровенные таинства. Без упования по вере душа не может смело отважиться на искушения. Не испытав явственного покровительства Божия, сердце не в состоянии надеяться на Бога. Если душа не вкусит с ведением страданий Христовых, то не будет иметь общения со Христом.

Человеком Божиим почитай того, кто по великому милосердию умертвил себя для необходимой потребности. Ибо кто милует нищего, тот попечителем о себе имеет Бога. И кто ради Бога обнищает, тот обретет неоскудевающие сокровища.

Бог ни в чем не имеет нужды; но увеселяется, когда видит, что человек упокоевает образ Его и чтит оный ради Него. Когда попросит кто у тебя того, что имеешь ты, не говори в сердце своем: «Оставляю это душе моей, чтобы упокоиться в этом; Бог из другого места подаст ему потребное для него». Такие слова приличны людям неправедным и не знающим Бога. Человек праведный и добрый не уступает чести своей иному и не попустит, чтобы время благодати проходило без дела. Человек нищий и нуждающийся снабжается от Бога, потому что Господь никого не оставляет; но ты, отослав от себя убогого, уклонился от чести, данной тебе Богом, и удалил от себя благодать Его. Посему, когда даешь, веселись и говори: «Слава Тебе, Боже, что сподобил меня найти, кого упокоить!» Если же нечего тебе дать, паче радуйся и, благодаря Бога, говори: «Благодарю Тебя, Боже мой, что дал мне благодать эту и честь – обнищать ради имени

Твоего, и сподобил меня вкусить скорби, положенной на пути заповедей Твоих, в недуге и нищете, как вкушали святые Твои, шествовавшие путем сим!»

И когда находишься в болезни, скажи: «Блажен сподобившийся быть искушенным от Бога в том, за что наследуем жизнь». Ибо недуги насылает Бог для здравия души. Некто из святых сказал: «Замечал я, что монаху, который не работает благоугодно Господу и не подвизается ревностно о спасении души своей, но нерадиво обучается добродетелям, непременно попускается Богом впадать в искушения, чтобы не оставался он праздным и от многой своей праздности не уклонился в худшее». Посему-то Бог ввергает в искушения ленивых и нерадивых, чтобы помышляли они об искушениях, а не о суетном. Творит же сие Бог всегда с любящими Его, чтобы вразумить, умудрить и научить их воле Своей. И когда будут умолять Его, нескоро внемлет им, пока не изнемогут и пока твердо не уразумеют, что за нерадение и за леность их приключилось с ними это. Ибо написано: *«егда прострете руки ваша ко Мне, отвращу очи Мои от вас; и аще умножите моление, не услышу вас»* (Ис.1:15). И хотя говорится сие о других, но во всяком случае написано вообще об оставивших путь Господень.

Но поелику говорим, что Бог многомилостив, то почему же, когда постоянно толцем и просим в искушениях, не бываем услышаны, но презирает Он прошение наше? Сему, конечно, учит нас пророк, говоря: не мала рука Господня, чтобы помиловать, и не тяжел Господь слухом, чтобы услышать. Но грехи наши разлучили нас с Ним, и беззакония наши отвратили лицо Его, чтобы не слышать (см. Ис.59:1–2). Во всякое время памятуй о Боге, и Он воспомянет о тебе, когда впадешь в беды.

Естество твое сделалось удобоприемлющим в себя страсти, много искушений в настоящем мире, и не далеко от тебя зло, но источается оно внутри тебя и под ногами твоими. Не сходи с того места, на котором стал; когда соизволит Бог, освободишься от сего. Как близки между собою веки (на глазах), так искушения близки к людям; и Бог предустроил сие премудро для пользы твоей, чтобы ты постоянно ударял в дверь Его, чтобы страхом скорбного всевалось памятование о Нем в уме твоем, чтобы к Нему приближался ты в молитвах и освещалось сердце твое непрестанным памятованием о Нем. И когда будешь умолять, услышит тебя; и уразумеешь, что избавляющий тебя есть Бог, и познаешь Создавшего тебя, Промышляющего о тебе, Хранящего тебя и Сотворившего для тебя два мира: один — как временного учителя и наставника, другой — как отеческий дом и вечное наследие. Бог не сотворил тебя недоступным прискорбному, чтобы ты, возжелав быть богом, не наследовал того же, что наследовал бывший первоначально Денницею, а впоследствии, за превозношение, ставший сатаною. А также не сотворил тебя неуклонным и неподвижным; чтобы не соделаться тебе подобным естеству неодушевленных тварей и чтобы доброе в тебе не осталось для тебя безвыгодным и не заслуживающим награды, как естественные скотские преимущества в бессловесных. Ибо всякому легко уразуметь, сколько рождается пользы, благодарения и смирения от того, что изощрены против тебя сии жала.

Посему явно, что в нашей воле подвизаться в добре и уклоняться от худого и что нам усвояются проистекающие от того и честь, и бесчестие. Постыжаемые бесчестием, мы боимся; возбуждаемые же честью, приносим благодарение Богу и простираемся к добродетели. Бог умножил сих пестунов, чтобы ты, освободившись от них, соделавшись недоступным для скорбей и став выше всякого страха, не забыл Господа Бога твоего, не уклонился от Него и не впал в многобожие, как многие, которые, хотя были подобострастны тебе и поражаемы такими же горестями, в одно мгновение времени, по причине временной и малозначительной власти или здоровья, не только впали в многобожие, но и себя самих дерзнули несмысленно именовать богами. Посему-то Бог попустил тебе быть в скорбях. А иногда попускает и для того, чтобы ты, уклонившись, не прогневал Его и чтобы Ему, подвергнув наказанию, не истребить тебя от лица Своего. Не буду говорить о нечестии и о прочих хулах, порождаемых благоденствием и небоязненностью жизни, когда и сказанного пред сим не осмелится иной выговорить. Посему-то страданиями и страстями Бог умножил в сердце твоем памятование о Нем, и страхом противного побудил тебя приступить ко вратам Его милосердия, и избавлением от сего всеял в тебя любовь к Нему; вложив же в тебя любовь, приблизил тебя к чести усыновления и показал тебе, сколь богата благодать Его. Ибо откуда узнать бы тебе такую Его промыслительность и благопопечительность, если бы не встретилось тебе ничего противного?

Поэтому любовь к Богу всего более может быть умножаема в душе твоей сим именно, т. е. уразумением дарований Его и памятованием о преизбытке промышления Его. Все сии блага порождаются для тебя горестями, чтобы научился ты благодарить. Итак, памятуй о Боге, чтобы и Он всегда памятовал о тебе, и, памятуя, Он спасет тебя, и приимешь от Него всякое блаженство. Не забывай Его, паря мыслью в суетном, чтобы и Он не забыл тебя во время браней твоих. Будь послушен Ему в изобилии своем, чтобы в скорбях иметь пред Ним дерзновение в сердечной и постоянной к Нему молитве.

Очищай себя пред Господом, всегда имея в сердце своем памятование о Нем, чтобы, пробыв долго без памятования о Нем, не оказаться тебе неимеющим дерзновения, когда приходишь к Нему. Ибо дерзновение пред Богом бывает следствием частого с Ним собеседования и многих молитв. Сношение с людьми и пребывание с ними бывает посредством тела, а сношение с Богом посредством душевного памятования, внимательности в молитвах и всесожжения. Долговременным хранением памятования о Боге душа по временам приводится в изумление и удивление. Ибо *«возвеселится сердце ищущих Господа. Взыщите Господа»*, осужденные, *«и утвердитеся»* надеждою; *«взыщите лица Его»* покаянием (Пс.104:3–4), и освятитеся святынею лица Его, и очиститеся от грехов своих. Виновные во грехах, теките ко Господу, могущему простить грехи и презреть прегрешения. Ибо с клятвою изрек Он через пророка: *«живу Аз, глаголет... Господь, не хощу смерти грешника, но еже обратитися... и живу быти ему»* (Иез.33:11); и еще: *«простроx руце Мои весь день к людем не покаряющимся и противу глаголющим»* (Ис.65:2); и еще: *«вскую умираете, доме Израилев»* (Иез.33:11); *«обратитеся ко Мне, и обращуся к вам»* (Мал.3:7); и еще: в тот день, в который грешник оставит путь свой, и обратится ко Господу, и сотворит суд и правду, беззаконий его не помяну, но живя жив будет, глаголет Господь (см. Иез.33:19).

И если праведник оставит правду свою и, согрешив, соделает неправду, правды его не помяну, но поползновение положу пред ним, и во тьме дел своих, пребыв в них, умрет он (см. Иез.18:21–24; 33:14–18). Почему же это? Потому что грешник не преткнется в грехе своем в тот день, в который обратится ко Господу; и правда праведного не избавит его в тот день, в который согрешит, если пребудет он в таковом грехе. А Иеремии так сказал Бог: *«возми себе свиток книжный»* и, что сказал Я тебе, *напиши: от дне Иосии царя Иудина, и до сего дне... вся злая»*, что, как сказал Я, наведу на народ сей, да, услышав и убоявшись, оставит человек путь свой лукавый и, обратившись, покается, и отыму грехи их (Иер.36:2–3). И Премудрость изрекла: *«покрываяй»* грех свой да не будет ни к чему годен; а кто исповедует грехи свои и оставит их, тот сподобится милости от Бога (Притч.28:13). И Исаия говорит: *«взыщите Господа»*, и, взыскав, *«призовите»* Его, и, приблизившись, *«да оставит пути своя»* грешник, и муж неправедный советы своя, и обратится ко Мне, и помилую вас. *«Не суть бо совети Мои, якоже совети ваши, ниже путие Мои, якоже путие ваши»* (Ис.55:6–8). *«Аще... послушаете Мене, благая земли снесте»* (Ис.1:19). Приидите ко Мне, и послушайте Меня, и живы будете душою вашею (см. Ис.55:3). Когда сохранишь пути Господни и сотворишь волю Его, тогда надейся на Господа и призывай Его, *«и еще глаголющу ти, речет: се, приидох»* (Ис.58:9).

Когда на неправедного находит искушение, не имеет он упования, чтобы призвать Бога и ожидать от Него спасения, потому что во дни упокоения своего удалялся от воли Божией. Прежде нежели начнешь брань, ищи себе помощи, и прежде недуга взыщи врача. Прежде нежели найдет на тебя скорбь, молись Богу – и во время горести найдешь Его, и услышит тебя. Прежде нежели поползнешься, призывай и умоляй; и прежде нежели станешь молиться, уготовь обеты, т. е. запасы на дорогу отсюда. Ковчег Ноев построен был во время мира, и дерева его были посажены за сто лет, а во время гнева неправедные погибли, праведнику же стал он покровом.

Неправедные уста заграждаются для молитвы; потому что осуждение совести делает человека не имеющим дерзновения. Сердце доброе с радостью источает слезы в молитве. В ком мир мертв, те с радостью терпят обиды; а в ком мир жив, те не могут терпеть обиды, но, движимые тщеславием, гневаются и от неразумного движения приходят в смятение или объемлются печалью. О, как трудно исполнить эту добродетель и какую славу приобретает она у Бога! Кто хочет преуспеть в сей добродетели, т. е. принимая обиды, быть великодушным, тому нужно удалиться от своих и соделаться странником; потому что в отчизне своей невозможно преуспеть в этой добродетели. Одним великим и сильным свойственно переносить страдания этой добродетели среди своих, а также тем, для которых умер этот мир и которые отреклись от надежды на всякое настоящее утешение.

Как благодать близка к смиренномудрию, так болезненные приключения к гордыне. Очи Господни на смиренномудрых, чтобы возвеселить их. Смирение всегда приемлет от Бога милость, а жестокосердию и маловерию встречаются страшные случаи. Умаляй себя во всем пред всеми людьми, и будешь возвышен пред князьями века сего.

Предваряй всякого своим приветствием и поклоном, и будешь почтен паче приносящих в дар суфирское золото.

Уничижай себя, и увидишь в себе славу Божию. Ибо где произрастает смирение, там источается Божия слава. Если будешь стараться пребывать в явном уничижении, то Бог соделает, что от всех людей будешь прославляем; если же в сердце своем будешь иметь смирение, то в сердце твоем покажет тебе Бог славу Свою. Будь удобопренебрегаем в величии твоем, а не великим в малости твоей. Старайся быть в пренебрежении, и исполнишься Божией чести. Не домогайся быть почитаемым, будучи внутренно исполнен язв. Презри честь, чтобы стать почтенным; и не люби чести, чтобы не быть обесчещенным. Кто гонится за честью, от того убегает она вперед. А кто убегает от чести, того настигает она сзади и делается для всех людей провозвестницей его смирения. Если пренебрежешь сам себя, чтобы не быть тебе почитаемым, то провозгласит о тебе Бог. Если за истину понесешь укоризну, то Бог всем тварям Своим повелит восхвалять тебя, и отверзут пред тобой дверь славы Создателя твоего, и восхвалят тебя, потому что в тебе действительно есть образ и подобие Его.

Кто видел человека, сияющего добродетелями, людям же представляющегося ничтожным, светлого жизнью, мудрого ведением и смиренного духом? Блажен, кто смиряет себя во всем, потому что будет он превознесен. Ибо кто ради Бога во всем смиряет и умаляет себя, тот прославлен бывает Богом. Кто алчет и жаждет ради Него, того упоит Бог Своими благами. Кто терпит наготу ради Бога, тот облекается Им в ризу нетления и славы. Кто обнищает ради Бога, тот бывает утешен истинным Его богатством.

Уничижай себя ради Бога, и без твоего ведома умножится слава твоя. Всю жизнь свою признавай себя грешником, чтобы во всей жизни своей быть тебе праведным.

Будь невеждою в мудрости своей, а не кажись мудрым, будучи невеждою. Если смирение возвышает человека простого и неученого, то какую, подумай, честь доставит оно великим и почтенным?

Бегай тщеславия и будешь прославлен. Бойся гордости и будешь возвеличен. Не дано тщеславие сынам человеческим, и высокомудрие – порождению жен. Если добровольно отрекся ты от всего житейского, то из-за ничтожных вещей уже ни с кем отнюдь не ссорься. Если возгнушался ты тщеславием, то бегай тех, которые гонятся за ним. Бегай от любостяжательных, как и от самой стяжательности. Удаляйся от ищущих наслаждения, как и от самого наслаждения. Бегай от непотребных, как и от самого непотребства. Ибо если одно воспоминание о сказанном возмущает ум, то кольми паче воззрение на таковых и препровождение времени с ними? Сближайся с праведными и чрез них приблизишься к Богу. Обращайся с имеющими смирение и научишься их нравам. Ибо если воззрение на таковых полезно, то кольми паче учение уст их?

Возлюби нищих, чтобы чрез них и тебе улучить милость. Не сближайся с любопрителями, чтобы не быть тебе принужденным стать вне тишины своей. Без отвращения сноси зловоние от недужных, а особенно – убогих, потому что и ты обложен телом. Не упрекай скорбящих сердцем, чтобы тебя не поразил жезл их, и взыщешь утешителей – и не найдешь. Не уничижай увечных, потому что в ад пойдем все равночестными. Люби грешников, но ненавидь дела их и не пренебрегай грешными за недостатки их, чтобы самому тебе не впасть в искушение, в котором пребывают они.

Помни, что и ты причастен земного естества, и делай добро всем. Не укоряй требующих молитвы твоей и не лишай их умягченных словес утешения, чтобы не погибли они и с тебя не были бы взысканы души их. Напротив того, подражай врачам, которые воспалительные болезни исцеляют прохладительными лекарствами, а противоположные им – горячительными.

Когда встретишься с ближним своим, принуждай себя оказывать ему честь выше меры его. Лобызай руки и ноги его, обнимай их часто с великою честью, возлагай их на глаза себе и хвали его даже за то, чего не имеет. А когда разлучишься с ним, говори о нем все хорошее и что-нибудь досточестное. Ибо сим и подобным этому привлечешь его к добру, заставишь его чувствовать стыд от того приветствия, каким приветствовал ты его, и посеешь в нем семена добродетели. От такой, снисканной тобою, привычки отпечатлевается в тебе добрый образ, приобретешь в себе смирение многое и без труда преуспеешь в великом. А сверх этого, если чествуемый тобою и имеет какие недостатки, легко приимет от тебя врачевание, постыждаемый тою честью, какую ты оказал ему. Пусть всегда будет у тебя этот нрав – ко всем быть благоприветливым и почтительным. Никого не раздражай и никого не ненавидь, ни за веру ни за худые дела его, но берегись кого-либо и в чем-либо укорять или обличать, потому что есть у нас нелицеприятный Судия на небесах. Если же хочешь обратить кого к истине, то скорби о нем и со слезами и с любовью скажи ему слово или два, а не воспаляйся на него гневом, и да не увидит в тебе признака вражды. Ибо любовь не умеет гневаться и раздражаться на кого или укорять кого со страстью.

Указанием любви и ведения служит смирение, которое рождается от доброй совести о Христе Иисусе, Господе нашем. Ему слава и держава со Отцем и со Святым Духом, ныне и присно и во веки веков! Аминь.

СЛОВО 58. О ТОМ, ЧТО БОГ НА ПОЛЬЗУ ДУШЕ ПОПУСТИЛ, ЧТОБЫ ОНА БЫЛА ДОСТУПНА СТРАСТЯМ, И О ПОДВИЖНИЧЕСКИХ ДЕЛАНИЯХ

Поползнуться на что-либо греховное – обнаруживает человеческую немощь, потому что Бог на пользу душе попустил, чтобы она была доступна страстям. Ибо Он не усмотрел полезным поставить ее выше страстей прежде пакибытия. И душе быть доступною страстям – полезно для уязвления совести; пребывать же в страстях – дерзко и бесстыдно. Есть три способа, которыми всякая разумная душа может приближаться к Богу: или горячностью веры, или страхом, или вразумлением Господним. И никто не может приблизиться к Божией любви, если не поведет его один из сих трех способов.

Как от чревоугодия рождается мятеж помыслов, так от многословия и бесчинных бесед неразумие и исступление ума. Попечение о делах житейских смущает душу, а смущение ими смущает ум и лишает его тишины.

Иноку, который посвятил себя небесному деланию, прилично всегда и во всякое время быть вне всякой житейской заботы, чтобы, погрузившись в себе самом, вовсе не находить в себе ничего принадлежащего настоящему веку. Ибо, став праздным от всего такового, может без развлечения поучаться в законе Господнем день и ночь. Телесные труды без чистоты ума то же, что бесплодная утроба и иссохшие сосцы, потому что не могут приблизиться к ведению Божию. Тело они утомляют, но не заботятся о том, чтобы искоренять страсти в уме, а потому ничего и не пожнут. Как сеющий в тернии ничего не может пожать, так уничтожающий себя злопамятностью и любостяжанием ни в чем не может успеть, но стенает на ложе своем от многого бдения и от затруднительности дел. И Писание свидетельствует, говоря: *«яко людие правду сотворившии»* и ни об единой из заповедей Господних не нерадевшие, ищут у Меня правды и истины и хотят приблизиться ко Мне, Богу, *«глаголюще: что яко постихомся, и не увидел еси? Смирихом себя, и не уведел еси? Во дни бо пощений ваших творите воли ваша»* (Ис.58:2–3), т. е. лукавые мысли ваши, – и приносите их, как всесожжения, идолам, – и злые помыслы, которые признали вы в себе за богов, причем вы приносите им драгоценнейшую из всех жертв – вашу свободную волю которую вы должны были посвящать Мне посредством ваших добрых дел и чистой совести.

Добрая земля увеселяет своего делателя плодоношением даже до ста. Если душа просияла памятованием о Боге и неусыпным бдением день и ночь, то Господь устрояет там к ограждению ее облако, осеняющее ее днем и светом огненным озаряющее ночь; во мраке ее просияет свет.

Как облако закрывает свет луны, так испарения чрева изгоняют из души Божию премудрость. И что пламень огненный в сухих дровах, то и тело при наполненном чреве. И как одно горючее вещество, приложенное к другому, увеличивает огненный пламень, так разнообразие брашен увеличивает движение в теле. В сластолюбивом теле не обитает ведение Божие; и кто любит свое тело, тот не улучит Божией благодати. Как в болезнях рождения происходит на свет плод, веселящий родившую, так при труде гортани рождается в душе плод – ведение тайн Божиих, у ленивых же и сластолюбивых – плод стыда. Как отец заботится о чадах, так и Христос печется о теле, злостраждущем ради Него, и всегда бывает близ уст его. Стяжание делания, совершаемого с мудростью, неоценимо.

Тот — странник, кто мыслью своею стал вне всего житейского. Тот плачущий, кто, по упованию будущих благ, все дни жизни своей проводит в алчбе и жажде. Тот монах, кто пребывает вне мира и всегда молит Бога, чтобы улучить ему будущие блага. Богатство монаха — утешение, находимое в плаче, и радость от веры, воссиявающая в тайниках ума. Тот милостив, кто в мысли своей не отличает одного от другого, но милует всех. Тот девственник, кто не только сохранил тело неоскверненное плотским совокуплением, но даже стыдится себя самого, когда бывает один. Если любишь целомудрие, отгони срамные помыслы упражнением в чтении и продолжительной молитвою, и тогда будешь иметь оружие против естественных побуждений, а без сего невозможно увидеть в душе чистоту. Если желаешь быть милостивым, приобучи себя сперва всем пренебрегать, чтобы ум не увлекался тяжестью этого и не выходил из своих пределов.

Ибо совершенство милосердия выказывается в терпении предпочитающего переносить обиды; совершенство смирения — в том, чтобы с радостью сносить ложные обвинения. Если истинно ты милосерд, то, когда неправедно отнято у тебя твое, не скорби внутренне и не рассказывай об ущербе посторонним. Пусть лучше ущерб, нанесенный обидевшими тебя, поглощен будет твоим милосердием, как терпкость вина поглощается множеством воды. Докажи множество милосердия своего теми благами, какие воздаешь обидевшим тебя, как и блаженный Елисей поступил с врагами своими, намеревавшимися взять его в плен. Ибо, когда помолился и ослепил их тьмою, показал тем, какая в нем сила, а когда, дав им пищу и питие, позволил уйти, доказал тем, каково его милосердие (см. 4Цар.6:13–23).

Кто истинно смиренномудр, тот, будучи обижен, не возмущается и не говорит ничего в свою защиту о том, в чем он обижен, но принимает клеветы, как истину, и не старается уверять людей, что он оклеветан, но просит прощения. Ибо иные добровольно навлекали на себя название блудных, не будучи таковыми; другие же терпели именование прелюбодеев, будучи далекими от прелюбодеяния, и слезами свидетельствовали, что несут на себе плод греха, которого не делали, и с плачем просили у обидевших прощения в беззаконии, которого не совершали, когда душа их была увенчана всякою чистотою и непорочностью. Иные же, чтобы не прославляли их за превосходные правила жизни, соблюдаемые ими втайне, представлялись в образе юродивых, быв растворены божественною солью и непоколебимы в своей тишине, так что на высоте совершенства своего святых Ангелов имели провозвестниками своих доблестей.

Ты думаешь о себе, что есть в тебе смирение. Но другие сами себя обвиняли, а ты, и другими обвиняемый, не переносишь сего и считаешь себя смиренномудрым. Если хочешь узнать, смиренномудр ли ты, то испытай себя в сказанном: не приходишь ли в смятение, когда тебя обижают?

Спаситель многими обителями у Отца называет различные меры разумения водворяемых в оной стране, т. е. отличия и разность духовных дарований, какими наслаждаются по мере разумения. Ибо не разность мест, но степени дарований назвал Он многими обителями. Как чувственным солнцем наслаждается каждый соразмерно чистоте и приемлемости силы зрения и как от одного светильника в одном доме освещение бывает различно, хотя свет не делится на многие светения, так в будущем веке все праведные нераздельно водворяются в одной стране, но каждый в своей мере озаряется одним мысленным солнцем и по достоинству своему привлекает к себе радость и веселие, как бы из одного воздуха, от одного места, седалища, видения и образа. И никто не видит меры друга своего, как высшего, так и низшего, чтобы, если увидит превосходящую благодать друга и свое лишение, не было это для него причиною печали и скорби. Да не будет сего там, где нет ни печали, ни воздыхания! Напротив того, каждый, по данной ему благодати, веселится внутренне в своей мере. Но зрелище находящееся вне всех, есть одно, и место одно, и кроме сих двух степеней нет иной посредствующей степени, разумею же одну степень горнюю, другую дольнюю, посреди же их разнообразие в разности воздаяний.

Если же это справедливо (как и действительно справедливо), то что несмысленнее или неразумнее такой речи: «Довольно для меня избежать геенны, о том же, чтобы войти в Царство, не забочусь»? Ибо избежать геенны и значит это самое – войти в Царство; равно как лишиться Царства – значит войти в геенну. Писание не указало нам трех стран, но что говорит? *Егда приидет Сын Человеческий в славе Своей.., и поставит овцы одесную Себе, а козлища ошуюю»* (Мф.25:31,33). Не три наименовал сонма, но два – один одесную, другой ошуюю. И разделил пределы различных обителей их, сказав: *«и идут сии»*, т. е. грешники, *«в муку вечную, праведницы же»* в животе вечном (Мф.25:46) просветятся яко солнце (Мф.13:43). И еще: *«от восток и запад при-идут, и возлягут»* на лоне Авраамовом *«во Царствии Небеснем; сынове же царствия изгнани будут во тму кромешную, где плач и скрежет зубом»* (Мф.8:11,12), что страшнее всякого огня. Не уразумел ли ты из сего, что состояние, противоположное горней степени, и есть та мучительная геенна?

Прекрасное дело – научать людей благости Божией, привлекать их непрерывностью Промысла Божия и от заблуждения приводить к познанию истины. Ибо таков был образ действия у Христа и апостолов, и он весьма высок. Если же человек, при таковом образе жизни и частом общении с людьми, чувствует в себе, что немощна совесть его при воззрении на существующее, и возмущается тишина его, и помрачается ведение, потому что ум его имеет еще нужду в охранении и в подчинении чувств, и, желая врачевать других, губит он собственное свое здравие и, оставляя собственную свободу воли своей, приходит в смятение ума, то пусть вспомнит таковый апостольское слово, внушающее нам, что *«совершен-*

ных есть твердая пища» (Евр.5:14), и пусть возвратится вспять, чтобы не услышать от Господа сказанного в притче: *«врачу, исцелися сам»* (Лк.4:23). Пусть осуждает сам себя и охраняет здравие свое, и вместо чувственных слов его да служит доброе его житие, и вместо гласа уст его да учат его деяния. И когда узнает, что душа его здрава, тогда пусть пользует других и врачует своим здравием. Ибо когда будет вдали от людей, тогда может больше сделать им добра ревностью о добрых делах, нежели сколько сделает словами, будучи сам немощен и более их имея нужду в исцелении. *«Слепец слепца аще водит, оба в яму впадут»* (Мф.15:14). Твердая пища прилична здоровым, имеющим обученные чувства, способным принимать всякую пищу, т. е. приражения от всяких чувств и, по причине обучения в совершенстве, от каких бы то ни было встреч не видеть вреда сердцу.

Когда диавол захочет осквернить ум таковых людей блудным воспоминанием, тогда испытывает сперва терпение их любовью к тщеславию, и предначатие сего помысла не представляется страстью. Так обыкновенно поступает он с теми, которые охраняют ум свой и в которых невозможно скоро вложить какое-либо неприличное помышление. Когда же исторгнет человека из твердыни его, и начнет он беседовать с первым помыслом и удаляться от сей твердыни, тогда диавол сретает его чем-либо напоминающим о блуде и совращает ум на дела непотребные. И сперва смущается он внезапным их приражением – тем, что предшествовавшее целомудрие помыслов встретилось с такими предметами, от воззрения на которые далек был правитель – ум. И если диавол не оскверняет его совершенно, то, по крайней мере, низводит с прежнего достоинства. Но если ум отступит назад и предупредит первое приражение помыслов, служащее причиною нашествия вторых помыслов, тогда удобно может, при помощи Божией, преодолеть страсть.

Страсти отвращать лучше памятованием добродетелей, нежели сопротивлением, потому что страсти, когда выступают из области своей и воздвигаются на брань, отпечатлевают в уме свои образы и подобия. Брань сия приобретает великую власть над умом, сильно возмущая и приводя в смятение помышления. А если поступить по первому, сказанному нами правилу, то не оказывается в уме и следа страстей по отгнании их.

Телесный труд и поучение в Божественных Писаниях охраняют чистоту, труд же подкрепляют надежда и страх. Надежду же и страх утверждают в уме удаление от людей и непрестанная молитва. Пока человек не приимет Утешителя, потребны ему Божественные Писания для того, чтобы памятование доброго напечатлелось в мысли его и непрестанным чтением обновлялось в нем устремление к добру и охраняло душу его от тонкости греховных путей: потому что не приобрел он еще силы Духа, которая удаляет заблуждение, похищающее душеполезные памятования и приближающее его к холодности через рассеяние ума. Но когда сила Духа низойдет в действующую в человеке душевную силу, тогда вместо закона Писаний укореняются в сердце заповеди Духа, и тогда тайно учится у Духа и не имеет нужды в пособии вещества чувственного. Ибо, пока сердце учится от вещества, непосредственно за учением следуют заблуждение и забвение, а когда учение преподается Духом, тогда памятование сохраняется невредимым.

Бывают помыслы добрые и изволения добрые; бывают же помыслы лукавые и сердце лукавое. Первая степень есть движение, происходящее в уме подобно ветру, воздвигаемому в море и воздымающему волны; вторая степень есть опора и основание. И по твердости основания, а не по движению помыслов бывает воздаяние за доброе и лукавое.

Душа не бывает в покое от движения изменчивых помыслов. Если же за каждое из них, хотя не имеет оно основания в глубине сердца, назначишь воздаяние, то близок будешь к тому, чтобы тысячекратно в день переменять тебе и благое свое, и противное тому.

Бескрылый птенец – тот ум, который покаянием недавно вышел из пут страстей и во время молитвы усиливается возвыситься над земными вещами, но не может, а напротив того, ступает еще по лицу земли, не имея сил летать. Однако же с помощью чтения, делания, страха и попечения о разных добродетелях собирает воедино помышления свои. Ибо не может он знать что-либо, кроме сего. И этим на краткое время сохраняется ум без осквернения и смущения; но впоследствии приходят воспоминания и возмущают и оскверняют сердце, потому что человек не ощутил еще того спокойного воздуха свободы, в который, по долгом только времени, забвением о земном вводит он ум, ибо приобрел телесные только крыла, т. е. добродетели, которые совершаются наружно, но не видел еще добродетелей созерцательных и не сподобился ощущения их, а они суть те крыла ума, на которых человек приближается к небесному и удаляется от земного.

Пока человек служит Господу чем-либо чувственным, дотоле образы сего чувственного отпечатлеваются в помышлениях его и Божественное представляет он в образах телесных. Когда же получит он ощущение внутреннего, тогда, по мере ощущения его, и ум от времени до времени будет возвышаться над образами вещей.

«Очи Господни» на смиренных сердцем *«и уши Его в молитву их»* (Пс.33:16). Молитва смиренномудрого как бы прямо из уст в уши. Во время безмолвия твоего благими делами смирения взывай: *«Господи, Боже мой»*, Ты *«просветиши тму мою»* (Пс.17:29).

Когда душа твоя приблизится к тому, чтобы выйти из тьмы, тогда вот что пусть будет для тебя признаком: сердце у тебя горит и, как огнь, распаляется день и ночь; а потому целый мир вменяешь ты в уметы и пепел, не желаешь даже пищи от сладости новых, пламенеющих помыслов, непрестанно возбуждающихся в душе твоей. Внезапно дается тебе источник слез, как поток, текущий без принуждения и примешивающийся ко всякому делу твоему, т. е. и во время чтения твоего, и молитвы твоей, и размышления твоего, и когда принимаешь пищу и питие; и во всяком деле твоем оказывается, что у тебя срастворены с ним слезы. И когда увидишь это в душе своей, будь благонадежен, потому что переплыл ты море; и будь столь прилежен к делам своим, так тщательно охраняя себя, чтобы благодать умножалась в тебе со дня на день. А пока не достигнешь в себе этого, ты не совершил еще пути своего и не вступил на гору Божию. Если же и после того, как обрел и приял ты благодать слез, они прекратятся и горячность твоя охладеет без изменения в чем-либо другом, т. е. без телесной немощи, то – горе тебе: ты погубил нечто, впав или в самомнение, или в нерадение, или в расслабление. Но что последует за слезами по приятии оных и что бывает с человеком после сего, об этом напишем впоследствии в другом месте, в главах о Промысле, как просвещены мы в сем от отцов, которым вверены были таковые тайны, и из Писаний.

Если не имеешь дел, не говори о добродетелях. Паче всякой молитвы и жертвы драгоценны пред Господом скорби за Него и ради Него, и паче всех благоуханий – запах пота их.

Всякую добродетель, совершаемую без телесного труда, почитай бездушным выкидышем. Приношение праведных – слезы очей их, и приятная Богу жертва – воздыхания их во время бдений. Воззовут ко Господу праведные, угнетаемые тяжестью тела, и с болезнованием будут воссылать моления к Богу, и на вопль гласа их приидут на помощь к ним святые Чины – ободрить, утешить их надеждою, потому что святые Ангелы, приближаясь к святым мужам, являются соучастниками их страданий и скорбей.

Доброе делание и смиренномудрие делают человека богом на земле; а вера и милостыня производят то, что он скоро приближается к чистоте. Невозможно, чтобы в одной душе были и горячность, и сокрушение сердца, равно как в опьянении невозможно владеть помыслами.

Ибо, как скоро дана душе сия горячность, отъемлется у нее слезное сокрушение. Вино даровано для веселия, и горячность – для душевной радости. Вино согревает тело, а слово Божие ум. Распаляемые горячностью бывают восхищаемы размышлением об уповаемом и уготовляют мысль свою к будущему веку. Ибо как упившиеся вином представляют себе какие-то извращенные подобия вещей, так упоенные и согретые оною надеждою не знают ни скорби, ни чего-либо мирского. Все это и иное, подобное сему, что уготовано шествующим стезею добродетели, бывает с людьми простосердечными и имеющими горячую надежду – после постоянного делания и по приобретении чистоты. Сие совершается в начале пути верою души, ибо Господь творит все, что хочет.

Блаженны те, которые ради любви к Богу препоясали для моря скорбей чресла свои простотою и непытливым нравом и не обращают тыл. Они скоро спасаются в пристань Царствия, упокоеваются в селениях добре потрудившихся, утешаются от злострадания своего и преисполняются веселием своего упования. С надеждою вступающие на путь стропотный – не возвращаются назад и не останавливаются, чтобы входить в исследование о сем. Но когда переплывут море, тогда, взирая на стропотность пути, приносят благодарение Богу, что избавил их от теснот, стремнин и от такой негладкости в пути, тогда как они и не знали сего. А из тех, которые составляют много умствований, желают быть очень мудрыми, предаются замедлениям и боязливым помыслам, приуготовляют себя и хотят предусматривать вредоносные причины, большая часть оказываются всегда сидящими при дверях своего дома.

Ленивый, посланный в путь, скажет: *«лев на стезях, на путех же разбойницы»* (Притч.22:13), подобно тем, которые говорили: сынов исполинов *«тамо видехом и бехом пред ними яко прузи»* (Чис.13:34). Это те, которые во время кончины своей оказываются еще в пути: желают всегда быть мудрыми, а отнюдь не хотят положить и начала. А невежда, пускаясь в плавание, переплывает с первою горячностью, ни малой не прилагая заботы о теле и не рассуждая сам с собою, будет или нет какой успех от сего труда. Внемли себе, да не будет у тебя избыток мудрости поползновением душе и сетью пред лицом твоим; напротив того, возложив упование на Бога, мужественно полагай начало пути, исполненному крови, чтобы не оказаться тебе скудным всегда и лишенным Божия ведения.

Страшливый, *«блюдый ветра не сеет»* (Еккл.11:4). Лучше смерть за Бога, нежели жизнь со стыдом и леностью. Когда хочешь положить начало Божию делу, сделай прежде завещание, как человек, которому уже не жить в этом мире, как приготовившийся к смерти и отчаявшийся в настоящей жизни, как достигший времени срока своего. И действительно имей это в мысли, чтобы надежда продлить настоящую жизнь не воспрепятствовала тебе подвизаться и победить, потому что надежда продлить сию жизнь расслабляет ум. Посему отнюдь не умудряйся до излишества, но вере дай место в уме своем; содержи в памяти многие дни будущие и неисповедимые века после смерти и суда, и да не придет на тебя некогда расслабление, по словам Премудрого, что тысяча лет нынешнего века не равняется и одному дню в веке праведных (см. Пс.89:5). С мужеством начинай всякое доброе дело, а не с двоедушием приступай к таким делам; не колеблись сердцем твоим в уповании на Бога, чтобы труд твой не стал бесполезен и делание твоей службы тягостно. Напротив того, веруй сердцем твоим, что Господь милостив и ищущим Его дает благодать, как Мздовоздаятель, не по деланию нашему, но по усердию и по вере душ наших. Ибо говорит: *«якоже веровал еси, буди тебе»* (Мф.8:13).

Делания же жительствующих по Богу суть следующие: один целый день бьет главу свою и делает это вместо совершения службы, т. е. часов.

Иной с постоянным и продолжительным коленопреклонением соединяет число молитв своих. Другой множеством слез своих заменяет для себя службы и довольствуется тем. Иной занят углублением в свои мысли и совокупляет с тем определенное ему правило. Другой томит душу свою гладом, так что не в состоянии бывает совершать служб. А иной, ревностно поучаясь в псалмах, делает службу сию непрерывною. Иной проводит время в чтении, и согревается сердце его. Иной отдается в плен тем, что старается понять Божественный смысл в Божественных Писаниях. Иной, приходя в восторг от чудного смысла стихов, удерживается, объятый обычным размышлением и молчанием. Другой, вкусив всего этого и насытившись, возвратился назад и остался бездейственным. А иной, вкусив только малое нечто и надмившись, вдался в заблуждение. Иному воспрепятствовали хранить правило его тяжкая болезнь и бессилие, а другому – господство какой-нибудь привычки, или какого-нибудь пожелания, или любоначалия, или тщеславия, или любостяжательности, или пристрастия к тому, чтобы собирать вещественное. Иной преткнулся, но восстал и не обратил хребта своего, пока не получил многоценную жемчужину. Посему всегда с радостью и усердием полагай начало Божию делу; и если ты чист от страстей и колебаний сердца, то Сам Бог возведет тебя на вершину, и поможет тебе, и умудрит тебя сообразно с волею Его, и в удивлении приимешь совершенство. Ему слава и держава ныне, и присно, и во веки веков! Аминь.

СЛОВО 59. О ЧИНЕ МОНАШЕСКОГО ЖИТИЯ, О СОКРАЩЕНИИ И РАЗЛИЧИИ ОНОГО И О ТОМ, ПОЧЕМУ И КАКИМ ОБРАЗОМ ДОБРОДЕТЕЛИ РОЖДАЮТСЯ ОДНА ОТ ДРУГОЙ

От делания с понуждением рождается безмерная горячность, распаляемая в сердце горячими помышлениями, впервые появляющимися в уме. А сие делание и хранение утончают ум своею горячностью и сообщают ему видение. И сие видение порождает сказанные выше горячие помыслы во глубине душевного видения, которое именуется созерцанием. А сие созерцание порождает горячность, и от сей горячности, производимой благодатию созерцания, рождается слезный поток, вначале – в малой некоторой мере, т. е. в один день много раз идут у человека слезы и потом оскудевают, а засим следуют непрестанные слезы, и от непрестанных слез душа приемлет умирение помыслов; от умирения же помыслов возвышается до чистоты ума, а при чистоте ума человек приходит в видение тайн Божиих; потому что чистота скрывается в умирении от браней. После же сего ум достигает до зрения откровений и знамений, как видел пророк Иезекииль. Сие изображает три степени, по которым душа приближается к Богу. Начало всему этому – благое пред Богом преднамерение и виды дел безмолвия непреложные; они порождаются многим отсечением и удалением себя от дел житейских. Нет большой необходимости говорить о каждом виде сих дел, потому что они всем известны; впрочем, поелику описание оных не бесполезно, и даже, как я утверждаю, скорее полезно читающим, то не должно лениться описать оные.

Это суть: алкание, жаждание; чтение, всенощное и трезвенное бдение, по мере сил каждого, и множество поклонов, которые следует совершать и в часы дневные, и многажды ночью. Пусть же самою малою мерою будет для тебя – положить тридцать поклонов в один раз, потом поклониться Честному Кресту, и тем кончить. Но есть и такие, которые по силе своей прибавляют к этой мере (поклонов). Иные же в единой молитве проводят три часа, имея ум трезвенный и повергшись лицом на землю без принуждения и парения помыслов. И два сии вида обнаруживают и показывают множество богатства благостыни, т. е. благодати, какая уделяется каждому человеку по мере его достоинства. Какой же иной способ молитвы и пребывания в ней, свободного от принуждения, – сего нахожу я справедливым не объявлять и, ни устным словом, ни письменными начертаниями, не изображать чина сей молитвы, чтобы читающий, оказавшись не понимающим того, что читает, не почел написанного не имеющим смысл; или, если окажется он знающим это, не стал уничижать того, кто не знает порядка в этом, и в последнем случае не произошло бы укоризны, а в первом – смеха. И тогда, по изречению апостола, сказанному им о пророчествующих, и я окажусь в таковых делах иноязычником (1Кор.14:11). Посему, кому желательно уразуметь сие, тот пусть идет описанным выше путем и последовательно проходит умное делание. И когда приступит к этому самым делом, тогда сам собою познает сие и, конечно, не потребует учителя. Ибо говорит: сиди в келлии, и это само по себе научит тебя всему. Богу же нашему да будет слава вовеки! Аминь.

СЛОВО 60. О РАЗЛИЧНЫХ СПОСОБАХ БРАНИ, КАКУЮ ДИАВОЛ ВЕДЕТ С ШЕСТВУЮЩИМИ ПУТЕМ ТЕСНЫМ, ПРЕВЫСШИМ МИРА

У сопротивника нашего диавола есть древний обычай со вступающими в подвиг сей хитро разнообразить борьбу свою – соответственно образу вооружения их· и, соображаясь намерением лица, изменяет он способ своего ратоборства. Которые ленивы произволением и немощны помыслами, на тех обращает особое внимание и с самого начала сильно нападает на них, так что восставляет против них твердые и сильные искушения, чтобы в начале пути заставить их изведать все способы лукавства его, чтобы с первого подвига объяла их боязнь, путь их показался им жестоким и неудобопроходимым, и сказали они так: «Если начало пути так тяжело и трудно, то кто может до самого конца его выдержать многие находящиеся посреди его трудности?» И с этого времени не могут уже они снова восстать или идти вперед, и даже видеть что-либо иное от гнетущей заботы о сем. И мало-помалу диавол усиливает с ними жестокую брань свою, чтобы обратить их таким образом в бегство. Лучше сказать, Сам Бог попускает диаволу превозмогать их и ни в чем не вспомоществует им, потому что с сомнением и холодностью вступили они в подвиг Господень. Ибо говорит Бог: *«проклят всяк творяй дело Господне с небрежением»*, и возбраняющий руке *«от крове»* (Иер.48:10); и еще: Господь *«близ боящихся Его»* (Пс.84:10). Ибо без страха и холодности идти против диавола повелевает

Бог, говоря: начни только губить его, и устремись на брань с ним, и сразись с ним мужественно, и *«возложу страх твой»* на всех врагов твоих под небом, – глаголет Господь (Втор.11:25). Ибо если не умрешь добровольно чувственною смертью за благость Божию, то поневоле умрешь духовно – для Бога.

Поэтому, если такова твоя участь, без отягощения добровольно приими за Бога временные страдания, чтобы войти в славу Божию. Ибо, если в подвиге Господнем умрешь телесно, Сам Господь увенчает тебя, и честным останкам твоим дарует Бог честь мучеников. Посему, как сказал я выше, те, которые в самом начале были нерадивы и расслаблены и не решились предать себя на смерть, те с сего времени во всех бранях оказываются слабыми, а не мужественными. Лучше же сказать, Бог попускает, чтобы они были гонимы и побеждаемы во бранях, потому что не поистине взыскали Его, но как бы искушая и издеваясь пытались совершить дело Божие. Потому и сам диавол изначала узнал их и испытал их в помыслах их, каковы они, т. е. – боязливы и самолюбивы и более всего щадят тело свое. И посему-то как бы бурею гонит их, так как не видит в них духовной силы, какую обык видеть в святых. Ибо, соответственно произволению человека стремиться к Богу и намерению стремиться к цели ради Него, и Бог содействует, и помогает, и являет ему Свое о нем промышление. А диавол не может приближаться к человеку или наводить на него искушения, если человек не вознерадит и Бог не попустит на него (искушений). Или если кто допустит себя до срамных помыслов самомнением и превозношением, или помыслом сомнения и двоедушия, то диавол испрашивает таковых себе на искушение.

Новоначальных же, простых и неопытных, не испрашивает он у Бога, подобно святым и великим, для искушения их. Ибо знает, что Бог не попустит таковым впасть в руки его (так как Богу известно, что нет у них достаточных сил против диавольских искушений), разве будет в них одна из сказанных причин, и тогда сила Промысла Божия удаляется от них. Это есть первый способ диавольских браней.

О втором способе диавольских браней

А которые, как видит диавол, мужественны, сильны, ни во что вменяют смерть, исходят на дело с великою ревностью, предают себя на всякое искушение и на смерть, пренебрегают жизнью мирскою, телом и всеми искушениями, навстречу тем не вдруг выходит диавол, и по большей части не показывает себя им, скрывается, уступает им место, и не встречается с ними при первом их устремлении, и не вступается с ними в брань. Ибо знает, что всякое начало брани бывает горячее; и известно ему, что подвижник имеет великую ревность, а ревностные воители не легко побеждаются. Делает же это диавол, не их самих устрашаясь, но боится он окружающей их, его устрашающей Божественной силы. Посему, пока видит их таковыми, не осмеливается даже прикоснуться к ним — до тех пор, пока не увидит, что охладели они в ревности своей и те оружия, какие уготовали себе в мыслях своих, сложили с себя изменением Божественных словес и памятований, содействующих и вспомоществующих им; во время же лености их обращает на них внимание, когда уклонятся они несколько от первых помыслов своих и сами от себя начнут изобретать то, что служит к одолению их в них же источающимися ласкательствами мудрования их, и сами от себя душам своим ископывают ров погибели от лености происходящим парением помыслов, от которых в них, т. е. в мыслях и в сердцах их, воцарилась холодность. И диавол, когда удерживается от нападения на них, делает сие непроизвольно: не потому, что щадит их или стыдится их, ибо ни во что вменяет их.

Напротив того, рассуждаю, что некая сила окружает тех, которые с пламенною ревностью стремятся к Богу, с младенческими чувствами исходят на подвиг, без колебания отрекаются от мира, надеются же на Бога, веруют в Него и не знают, с кем ведут борьбу. Посему Бог отражает от них лютость диавольского лукавства, чтобы не приближались к ним, и враг обуздывается, видя Хранителя, всегда их охраняющего. Ибо если не отринут от себя причин помощи, т. е. молитв, трудов и смиренномудрия, то Заступник и Помощник сей никогда не удаляется от них.

Смотри и запиши это в сердце своем, потому что сластолюбие и любовь к покою бывают причиною попущения. А если кто пребывает в неослабном воздержании от этого, то никогда не оставляет его Божие содействие, и врагу не попускается сражаться с ним. Если же и бывает когда попущено сразиться с ним для вразумления его, то сопровождает и поддерживает его святая сила, и не боится он демонских искушений, потому что помысл его бывает дерзновен и пренебрегает искушениями ради этой силы. Ибо сама Божественная сила эта научает людей, как иной учит плавать какого-нибудь малого ребенка; и когда тот начнет утопать, выносит его из воды, потому что ребенок плавает над руками обучающего; и когда начнет робеть, как бы не утонуть, сам носящий его на руках своих взывает с ободрением ему: «Не бойся, я ношу тебя». И как матерь учит малого сына своего ходить, удаляется от него и зовет его к себе, а когда он, идя к матери своей, начнет дрожать и, по слабости и младости ног и членов, падать, матерь его прибегает и носит его в объятиях своих; так и благодать Божия носит и учит людей, которые чисто и в простоте предали себя в руки Создателя своего, всем сердцем отреклись от мира и идут вослед Господа.

А ты, человек исходящий вослед Бога, во всякое время подвига своего помни всегда начало, и первую ревность при начале пути, и те пламенеющие помыслы, с какими исшел ты в первый раз из дома своего и вступил в брань. Так испытывай себя каждый день, чтобы горячность души твоей не охладела в ревности, воспламенившейся в тебе вначале, и чтобы не лишиться тебе одного из оружий, в какие облечен ты был в начале твоего подвига. И непрестанно возвышай голос свой среди воинского стана, ободряй и поощряй к мужеству чад десной страны, т. е. помыслы свои, а другим, т. е. стороне сопротивника, показывай, что ты трезвен. И посему, если вначале увидишь устрашающее тебя устремление искусителя, не ослабевай: оно, может быть, будет тебе полезно, потому что Спасающий тебя никому не попускает даром приблизиться к тебе, если не устрояет в этом чего-либо к пользе твоей.

Но не показывай нерадения вначале, чтобы, показав нерадение здесь, не пасть тебе, когда идешь вперед, и не оказаться уже неспособным сопротивляться находящим на тебя скорбям, разумею же скорби по причине голода, немощи, страшных мечтаний и прочего. Не извращай намерения Подвигоположника твоего, потому что даст Он тебе помощь против сопротивника, чтобы враг не нашел тебя, каким ожидает. Но призывай непрестанно Бога, плачь пред благодатью Его, сокрушайся и трудись, пока не пошлет тебе помощника. Ибо, если однажды увидишь близ себя Спасающего тебя, не будешь уже побежден сопротивляющимся тебе врагом твоим. Вот до сего места описаны два способа диавольской борьбы.

О третьем способе вражеской брани с сильными и мужественными

Посему когда диавол после всего этого восстанет на кого-нибудь, то уже не имеет он сил к борьбе с ним, лучше же сказать – к борьбе с укрепляющим его и помогающим ему; человек содействием сим возносится над врагом, заимствует у содействующего силу и терпение, так что грубое и вещественное тело побеждает бесплотного и духовного. Когда же увидит враг всю эту силу, какую человек приял от Бога, увидит, что внешние чувства у человека не побеждаются видимыми вещами и слышимыми гласами, и помыслы не расслабевают от ласкательств и обольщений его, тогда поэтому обманщик этот желает отыскать какой-либо способ отдалить от человека оного помогающего ему Ангела; лучше же сказать, обманщик этот желает ослепить ум человека, которому оказывается помощь, чтобы оказался он беспомощным, и возбудить в нем помыслы гордыни, чтобы подумал он в себе, будто бы вся крепость его зависит от его собственной силы и сам он приобрел себе это богатство, своею силой сохранил себя от противника и убийцы. И иногда рассуждает он, что победил врага случайно; а иногда – что победил по бессилию врага (умалчиваю о других образах и помыслах хулы, при одном только воспоминании о которых душа впадает в страх); иногда же враг, под видом откровений от Бога, изводит на среду прелесть свою, и в сновидениях показывает что-либо человеку, и также во время его бодрствования преобразуется в светлого Ангела, и делает все, чтобы получить возможность мало-помалу убедить человека – хотя немного быть в единомыслии с ним, чтобы человек предан был в руки его. Если же благоразумный человек твердо удержит помыслы свои, лучше же сказать удержит памятование о содействующем ему, и око сердца своего устремит к небу, чтобы не видеть нашептывающих в нем это, то враг снова старается изобретать иные способы.

О четвертой противодейственной вражеской брани
Итак, у него осталось это одно потому что природа имеет с сим сродство; и потому этим преимущественно надеется он причинить погибель человеку. В чем состоит это ухищрение? В следующем: нападать на человека посредством естественных его нужд. Ум подвижника ослепляется часто видением и приближением к нему вещей чувственных и без труда побеждается в борьбе, когда сближается с ними, гораздо же более – когда они бывают пред глазами у человека. Ибо со знанием дела и с опытностью пользуется сим способом лютый диавол, т. е. познал он сие опытно на многих крепких и сильных

подвижниках, которые пали от сего, и делает это хитро. Хотя не может он заставить человека совершить на деле, вследствие твердости безмолвия его и вследствие удаленности жилища его от поводов и причин ко греху, однако же усиливается возбудить ум подвижников к мечтательности и старается образовать в них ложные мечты под видом истины; чтобы пришли в вожделение мечтаемого, производит в них щекотания и побуждения останавливаться мыслью на срамных помыслах, соглашаться на оные, соделываться в них виновными, так что чрез это отступает от них помощник их. Ибо враг знает, что победа человека, и поражение его, и сокровище, и защита его, и все у подвижника заключается в помысле его и совершается в краткое мгновение, только бы помыслу подвигнуться с места, и с оной высоты снизойти на землю, и произволением на одно мгновение показать свое согласие, как и случилось это со многими из святых при мечтательном представлении красоты женской. Если приближались они к миру на одно или на два поприща, или на расстояние дневного пути, то враг нередко прибегал к тому, что действительно приводил к ним женщин. А так как пребывающих вдали от мира не может уловить в эту сеть, то в мечтаниях показывает им женскую красоту, показывая им ее то в нарядных платьях и в соблазнительном виде, то непристойно – в образе нагой женщины. Сим и подобным сему одних победил враг на самом деле, а другие, по беспечности помыслов своих, поруганы были мечтаниями и чрез то пришли в глубину отчаяния, уклонились в мир, и души их утратили небесную надежду.

Другие же были крепче их и, просвещенные благодатью, победили врага и мечтания его, попрали плотские наслаждения и оказались искусными в любви Божией. Часто также враг делал, что видели они мечтательно золото, драгоценные вещи и золотые сокровища, а иногда на самом деле показывал им это в той надежде, что, может быть, и успеет такими различными мечтаниями остановить кого-либо из них в течении его и запнуть одной из сетей и мреж своих.

Но Ты, Господи, ве́дущий немощь нашу, не введи нас в таковые искушения, из которых даже сильные и более искусные едва исходят победителями после таковой борьбы!

И все это попускается искусителю диаволу, чтобы вести со святыми брань искушениями, дабы таковыми искушениями изведывалась любовь Божия в них; действительно ли, при удалении сих вещей, в отшельничестве, лишении и скудости своей, они боголюбивы, и пребывают в любви Божией, и истинно любят Бога; и когда приближаются к сим вещам, то стараются ли по любви к Богу пренебрегать ими и уничижать их; обольщаемые ими, не уступают ли им над собою победы. И таким образом искушаются, чтобы чрез это соделаться не только известными Богу, но и самому диаволу, потому что желательно ему многим искусить и изведать всех, если можно, и испросить себе у Бога для искушения, как испросил праведного Иова. И когда бывает малое попущение Божие, искуситель диавол неудержимо приближается; но по мере силы искушаемых им, а не по желанию своему приражается к ним беззаконный диавол. И чрез сие испытываются истинные и твердые в любви Божией: пренебрегают ли они всем этим, и вменяется ли это в глазах их ни во что в сравнении с любовью Божией, всегда ли смиряются они, воздают славу Содействующему им во всем и Виновнику их победы, и Ему в руки предают себя во время подвига, говоря Богу: «Ты силен, Господи; Твой это подвиг, Ты ратоборствуй и побеждай в нем за нас». Тогда искушаются они, как золото в горниле.

Также и ложные боголюбцы изведываются и познаются в таковых искушениях, и они, дав место врагу своему и став повинными, отпадают от Бога, как сор, за беспечность ума своего или за гордость свою, потому что не сподобились приять силу, какая действовала во святых. Содействующая же нам сила не преодолевается.

Ибо Господь Всемогущ и крепче всех и во всякое время бывает победителем в смертном теле, когда идет вместе с подвижниками на брань. Если же бывают они побеждены, то явно, что побеждаются без Него. И это суть те, которые, по своему произволению, неразумием своим обнажили себя от Бога, потому что не сподобились силы, вспомоществующей победителям, и даже чувствуют себя лишенными той обычной, собственной своей силы, какую имели во время сильных своих браней. Как же чувствуют это? Видят, что падение их представляется приятным и сладостным в очах их и что трудно им выдержать жестокость борьбы со врагом их, которую прежде с ревностью решительно преодолевали стремлением естественного движения, сопровождавшимся в то время горячностью и быстротою. И этого не находят они теперь в душе своей.

И те, которые нерадивы и слабы в начале подвига, не только от сих и подобных борений, но и от шума древесных листьев приходят в боязнь и смятение, и малою нуждою, голодом в случае недостатка, и небольшою немощью преодолеваются, отрекаются от подвига и возвращаются вспять. Истинные же и благоискусные подвижники не насыщаются злаками и овощами и, даже питаясь кореньями сухих былий, не соглашаются что-либо вкусить прежде назначенного часа, но в телесном изнеможении и бедствовании лежат на голой земле; очи их едва смотрят от чрезмерного истощания тела, и, если от нужды сей близки бывают к тому, чтобы разлучиться с телом, не уступают над собою победы и не оставляют крепкого произволения, потому что желают и вожделевают лучше сделать себе принуждение из любви к Богу и предпочитают трудиться ради добродетели, нежели иметь временную жизнь и в ней всякое упокоение. И когда находят на них искушения, веселятся паче, потому что усовершаются ими. Даже среди тяжких приключающихся им трудов не колеблются в любви Христовой, но до исхода из жизни сей пламенно желают с мужеством выдерживать трудности и не отступают, потому что чрез это усовершаются. Богу же нашему да будет слава во веки веков! Аминь.

СЛОВО 61. О ТОМ, ЧТО ПОЛЕЗНО ЧЕЛОВЕКУ ДЛЯ ПРИБЛИЖЕНИЯ ЕГО В СЕРДЦЕ СВОЕМ К БОГУ, КАКАЯ ИСТИННАЯ ПРИЧИНА СОКРОВЕННО ПРИБЛИЖАЕТ К НЕМУ ПОМОЩЬ И КАКАЯ ОПЯТЬ ПРИЧИНА ПРИВОДИТ ЧЕЛОВЕКА В СМИРЕНИЕ

Блажен человек, который познает немощь свою, потому что ведение сие делается для него основанием, корнем и началом всякого доброго усовершенствования. Как скоро познает кто и действительно ощутит немощь свою, тогда воздвигает душу свою из расслабления, омрачающего оное ведение, и богатеет осторожностью. Но никто не может ощутить немощь свою, если не будет попущено на него хотя малого искушения тем, что утомляет или тело, или душу. Тогда, сравнив свою немощь с Божиею помощью, тотчас познает её величие. И также, когда рассмотрит множество принятых им мер, осторожность, воздержание, покров и ограждение души своей, в чем надеялся он найти для нее уверенность, и не обретает – даже и сердце его, от страха и трепета, не имеет тишины, то пусть поймет и познает тогда, что этот страх сердца его обнаруживает и показывает непременную потребность для него иного некоего помощника. Ибо сердце страхом, поражающим его и борющимся внутри его, свидетельствует и дает знать о недостатке чего-то; а сим доказывается, что не может оно жить с упованием, потому что, как сказано, спасает Божия помощь. Но кто познал, что имеет нужду в Божией помощи, тот совершает много молитв. И в какой мере умножает их, в такой смиряется сердце. Ибо всякий молящийся и просящий не может не смириться. *«Сердце же сокрушенно и смиренно Бог не уничижит»* (Пс.50:19). Поэтому сердце, пока не смирится, не может престать от парения; смирение же собирает его воедино.

А как скоро человек смирится, немедленно окружает его милость. И тогда сердце ощущает Божественную помощь, потому что обретает возбуждающуюся в нем некую силу упования. Когда же человек ощутит, что Божественная помощь вспомоществует ему, тогда сердце его сейчас же исполняется веры. Из сего уразумевает он, что молитва есть прибежище помощи, источник спасения, сокровище упования, пристань, спасающая от треволнения, свет пребывающим во тьме, опора немощных, покров во время искушений, помощь в решительную минуту болезни, щит избавления во брани, стрела, изощренная на врагов, и просто сказать: открывается, что все множество сих благ имеет доступ посредством молитвы; и потому отныне услаждается уже он молитвою веры. Сердце его веселится от упования и никак не остается в прежнем ослеплении и при простом вещании уст. Но когда уразумеет сие таким образом, тогда приобретет в душе молитву, подобную сокровищу, и от великого веселия вид молитвы своей изменит в благодарственные гласы. И вот слово, изреченное Тем, Кто каждой вещи определил собственный ее образ: «Молитва есть радость, воссылающая благодарение». Разумел же Он сию молитву, совершаемую в ведении Бога, т. е. посылаемую от Бога; потому что не с трудом и утомлением молится тогда человек, какова всякая иная молитва, какою молится человек до ощущения сей благодати; но с сердечною радостью и удивлением непрестанно источает благодарственные движения при неисчислимых коленопреклонениях – и от множества возбуждений к ведению, от удивления и изумления пред благодатью Божиею внезапно возвышает глас свой, песнословя и прославляя

Бога, воссылает благодарение Ему и в крайнем изумлении приводит в движение язык свой.

Кто достиг сюда действительно, а не мечтательно, самым делом положил в себе многие признаки и по долгом самоиспытании узнал многие особенности, тот знает, что говорю; потому что не противно сие. И отныне да престанет помышлять суетное, да пребывает неотступно пред Богом в непрестанной молитве, с боязнью и страхом, чтобы не лишиться великой Божией помощи.

Все сии блага рождаются в человеке от познания собственной немощи. Ибо по великому желанию помощи Божией приближается он к Богу, пребывая в молитве. И в какой мере приближается он к Богу намерением своим, в такой и Бог приближается к нему дарованиями Своими и не отъемлет у него благодати за великое его смирение, потому что он, как вдова пред судиею, неотступно вопиет защитить от соперника. Поэтому же щедролюбивый Бог удерживает от него дары благодати, чтобы служило сие для человека причиною приближаться к Богу и чтобы ради потребности своей человек неотлучно пребывал пред Источающим служащее на пользу. И некоторые прошения его Бог исполняет очень скоро, именно те, без которых никто не может спастись, а другие медлит исполнить. И в иных обстоятельствах отражает от него и рассевает палящую силу врага в других попускает впадать в искушение, чтобы это испытание, как уже сказал я, служило для него причиною приблизиться к Богу, и чтобы научился он, и имел опытность в искушениях. И вот слово Писания: Господь оставил многие народы, не истребил их и не предал в руки Иисуса, сына Навина, чтобы наставить ими сынов Израилевых и чтобы колена сынов Израилевых вняли их урокам и научились брани (см. Суд.3:1–2). Ибо у праведника, не познавшего своей немощи, дела его как бы на острие бритвы, и вовсе недалек он от падения и от тлетворного льва, разумею же демона гордыни. И еще, кто не знает своей немощи, тому недостает смирения; а кому недостает его, тот не достиг до совершенства; и не достигший до оного всегда бывает в страхе, потому что град его не утвержден на столпах железных и на порогах медных, т. е. на смирении. Смирение же не иначе может кто приобрести, как теми способами, какими обыкновенно приобретается сердце сокрушенное и уничиженные о себе помышления. Посему-то и враг нередко отыскивает себе след причины, чтоб совратить человека. Ибо без смирения не может быть совершено дело человека, и к рукописанию свободы его не приложена еще печать Духа, лучше же сказать – доныне он раб, и дело его не превзошло страха; потому что никому не исправить дела своего без смирения и не вразумиться без искушений; а без вразумления никто не достигает смирения.

Посему-то Господь оставляет святым причины к смирению и к сокрушению сердца в усильной молитве, чтобы любящие Его приближались к Нему посредством смирения. И нередко устрашает их страстями их естества и поползновениями срамных и нечистых помышлений, а часто – укоризнами, оскорблениями и заушениями от людей; иногда же – болезнями и недугами телесными; и в другое время – нищетою и скудостью необходимо потребного, то – мучительностью сильного страха, оставлением, явною бранью диавола, чем обыкновенно устрашает их, то – разными страшными происшествиями. И все это бывает для того, чтобы иметь им причины к смирению и чтобы не впасть им в усыпление нерадения, или по причине тех недугов, в каких находится подвижник, или ради будущего страха. Посему искушения по необходимости полезны людям. Но говорю сие не в том смысле, будто бы человеку следует добровольно расслаблять себя срамными помыслами, чтобы памятование о них служило для него поводом к смирению, и будто бы должен он стараться впадать в другие искушения; но – в том смысле, что следует ему в доброделании во всякое время трезвиться, соблюдать душу свою и помышлять, что он – тварь и потому легко подвергается изменению.

Ибо всякая тварь в защиту себе требует Божией силы, и всякий, кто требует защиты от другого, обнаруживает тем естественную немощь. А кто познал немощь свою, тому по необходимости потребно смириться, чтобы потребное для себя получить от Могущего дать сие. И если бы изначала знал и видел он немощь свою, то не вознерадел бы. И если бы не вознерадел, то и не впал бы в сон и для пробуждения своего не был бы предан в руки оскорбляющих его.

Итак, шествующему путем Божиим надлежит благодарить Бога за все, приключающееся с ним, укорять же и осыпать упреками душу свою и знать, что попущено сие Промыслителем не иначе, как по собственному его какому-нибудь нерадению, для того, чтобы пробудился ум его, или потому, что он возгордился. И потому да не смущается он, да не оставляет поприща и подвига, и да не перестанет укорять себя – чтобы не постигло его сугубое зло; потому что нет неправды у Бога, источающего правду. Да не будет сего! Ему слава вовеки! Аминь.

СЛОВО 62. О СЛОВЕСАХ БОЖЕСТВЕННОГО ПИСАНИЯ, ПОБУЖДАЮЩИХ К ПОКАЯНИЮ, И О ТОМ, ЧТО ИЗРЕЧЕНЫ ОНЫЕ ПО НЕМОЩИ ЧЕЛОВЕЧЕСКОЙ, ЧТОБЫ ЛЮДИ НЕ ПОГИБЛИ, ОТПАВ ОТ БОГА ЖИВАГО, И ЧТО НЕ ДОЛЖНО ПОНИМАТЬ ОНЫЕ КАК ПОВОД К ТОМУ, ЧТОБЫ ГРЕШИТЬ

То мужество в покаянии, которое отцы делами своими показали и в божественных своих писаниях положили; и ту силу его, какая изображена в Писаниях апостолов и пророков, не должны мы понимать как пособие к тому, чтобы грешить и разорять ненарушимые постановления Господни, какие от дней древних устами всех святых, во всех писаниях и законоположениях определены силою Божией к истреблению греха. Ибо для того, чтобы стяжать нам надежду в покаянии, придумали они удалить из нашего чувства страх отчаяния, чтобы всякий человек поспешал прийти в покаяние и не грешил небоязненно. Ибо Бог всеми мерами во всех Писаниях внушал страх и показывал, что грех ненавистен Ему. Ибо как погиб в потопе современный Ною род? Не за похотливость ли, когда люди с неистовством возжелали красоты дщерей Каиновых? Не было же в то время сребролюбия, идолослужения, волхвования и войн. За что и содомские города пожжены огнем? Не за то ли, что члены свои предали вожделению и нечистоте, которые по воле их владели всеми ими во всех скверных и безрассудных деяниях? Не за любодеяние ли одного человека в одно мгновение подпало смерти двадцать пять тысяч сынов первенца Божия, Израиля? За что отвержен Богом сей исполин Самсон, который в матерней утробе отделен и освящен был Богу, о котором, как об Иоанне, сыне Захариином, до рождения благовествовал Ангел и который сподобился великой силы и великих чудес? Не за то ли, что святые члены свои осквернил сожитием с блудницею? За сие-то удалился от него Бог и предал его врагам его. А Давид, муж по сердцу Божию, за добродетели свои сподобившийся того, чтобы от семени своего произвести Обетование отцов и чтобы воссиял от него Христос во спасение всей вселенной, не наказан ли за прелюбодеяние с одною женою, когда глазами своими увидел красоту ее и принял стрелу в душу свою?

За сие Бог воздвиг на него брань в дому его и изгнал его происшедший от чресл его, хотя Давид со многими слезами приносил покаяние, так что и постелю свою омочил слезами, и Бог изрек ему чрез пророка: *«Господь отъя согрешение твое»* (2Цар.12:13).

Намереваюсь воспомянуть и о некоторых прежде него. За что гнев Божий и смерть пришли на дом священника Илия, праведного старца, сорок лет сиявшего священством? Не за беззаконие ли детей его, Офни и Финееса? Ибо не согрешил сам он, и они грешили не по его на то воле; но поелику не было у него ревности наказать их за преступление пред Господом, и отец любил их более, нежели повеления Господни. Итак, чтобы не подумал кто, что Господь на тех одних, которые все дни жизни своей изжили в беззакониях, являет гнев Свой за этот безрассудный грех, Он показывает ревность Свою на близких к Нему, на священниках, на судиях, князьях, людях освященных Ему, которым вверил чудотворения. Сим дает знать, что Бог никогда не оставляет без внимания, как скоро являются преступившие законоположения Его, как написано у Иезекииля: сказал человеку, которому заповедал Я истребить Иерусалим невидимым мечом: начни с предстоящих жертвеннику Моему и не минуй старца и юноши (см. Иез. 9, 6). А сим показывает, что близки и любезны Ему те, которые в страхе и благоговении ходят перед Ним и исполняют волю Его, и что благоугодны пред Богом доблестные дела и чистая совесть. Уничижающих же пути Господни и Он уничижает, и отвергает их от лица Своего, и отъемлет у них благодать Свою. Ибо за что вышел внезапно приговор на Валтасара и как бы рукою поразил его? Не за то ли, что посягнул на неприкосновенные приношения Ему, какие похитил в Иерусалиме, и пил из них сам и наложницы его? Так и те, которые посвятили члены свои Богу и снова отваживаются употреблять их на дела мирские, погибают от невидимого удара.

Поэтому не будем, в надежде на покаяние, с отважностью, подаваемою нам Божественными Писаниями, презирать словес и угроз Божиих, и прогневлять Бога несообразностью деяний своих, и осквернять члены, которые однажды навсегда освятили мы на служение Богу. Ибо вот и мы освящены Ему, как Илия и Елисей, как сыны пророческие и прочие святые и девственники, которые совершали великие чудотворения и лицом к лицу беседовали с Богом, и все бывшие после них, как-то: Иоанн девственник, святой Петр и прочий лик благовестников и проповедников Нового Завета, которые посвятили себя Господу, и прияли от Него тайны, одни из уст Его, другие чрез откровение, и стали посредниками Бога и человеков и проповедниками Царства во вселенной.

СЛОВО 63. О ТОМ, ЧЕМ ОХРАНЯЕТСЯ ДОБРОТА ИНОЧЕСКОГО ЖИТИЯ, И О ЧИНЕ СЛАВОСЛОВИЯ БОЖИЯ

Иноку во всем своем облике и во всех делах своих должно быть назидательным образцом для всякого, кто его видит, чтобы, по причине многих его добродетелей, сияющих подобно лучам, и враги истины, смотря на него, даже нехотя признавали, что у христиан есть твердая и непоколебимая надежда спасения, и отовсюду стекались к нему, как к действительному прибежищу, и чтобы оттого рог Церкви возвысился на врагов ее и многие подвиглись бы к соревнованию иноческой добродетели и оставили мир, а инок соделался бы во всем досточестным за доброту жития его; потому что иноческое житие – похвала Церкви Христовой.

Посему иноку должно во всех отношениях иметь прекрасные черты, т. е. презрение к видимому, строгую нестяжательность, совершенное небрежение о плоти, высокий пост, пребывание в безмолвии, благочиние чувств, охрану зрения, отсечение всякой распри о чем-либо в веке сем, краткость в словах, чистоту от злопамятства, при рассудительности простоту, при благоразумии, проницательности и быстроте ума незлобие и простосердечие. Ему должно знать, что настоящая жизнь суетна и пуста и что близка жизнь истинная и духовная; должно не быть знаемым или осуждаемым от людей, не связывать себя дружбою или единением с каким-либо человеком; место жительства иметь безмолвное; убегать всегда от людей, с неослабным терпением пребывать в молитвах и чтениях; не любить почестей и не радоваться подаркам; не привязываться к жизни сей; мужественно переносить искушения; быть свободным от мирских желаний, от разведывания и памятования о мирских делах; заботиться и размышлять всегда об одной истинной стране; иметь лицо скорбное и сморщенное, день и ночь непрестанно проливать слезы; паче же всего этого хранить целомудрие свое, быть чистым от чревоугодия, от малых и больших недостатков. Вот, говоря кратко, добродетели инока, свидетельствующие ему о совершенном омертвении его для мира и о приближении к Богу.

Посему во всякое время должно нам заботиться о сих добродетелях и приобретать их. Если же кто скажет: «Какая нужда перечислять их, а не сказать о них вообще и коротко?» – то отвечу: «Сие необходимо, чтобы, когда радеющий о жизни своей взыщет в душе своей какой-либо из сказанных добродетелей и найдет себя скудным в чем-либо из перечисленного, познал он из этого ничтожество свое во всякой добродетели, и перечисление сие служило бы для него в виде напоминания. Но когда приобретет в себе все здесь перечисленное, тогда дано ему будет ведение и о прочем, не упомянутом мною. И будет он для святых человеков виновником славословия Богу. И здесь еще, до исшествия своего из жизни, уготовит душе своей место отрады. Богу же нашему да будет слава вовеки! Аминь.

СЛОВО 64. О ПЕРЕМЕНЕ И ПРЕВРАТНОСТИ, КАКАЯ БЫВАЕТ В ШЕСТВУЮЩИХ УСТАНОВЛЕННЫМ ОТ БОГА ПУТЕМ БЕЗМОЛВИЯ

Кто решился в уме своем жить в безмолвии, тот пусть чинно правит собою и остаток дней своих проводит в делании безмолвия по чину оного. Когда случится, что душа твоя внутренне смущается тьмою (а сие обычно в определенном Божиею благодатию чине безмолвия), и подобно тому, как солнечные лучи закрываются от земли мглою облаков, душа на несколько времени лишается духовного утешения и света благодати, по причине осеняющего душу облака страстей, и умаляется в тебе несколько радостотворная сила, и ум приосеняет необычная мгла – ты не смущайся мыслью и не подавай руки душевному неведению, но претерпи, читай книги учителей, принуждай себя к молитве и жди помощи. Она придет скоро, без твоего ведома. Ибо, как лицо земли открывается солнечными лучами от объемлющей землю воздушной тьмы, так молитва может истреблять и рассеивать в душе облака страстей и озарять ум светом веселия и утешения, который обыкновенно порождает она посредством наших помышлений, особенно когда заимствует себе пищу из Божественных Писаний и имеет бодрственность, озаряющую ум. Всегдашнее погружение в писания святых (учителей) исполняет душу непостижимым удивлением и Божественным веселием. Богу же нашему да будет слава вовеки!

СЛОВО 65. О БЕЗМОЛВСТВУЮЩИХ: КОГДА НАЧИНАЮТ ОНИ ПОНИМАТЬ, ДО ЧЕГО ПРОСТЕРЛИСЬ ДЕЛАМИ СВОИМИ В БЕСПРЕДЕЛЬНОМ МОРЕ, Т. Е. В БЕЗМОЛВНОМ ЖИТИИ, И КОГДА МОГУТ НЕСКОЛЬКО НАДЕЯТЬСЯ, ЧТО ТРУДЫ ИХ СТАЛИ ПРИНОСИТЬ ПЛОДЫ

Скажу тебе нечто, и не сомневайся в этом; не пренебрегай и прочими словами моими, как чем-то маловажным; потому что предавшие мне это – люди правдивые, и я, как в этом слове, так и во всех словах моих сказываю тебе истину. Если повесишь себя за вежды очей своих, то, пока не достигнешь чрез это слез, не думай, что достиг уже чего-то в прохождении жизни своей. Ибо доныне миру служит сокровенное твое, т. е. ведешь мирскую жизнь, и Божие дело делаешь внешним человеком, а внутренний человек еще бесплоден; потому что плод его начинается слезами. Когда достигнешь области слез, тогда знай, что ум твой вышел из темницы мира сего, поставил ногу свою на стезю нового века и начал обонять тот чудный новый воздух. И тогда начинает он источать слезы, потому что приблизилась болезнь рождения духовного младенца, так как общая всех матерь, благодать, поспешает таинственно породить душе Божественный образ для Света будущего века. А когда наступит время рождения, тогда ум начинает возбуждаться чем-то тамошним, подобно дыханию, какое младенец почерпает извнутри членов, в которых обыкновенно питается. И поелику не терпит того, что для него еще необычно, то начинает вдруг побуждать тело к воплю, смешанному со сладостью меда. И в какой мере питается внутренний младенец, в такой же бывает приращение слез.

Но сей описанный мной чин слез не тот, какой с промежутками бывает у безмолвствующих; потому что и у всякого, пребывающего в безмолвии с Богом, бывает по временам сие утешение, то – когда он в мысленном созерцании, то – когда занят словами Писаний, то – когда бывает в молитвенном собеседовании. Но я говорю не о сем чине слез, а о том, какой бывает у плачущего непрерывно день и ночь.

Но кто в действительности и точности нашел истину сих образов, тот нашел оное в безмолвии. Ибо очи его уподобляются водному источнику до двух и более лет, а потом приходит он в умирение помыслов; по умирении же помыслов, сколько вмещает отчасти естество, входит в тот покой, о котором сказал святой Павел (см. Евр.4:3); а от сего мирного упокоения ум начинает созерцать тайны; ибо тогда Дух Святый начинает открывать ему небесное, и вселяется в него Бог, и воскрешает в нем плод Духа, и оттого, несколько неясно и как бы гадательно, человек ощущает в себе то изменение, какое должно прияти внутреннее естество при обновлении всяческих.

Сие на память себе и всякому, читающему сочинение это, написал я, как постиг из разумения Писаний, из поведанного правдивыми устами, а немногое из собственного опыта, чтобы послужило это мне в помощь по молитвам тех, кому будет сие на пользу; потому что употребил я на это немалый труд.

Но послушай еще, что теперь скажу тебе и чему научился из нелживых уст. Когда входишь в область умирения помыслов, тогда отъемлется у тебя множество слез, и потом приходят к тебе слезы в меру и в надлежащее время. Это есть самая точная истина; короче сказать, так верует вся Церковь.

СЛОВО 66. О ТОМ, ЧТО РАБУ БОЖИЮ, ОБНИЩАВШЕМУ В МИРСКОМ И ИСШЕДШЕМУ ВЗЫСКАТЬ БОГА, ИЗ СТРАХА, ЧТО НЕ ДОСТИГ УРАЗУМЕНИЯ ИСТИНЫ, НЕ ДОЛЖНО ПРЕКРАЩАТЬ ИСКАНИЯ И ОХЛАДЕВАТЬ В ГОРЯЧНОСТИ, ПОРОЖДАЕМОЙ ЛЮБОВЬЮ К БОЖЕСТВЕННОМУ И ИССЛЕДОВАНИЕМ ТАЙН БОЖИИХ; О ТОМ, КАК УМ ОСКВЕРНЯЕТСЯ СТРАСТНЫМИ ПРИПОМИНАНИЯМИ

Есть три чина, которыми человек преуспевает: чин новоначальных, чин средний и чин совершенных. И кто в первом чине, у того, хотя образ мыслей наклонен к добру, однако же движение мысли бывает в страстях. Второй чин есть нечто среднее между состоянием страстным и бесстрастием: и десные, и шуии помыслы возбуждаются в человеке одинаково, и, как уже сказано, не перестает он вовсе источать и свет, и тьму. Если же прекратить ненадолго частое чтение Божественных Писаний и воображение в уме Божественных мыслей, представлением которых воспламеняется он к образам истины по мере сил своих, с внешним охранением, от которого рождаются и внутреннее хранение, и достаточное дело, то увлекается человек в страсти. Если же естественную горячность свою будет питать сказанным выше и не оставит искания, исследования и стремления к этому издалека, хотя и не видел сего, но, по указанию чтения Божественных Писаний, питает помыслы свои, и удерживает их от уклонения на страну шуюю, и не приемлет в себя под образом истины какого-либо диавольского посева, а паче – с любовью хранит душу свою и будет просить Бога с терпением в притрудной молитве, то Бог Сам исполнит ему прошение его и отверзет ему дверь Свою, особливо за смирение его; потому что откровение тайн бывает смиренномудрым. А если умрет в сем уповании, то, хотя бы и не узрел вблизи оную землю, однако же, думаю, наследие его будет с древними праведниками, уповавшими достигнуть совершенства и не узревшими оного, по апостольскому слову (см. Евр.11:39); потому что они все дни свои трудились и почили в уповании. Но что же сказать нам? Если не достигает человек того, чтобы войти ему в землю обетования, которая есть образ совершенства, т. е. чтобы явственно, по мере естественных сил, постигнуть ему истину, то ужели за сие возбранено будет ему это и пребудет он в последнем чине, у которого всякое намерение уклонено в страну шуюю? Или за то только, что не постиг всей истины, останется в незнатности последнего чина, который и не познает, и не вожделевает сего? Или подобает ему возвыситься до сего, сказанного мною, среднего пути? Ибо хотя и не узрел оного иначе, как только в зерцале, однако же надеялся издали и с этою надеждою приложился к отцам своим; хотя и не сподобился здесь совершенной благодати, однако же тем, что всегда приобщался к ней, всецелым умом пребывал в ней и всю жизнь свою вожделевал ее, то мог он отсекать лукавые помыслы; и, поелику надеждою сею сердце его исполнил Бог, отходит он из мира сего.

Благолепно все то, что имеет смирение. Постоянное духовное поучение ума в любви Божией, путеводимое разумением Божественных Писаний, ограждает душу внутри от прежних лукавых помыслов и соблюдает ум памятованием будущих благ, чтобы не расслаблевал он от нерадения своего и вместо лучшего не занимался памятованием о вещах мирских; потому что от сего постепенно охладевает горячность чудных его движений и впадает он в пожелания суетные и неразумные. Богу же нашему да будет слава!

СЛОВО 67. О ВИДАХ НАДЕЖДЫ НА БОГА, О ТОМ, КОМУ ДОЛЖНО НАДЕЯТЬСЯ НА БОГА И КТО НАДЕЕТСЯ БЕЗРАССУДНО И НЕРАЗУМНО

Бывает надежда на Бога при сердечной вере; и она прекрасна, соединена с рассудительностью и ведением; и бывает другая, отличная от той надежды, следствие беззакония, и она есть ложная. Человек, который вовсе не имеет заботы о вещах тленных, но всецело, днем и ночью, вверяет себя Господу, не заботится ни о чем мирском, по великой своей рачительности о добродетелях, все свое время употребляет на занятия Божественным и потому нерадит о приготовлении себе яств и одежд, о приготовлении места жительства телу и о всем прочем – такой человек прекрасно и разумно надеется на Господа, потому что Господь уготовит для него необходимое. И это – подлинно истинная и самая мудрая надежда. Да и справедливо таковому надеяться на Бога, потому что соделался рабом Его и рачителен к делу Его, не предается нерадению, по какой бы то ни было причине. Таковый достоин, чтобы на нем особенным образом показал Бог Свою попечительность; потому что сохранил он заповедь Божию, которая говорит: *«ищите прежде Царствия Божия и правды Его, и сия вся приложатся вам»* (Мф.6:33); и: *«плоти угодия не творите в похоти»* (Рим.13:14). Ибо, при таком нашем устроении· мир, как раб какой, приготовит нам все, без сомнения будет подчиняться нам, как владыкам, не воспротивится словам нашим и воле нашей. Такой человек, чтобы не прерывать ему непрестанного предстояния Богу, не предается заботам о необходимой потребности тела и, по страху Божию, ни о чем о другом не печется, кроме того одного, чтобы свободным ему быть от всякой таковой, малой и великой, заботы, имеющей целью удовольствие и парение ума; и однако же чудесным образом получает это, не заботившись и не трудившись о сем.

Но человек, у которого сердце совершенно погребено в земном, который всегда ест с змием персть, никогда не печется о благоугодном Богу, но утомлен и расслаблен всем телесным, не совершает ни одной добродетели, по причине всегдашних сношений с людьми и рассеяния в наслаждениях, и представляет какие-либо к тому предлоги – такой человек, действительно, по этой лености и праздности, отпал от доброго. И когда будет стесняем скудостью в чем-нибудь или смертью и подавлен плодами беззаконий своих, тогда и он, может быть, скажет: «Возложу упование на Бога, и сделает меня без заботы, и даст мне послабление». До этого часа не вспоминал ты, безумный, о Боге, но оскорблял Его непотребством дел своих, и имя Божие ради тебя, как написано, хулимо было язычниками (см. Рим.2:24); и ныне ли осмеливаешься говорить отверстыми устами: «На Него возложу упование, Он поможет мне и попечется о мне!» В посрамление таковых хорошо сказал Бог чрез пророка: *«Мене день от дне ищут и разумети пути Моя желают, яко людие правду сотворившии и суда Бога своего не оставившии, просят... у Мене суда праведна»* (Ис.58:2). К числу таковых принадлежит сей безумец, который и мыслью своею не приближался к Богу, а как скоро окружен был скорбями, воздевает к Нему руки свои с упованием. Таковаго потребно было бы много раз жечь на огне, чтобы всячески вразумить его; потому что не сделано им ничего такого, по чему был бы он достоин иметь упование на Бога. Напротив того, за свои лютые деяния и за свое нерадение о должном, достоин он наказания; и Бог, долготерпя, по милости только Своей терпит его. Поэтому да не обольщает себя таковый, да не забывает, какова жизнь его, и да не говорит, что надеется он на Бога, ибо будет наказан, потому что нет у него ни одного дела веры. Да не направляет он стопы свои в праздность и да не говорит: «Верую, что подаст мне Бог необходимое», – как провождающий житие в делах Божиих, или да не ввергается безрассудно в кладезь, никогда не имев в помышлении Бога. А то, по отпадении он скажет: «Возложу упование на Бога, Он избавит меня». Не обольщайся, безумный; надежду на Бога предваряет труд для Бога и пролитый в делании пот. Если веруешь в Бога, то хорошо делаешь. Но вера эта требует и дел, и надежда на Бога является от злострадания за добродетели. Веруешь ли, что Бог промышляет о тварях Своих и всесилен? Да сопровождает веру твою подобающее делание, и тогда услышит тебя Бог. Не старайся горстью своей удерживать ветер, т. е. веру без дел.

Нередко иной, не зная, идет путем, где есть лютый зверь, или убийцы, или что-нибудь подобное, и вот общий Промысл Божий состоит в том, что он спасает его от такового вреда: или, пока не пройдет лютый зверь, чем-нибудь замедляет шествие путника, или встречается ему кто-нибудь и заставляет уклониться от пути. И еще, иногда лютый змий лежит на пути – и невидим; но Бог, не хотя предать человека такому искушению, делает, что змей начинает вдруг шипеть и трогаться с места или ползти впереди путника, и он, увидя это, остерегается и спасается от змия. Хотя и недостоин этот человек по тайным грехам, известным ему одному, однако же Бог отводит его от беды, по милости Своей. И еще, случается нередко, что падают дом, или стена, или камень, с шумом подвигшись с места своего, а там сидят иные, и Бог человеколюбиво повелевает Ангелу остановить и удерживать от падения место сие, пока не встанут сидящие там или пока чем-нибудь не отведет их, так что никого не останется на месте; и едва отойдут они, немедленно попускает упасть. А если и случится, что иной будет застигнут, делает, что не терпит он никакого вреда. Ибо сим хочет показать бесконечное величие силы Своей.

Все это и подобное этому есть дело Божия Промысла, общего и на все простирающегося, праведник же имеет над собою неотлучное промышление. Ибо прочим людям Бог повелел по рассудку распоряжаться делами своими и с Божиим промышлением соединять и свое ведение; праведник же не имеет нужды в сем ведении для распоряжения делами своими, потому что вместо ведения сего стяжал веру, которою низлагает *«всяко возношение взимающееся на разум Божий»* ([2Кор.10:5](#)), и ничего из перечисленного выше не устрашится, как написано: *праведный яко лев уповая* ([Притч.28:1](#)), на все дерзая верою, не потому, что искушает он Господа, но потому, что на Него взирает и как бы вооружен и облечен силою Святаго Духа. И так как его постоянное попечение – о Боге, то и Бог говорит о нем: *«с ним есм в скорби, изму его и прославлю его; долготою дней исполню его и явлю ему спасение Мое»* ([Пс.90:15–16](#)). Расслабленный и ленивый к делу Его не может иметь такой надежды. Но кто во всем и всегда пребывает в Боге, к Нему приближается добротою дел своих и взор сердца своего непрестанно устремляет к благодати Его, тот может сказать о себе, что сказал божественный Давид: *«исчезосте очи мои, от еже уповати ми на Бога Моего»* ([Пс.68:4](#)). Ему подобает слава, честь и поклонение вовеки! Аминь.

СЛОВО 68. ОБ ОТРЕЧЕНИИ ОТ МИРА И О ВОЗДЕРЖАНИИ ОТ ВОЛЬНОГО ОБРАЩЕНИЯ С ЛЮДЬМИ

Когда возлюбим бегство от мира и удаление от дел мирских, тогда ничто не отделяет нас столько от мира, не умерщвляет в нас страстей, не возбуждает и не оживотворяет нас для духовного, как плач и сердечное с рассуждением болезнование. Ибо лицо благоговейного подражает смирению Возлюбленного. И, напротив, ничто не делает нас столько сообщниками мира, и живущих в мире, и тех, которые в мире преданы пьянству и блуду, и не удаляет нас столько от сокровищ премудрости и познания тайн Божиих, как смехотворство и дерзновенное парение мыслей. И это есть дело блудного демона. Но поелику опытом познал я любомудрие твое, возлюбленный, то умоляю тебя любовию – охраняться от нападения врага, чтобы тебе остроумием речей не остудить в душе своей горячности любви ко Христу, ради тебя вкусившему желчь на древе крестном, и чтобы враг, вместо сладостного оного размышления и дерзновения пред Богом, не стал во время бодрствования твоего наполнять душу твою многими мечтами и во время сна твоего пленять ее нелепыми грезами, зловония которых не терпят святые Ангелы Божии. И тогда соделаешься ты для других причиной падения, а для себя – острым рожном. Посему принуждай себя подражать смирению Христову, чтобы возгорелся скорее огонь, Им в тебя брошенный, которым искореняются все движения мира сего, убивающие нового человека и оскверняющие дворы Святаго и Всемогущего Господа. Ибо осмеливаюсь сказать с святым Павлом, что мы *«храм Божий»* (1Кор.3:16). Посему, как чист Сам Бог, очистим храм Его, чтобы возжелал вселиться в нем. И как Сам Он свят, освятим и храм; украсим его всякими добрыми и честными делами, облагоухаем его благоуханием покоя воли Божией, чистою и сердечною молитвою, каковую невозможно приобрести общением в частых мирских волнениях. И, таким образом, облако славы Его приосенит душу, и свет величия Его воссияет внутри сердца, и исполнятся радости и веселия все обитатели селения Божия, а наглые и бесстыдные исчезнут от пламени Святаго Духа.

Поэтому укоряй непрестанно самого себя, брат, и говори: «Увы, окаянная душа! Приблизилось время отрешения твоего от тела. Для чего увеселяешься тем, что сегодня же должна будешь оставить и чего не увидишь вовеки? Обрати внимание на прежнюю свою жизнь, размысли, что ты соделала, почему так делала, и каковы дела твои, с кем провела дни жизни своей, или кто воспользовался трудом делания твоего на земле, кого возвеселила ратоборством своим, чтобы вышел он в сретение твое при исшествии твоем из мира, кого усладила во время течения своего, чтобы упокоиться тебе в пристани его, для кого бедствовала, трудясь, чтобы прийти к нему с радостью, кого приобрела другом в будущем веке, чтобы приял тебя во время исшествия твоего, на каком поле работала по найму, и кто отдаст тебе плату на заходе солнца при уходе твоем?»

Испытай себя, душа, и рассмотри, в какой земле удел твой и миновала ли ты поле, которое делателям плодоприносит горесть; со стенанием и скорбью возгласи и возопи – чем упокоевается Бог твой паче жертв и всесожжении. Уста твои да источают болезненные гласы, какими услаждаются святые Ангелы; омочи ланиты свои слезами очей твоих, чтобы почил в тебе Святый Дух и омыл тебя от скверны порока твоего; умилостиви Господа твоего слезами, чтобы пришел к тебе; призови Марию и Марфу, да научат тебя плачевным гласам. Возопи ко Господу:

«Господи Иисусе, Боже наш, плакавший над Лазарем и источивший над ним слезы скорби и сострадания, приими слезы горести моей. Страданием Твоим исцели страсти мои; язвами Твоими уврачуй мои язвы; Кровию Твоею очисти мою кровь и с телом моим сраствори благоухание Твоего животворящего Тела. Та желчь, какою напоили Тебя враги, да усладит душу мою от горести, какою напоил меня соперник. Тело Твое, распростертое на древе крестном, к Тебе да возвысит ум мой, увлеченный демонами долу. Глава Твоя, преклоненная на кресте, да вознесет мою главу, заушенную супостатами. Всесвятые руки Твои, пригвожденные неверными ко кресту, к Тебе да возведут меня из бездны погибели, как обетовали всесвятые уста Твои. Лицо Твое, приявшее на себя заушения и заплевания от проклятых, да озарит мое лицо, оскверненное беззакониями. Душа Твоя, которую, быв на кресте, предал Ты Отцу Твоему, к Тебе да путеводит меня благодатью Твоею. Нет у меня болезнующего сердца, чтобы взыскать Тебя; нет у меня ни покаяния, ни сокрушения, которыми вводятся чада в собственное свое наследие. Нет у меня, Владыко, утешительных слез. Омрачился ум мой делами житейскими и не имеет сил с болезнованием возвести к Тебе взор. Охладело сердце мое от множества искушений и не может согреться слезами любви к Тебе. Но Ты, Господи Иисусе Христе Боже, сокровище благ, даруй мне покаяние всецелое и сердце неутомимое, чтобы всею душою выйти мне на взыскание Тебя. Ибо без Тебя буду я чужд всякого блага. Посему даруй мне, Благий, благодать Твою. Безлетно и вечно изводящий Тебя из недр Своих, Отец — да обновит во мне черты образа Твоего. Оставил я Тебя; Ты не оставь меня. Отошел я от Тебя; Ты прииди взыскать меня и введи меня на пажить Твою, сопричти меня к овцам избранного стада Твоего, препитай меня злаком Божественных таинств Твоих вместе с теми, у которых чистое сердце их – обитель Твоя, и в нем видно облистание откровений Твоих – это утешение и эта отрада для потрудившихся ради Тебя в скорбях и в многоразличных муках. Сего облистания да сподобимся и мы по Твоей благодати и по Твоему человеколюбию, Спасителю наш, Иисусе Христе, во веки веков! Аминь».

СЛОВО 69. О ТОМ, ЧТО БЕЗМОЛВНИКАМ ПОЛЕЗНО НЕ ИМЕТЬ ЗАБОТ, И ВРЕДНЫ ВХОДЫ И ВЫХОДЫ

Человек многопопечительный не может быть кротким и безмолвным; потому что необходимые причины обременяющих его дел принуждают его невольно, хотя бы и не хотел, заниматься ими и проводить в них время, и расточают его тишину и безмолвие. Посему иноку должно поставить себя пред лицом Божиим и всегда непреложно возводить око свое к Богу, если истинно хочет охранить ум свой, очистить и прекратить малые, вкрадывающиеся в него движения и научиться в тишине помышлений различать входящее и исходящее. Многочисленные попечения иноков служат признаком их расслабления в готовности к деланию заповедей Христовых и обнаруживают их оскудение в Божественном.

Без освобождения от забот не ищите света в душе своей, ни тишины и безмолвия при расслаблении чувств своих. Где есть попечения о делах, не умножай попечений своих – и не найдешь парения в уме своем или в молитве своей. Без непрестанной молитвы не можешь приблизиться к Богу. После же труда молитвенного возложение на ум нового попечения производит расточение мыслей.

Слезы, ударение себя по голове во время молитвы и падание ниц с горячностью – пробуждают в сердце горячность сладости своей, и сердце с похвальной восторженностью воспаряет к Богу и взывает: *«возжада душа моя к»* Тебе, *Богу крепкому, живому; когда прииду и явлюся лицу Твоему, Господи»* (Пс.41:3)? Кто пил вина сего и потом лишился оного, тот один знает, в каком бедственном состоянии оставлен он и что отнято у него по причине расслабления его.

О, какое зло для живущих в безмолвии – и лицезрение людей, и беседа с ними! Подлинно, братия, гораздо хуже, нежели для не соблюдающих безмолвия. Как сильный лед, внезапно покрыв древесные почки, иссушает их и уничтожает, так свидания с людьми, хотя бы оные были весьма кратковременны и допущены, по-видимому, с доброю целью, иссушают цветы добродетели, только что расцветшие от срастворения безмолвия, нежно и обильно окружающие древо души, насажденное *«при исходящих вод»* покаяния (Пс.1:3). И как сильный иней, покрыв собою едва выросшую из земли зелень, пожигает ее, так и беседа с людьми пожигает корень ума, начавший производить от себя злак добродетелей. И если вредит обыкновенно душе беседа с людьми в ином воздержными, а в ином имеющими малые только недостатки, то не гораздо ли более вредны разговор и свидание с людьми невежественными и глупыми, не говорю уже – с мирянами? Как человек благородный и почтенный, когда упиется, забывает свое благородство, и бесчестится его состояние, и осмеянию подвергается честь его за чуждые помыслы, вошедшие в него от вина, так и целомудрие души возмущается лицезрением людей и беседою с ними, забывает образ охранения своего, в мысли у человека изглаждается намерение воли ее, и искореняется всякое основание похвального устроения.

Посему, если беседа и рассеяние себя, с пребывающим в безмолвии случающиеся при парении мыслей, или даже одно приближение к этому, чтобы только увидеть или услышать то, что входит вратами зрения или слуха, достаточны для того, чтобы произвести в человеке холодность и омрачение ума для Божественного, и если краткий час может причинить столько вреда воздержному иноку – что сказать о всегдашних свиданиях и долговременном в этом коснении? Испарение, исходящее из чрева, не позволяет уму принимать в себя Божественное познание, но омрачает его подобно туману, подымающемуся из влажной земли и омрачающему воздух. Также и гордость не понимает, что ходит во тьме и не имеет понятия о мудрости. Ибо как ей и понимать это, когда пребывает в своем омрачении? Посему-то омраченным помыслом своим и превозносится она выше всех, будучи всех ничтожнее и немощнее и будучи неспособна познавать пути Господни, Господь же сокрывает от нее волю Свою, потому что не восхотела она ходить путем смиренных. Богу же нашему да будет слава во веки веков! Аминь.

СЛОВО 70. О ПУТЯХ, ПРИБЛИЖАЮЩИХ К БОГУ И ОТКРЫВАЮЩИХСЯ ЧЕЛОВЕКУ ИЗ ПРИЯТНОСТИ ДЕЛ НОЧНОГО БДЕНИЯ, И О ТОМ, ЧТО ДЕЛАТЕЛИ ОНОГО ВСЕ ДНИ ЖИЗНИ СВОЕЙ ПИТАЮТСЯ МЕДОМ

Не думай, человек, чтобы во всем иноческом делании было какое-либо занятие важнее ночного бдения. Подлинно, брат, оно и важнее, и необходимее всего для воздержного. Если у подвижника не будет рассеяния и возмущения делами телесными и попечением о преходящем, но соблюдет он себя от мира и бдительно охранит себя, то ум его в краткое время воспарит как бы на крыльях, и возвысится до услаждения Богом; скоро приидет в славу Его, и по своей удободвижности и легкости плавает в ведении, превышающем человеческую мысль. Если монах с рассудительностью пребывает во бдении, то не смотри на него, как на плотоносца. Ибо подлинно это дело ангельского чина. Невозможно, чтобы те, которые всю жизнь проводят в этом занятии, оставлены были Богом без великих дарований за их трезвенность, бодрственность сердца и попечительное устремление к Нему помыслов своих. Душа, трудящаяся над тем, чтобы пребывать в сем бдении, и благоприлично живущая, будет иметь херувимские очи, чтобы непрестанно возводить ей взор и созерцать небесное зрелище.

Я думаю, что с ведением и рассудительностью избравшему этот великий и божественный труд и решившемуся нести на себе тяготу сию, невозможно не подвизаться в этом прославленном, избранном им деле и не охранять себя днем от мятежа сходбищ и от попечения о делах, в опасении иначе лишиться дивного плода и великого наслаждения, какое надеется получить от сего. Кто нерадит о сем, о том смело скажу, что не знает он, для чего трудится, воздерживается от сна, томит себя продолжительным стихословием, утруждением языка и всенощным стоянием, тогда как ум его не участвует в псалмопении и молитве его, но, как бы водясь привычкою, трудится безрассудно. И если это не так, как сказал я, то почему же лишен он возможности, при постоянном своем сеянии, над которым трудится, пожать величайшие благодеяния и плод?

Ибо если бы вместо сих забот упражнялся он в чтении Божественных Писаний, которое укрепляет ум, особливо же служит орошением молитве, помогает бдению, с которым оно тесно соединено, и подает свет разумению, то в сем чтении обрел бы вождя на стезю правую, обрел бы то, что сеет вещество, питающее молитвенное созерцание, и что удерживает помышления от парения, не дает им кружиться и жить в суетном, непрестанно посевает в душе памятование о Боге, указует пути святых, благоугодивших Богу, и делает так, что ум приобретает тонкость и мудрость, – словом, обрел бы зрелый плод таковых деланий.

Для чего же, человек, так нерассудительно распоряжаешься собою? Ночью совершаешь всенощное стояние и утруждаешь себя псалмопениями, песнословиями и молениями – но ужели тяжелым, а не малым кажется тебе, посредством кратковременной рачительности во время дня, сподобиться благодати Божией за злострадание твое в другом? Для чего утруждаешь себя: ночью сеешь, а днем развеиваешь труд свой – и оказываешься бесплодным; расточаешь бодрственность, трезвенность и горячность, которую приобрел, – напрасно губишь труд свой в мятежных сношениях с людьми и делах, без всякого основательного к тому предлога? Ибо если бы у тебя ночному упражнению сообразными сделались дневное делание и горячность сердечной беседы и не было бы промежутка между тем и другим, то в короткое время мог бы ты припасть к персям Иисусовым.

Но из сего явствует, что живешь ты нерассудительно и не знаешь, для чего монахам надобно бодрствовать. Думаешь, что установлено сие для того только, чтобы трудиться тебе, а не для чего-либо другого, отсюда рождающегося. Но кто сподобился от благодати уразуметь, в надежде на что подвижники противятся сну, делают принуждение природе и в бодрственном состоянии тела и помышлений своих каждую ночь приносят прошения свои, тот знает силу, проистекающую от дневного охранения, знает, какую помощь дает оно уму в ночном безмолвии, и какую власть над помыслами, какую чистоту и попечение дарует ему непринужденно и без борьбы, и дает ему свободно познать благородство слов. А я говорю, что если бы тело по немощи своей ослабело и не могло поститься, то ум одним бдением может стяжать устроение души и дать уразумение сердцу к познанию духовной силы, если только не уничтожатся у него от развлечения дневные причины.

Посему тебя, желающего приобрести трезвенный пред Богом ум и познание новой жизни, умоляю – во всю жизнь твою не быть нерадивым к пребыванию во бдении. Ибо им отверзутся тебе очи – увидеть всю славу сего жития и силу пути правды. А если (чего да не будет!) снова появится в тебе помысл слабости и станет, может быть, гнездиться в тебе, потому что восхощет искусить тебя Помощник твой, обыкновенно попускающий тебе – во всем подобном сему, в горячности ли то, или в холодности, изменяться по какой-либо причине, или по немощи тела, или по невозможности для тебя переносить труд обычно совершаемых тобою продолжительного псалмопения, рачительной молитвы, многочисленных коленопреклонений, какие привык ты всегда совершать, то с любовью умоляю тебя: если не станет в тебе этого и не возможешь исполнять сего, то, хотя сидя, бодрствуй и молись в сердце, но не засыпай, и все меры употреби без сна провести ночь эту, сидя и помышляя о добром. Не ожесточай сердца своего и не омрачай его сном, и снова приидут к тебе, по благодати, прежняя горячность, и легкость, и сила, и, взыграв, будешь угождать Богу, благодаря Его; потому что холодность сия и таковая тягость попускается на человека для испытания и искушения. И если возбудит он себя и с горячностью и с малым себе принуждением отрясет от себя это, то приближается к нему благодать, как было прежде, и приходит к нему иная сила, в которой сокрываются всякое благо и все роды помощи. И в изумлении дивится человек, припоминая прежнюю тягость и нашедшую на него легкость и силу и представляя себе эту разность, и удободвижность, и то, как внезапно приял он в себя такое изменение. И с сего времени умудряется и, если найдет на него подобная тягость, познает ее по прежнему своему опыту. А если человек не будет подвизаться в первое время, то не может приобрести сей опытности. Видишь ли, насколько умудряется человек, когда возбудит себя несколько и претерпит во время брани — если только не изнемогло телесное естество? Но это уже не борьба, а необходимость немощи: ибо в сем случае нет пользы, чтобы боролось естество; во всех же прочих случаях хорошо человеку принуждать себя ко всему, что полезно для него.

Итак, всегдашнее безмолвие вместе с чтением, умеренное вкушение снедей и бдение скоро возбуждают мысль к изумлению, если не будет какой причины, нарушающей безмолвие. Мысли, возбуждающиеся в безмолвствующих сами собою, без преднамеренного усилия, делают, что оба ока, льющимися из них слезами и обилием своим омывающими ланиты, уподобляются купели крещения.

Когда тело твое будет укрощено воздержанием, бдением и внимательностью безмолвия, но почувствуешь, что тело твое, без естественного движения, находится в остроте блудной страсти, тогда знай, что искушен ты помыслом гордыни. Посему примешай пепла в пищу свою, прилепи к земле чрево свое и исследуй, о чем ты помышлял, уразумей изменение естества своего и противоестественные дела свои, и тогда, может быть, помилует тебя Бог, пошлет тебе свет, чтобы научиться тебе смирению и не возрастало в тебе зло твое. Посему не перестанем подвизаться и прилагать старание, пока не увидим в себе покаяния, не обретем смирения и не упокоится сердце наше в Боге. Ему слава и держава во веки веков! Аминь.

СЛОВО 71. О СИЛЕ И ДЕЙСТВЕННОСТИ ГРЕХОВНЫХ ЗОЛ, ЧЕМ ОНИ ПРОИЗВОДЯТСЯ И ЧЕМ ПРЕКРАЩАЮТСЯ

Пока не возненавидит кто причины греха воистину от сердца, не освобождается он от наслаждения, производимого действием греха. Это есть самое лютое борение, противящееся человеку даже до крови; в нем искушается его свобода в единстве любви его к добродетелям. Это есть та сила, которую называют раздражением и ополчением, от обоняния которых изнемогает душа окаянная, вследствие неизбежного ополчения, бывающего на нее. Это есть та сила великости греха, которою враг обыкновенно приводит в смущение души целомудренных, и чистые движения понуждает испытывать то, чего никогда они вовсе не испытывали. Здесь, возлюбленные братия, мы показываем свое терпение, подвиг и рачение. Ибо это есть время незримого подвига, о котором говорят, что чин иноческий всегда им побеждает. При встрече с сею бранию благочестивый ум скоро приходит в смущение, если не сильно ополчится.

В сии времена – времена мученичества – Ты, Господи, источник всякой помощи, силен подкрепить души, которые с радостью себя уневестили Тебе, Небесному Жениху, и по чистым, а не коварным побуждениям, с разумом вступили с Тобою в завет святой. Посему даруй им силу с дерзновением разорить укрепленные стены и всякое возношение, поднимающееся против истины, чтобы не остаться им не успевшими в собственном своем намерении от невыносимого и нестерпимого принуждения в такое время, когда борьба идет о крови.

В этой лютой брани не всегда бывает победа целомудрия, потому что человек и ради искушения оставляется без помощи. Но горе немощному, искушаемому в сей испытующей брани, потому что брань сия приобрела величайшую силу вследствие привычки полученной ею от тех, которые сами себя предают на поражение сочетание с своими помыслами.

Остерегайтесь, возлюбленные, праздности, потому что в ней сокрыта дознанная смерть: ибо без нее невозможно впасть в руки домогающихся пленить инока. В оный день Бог осудит нас не за псалмы, не за оставление нами молитвы, но за то, что опущением сего дается вход бесам. А когда найдут они себе место, войдут и заключат двери очей наших, тогда мучительски и нечисто исполнят на нас то, что делателей их подвергает Божественному осуждению и жесточайшему наказанию; и соделываемся мы подручными им за опущение сего маловажного но что, как написано мудрейшими, ради Христа делается достойным попечения. Кто воли своей не покоряет Богу, тот покорится противнику Его; а потому сие представляющееся тебе малым, вменится тебе в стену, ограждающую от пленяющих нас. Совершение сего внутри келлии установлено мудрыми, содержащими церковный чин, для охранения нашей жизни Духом откровения. Опущение сего у немудрых признается маловажным. Поелику не берут они в рассмотрение происходящего от того вреда, то и начало, и средина пути их – необузданная свобода, которая есть матерь страстей. Лучше стараться не опускать сего малого нежели нежеланием стеснять себя давать место греху. Ибо неуместной этой свободы конец – жестокое рабство.

Пока живы у тебя чувства, то для встречи со всем, что случается, почитай себя мертвым; потому что во всех членах твоих не умалится греховное разжжение и не возможешь приобрести себе спасения. Если кто из монахов скажет в сердце своем, что остерегается сего, то, значит, не хочет уразуметь, когда заушают его. Кто обманет друга своего, то по закону достоин проклятия, а кто обманывает сам себя, тот какое понесет наказание за то, что, зная зло лукавого дела, прикрывается незнанием? А что знает он, это показывает обличение совести. То и мучит его, что знает он, в чем притворяется незнающим.

О, как сладостны поводы к страстям! Человек может иногда отсечь страсти; вдали от них наслаждается тишиною и веселится, когда прекращаются они; причин же страстей не может отринуть. Поэтому искушаемся и нехотя, и печалимся, когда мы в страстях, но любим, чтобы оставались в нас поводы к ним. Грехов себе не желаем, но приводящие нас к ним причины принимаем с удовольствием. Поэтому вторые делаются виновными в действительности первых. Кто любит поводы к страстям, тот невольно и нехотя становится подручным и порабощается страстям. Кто ненавидит свои грехи, тот перестает грешить; и кто исповедует их, тот получит отпущение. Невозможно же человеку оставить навык греховный, если не приобретет прежде вражды ко греху, и невозможно получить отпущение прежде исповедания прегрешений. Ибо исповедание согрешений бывает причиною истинного смирения; смирение же – причиною сокрушения, последующего в сердце от стыда.

Если не возненавидим того, что достойно порицания, то, пока носим это в душах своих, не можем ощутить зловония и смрада действительности этого. Пока не отринешь от себя того, что неуместно, до тех пор не уразумеешь, каким покрыт ты срамом, и не уразумеешь стыда от сего. Когда же бремя свое увидишь на других, тогда уразумеешь лежащий на тебе стыд. Удались от мира и тогда узнаешь зловоние его. А если не удалишься, не уразумеешь (насколько он смраден); напротив же того, скорее, как в благоухание, облечешься в зловоние его, и наготу стыда своего будешь почитать завесою славы.

Блажен, кто удалился от мира и от тьмы его и внимает себе единому. Ибо прозорливость и рассудительность не могут действовать в том или служить тому, кто проводит жизнь в делах суетных. Да и как возмущаемая его рассудительность в состоянии будет различать, что должно? Блажен, кто вышел из помрачения упоения своего и на других усматривает, какова ненасытимость сим упоительным чадом! Тогда познает он собственный свой стыд. А пока человек носит в себе чад упоения грехами своими, сколь благолепным кажется ему все, что ни делает он! Ибо, как скоро природа выходит из своего чина, то все равно – упоена ли она вином или похотями: потому что то и другое выводит из надлежащего состояния, и тем и другим одинаковое разжжение производится в теле, вмещающем в себе это; хотя способы различны, но смешение одно. И хотя одинаково изменение, но различия причин бывают не равные, различаются же они и по восприимчивости каждого.

За всякою отрадою следует злострадание, и за всяким злостраданием ради Бога следует отрада. Если все, что есть в этом мире, подлежит тлению, а тление и здесь, и в будущем веке, и во время исхода бывает от противоположных причин, и наипаче от непотребного сластолюбия или от противодействующего сему сластолюбию злострадания, претерпеваемого чрез святость, то Бог и сие устрояет по человеколюбию, чтобы или во время самого пути, или в конце его вкусить нам сей муки, и тогда уже, по богатой милости Его, перейти её как некое воздаяние, а другое – как залог. Ибо не возбраняет (Бог) приобретать доброе даже до последнего часа; злое же действительно возбраняет, тем, что достойный муки подвергается каре, как написано. Наказуемый здесь за свой срам вкушает своей геенны.

Остерегайся собственной своей свободы, предшествующей порочному рабству. Остерегайся утешения, предшествующего брани. Остерегайся ведения, предшествующего встрече с искушениями, а что всего чаще бывает, желания (сей встречи), прежде совершения покаяния. Ибо если все мы грешники и никто не выше искушений, то ни одна из добродетелей не выше покаяния; потому что дело покаяния никогда не может быть совершенно. Покаяние всегда прилично всем грешникам и праведникам, желающим улучить спасение. И нет предела усовершению, потому что совершенство и самых совершенных подлинно несовершенно. Посему-то покаяние до самой смерти не определяется ни временем, ни делами. Помни, что за всяким наслаждением следует омерзение и горечь.

Остерегайся радости, с которой не соединена причина к изменению. Ибо всего того, что имеет скрытое смотрение свыше, не можешь ты постигнуть и познать предела и причины изменения его. Бойся тех, о ком предполагаешь, что идут прямым путем; потому что они, как говорится, ходят вне пути. Тот, Кто премудро умеет управлять кораблем мира, во все, что в мире, вложил изменяемость; и что вне этого, то – тень.

За ослаблением членов следует исступление и смущение помыслов; за неумеренным деланием – уныние, и за унынием – исступление. Но одно исступление отлично от другого. За первым исступлением – от ослабления – следует блудная брань, а за исступлением от уныния – оставление безмолвной своей обители и перехождение с места на место. Умеренному же и с притрудностью совершаемому деланию нет цены. Умаление в этом умножает сладость, а неумеренность умножает исступление. Претерпи неразумие естества твоего; которое побеждает тебя, брат; потому что уготован ты быть в оной премудрости, имеющей вечный венец начальства. Не бойся смятения в адамовом теле, уготованном быть в оном наслаждении, ведение которого здесь выше ума плотских, – быть, когда приидет небесный Образ, т. е. Царь мира. Не смущайся изменением и смятением естества, потому что временно злострадание в этом для приемлющего оное с удовольствием. Страсти подобны собачонкам, которые привыкли быть на мясных рынках, и убегают от одного голоса, и, если не обратят на них внимания, наступают как самые большие львы. Уничтожай малую похоть, чтобы не питать в себе мысли о силе разжжения ее; потому что временное терпение в малом удаляет опасность в великом. Невозможно преодолеть великого, если не препобедишь маловажного.

Помни, брат, тот чин, в котором будешь и в котором — не эта жизнь, как бы перебирающаяся и движущаяся по влагам, но жизнь, сокрушающая мертвенность. В той жизни нет воспламенения растворения, которое потворством сластолюбию доставляет труд младенчествующему естеству. Претерпи труд подвига, в который введен ты для испытания, чтобы приять от Бога венец и упокоиться по исшествии из сего мира. Памятуй и оную отраду, которой нет конца, и жизнь, не потворствующую (страстям), и чин совершенного и непреложного домостроительства, и то пленение, которое понуждает любить Бога и господствует над естеством. Сего да сподобимся и мы благодатью Самого Христа, Которому слава со Безначальным Отцем и Всесвятым Духом, ныне и присно и вовеки. Аминь.

СЛОВО 72. О ХРАНЕНИИ СЕРДЦА И О ТОНЧАЙШЕМ СОЗЕРЦАНИИ

Если пребываешь наедине в келлии своей и не стяжал еще силы истинного созерцания, то поучайся всегда в чтении тропарей и кафизм, памятованием о смерти и надеждою будущего. Все это собирает ум воедино и не позволяет ему кружиться, пока не приидет истинное созерцание; потому что сила духа могущественнее страстей. Поучайся и о надежде будущего, памятуя о Боге; старайся хорошо уразуметь смысл тропарей и остерегайся всего внешнего, что побуждает тебя к похоти. А вместе с тем храни и то малое, что совершается тобою в келлии твоей. Испытывай всегда помыслы свои и молись, чтобы во всем житии своем стяжать тебе очи: от сего начнет источаться тебе радость; и тогда обретешь такие скорби, которые сладостнее меда.

Никто не может победить страсти, разве только добродетелями ощутительными, видимыми; и парения ума никто не может преодолеть, разве только погружением в духовное ведение. Ум наш легок и, если не связан каким-либо помышлением, не прекращает парения. А без усовершения в сказанных выше добродетелях невозможно стяжать сие хранение; потому что, если не победит кто врагов, не может быть в мире, и если не воцарится мир, как можно обрести то, что хранится внутри мира? Страсти служат преградою сокровенным добродетелям души, и если не будут они низложены прежде добродетелями явными, то за ними невидимы добродетели внутренние. Ибо тот, кто вне стены, не может жить с тем, кто внутри стен. Никто не видит солнца во мраке, и добродетели – в естестве души, при продолжающемся мятеже страстей.

Молись Богу, чтобы дал тебе ощутить желание Духа и вожделение Его. Ибо, когда приидут в тебя это ощущение и вожделение Духа, тогда отступишь от мира, и мир отступит от тебя. Сего же невозможно кому-либо ощутить без безмолвия, подвижничества и пребывания в определенном для сего чтении. Без этого не ищи и того, ибо если будешь искать, то оное постепенно изменяется и делается телесным. Разумеющий – да разумеет. Премудрый Господь благоволил, чтобы в поте снедали мы хлеб сей; и соделал сие не по злобе, но чтобы не было у нас несварения и мы не умерли. Ибо каждая добродетель есть матерь следующей добродетели. Поэтому если оставишь матерь, рождающую добродетели, и пойдешь искать дочерей прежде, нежели отыщешь матерь их, то оные добродетели оказываются для души ехиднами. Если не отринешь их от себя, то скоро умрешь.

СЛОВО 73. О ПРИЗНАКАХ И ДЕЙСТВИЯХ ЛЮБВИ К БОГУ

Любовь к Богу естественно горяча и, когда нападет на кого без меры, делает душу ту восторженною. Поэтому сердце ощутившего любовь сию не может вмещать и выносить ее, но, по мере качества нашедшей на него любви, усматривается в нем необычайное изменение. И вот ощутительные признаки сей любви: лицо у человека делается румяным и радостным, и тело его согревается. Отступают от него страх и стыд, и делается он как бы восторженным. Сила, собирающая воедино ум, бежит от него, и бывает он как бы изумленным. Страшную смерть почитает радостью, созерцание ума его никак не допускает какого-либо пресечения в помышлении о небесном. И в отсутствии, не зримый никем, беседует как присутствующий. Ведение и видение его естественные преходят, и не ощущает чувственным образом движения, возбуждаемого в нем предметами; потому что хотя и делает что, но совершенно того не чувствует, так как ум его парит в созерцании и мысль его всегда как бы беседует с кем другим.

Сим духовным упоением упоевались некогда апостолы и мученики; и одни весь мир обошли, трудясь и терпя поношение, а другие из усеченных членов своих изливали кровь, как воду; в лютых страданиях не малодушествовали, но претерпевали их доблестно и, быв мудрыми, признаны безумными. Иные же скитались в пустынях, в горах, в вертепах, в пропастях земных, и в нестроениях были самые благоустроенные. Сего безумия достигнуть да сподобит нас Бог!

Если до вшествия во град смирения примечаешь в себе, что успокоился ты от мятежа страстей, то не доверяй себе: ибо враг готовит тебе какую-нибудь сеть; напротив того, после покоя жди великой тревоги и великого мятежа. Если не пройдешь всех обителей добродетелей, то не встретишь покоя от труда своего и не будешь иметь отдохновения от вражеских козней, пока не достигнешь обители святого смирения. Сподоби и нас, Боже, достигнуть оной Твоею благодатию! Аминь.

СЛОВО 74. О ВИДАХ ДОБРОДЕТЕЛЕЙ

Подвижничество есть матерь святости, от которой рождается первое изведание ощущения тайн Божиих, что называется первою степенью духовного познания. Никто да не прельщает сам себя и да не мечтает о предугадывании. Ибо душа оскверненная не входит в чистое Царство и не сочетается с духами святых.

Доброту целомудрия твоего углаждь слезами, постами и внутренним безмолвием. Малая скорбь ради Бога лучше великого дела, совершаемого без скорби, потому что добровольная скорбь дает доказательство веры любовью; а дело покоя бывает следствием пресыщения сознания. Поэтому святые, из любви Христовой, показали себя благоискусными в скорбях, а не в покое, потому что совершаемое без труда есть правда людей мирских, которые творят милостыню из внешнего, сами же в себе ничего не приобретают. Но ты, подвижник и подражатель страданиям Христовым, подвизайся сам в себе, чтобы сподобиться тебе вкусить славы Христовой. Ибо если с Христом страждем, то с Ним и прославимся (см. Рим.8:17). Ум не спрославится с Иисусом, если тело не страждет за Христа. Поэтому кто небрежет о славе человеческой, тот сподобляется славы Божией, и вместе с душою прославляется и тело его. Ибо слава тела есть целомудренная покорность Богу, а слава ума есть истинное созерцание Бога. Истинная покорность двояка: в делах и в поношении. Посему, когда страждет тело, состраждет с ним и сердце. Если не знаешь Бога, невозможно возбудиться в тебе любви к Нему. Не возможешь возлюбить Бога, если не узришь Его. А видение Бога есть следствие познания Его, потому что видение Его не предшествует знанию Его.

Сподоби меня, Господи, познать и возлюбить Тебя не тем ведением, какое приобретается чрез обучение с расточением ума, но сподоби меня того ведения, в котором ум, созерцая Тебя, прославляет естество Твое в созерцании, тайно похищающем у мысли ощущение мира. Сподоби меня возвыситься над зрением воли, порождающей мечтания, и узреть Тебя, связуемого крестными узами, в этой второй части распятия ума, который, свободно от влияния на него помышлений, упокоевается в непрестанном, преестественном созерцании Тебя. Соделай, чтобы возрастала во мне любовь к Тебе, дабы, идя вослед любви Твоей, оставить мне мир сей. Возбуди во мне разумение смирения Твоего, с которым пожил Ты в мире, в этой обители, в которую облекся Ты от членов наших, при посредстве Святой Девы, чтобы я в непрестанном и незабвенном сем памятовании со сладостью приял смирение естества своего.

Есть два способа взойти на крест: один – распятие тела, а другой – вхождение в созерцание; первый бывает следствием освобождения от страстей, а второй – следствием действенности дел духа. Ум не покоряется, если не покорится ему тело. Царство ума есть распятие тела: и ум Богу не покоряется, если свобода не покорена разуму. Трудно что-либо высокое преподать еще новоначальному и младенцу возрастом. *«Горе тебе, граде, в немже царь твой юн»* (Еккл.10:16). Кто покорит себя Богу, тот близок к тому, чтобы покорилось ему все. Кто познал себя, тому дается ведение всего, потому что познать себя есть полнота ведения о всем; и вследствие подчинения души твоей подчинится тебе все. В то время как смирение воцаряется в житии твоем, покоряется тебе душа твоя, а с нею покорится тебе все, потому что в сердце твоем рождается мир Божий. Но пока ты вне его, не только страсти, но и обстоятельства будут непрестанно преследовать тебя. Подлинно, Господи, если не смиримся, Ты не престаешь смирять нас. Истинное смирение есть порождение ведения, а истинное ведение есть порождение искушений.

СЛОВО 75. О НЕПРЕСТАННОМ ПОСТЕ, И О ТОМ, ЧТОБЫ СОБРАТЬ СЕБЯ ВОЕДИНО, И О ПОСЛЕДСТВИЯХ СЕГО, И О ТОМ, ЧТО ПОСРЕДСТВОМ ВЕДЕНИЯ РАЗЛИЧИЙ ОБУЧИЛСЯ ОН ПРАВИЛЬНОМУ УПОТРЕБЛЕНИЮ ВСЕГО ПОДОБНОГО

Долгое время искушаемый в десных и шуих, многократно изведав себя сими двумя способами, прияв на себя бесчисленные удары противника и сподобившись втайне великих вспоможений, в продолжение многих лет снискал я опытность и по благодати Божией опытно дознал следующее. Основание всего доброго, возвращение души из вражия плена, путь, ведущий к свету и жизни, – все это заключено в сих двух способах: собрать себя воедино и всегда поститься, то есть премудро и благоразумно поставить для себя правилом воздержание чрева, неисходное пребывание на одном месте, непрестанное упразднение и богомыслие. Отсюда покорность чувств; отсюда трезвенность ума, отсюда укрощение свирепых страстей, возбуждающихся в теле; отсюда кротость помыслов; отсюда светлые движения мысли; отсюда рачительность к делам добродетели; отсюда высокие и тонкие разумения; отсюда не знающие меры слезы, источающиеся во всякое время, и память смертная; отсюда чистое целомудрие, совершенно далекое от всякого мечтания, искушающего мысль; отсюда острота зрения и острота уразумения того, что далеко; отсюда глубокие, таинственные разумения, какие ум постигает при пособии Божественных словес, и внутренние движения, происходящие в душе, и различение и рассуждение духов – от святых Сил, и истинных видений – от суетных мечтаний. Отсюда тот страх в путях и стезях, который в море мысли отсекает леность и нерадение, тот пламень ревности, который попирает всякую опасность и превозмогает всякий страх; та горячность, которая пренебрегает всяким вожделением, и изглаждает оное в уме, и вместе с прочим приводит в забвение всякое памятование о преходящем; короче сказать, отсюда – свобода истинного человека, душевная радость и воскресение со Христом во Царствии.

Если же кто вознерадит о сих двух способах, то пусть знает, что не только лишится он всего, пред сим сказанного, но поколеблет и самое основание всех добродетелей пренебрежением сих двух добродетелей. И как они, если кто удержит их в себе и пребудет в них, суть начало и глава божественного делания в душе, дверь и путь ко Христу, так если кто отступит и удалится от них, то придёт к сим двум противоположным тому порокам, разумею же – телесное скитание и бесчестное чревоугодие. Это суть начала противного сказанному выше, и они дают место в душе страстям.

И первое начало одной причины прежде всего разрешает покорные чувства от уз самособранности. Что же далее бывает от сего? Неуместные и неожиданные приключения, близкие к падениям; мятеж сильных волн; возбуждаемое зрением очей лютое воспламенение, овладевающее телом и заключающее его в оковы; удобное поползновение в мыслях; неудержимые помыслы, влекущие к падению; теплохладность в желании дел Божиих, и постепенное ослабление различия безмолвия и совершенное оставление правила жития своего; вследствие же того, что постоянно представляется человеку в невольных и многообразных видениях и встречается при перехождении из страны в страну, из места в место, – бывает возобновление забытых пороков и обучение иным, которых прежде он не знал.

И страсти, которые, по благодати Божией, были уже умерщвлены в душе и истреблены забвением памятований, хранившихся в уме, снова начинают приходить в движение и понуждать душу к их деланию. Вот что (если не говорить и не входить в подробности о всем прочем) открывается вследствие оной первой причины, т. е. скитания тела и нетерпеливости в перенесении бедствований безмолвия.

Что же бывает следствием другой причины, т. е. если начато нами дело свиней? Что же это за дело свиней, как не то, чтобы дозволять чреву не знать границ и непрестанно наполнять его, а не иметь указанного времени на удовлетворение телесных потребностей, как свойственно разумным? И что же далее выходит из этого? Отсюда – тяжесть в голове, великое отягощение в теле и расслабление в мышцах, а от сего – необходимость оставлять службу Божию, потому что приходят и леность творить на ней метания и нерадение о поклонах обычных, омрачение и холодность мысли; ум, одебелевший и неспособный к рассудительности от смятения и великого омрачения помыслов, густой и непроницаемый мрак, распростертый во всей душе, сильное уныние при всяком Божием деле, а также и при чтении, потому что человек не вкушает сладости словес Божиих, великая праздность от необходимых дел; ум неудержимый, скитающийся всюду по земле, большое накопление соков во всех членах, по ночам нечистые мечтания скверных призраков и неуместных образов, исполненных похотения, которое проникает в душу и в самой душе нечисто исполняет свои хотения. И постель сего окаянного, и одежда его, и даже все тело оскверняются множеством срамных нечистот, какие льются у него как бы из источника, и это бывает у него не только ночью, но и днем, потому что тело всегда источает нечистоты и оскверняет мысль, так что по причине сего человек отвращается и от целомудрия. Ибо сладость возбуждений чувствуется во всем теле его с непрестанным и нестерпимым разжжением. И бывают у него обольстительные помыслы, которые изображают перед ним красоту, и во всякое время раздражают его и возбуждают ум к сочетанию с ними. И человек, нимало не колеблясь, сочетается с сими помыслами, помышляя о них и вожделевая их, по причине омрачения в нем рассудка. И это есть то самое, что сказал и пророк: вот воздаяние сестре Содоме, которая, роскошествуя, ела хлеб в сытость, и т. д. (см. Иез.16:49). И о сем-то сказано одним из великих мудрецов, что, если кто будет обильно питать тело свое наслаждениями, то душу свою подвергнет брани; и если некогда придет в себя и примет на себя труд принудить себя, чтобы овладеть самим собою, то не возможет сего по причине сильного раздражения телесных движений и потому, что сильны и понудительны раздражения и возбуждения, которые пленяют душу своими похотениями. Видишь ли в этом тонкость сих безбожных? И он же говорит еще: телесное наслаждение, вследствие мягкости и нежности юности, производит, что скоро снискиваются душою страсти, и окружает ее смерть, и таким образом человек подпадает суду Божию.

А душа, поучающаяся всегда в памятовании должного, упокоевается в свободе своей; заботы ее невелики, она ни в чем не раскаивается, имея попечение о добродетели и держа бразды страстей; храня добродетель, она приводит в возрастание, в беспечальную радость, в добрую жизнь и в безопасную пристань. Телесные же наслаждения не только усиливают страсти и восставляют их на душу, но даже исторгают ее из самых корней ее, и с тем вместе разжигают чрево к невоздержанию и безграничности крайнего распутства, и понуждают безвременно удовлетворять телесным потребностям. Одолеваемый сим не хочет стерпеть малого голода и владеть собою, потому что он – пленник страстей.

Вот постыдные плоды чревоугодия. А вышеописанные плоды терпения, пребывания на одном месте и в безмолвии великую пользу доставляют душе. Посему и враг, зная времена наших естественных потребностей, побуждающих природу удовлетворять себя, зная, что от скитания очей и упокоения чрева ум приходит в кружение, старается и усиливается в таковые именно времена побуждать нас, чтобы мы сделали прибавку к естественной потребности, и посевать в нас образы лукавых помыслов, чтобы, если можно, укрепить страсти на естество ради усиленной борьбы и потопить человека в грехопадениях. А потому, как враг знает времена, так и нам должно знать немощь свою и силу естества своего, что она недостаточна для сопротивления стремлениям и движениям в оные времена, и тонкости помыслов, которые в очах наших по легкости подобны праху, так что не можем видеть их и противостать тому, что встречается с нами; и по причине многого испытания, какому не раз бедственно подвергались мы и каким искушал нас враг, должно на будущее время умудриться и не позволять себе быть поверженными, чтобы исполнять волю нашего покоя и не позволять себе побеждаться от голода, но, если и будет изнурять и утеснять нас голод, тем более не будем двигаться с места своего безмолвия и ходить туда, где легко может случиться с нами это, и уготовлять себе предлоги и способы к тому, чтобы уйти из пустыни. Ибо это явные замыслы врага. Если же пребудешь в пустыне, то не подвергнешься искушению, потому что не увидишь в ней ни женщин, ни чего-либо вредного для жития твоего и не услышишь непристойных гласов.

«Что тебе и пути Египетскому, еже пити воду Геонскую» (Иер.2:18)? Пойми, что говорю тебе: покажи врагу терпение свое и опытность свою в малом, чтобы не искал у тебя великого. Пусть это малое будет для тебя указанием, как низложить в том сопротивника, чтобы не было у него времени и не изрыл он тебе великих подкопов. Ибо, кто не послушается врага, чтобы на пять шагов отойти от места своего безмолвия, тот может ли послушаться и уйти из пустыни или приблизиться к селению? Кто не соглашается посмотреть в окно из безмолвной своей

келлии, тот согласится ли выйти из нее? И кого едва убедишь вечером вкусить весьма мало пищи, того уловят ли помыслы есть прежде времени? Кто стыдится насыщаться и чем-либо дешевым, тот пожелает ли дорогих яств? Кого не убедишь посмотреть на свое тело, тот уловится ли любопытством видеть чужие красоты?

Посему явно, что иной, вначале пренебрегая малым, побеждается и, таким образом, дает врагу повод нападать на него в великом. Кто не заботится о том, чтобы хотя на краткое время продолжилась временная жизнь его, тот побоится ли озлоблений и скорбей, приводящих к желанной для него смерти? Это брань рассудительная, потому что мудрые не позволяют себе замышлять о великих подвигах, но терпение, показываемое ими в малом, охраняет их от впадения в великие труды.

Поэтому диавол усиливается сначала сделать, чтобы оставлена была непрестанная сердечная молитва, а потом внушает пренебрежение к установленным временам молитвы и правила, совершаемого телесно. И, таким образом, вначале помысл предается слабости – вкусить прежде времени какую-нибудь малость пищи и что-либо самое незначительное и ничтожное, а по впадении в нарушение воздержания своего человек поползается в невоздержность и блуд. Сначала одолевается желанием (лучше сказать, маловажным представляется это в глазах его) посмотреть на наготу своего тела или на другую какую красоту членов своих, когда снимает с себя одежды свои, или когда выходит он для телесной потребности, или входит в воду и расслабит чувства свои, или смело положит руку под одежды свои и начнет осязать тело свое, а потом восстает уже на него и прочее одно за другим. И кто прежде охранял твердыню ума и скорбел о чем-либо одном из сказанного, тот отверзает тогда к себе широкие и опасные входы, потому что помыслы (скажу уподобительно), как вода, пока отовсюду бывают сдерживаемы, соблюдают добрый свой порядок, а если мало из твердыни своей выступят наружу, производят разорение ограды и великое опустошение. Ибо враг днем и ночью стоит у нас перед глазами, примечает, выжидает и высматривает, каким отверстым для него входом чувств наших войти ему. И когда допущено нами нерадение в чем-либо одном из сказанного выше, тогда этот хитрый и бесстыдный пес пускает в нас стрелы свои. И иногда природа сама собою любит покой, вольность, смех, парение мыслей, леность и делается источником страстей и пучиною мятежа, иногда же противник тайно влагает это в душу. Но мы великие труды свои заменим поэтому трудами малыми, которые почитаем за ничто. Ибо если сии пренебрегаемые нами труды, как показано, предотвращают многие великие подвиги, неудобоисполнимые труды, смятенные борения и тяжкие раны, то кто не поспешит сими малыми предварительными трудами обрести себе сладостный покой?

О, как удивительна ты, мудрость, как издалека все предусматриваешь! Блажен, кто обрел тебя. Ибо он свободен от нерадения юности. Если кто за малую цену или малую вещь покупает врачевство от великих страстей, то хорошо он делает. Ибо однажды некто из любомудрых, покачнувшись от слабости и ощутив это, быстро исправился, внезапно сев; другой, посмотрев на него, рассмеялся на это. Но он отвечал: «Не этого убоялся я, но боюсь небрежения: потому что малая небрежность нередко ведет к великим опасностям. А тем, что нарушил я порядок и вскоре исправился, показал, что я трезвен и не пренебрегаю даже и тем, что не страшно». Вот любомудрие: и в малом, и в незначительном, что ни делает человек, быть ему всегда трезвенным. Он уготовляет себе великое упокоение и не спит, чтобы не случилось с ним чего-либо противного, но заблаговременно отсекает поводы к тому и ради маловажных вещей переносит малую скорбь, уничтожая ею скорбь великую.

А безрассудные малый близкий покой предпочитают отдаленному царству, не зная, что лучше претерпеть мучения в подвиге, нежели упокоиться на ложе земного царства и быть осуждену за леность. Мудрым вожделенна смерть, только бы не подпасть обвинению, что какое-либо из дел своих исполнили без трезвенности. Почему и говорит Премудрый: «Будь бодрствен и трезвен ради жизни своей»; потому что сон ума сроден истинной смерти и есть ее образ. А богоносный Василий говорит: «Кто ленив в чем-либо малом, о том не верь, что отличится он в великом».

Не унывай, когда дело идет о том, что доставит тебе жизнь, и не поленись за это умереть, потому что малодушие – признак уныния, а небрежение – матерь того и другого. Человек боязливый дает о себе знать, что страждет двумя недугами, т. е. телолюбием и маловерием.

А телолюбие признак неверия. Но кто пренебрегает сим, тот удостоверяет о себе, что всею душою верует Богу и ожидает будущего.

Если кто приблизился к Богу без опасностей, подвигов и искушений, то и ты подражай ему. Сердечное дерзновение и пренебрежение опасностей бывают по одной из сих двух причин: или по жестокосердию, или по великой вере в Бога. За жестокосердием следует гордость, а за верою – смиренномудрие сердца. Человек не может стяжать надежды на Бога, если прежде, в большой мере, не исполнял воли Его. Ибо надежда на Бога и мужество сердца рождаются от свидетельства совести, и только при истинном свидетельстве ума нашего имеем мы упование на Бога. Свидетельство же ума состоит в том, что человека нимало не осуждает совесть, будто бы вознерадел он о чем-либо таком, к чему обязан он по мере сил своих. Если не осудит нас сердце наше, *«дерзновение имамы к Богу»* (1Ин.3:21). Посему дерзновение бывает следствием преуспеяния в добродетелях и доброй совести. Потому мучительное дело – раболепствовать телу. Кто хотя отчасти ощутит в себе надежду на Бога, тот не согласится уже по нужде работать этому жестокому владыке – телу. Богу же нашему слава во веки веков! Аминь.

СЛОВО 76. О МОЛЧАНИИ И БЕЗМОЛВИИ

Всегдашнее молчание и хранение безмолвия бывают у человека по следующим трем причинам: или ради славы человеческой, или по горячей ревности к добродетели, или потому, что человек внутри себя имеет некое божественное собеседование и ум его влечется к оному. Поэтому если в ком нет одной из последних причин, то по необходимости недугует он первым недугом. Добродетель не есть обнаружение многих и различных дел, совершаемых телесно, но премудрое в надежде своей сердце, потому что соединяет ее с делами по Богу правый разум. Ум и без дел телесных может совершать доброе; а тело, без сердечной мудрости если и делает что, не может извлечь из сего пользы. Впрочем, человек Божий, когда находит удобство к совершению доброго дела, не утерпит, чтобы не доказать любви к Богу трудом делания своего. Первый чин всегда успевает, второй часто успевает, а иногда и нет. Не думай, что маловажное дело – человеку всегда быть далеким от причин, возбуждающих страсти. Богу же нашему слава во веки веков! Аминь.

Слово 77. О телесном движении

Движение в низших членах тела, бывающее без усиленных помыслов бессмысленного сластолюбия, которое возбуждается с воспламенением и непроизвольно влечет душу в бедствие, без сомнения, есть следствие пресыщения чрева. Если же чрево и соблюдает, может быть, умеренность в пище, но члены непроизвольно, каким бы то ни было образом, приходят в движение, то знай, что в самом теле источник страсти. И в этой борьбе почитай для себя крепким и непреодолимым оружием – удаляться от лицезрения женщин, потому что противник не может произвести в нас того, что в состоянии сделать природа своею силою. Ибо не думай, что природа забывает о том, что естественно всеяно в нее Богом для чадородия и для испытания пребывающих в сем подвиге. Но удаление от предметов вожделения умерщвляет в членах похоть, производит забвение о ней и истребляет ее.

Инаковы помыслы о предметах, которые отдаленны, проходят только в мысли и производят собою легкое и едва ощутительное движение. Инаковы же помыслы, которые видением предмета погружают ум в самозабвение, возбуждают страсти близостью (предмета), питают похоть в человеке, как елей питает горение светильника, воспламеняют страсть, уже омертвевшую и угасшую, и пучину тела возмущают движением корабля мысли. То естественное движение, которое живет в нас собственно ради чадородия, без присовокупления чего-либо отвне, не может смутить нашего произволения, и отвлечь его от чистоты, и потревожить целомудрия, потому что Бог не дал природе силы преодолевать доброе произволение, устремляющееся к Нему. Но когда возбужден кто или раздражительностью, или похотью, тогда не сила естественная понуждает его выйти из пределов естества и выступить из своих обязанностей, а то, что присовокупляем мы к естеству по своему произволу. Что ни сотворил Бог, все сотворил прекрасно и соразмерно. И пока правильно сохраняется в нас мера естественной соразмерности, движения естественные не могут понудить нас уклониться с пути; напротив того, в теле возбуждаются одни благочинные движения, которые дают только знать, что есть в нас естественная страсть, но не производят щекотания страсти и смятения, чтобы тем воспрепятствовать течению целомудрия, и не омрачают ума раздражительностью, и не приводят из мирного состояния в состояние гневное. Если же увлекаемся иногда чувственным (отчего и раздражительность принимает обыкновенно противоестественное стремление) и предаемся или ядению, или питию в превосходящем меру количестве, или сближению с женщинами и смотрению на них, или беседам о них, чем воспламеняется и быстро распространяется в теле огонь похотения, то естественную кротость свою изменяем при этом в свирепость, или по причине обилия влаги в теле, или по причине видения разных вещей.

Бывает же иногда движение в членах и по Божию попущению за наше самомнение, и оно уже не таково, как указанное выше. Ибо те брани называем свободными, и в них виден путь общего естества. О сей же брани, которая бывает вследствие попущения по причине нашего самомнения, знаем, что, когда долгое время бываем внимательными к себе и трудимся, даже почитаем себя преуспевшими несколько, попускается терпеть нам сию брань, чтобы научиться смирению. Прочие же брани, без этой причины бывающие нам не по силам, происходят от нашей лености. Ибо естество, когда по чревоугодию принимает в себя некое добавление к чувственному, не соглашается уже хранить тот порядок, какой установлен при его создании. Кто добровольно отринул скорби (подвижничество) и неисходное пребывание в келлии, тот понуждается возлюбить грехи. Ибо без скорбей не можем освободиться от обольщения мудрования. В какой мере умножаются эти труды, в такой уменьшаются брани, потому что скорби и беды умерщвляют в страстях сладострастие, а покой питает и возращает их.

Итак, ясно уразумел я, что Бог и Ангелы Его радуются, когда мы в нуждах, а диавол и деятели его — когда мы в покое. Если же в скорбях и теснотах совершаются заповеди Божии, а мы уничижили их, то значит уже, что и Самим Заповедавшим заповеди ухищряемся пренебрегать по причине страстей, рождающихся от нашего покоя, и приводим в действие причину добродетели, т. е.

тесноту и скорбь, и, по мере приобретаемого нами себе покоя, даем в себе место страстям, потому что в утесняемом теле помыслы не могут предаваться суетным парениям. Когда же кто с радостью переносит труды и скорби, тогда может сильно обуздывать и помыслы, потому что помыслы сии трудами приводятся в бездействие. Когда человек памятует прежние свои грехи и наказывает себя, тогда и Бог прилагает попечение о том, чтобы упокоить его. Бог радуется, что за уклонение от пути Божия сам он наложил на себя наказание, что служит знаком покаяния. И чем более делает он принуждений душе своей, тем паче приумножается Богом честь его. Всякая же радость, причина которой не в добродетели, в обретшем оную немедленно возбуждает похотливые движения. Разумей же, что сказали мы это о всяком страстном, а не о естественном похотении. Богу же нашему да будет слава во веки веков! Аминь.

СЛОВО 78. О ВИДАХ РАЗНЫХ ИСКУШЕНИЙ И О ТОМ, СКОЛЬКО СЛАДОСТИ ИМЕЮТ ИСКУШЕНИЯ, БЫВАЮЩИЕ И ПРЕТЕРПЕВАЕМЫЕ ЗА ИСТИНУ, И ПО КАКИМ СТЕПЕНЯМ ВОСХОДИТ ЧЕЛОВЕК БЛАГОРАЗУМНЫЙ

Добродетели одна другой преемственны, чтобы путь добродетели не был трудным и тяжким, чтобы можно было преуспевать в них по порядку и находить в этом для себя облегчение и чтобы таким образом самые скорби, переносимые ради добра, соделались любезными, как нечто доброе. Ибо никто не может приобрести действительной нестяжательности, если не убедит и не уготовит себя к этому, чтобы с радостью переносить искушения. И никто не может переносить искушений, кроме уверившегося, что за скорби, к участию которых и подъятию уготовил он себя, можно приять нечто, превосходящее телесный покой.

Посему во всяком, кто уготовал себя к нестяжательности, сперва возбуждается любовь к скорбям, а потом приходит к нему помысл не быть стяжательным относительно вещей мира сего. И всякий, приближающийся к скорби, сперва укрепляется верою, а потом приближается к скорбям. Кто отрешится от вещественного, но не отрешится от действенности чувств, разумею зрение и слух, тот уготовит себе сугубую скорбь и будет сугубо бедствовать и скорбеть. Лучше же сказать: какая польза лишить себя чувственных вещей, а чувства услаждать ими? Ибо от страстей, производимых сими вещами, человек терпит то же самое, что прежде терпел при обладании ими на деле, потому что памятование о навыке к ним не выходит у него из мысли. А если мысленные представления вещей без самых вещей производят в человеке болезненное чувство, что скажем о действительном приближении к ним? Итак, прекрасно отшельничество, потому что много содействует сильно укрощает помыслы, самым пребыванием (в отшельничестве) влагает в нас силы и учит великому терпению в постигающих человека необходимых скорбях.

Не домогайся заимствоваться советом у человека, который не ведет одинакового с тобою образа жизни, хотя он и очень мудр. Доверь помысл свой лучше человеку неученому, но опытно изведавшему дело, нежели ученому философу, который рассуждает по своим исследованиям, не испытав на деле. Что же такое опыт? Опыт состоит не в том, что человек подойдет только к каким-либо вещам и посмотрит на них, не прияв в себя ведения о них, но в том, что, по долгом обращении с ними, на деле испытает их пользу и вред.

Ибо нередко вещь наружно кажется вредною, но все внутреннее содержание ее оказывается исполненным пользы. То же разумей и о противном сему, т. е. нередко вещь кажется имеющею пользу, но внутренне исполнена вреда. Потому многие люди от выгодных, по-видимому, вещей несут ущерб. И от сих свидетельство ведения неистинно. А потому пользуйся таким советником, который умеет с терпением обсудить, что требует рассуждения. Поэтому-то не всякий подающий совет достоин доверия, но только тот, кто прежде сам хорошо управил свободу свою и не боится осуждения и клеветы.

Когда на пути своем находишь неизменный мир, тогда бойся, потому что далеко отстоишь от прямой стези, протоптанной страдальческими стопами святых. Ибо, пока ты еще на пути ко граду Царствия, признаком приближения твоего ко граду Божию да будет для тебя следующее: сретают тебя сильные искушения, и чем более приближешься и преуспеваешь, тем паче находящие на тебя искушения умножаются. А потому, как скоро на пути своем ощутишь в душе своей различные и сильнейшие искушения, знай, что в это время душа твоя действительно втайне вступила на иную, высшую ступень, и приумножена ей благодать в том состоянии, в каком она поставлена, потому что, соответственно величию благодати, в такой же именно мере, Бог вводит душу и в скорбь искушений, и вводит не в мирские искушения, какие бывают с иными для обуздания порока и дел явных; не телесные возмущения разумей также под искушениями, но искушения, какие приличны инокам в их безмолвии и которые разберем впоследствии. Если же душа в немощи, и нет у нее достаточных сил для великих искушений, а потому просит, чтобы не войти в оные, и Бог послушает ее, то наверное знай, что, в какой мере не имеет душа достаточных сил для великих искушений, в такой же она недостаточна и для великих дарований, и как возбранен к ней доступ великим искушениям, так возбраняются ей и великие дарования, потому что Бог не дает великого дарования без великого искушения. Соразмерно с искушениями определены Богом и дарования по Его премудрости, которой не постигают созданные Им. Итак, по жестоким скорбям, посылаемым на тебя Божиим Промыслом, душа твоя постигает, какую прияла она честь от величия Божия. Ибо по мере печали бывает и утешение.

Вопрос. Как же поэтому? Сперва ли искушение, и потом дарование; или сперва дарование, а за ним уже и искушение?

Ответ. Не приходит искушение, если душа не приимет сперва втайне величия, паче меры своей, и Духа благодати, приятого ею прежде. О сем свидетельствуют искушения Самого Господа, а подобно сему и искушения апостолов: им не было попущено войти в искушения, пока не прияли Утешителя. Кто приобщается благ, тому прилично терпеть и искушения их, потому что после блага – скорбь его. Так угодно было благому Богу творить со всеми. И хотя это действительно так, т. е. благодать прежде искушения, однако же ощущение искушений, для испытания свободы, непременно предшествовало ощущению благодати. Ибо благодать ни в ком никогда не предшествует испытанию искушений. Благодать предваряет в уме, но замедляет в чувстве. Итак, во время сих искушений прилично иметь два противоположные и ни в чем не сходные между собою ощущения, т. е. радость и страх: радость — потому что оказываемся идущими по пути, проложенному святыми, лучше же сказать — Самим Животворителем всего, как это явствует из рассмотрения искушений; страх же должны мы иметь относительно того, не по причине ли гордости терпим мы это искушение. Впрочем, смиренномудрые умудряются благодатью и могут все это различать и разуметь, т. е. какое искушение от плода гордости, и какое — от ударов, наносимых любовью. Искушения при преуспеянии и возрастании доброго жития отличаются от искушений, попускаемых для вразумления за гордыню сердца.

Искушения друзей Божиих, которые смиренномудры

Искушения, которые бывают от духовного жезла к преуспеянию и возрастанию души и которыми она обучается, испытывается и вводится в подвиг, суть следующие: леность, тяжесть в теле, расслабление членов, уныние, смущение ума, мысль о телесной немощи, временное пресечение надежды, омрачение помыслов, оскудение человеческой помощи, недостаток потребного для тела и тому подобное. От сих искушений человек приобретает и душу уединенную и сиротствующую, и сердце сокрушенное со многим смирением. И отсюда познается, что человек начал вожделевать Создателя. Промыслитель соразмеряет искушения с силами и потребностями приемлющих оные. С ними срастворены и утешение и нашествия, свет и тьма, брани и помощь, короче сказать — теснота и пространство. И это служит знаком, что человек при помощи Божией преуспевает.

СЛОВО 79. О ГОРДОСТИ

Искушения врагов Божиих, которые горды

Искушения, бывающие по Божию попущению на людей бесстыдных, которые в мыслях своих превозносятся пред благостью Божиею и оскорбляют гордостью своею Божию благость, суть следующие: явные демонские искушения, превышающие пределы душевных сил; отъятие силы мудрости, какую имеют люди; жгучее ощущение в себе блудной мысли, попускаемой на них для смирения их превозношения; скорая раздражительность; желание поставить все по своей воле, препираться на словах, порицать; презрение сердца; совершенное заблуждение ума; хулы на имя Божие; юродивые, достойные смеха, лучше же сказать – слез, мысли; и то, что пренебрегают ими люди, в ничто обращается честь их, и тайно и явно, разными способами, наносится им срам и поругание от бесов; желание быть в общении и обращении с миром, непрестанно говорить и безрассудно пустословить, всегда отыскивать себе новости, а также и лжепророчества; обещать многое сверх сил своих. И это суть искушения душевные.

К числу искушений телесных принадлежат: болезненные, присно пребывающие, запутанные, неудоборазрешимые приключения, всегдашние встречи с людьми худыми и безбожными; или человек впадает в руки насильников, или сердце его вдруг, и всегда без причины, приводится в движение страхом; или часто терпит он страшные, сокрушительные для тела падения со скал, с высоких мест и с чего-либо подобного; или, наконец, чувствует оскудение в том, что помогает сердцу Божественною силою и упованием веры; короче сказать, все невозможное и превышающее силы постигает их самих и близких им. Все это, нами изложенное и перечисленное, принадлежит к числу искушений гордости.

Начало же их появляется в человеке, когда начинает кто в собственных глазах своих казаться мудрым. И он проходит все сии бедствия по мере усвоения им себе таковых помыслов гордости. Итак, по роду искушений своих заключай о путях тонкости ума твоего. Если же увидишь, что некоторые из сих искушений смешаны с искушениями, сказанными прежде, то знай, что, сколько имеешь ты оных, столько же проникает в тебя гордыня.

Выслушай еще и о другом способе. Всякое тесное обстоятельство и всякая скорбь, если нет при них терпения, служат к сугубому мучению, потому что терпение в человеке отвращает бедствия, а малодушие есть матерь мучения. Терпение есть матерь утешения и некая сила, обыкновенно порождаемая широтою сердца. Человеку трудно найти эту силу в скорбях своих без Божественного дарования, обретаемого неотступностью молитвы и излиянием слез.

Когда угодно Богу подвергнуть человека большим скорбям, попускает впасть ему в руки малодушия. И оно порождает в человеке одолевающую его силу уныния, в котором ощущает он подавленность души, и это есть вкушение геенны; сим наводится на человека дух исступления, из которого источаются тысячи искушений: смущение, раздражение, хула, жалоба на судьбу, превратные помыслы, переселение из одной страны в другую и тому подобное. Если же спросишь: «Что причиною всего этого?» – то скажу: «Твое нерадение, потому что сам ты не позаботился взыскать врачевства от этого. Врачевство же от всего этого одно; при помощи только оного человек находит скорое утешение в душе своей». – «Какое же это врачевство?» – «Смиренномудрие сердца. Без него никто не возможет разорить преграду сих зол; скорее же найдет, что превозмогли над ним бедствия».

Не гневайся на меня, что говорю тебе правду. Не взыскал ты смиренномудрия всею душою твоею. Но если хочешь, вступи в его область и увидишь, что освободит оно тебя от зла твоего. Ибо по мере смиренномудрия дается тебе терпение в бедствиях твоих, а по мере терпения облегчается тяжесть скорбей твоих. И приемлешь утешение; по мере же утешения твоего увеличивается любовь твоя к Богу; и по мере любви твоей увеличивается радость твоя о Духе Святом. Щедролюбивый Отец наш – у истинных сынов Своих, когда соблаговолит сотворить облегчение их искушений, не отъемлет искушений их, но дает им терпение в искушениях. И все сии блага они приемлют рукою терпения своего к усовершению душ своих. Да сподобит и нас Христос Бог, по благодати Своей, в благодарении сердца претерпеть всякое зло из любви к Нему! Аминь.

СЛОВО 80. ОБ ИЗЪЯСНЕНИИ ВИДОВ ДОБРОДЕТЕЛИ И О ТОМ, КАКОВА СИЛА И КАКОЕ РАЗЛИЧИЕ КАЖДОГО ИЗ НИХ

Телесная добродетель в безмолвии очищает тело от вещественного в нем; а добродетель ума смиряет душу и очищает ее от грубых губительных помышлений, чтобы не ими занималась она страстно, но паче пребывала в созерцании своем. Созерцание сие приближает ее к обнажению ум· что называется созерцанием невещественным. И это есть духовная добродетель, ибо это возносит мысль от земного, приближает ее к первому созерцанию Духа, и сосредоточивает мысль в Боге и в созерцании неизглаголанной славы (а это есть возбуждение представлений о величестве естества Божия), и отлучает мысль от мира сего и от ощущения его. Сим-то утверждаемся в оной нам уготованной надежде и удостоверяемся в исполнении ее· – и это есть *«препрение»* о котором сказал апостол (Гал.5:8), т. е. удостоверение, которым ум мысленно приводится в веселие – о обетованной нам надежде. Выслушай же, что значит сие и как бывает то или другое (из сказанного).

Телесным житием по Богу называются дела телесные, которые совершаются для очищения плоти добродетельной деятельностью посредством явных дел, которыми человек очищается от плотской нечистоты.

Житие умное есть дело сердца, состоящее в непрестанном помышлении о суде – т. е. о правде Божией и приговорах Божиих, – также в непрестанной молитве сердца и в мысли о Промысле и попечении Божием, частном и общем, об этом мире и в охранении себя от страстей тайных, чтобы не вторглась какая-нибудь из них в область сокровенную и духовную. Все это есть дело сердца; оно-то и называется житием умным. В сем деле жития, называемом душевною деятельностью, сердце утончается, отлучается от общения с противоестественной пагубной жизнью, а потом начинает иногда возбуждаться к тому, чтобы размышлять о видении вещей чувственных, созданных для потребности и возращения тела, и разумевает, как их служением дается сила четырем стихиям в теле.

Житие духовное есть деятельность без участия чувств. Оно описано отцами. Как скоро умы святых приемлют оное, отъемлются от среды созерцание вещественное (ипостасное) и дебелость тела, и созерцание делается уже духовным. Созерцанием вещественным называют тварь первого естества; и от сего вещественного созерцания человек удобно возводится к познанию уединенного жития, которое, по ясному истолкованию, есть удивление Богу. Это есть то высокое состояние при наслаждении будущими благами, которое дается в свободе бессмертной жизни, в жизни по воскресении, потому что природа человеческая не перестанет там всегда удивляться Богу, вовсе не имея никакого помышления о тварях; ибо, если бы было что подобное Богу, то ум мог бы подвигнуться к этому: иногда к Богу, иногда – к твари. А так как всякая красота твари в будущем обновлении ниже красоты Божией, то как может ум созерцанием своим отойти от красоты Божией? Итак, что же? Опечалит ли его необходимость умереть, или тягость плоти, или память о родных, или естественная потребность, или бедствия, или препятствия, или неведомое парение, или несовершенство природы, или окружение стихиями, или встреча одного с другим, или уныние, или утомительный телесный труд?

Нимало. Но хотя все сие и бывает в мире, однако же в то время, когда покрывало страстей снимется с очей ума и узрит он будущую славу, мысль тотчас возносится в восторге. И если б в этой жизни для таких дел не положил Бог предела, сколько именно промедлить в них, и если бы дозволялось это человеку, то во всю свою жизнь он не мог бы уйти оттуда, от созерцания сего, и тем паче (не возможет) там, где нет всего исчисленного выше. Ибо добродетель оная не имеет пределов, и мы самым делом и вещественно войдем внутрь дворов царских, если сподобимся того за житие свое.

Посему, как может ум отойти и удалиться от дивного и Божественного оного созерцания и низойти на что-либо иное? Горе нам, что не знаем душ своих, и того, к какому житию мы призваны, и эту жизнь немощи, это состояние живущих, эти скорби мира, и самый мир, пороки его и упокоение его почитаем чем-то значительным.

Но, Христе, Единый Всесильный! *«Блажен... емуже есть заступление его у тебе; восхождения в сердце своем положи»* ([Пс.83:6](#)). Ты, Господи, отвращай лица наши от мира сего к тому, чтобы вожделевать Тебя, пока не увидим, что такое мир, и не перестанем верить тени, как действительности. Вновь сотворив, обнови, Господи, в уме нашем рачение прежде смерти, чтобы в час исхода нашего нам знать, каков был вход и исход наш в мире сем, пока не совершим мы дело, на которое по воле Твоей первоначально мы призваны в жизни сей, и чтобы после сего нам иметь надежду в мысли, исполненной упования, – получить, по обетованию Писаний, великие блага, какие уготовала любовь Твоя во втором воссоздании, память о которых сохраняется верою в таинства.

СЛОВО 81. ОБ ОЧИЩЕНИИ ТЕЛА, ДУШИ И УМА

Очищение тела есть неприкосновенность к плотской скверне. Очищение души есть освобождение от тайных страстей, возникающих в уме. Очищение же ума совершается откровением тайн. Ибо очищается он от всего, что по дебелости своей подлежит чувству. Малые дети невинны телом, бесстрастны душой; но никто не назовет их чистыми умом. Ибо чистота ума есть совершенство в пребывании в небесном созерцании, к которому без участия чувств возбуждаемся духовною силою горних украшений, бесчисленных чудес оного небесного мира, – житие коих отделено друг от друга, – тонких в невидимом служении своем, пребывающих в разумении Божественных откровений, непрестанно, всякий час, изменяющихся. Сам Бог наш да сподобит нас всегда созерцать Его непокровенным умом, а потом и непосредственно во веки веков! Ему слава! Аминь.

СЛОВО 82. СОДЕРЖАЩЕЕ В СЕБЕ ПРЕДМЕТЫ ПОЛЕЗНЫЕ, ИСПОЛНЕННЫЕ ДУХОВНОЙ МУДРОСТИ

Вера есть дверь таинств. Как телесные очи видят предметы чувственные, так вера духовными очами взирает на сокровенное. У нас два душевных ока, как говорят отцы, подобно тому, как два телесных ока; но пользование для созерцания каждым из очей душевных не одно и то же: одним оком видим тайны Божией славы, сокровенные в естествах, т. е. силу и премудрость Божию и совечное промышление Божие о нас, постигаемое из величия управления Его нами; а подобно сему тем же оком созерцаем и небесные сослужебные нам чины. Другим же оком созерцаем славу святого естества Божия, когда благоизволит Бог ввести нас в духовные таинства и в уме нашем отверзет море веры.

СЛОВО 83. О ПОКАЯНИИ

Как благодать на благодать – людям по крещении дано покаяние. Ибо покаяние есть второе возрождение от Бога. И то дарование, которого залог прияли мы от веры, приемлем покаянием. Покаяние есть дверь милости, отверстая усильно ищущим его; сею дверью входим в Божию милость; помимо этого входа не обретем милости; *«вси бо»*, по слову Божественного Писания, *«согрешиша, оправдавши туне благодатию Его»* (Рим.3:23–24). Покаяние есть вторая благодать и рождается в сердце от веры и страх ; страх же есть отеческий жезл, управляющий нами, пока не достигнем духовного рая благ; а когда достигнем, тогда оставляет он нас и обращается вспять.

Рай есть любовь Божия, в которой наслаждение всеми блаженствами, – где блаженный Павел напитался преестественною пищей и, как скоро вкусил там от древа жизни, воскликнул, сказав: *«ихже око не виде, и ухо не слыша, и на сердце человеку не взыдоша, яже уготова Бог любящим Его»* (1Кор.2:9). От древа сего был отстранен Адам советом диавольским. Древо жизни есть любовь Божия, от которой отпал Адам; и с тех пор не встречала уже его радость, но работал и трудился он на земле терний. Лишенные любви Божией, если и по правоте ходят, едят тот хлеб пота в делах своих, какой повелено было есть первозданному по отпадении его. Пока не обретем любви, делание наше на земле терний; и хотя сеяние наше бывает сеянием правды, однако и сеем, и пожинаем мы среди терний, и ежечасно уязвляемся ими, и, что бы ни делали к своему оправданию живем в поте лица. А когда обретем любовь, тогда станем питаться хлебом небесным и укрепляться в силах без работы и труда. Небесный хлеб есть Христос, сшедший *«с небесе»* и *«даяй живот миру»* (Ин.6:33), и это есть пища ангельская.

Кто обрел любовь, тот каждый день и час вкушает Христа и делается от сего бессмертным; ибо сказано: кто снесть от хлеба сего, егоже Аз дам ему, смерти не узрит вовеки (см. Ин.6:58). Блажен, кто вкушает от хлеба любви, который есть Иисус. А что вкушающий любви вкушает Христа, сущего над всеми Бога, о сем свидетельствует Иоанн, говоря: *«Бог любы есть»* (1Ин.4:8,16). Итак, живущий в любви пожинает жизнь от Бога, и в этом еще мире, в ощущаемом здесь, обоняет оный воздух воскресения. Сим воздухом насладятся праведные по воскресении. Любовь есть Царство; о ней Господь таинственно обетовал апостолам; что вкусят ее в Царстве Его. Ибо сказанное: *«да ясте и пиете на трапезе Царствия Моего»* (Лк.22:30), что иное означает, как не любовь? Любви достаточно для того, чтобы напитать человека вместо пищи и пития. Вот *«вино»*, веселящее *«сердце человека»* (Пс.103:15). Блажен, кто испиет вина сего! Испили его невоздержные, и устыдились; испили грешники, и забыли пути преткновений; испили пьяницы, и стали постниками; испили богатые, и возжелали нищеты; испили убогие, и обогатились надеждою; испили недужные, и стали сильны; испили невежды, и умудрились.

Как невозможно переплыть большое море без корабля и ладьи, так никто не может без страха достигнуть любви. Смрадное море между нами и духовным раем можем переплыть только на ладье покаяния, на которой есть гребцы страха. Но если сии гребцы страха не правят кораблем покаяния, на котором по морю мира сего преходим к Богу, то утопаем в этом смрадном море. Покаяние есть корабль, а страх – его кормчий, любовь же – божественная пристань. Поэтому страх вводит нас на корабль покаяния, переправляет по смрадному морю жизни и путеводит к божественной пристани, которая есть любовь. В сию пристань приходят все труждающиеся и обремененные покаянием. И когда достигнем любви, тогда достигли мы Бога, и путь наш свершен, и пришли мы к острову тамошнего мира, где Отец, Сын и Дух Святый. Ему слава и держава! И нас страхом Своим да соделает достойными славы и любви Его! Аминь.

СЛОВО 84. О ТОМ, КАК ВЕЛИКА БЫВАЕТ МЕРА ВЕДЕНИЯ И МЕРА ВЕРЫ

Есть ведение, предшествующее вере, и есть ведение, порождаемое верой. Ведение, предшествующее вере, есть ведение естественное, а порождаемое верой есть ведение духовное. Есть ведение естественное, различающее добро от зла, и оно именуется естественною рассудительностью, которою естественно, без научения, распознаем добро и зло. Сию (рассудительность) Бог вложил в разумную природу, при помощи же научения она получает приращение и пополнение. Нет человека, который бы не имел ее. Это есть сила естественного ведения в разумной душе; это есть то различие добра и зла, которое в душе непрестанно приводится в действие. Лишенные этой силы ниже разумной природы, а в имеющих ее природа душевная находится в надлежащем своем состоянии, и в них не погублено ничего из данного Богом природе к чести разумных тварей Его. Утративших сию познавательную силу, различающую добро от зла, пророк укоряет, говоря: *«человек в чести сый не разуме»* (Пс.48:13). Честь разумной природы – рассудительность, различающая добро от зла, и утративших оную пророк справедливо уподобил несмысленным скотам, не имеющим разума и рассудительности. Сею (рассудительностью) можно нам обретать путь Божий. Это есть естественное ведение: оно предшествует вере и есть путь к Богу. Ею (рассудительностью) научаемся различать добро от зла и принимать веру. И сила природы свидетельствует, что человеку подобает веровать в Того,

Кто сотворил все это, веровать и словесам заповедей Его и исполнять их. От веры же рождается страх Божий; и когда он будет сопровождать дела и постепенно взойдет к деланию, тогда рождает он духовное ведение, о котором сказали мы, что рождается оно от веры.

Естественное ведение, то есть различение добра и зла, вложенное в природу нашу Богом, само убеждает нас в том, что должно веровать Богу, приведшему все в бытие; а вера производит в нас страх; страх же понуждает нас к покаянию и деланию. Так дается человеку духовное ведение, т. е. ощущение тайн, которое рождает веру истинного созерцания. Таким образом, не просто от одной только веры рождается духовное ведение, но и вера рождает страх Божий, и когда в Божием страхе начнем действовать, от действия страха Божия рождается духовное ведение, как сказал святой Иоанн Златоуст: «Когда приобретет кто волю, последующую страху Божию и правому образу мыслей, тогда скоро приемлет он откровение сокровенного». Откровением же сокровенного называет он духовное ведение.

Не страх Божий рождает сие духовное ведение (ибо чего нет в природе, то не может и родиться), но ведение сие дается, как дар, деланию страха Божия. Когда исследуешь внимательно делание страха Божия, тогда найдешь, что оно есть покаяние. И духовное ведение, за ним следующее, есть то самое, о чем сказали мы, что залог его прияли мы в крещении, а дарование его приемлем покаянием. И дарование сие, о котором сказали мы, что приемлем оное покаяние, есть духовное ведение, подаваемое, как дар, деланию страха. Духовное же ведение есть ощущение сокровенного. И когда ощутит кто сие невидимое и во многом превосходнейшее, тогда приемлет оно от сего именование духовного ведения, и в ощущении его рождается иная вера, не противная вере первой, но утверждающая ту веру. Называют же ее верою созерцательною. Дотоле был слух, а теперь созерцание; созерцание же несомненнее слуха.

Все сие рождается от оного естественного ведения, различающего доброе и злое. Оно есть доброе семя добродетели, и о нем уже сказано. И когда естественное сие ведение омрачим своею сластолюбивою волею, тогда лишаемся всех сих благ. За сим естественным ведением в человеке последует всегдашнее уязвление совести, непрестанное памятование смерти и некая мучительная забота, до самого его исхода, а после нее – печаль, унылость, страх Божий, естественный стыд, печаль о прежних грехах своих, должная рачительность памятование об общем пути; забота о напутствовании себя к оному, слезное испрашивание у Бога доброго входа в сии врата, которыми должно проходить всякому естеству, пренебрежение к миру и сильная борьба за добродетель. Все сие обретается естественным ведением. Поэтому пусть с этим сличает всякий дела свои. Ибо когда окажется, что человек обрел это, тогда значит, что идет он путем естественным; а когда превзойдет это и достигнет любви, тогда становится выше естества и отступают от него борьба, страх, труд и утомление во всем. Вот последствия ведения естественного. И это находим в себе самих, когда не помрачаем сего ведения сластолюбивою своею волею. И на этой остаемся степени, пока не достигнем любви, которая освобождает нас от всего этого. Пусть всякий, на основании сего сказанного нами, сличает и испытывает сам себя, где его шествие: в том ли, что противоестественно, или в том, что естественно, или в том, что превышеестественно. По сим указанным образам жития может всякий ясно и скоро определить направление всей жизни свое: когда не окажется он в состоянии, названном нами естественным, как мы определили, и нет также его в превышеестест-венном, тогда явно, что низринулся он в противоестественное. Но Богу нашему слава вовеки! Аминь.

СЛОВО 85. СОДЕРЖАЩЕЕ В СЕБЕ ИСПОЛНЕННЫЕ ПОЛЬЗЫ СОВЕТЫ, КАКИЕ С ЛЮБОВЬЮ ИЗГЛАГОЛАЛ СЛУШАЮЩИМ ЕГО СО СМИРЕНИЕМ

Добрая мысль не западает в сердце, если она не от Божественной благодати; лукавый помысл не приближается к душе, разве только для искушения и испытания. Человек, достигший того, чтоб познать меру своей немощи, достиг совершенства смирения. Дарования Божии к человеку привлекает сердце, возбуждаемое к непрестанному благодарению. Искушение наводит на душу ропотная мысль, постоянно возбуждаемая в сердце. Господь терпит всякие немощи человеческие, не терпит же человека, всегда ропщущего, и не оставляет без вразумления. Душа, далекая от всякого озарения ведением, предается таковым (ропотным) мыслям. Уста, всегда благодарящие, приемлют благословение от Бога; и если сердце пребывает в благодарении, нисходит в него благодать. Благодати предшествует смирение; а наказанию предшествует самомнение. Гордящемуся попускается впадать в хулу, и превозносящемуся добротою дел попускается впадать в блуд, а превозносящемуся своею мудростью попускается впадать в темные сети неведения.

Человек, далекий от всякого памятования о Боге, носит в сердце своем тревожимую лукавою памятью мысль против ближнего. Кто, при памятовании о Боге, чтит всякого человека, тот, по мановению Божию, втайне, обретает себе помощь у всякого человека. Кто защищает обиженного, тот поборником себе обретает Бога. Кто руку свою простирает на помощь ближнему своему, тот в помощь себе приемлет Божию мышцу.

Кто обвиняет брата своего в пороке его, тот обвинителя себе обретает в Боге. Кто исправляет брата своего в клети своей, тот исцеляет собственный свой порок; а кто обвиняет кого-либо пред собранием, тот увеличивает болезненность собственных своих язв. Кто втайне врачует брата своего, тот явною делает силу любви своей; а кто срамит его перед глазами друзей его, тот показывает в себе силу зависти. Друг, обличающий тайно, – мудрый врач, а врачующий пред глазами многих – в действительности есть ругатель. Признак сострадательности – прощение всякого долга, а признак злого нрава – препирательство с согрешившим. Кто делает вразумление с целью сделать здравым, тот вразумляет с любовью; а кто домогается мщения, в том нет любви. Бог вразумляет с любовью, а не отмщает (да не будет сего!); напротив того, имеет в виду, чтобы исцелел образ Его, и не хранит гнева до времени. Этот вид любви есть следствие правоты и не уклоняется в страсть мщения. Праведный мудрец подобен Богу: ибо наказывает человека, вовсе не отмщая ему за грех его, но чтобы или исправился человек, или устрашились другие. То, что не подобно этому, не есть вразумление. Кто делает добро ради воздаяния, тот скоро изменяется; а кто по силе ведения своего удивляется при созерцании ведения, какое в Боге, тот если и умерщвляется плотью, то не превозносится мыслью своею и никогда не уклоняется от добродетели. Кто просвещает ум свой достойным Божиим воздаянием (нам), тот и душою, и телом снишел во глубину смиренномудрия. Ибо прежде, нежели приблизится кто к ведению, восходит и нисходит в житии своем; когда же приблизится к ведению, всецело возносится в высоту; но, сколько бы ни возвышался, не достигает совершенства восхождение ведения его, пока не наступит оный век славы и не примет человек полного его богатства. Ибо сколько ни усовершается человек пред Богом, все-таки он идет сзади

Его; но и в истинном веке Бог показует ему лицо Свое, а не то, что Он есть: ибо праведные, сколько ни входят в созерцание Его, видят образ Его, как в зеркале; там же зрят явление действительности.

Огонь, возгоревшийся в сухих дровах, с трудом угашается; и если в сердце отрекшегося от мира явится и западет Божия теплота, то воспламенение ее не угашается, и она стремительнее огня. Когда сила вина войдет в члены, ум забывает точное знание всего; и памятование о Боге, когда овладеет пажитью в душе, истребляет в сердце памятование о всем видимом. Ум, обретший мудрость Духа, есть то же самое, что человек, который находит готовый корабль в море: когда взойдет на него, он уносит его из моря мира сего и доставляет его к острову будущего века. Ощущение будущего века в мире сем есть то же, что малый остров в море: приблизившийся к нему не утруждается уже волнами видений века сего.

Купец, когда его удел кончен, спешит вернуться в дом свой; и монах, пока еще остается время делания его, скорбит о разлучении с телом сим; а когда ощутит в душе своей, что искупил он время и приял залог свой, вожделевает будущего века. Пока купец в море, в членах у него страх, чтобы не восстали на него волны и не потонула надежда делания его; пока и монах в мире, страх владеет житием его, чтобы не пробудилась на него буря и не погибло дело его, над которым трудится от юности и до старости своей. Купец взирает на землю, а монах – на смертный час.

Мореходец, когда идет среди моря, смотрит на звезды и по звездам направляет корабль свой, пока не достигнет пристани; а монах взирает на молитву, потому что она исправляет его и направляет шествие его к пристани, к которой житие его направляется ежечасной молитвой. Мореходец высматривает остров, у которого бы привязать ему корабль свой; запасается там нужным на путь и направляется потом к другому острову. Таково и шествие монаха, пока он в жизни сей: монах переходит от острова к острову, т. е. от ведения к ведению, и, при этой перемене островов, т. е. ведений, преуспевает, пока не выйдет из моря и шествие его не достигнет оного истинного града, в котором обитатели его не занимаются более куплею, но каждый спокойно наслаждается богатством своим. Блажен тот, у которого купля его не пришла в расстройство в этом суетном мире, среди великого моря сего. Блажен тот, у кого корабль не разбился, и в радости достигает он пристани.

Водолаз без одежды погружается в море, пока не найдет жемчужину; и мудрый монах, совлекшись всего, проходит жизнь, пока не обретет в себе жемчужину – Иисуса Христа; а когда обретет Его, не приобретает уже при Нем ничего из существующего. Жемчуг хранится в сокровищницах; и услаждение инока соблюдается в безмолвии. Деве вредно быть в народных собраниях и при многолюдстве, а уму инока – в беседах со многими. Птица, где бы ни была, стремится в гнездо свое – выводить там детей; и рассудительный монах поспешает в место свое – сотворить в нем плод жизни. Змея, когда сокрушено у нее все тело, бережет свою голову; и мудрый монах во всякое время охраняет веру свою, которая есть начало жизни его. Облака закрывают солнце; а многоглаголание потемняет душу, которая начала просвещаться молитвенным созерцанием.

Птица, называемая еродий, по словам мудрых, веселится и радуется в то время, когда удалится из мест обитаемых, и достигнет пустыни, и поселится в ней; так и душа иночествующего приемлет в себя небесную радость в то время, когда удалится от людей, придет и вселится в страну безмолвия и там станет ожидать времени исхода своего. Рассказывают о птице, называемой сирин, что всякий, слыша сладкозвучие ее голоса, так пленяется, что, идя за нею по пустыне, от сладости пения забывает самую жизнь свою, падает и умирает. На это похоже то, что бывает и с душою: когда впадет в нее небесная сладость от сладкозвучия словес Божиих, западающих через чувство в ум, душа всецело устремляется вослед этой сладости, так что забывает свою телесную жизнь, и тело лишается пожеланий своих, а душа возносится из этой жизни к Богу.

Дерево, если сперва не сбросит с себя прежних своих листьев, не произращает новых ветвей; и монах, пока не изринет из своего сердца памятования о своем прошлом, не приносит новых плодов и ветвей о Христе Иисусе.

Ветер утучняет плоды на деревах и на ниве, а попечение о Боге – плоды в душе. В раковине, в которой зарождается жемчужина, как говорят, молниею производится некоторое подобие искры, и из воздуха приемлет она в себя вещество, а дотоле остается обыкновенною плотью; пока и сердце инока не приимет в себя разумением небесного вещества, дело его есть нечто обыкновенное и в раковинах своих не заключает плода утешения.

Пес, который лижет пилу, пьет собственную свою кровь и, по причине сладости крови своей, не сознает вреда себе; и инок, который склонен бывает упиваться тщеславием, пьет жизнь свою и от сладости, ощущаемой на час, не ощущает вреда себе. Мирская слава есть утес в море, покрытый водами, и неизвестен он пловцу, пока корабль не станет на нем дном своим и не наполнится водою; то же делает с человеком и тщеславие, пока не потопит и не погубит его. У отцов говорится о нем, что (посредством его) в тщеславную душу снова возвращаются страсти, уже ею побежденные и исшедшие из нее. Малое облако закрывает круг солнечный, и солнце после облака особенно греет; и малое уныние потемняет душу, но после него бывает великая радость.

К словесам таинств, заключенным в Божественном Писании, не приступай без молитвы и испрошения помощи у Бога, но говори: «Дай мне, Господи, приять ощущение заключающейся в них силы». Молитву почитай ключом к истинному разумению сказанного в Божественных Писаниях. Когда желаешь приблизиться сердцем своим к Богу, покажи Ему прежде любовь свою телесными трудами: в них полагается начало жития. Ибо много приближается сердце к Богу скудостью потребного, приобучением себя к одному роду пищи: и, таким образом, приближение сие следует за делами телесными. Ибо и Господь положил их в основание совершенства. Праздность же почитай началом омрачения души, омрачением же на омрачение – сходбища для бесед. Поводом к первому бывает второе.

Если и полезные речи, когда нет им меры, производят омрачение, то кольми паче речи суетные? Душа повреждается от множества продолжительных бесед, хотя бы они имели в виду страх Божий. Итак, омрачение души происходит от беспорядочности в житии.

Мера и известное правило в житии просвещают ум и отгоняют смущение. Смущение же ума от беспорядочности производит в душе омрачение, а омрачением производится смятение. Мир бывает следствием доброго порядка, а от мира рождается в душе свет; от мира же воссияет в уме чистый воздух. По мере же того, как сердце, по устранении от мира, приближается к мудрости Духа, приемлет оно в такой же мере радость от Бога и в душе своей чувствует различие мудрости Духа и мудрости мирской; потому что в мудрости Духа овладевает душою молчание, а в мудрости мирской – источник парения мыслей. И по обретении первой мудрости исполняешься великого смиренномудрия, кротости и мира, царствующего над всеми твоими помыслами. С сего времени и члены твои успокоятся, и прекратятся в них смятение и буйные порывы. С обретением же второй мудрости приобретешь гордость в мудровании своем, и извращенные помыслы несказанные, и смятение ума, бесстыдство чувств и кичение. Не думай, что человек, привязанный к телесному, возымеет в молитве дерзновение пред Богом.

Душа скупая лишается премудрости, милосердная же умудрена будет от Духа.

Как елей служит для светения светильника, так милостыня питает в душе ведение. Ключ к Божественным дарованиям дается сердцу любовью к ближнему, и, по мере отрешения сердца от уз телесных, в такой же мере отверзается пред ним дверь ведения. Прехождение души из мира в мир есть приятие разумения. Как прекрасна и похвальна любовь к ближнему, если только попечение ее не отвлекает нас от любви к Богу!

Как сладка беседа с духовными нашими братьями, если только можем сохранить при ней и собеседование с Богом! Итак, хорошо заботиться и о сем, пока соблюдается в этом соразмерность, т. е. пока под этим предлогом не утрачивается сокровенное делание, и житие, и непрестанное собеседование с Богом. Последнему бывает помехой соблюдение первого; ум недостаточен для того, чтобы вести два собеседования.

Свидание с людьми мирскими в душе, отрекшейся от них для Божия дела, производит смущение. Вредна бывает непрестанная беседа и с духовными братьями; а на людей мирских вредно смотреть и издали. Телесной деятельности не препятствует встреча с чем-либо чувств. Но кто желает, как плод от умирения мысли, пожать радость в делании сокровенного, в том, и без ведения, одни звуки голоса приводят в смятение покой сердца его. Внутреннее омертвение невозможно без приведения чувств в недеятельность. Телесная жизнь требует пробуждения чувств, а жизнь душевная – пробуждения сердца.

Как душа по природе лучше тела, так и дело душевное лучше телесного. И как первоначально создание тела предшествовало вдуновению в него жизни, так и дела телесные предшествуют делу душевному. Малое житие, постоянно продолжающееся, – великая сила: и мягкая капля, постоянно падающая, пробивает жесткий камень.

Когда приблизится время воскреснуть в тебе духовному человеку, тогда возбуждается в тебе омертвение для всего, возгревается в душе твоей радость не подобная тварной, и помыслы твои заключаются внутри тебя тою сладостью, какая в сердце твоем.

А когда готов воскреснуть в тебе мир, тогда умножается в тебе парение ума, низкое и непостоянное мудрование. Миром же называю страсти, которые порождает это парение; когда же они родятся и достигнут зрелости – делаются грехами и умерщвляют человека. Как дети не рождаются без матери, так страсти не рождаются без парения ума, а совершение греха не бывает без содействия страстей.

Если терпение возрастает в душах наших, это признак, что прияли мы втайне благодать утешения. Сила терпения крепче радостных мыслей, западающих в сердце. Жизнь в Боге есть низвержение чувств. Когда будет жить сердце, низвергаются чувства. Воскресение чувств есть омертвение сердца; и, когда они воскреснут, это – признак омертвения сердца для Бога. От добродетелей, совершаемых между людьми, совесть не получает правоты.

Добродетель, какую творит кто через других, не может очистить душу, потому что вменяется пред Богом только в награду за дела. Добродетель же, которую человек творит сам в себе, вменяется в совершенную добродетель, и достигает того и другого, т. е. и в воздаяние вменяется, и очищение производит. Посему устранись от первого и последуй второму: без попечения же о втором оставить и первое есть явное отпадение от Бога. Но второе заменяет собою первое, если и не будет сего первого.

Покой и праздность – гибель душе, и больше демонов могут повредить ей. Когда тело немощно и будешь принуждать его к делам, превышающим силы его, тогда в душу твою влагаешь омрачение за омрачением и вносишь в нее большое смущение. А если тело крепко и предаешь его покою и праздности, то в душе, обитающей в этом теле, возникает всякое зло; и если бы кто и сильно вожделевал добра, вскоре отъемлет оно у него самую мысль о добре, какую имел он. Когда душа упоена радостью надежды своей и веселием Божиим, тогда тело не чувствует скорбей, хотя и немощно; ибо несет сугубую тяготу – и не изнемогает, но снаслаждается и содействует наслаждению души, хотя и немощно. Так бывает, когда душа входит в оную радость Духа.

Если сохранишь язык свой, то от Бога дастся тебе, брат, благодать сердечного умиления, чтобы при помощи ее увидеть тебе душу свою и ею войти в радость Духа. Если же преодолеет тебя язык твой, то поверь мне в том, что скажу тебе: ты никак не возможешь избавиться от омрачения. Если нечисто у тебя сердце, пусть чисты будут хотя уста, как сказал блаженный Иоанн.

Когда пожелаешь наставить кого на добро, упокой его сперва телесно и почти его словом любви. Ибо ничто не преклоняет так человека на стыд и не заставляет бросить порок свой и перемениться на лучшее, как телесные блага и честь, какую видит от тебя. В какой мере вступил кто в подвиг ради Бога, в такой — сердце его приемлет дерзновение в молитве его. И в какой мере человек развлечен многим, в таковой же лишается Божией помощи. Не скорби о телесных повреждениях, потому что совершенно возьмет их у тебя смерть. Не бойся смерти, потому что Бог уготовал, чтобы соделаться тебе выше ее. Ему слава и держава во веки веков! Аминь.

СЛОВО 86. ОБ АНГЕЛЬСКОМ ДВИЖЕНИИ, ВОЗБУЖДАЕМОМ В НАС ПО БОЖИЮ ПРОМЫСЛУ ДЛЯ ПРЕУСПЕЯНИЯ ДУШИ В ДУХОВНОМ

Первая мысль, которая по Божию человеколюбию западает в человека и руководствует душу к жизни, есть западающая в сердце мысль об исходе сего естества. За сим помыслом естественно следует презрение к миру; и этим начинается в человеке всякое доброе движение, ведущее его к жизни. И как бы основание какое полагает в человеке сопутствующая ему Божественная сила, когда восхощет явить в нем жизнь. И если человек эту сказанную нами мысль не угасит в себе житейскими связями и суесловием, но будет возращать ее в безмолвии, и пребудет в ней созерцанием, и займется ею, то она поведет человека к глубокому созерцанию, которого никто не в состоянии изобразить словом. Сатана весьма ненавидит сей помысл и всеми своими силами нападает, чтобы истребить его в человеке, и, если бы можно было, отдал бы ему царство целого мира, только бы развлечением изгладить в уме человека таковой помысл, и если бы мог, как сказано, то сделал бы это охотно. Ибо знает льстец сей, что если помысл сей пребывает в человеке, то ум его стоит уже не на этой земле обольщения, и козни его к человеку не приближаются. Будем же разуметь это не о том первом помысле, который напоминанием своим возбуждает в нас память смертную, но о полноте сего дела, когда влагает оно в человека неотлучную память о смерти и когда постоянным помышлением о ней человек поставляется в состояние непрестанного удивления. Ибо первый помысл есть нечто телесное, а сей последний есть духовное созерцание и дивная благодать. Сие созерцание облечено в светлые мысли. И кто имеет оное, тот уже не любопытствует более о сем мире и не привязан к своему телу.

Совершенно справедливо, возлюбленные, что если бы Бог на малое время даровал людям это истинное созерцание, то в мире сем не стало бы преемства. Созерцание это служит узами, пред которыми не может устоять природа, и для приемлющего в душу свою постоянное размышление о сем – оно есть благодать Божия, которая сильнее всех отдельных деланий и которая дается находящимся на средней степени, в правоте сердца желающим покаяния. Дается же именно тем, о ком известно Богу, что им действительно подобает удаляться от мира сего к лучшей жизни по благой Его воле, какую обрел Он в них. Возрастает же и пребывает благодать сия в них в отшельнической и уединенной их храмине. Сего созерцания будем испрашивать в молитвах; ради него будем совершать долгие бдения и со слезами станем умолять Господа, чтобы даровал нам его как благодать, ни с чем не сравнимую, и мы не будем уже более изнемогать в трудах мира сего. Вот начало помыслов жизни, совершающее в человеке полноту правды!

СЛОВО 87. О ВТОРОМ ДЕЛАНИИ В ЧЕЛОВЕКЕ

Другое после сего бывает делание, когда человек хорошо проходит добрую жизнь, и достигнет восхождения на степень покаяния, и приблизится ко вкушению созерцания и делания его.

Когда свыше приимет он благодать вкусить сладости ведения Духа, начало сего делания состоит в следующем: предварительно удостоверяется человек в промышлении Божием о человеке, просвещается любовью Его к твари и удивляется и устроению существ разумных, и великому о них попечению Божию. С сего начинаются в нем сладость Божественная, воспламенение любви к Богу, возгорающейся в сердце и попаляющей душевные и телесные страсти; и эту силу ощущает в себе человек, как скоро о всех тварных естествах и о всяком встречающемся ему предмете станет размышлять разумно, входить о них в исследования и рассуждать духовно. Посему-то человек, при такой сильной и божественной рачительности и доброй совести, начинает тогда возбуждаться к Божественной любви, и сразу упоевается ею, как вином; расслабевают члены его, мысль его пребывает в изумлении, сердце его отводится в плен Богу; и таким образом, как сказал я, уподобляется он упившемуся вином. И в какой мере усиливаются внутренние ощущения, в такой усиливается сие созерцание. И в какой мере человек старается о добром житии, о хранении себя, о том, чтобы проводить время в чтении и в молитвах, в такой же утверждается и упрочивается в нем сила их. И совершенно справедливо, братия, что временем приходится ему не помнить о себе самом, что носит это тело, и не знает, в этом ли он мире.

Вот начало духовного созерцания в человеке, а сие – начало всех откровений уму! И этим началом ум возрастает и укрепляется в сокровенном; им-то возводится к иным, превышающим человеческую природу откровениям; короче сказать, его рукою сообщаются человеку все Божественные созерцания и откровения Духа, какие приемлют святые в мире сем, и все дарования и откровения, какие только естество может познать в жизни сей. Вот – корень нашего чувства, влагаемый в нас Творцом нашим! Блажен человек, который сохранил это доброе семя, как скоро пало оно в душу его, и возрастил оное, и не расточил его из себя суетою и парением мысли о преходящем и тленном. Богу же нашему да будет слава вовеки! Аминь.

СЛОВО 88. ОБ ИЗМЕНЕНИИ СВЕТА И ТЬМЫ, КАКОЕ БЫВАЕТ В ДУШЕ ВО ВСЯКОЕ ВРЕМЯ, И ОБ УКЛОНЕНИИ ЕЕ К ДЕСНЫМ ИЛИ ШУИМ

Взглянем, возлюбленные, в душу свою во время молитвы: есть ли в нас созерцание при чтении стихов, содержащих поучение и молитву? Оно бывает следствием истинного безмолвия. И в то время, как бываем в омрачении, не будем смущаться, особливо если не в нас тому причина. Приписывай же это Промыслу Божию, действующему по причинам, известным Единому Богу. Ибо в иное время душа наша томится и бывает как бы среди волн – и читает ли человек Писание, или совершает службу, и во всяком деле, за какое ни примется, приемлет омрачение за омрачением. Таковый удаляется (от мирного устроения), и часто не попускается ему даже приблизиться к оному; и вовсе не верит, что получит изменение (к лучшему) и что будет (опять) в мире. Этот час исполнен отчаяния и страха; надежда на Бога и утешение веры в Него совершенно отходят от души; и вся она всецело исполняется сомнения и страха.

Претерпевшие искушение в этой волне часа сего по опыту знают, какое изменение последует при окончании его. Но Бог не оставляет души в таком состоянии на целый день, потому что она утратила бы надежду христианскую; напротив того, скоро творит ей *«избытие»* (1Кор.10:13). Если же тревожное состояние этого омрачения продолжается более, то вскоре ожидай изменения жизни от среды ее.

А я предложу тебе, человек, и дам совет: если не имеешь силы совладеть собою и пасть на лицо свое в молитве, то облеки голову свою мантией твоею и спи, пока не пройдет для тебя этот час омрачения, но не выходи из своей храмины. Сему искушению подвергаются наипаче желающие проводить житие умное и в шествии своем взыскующие утешения веры. Поэтому всего более мучит и утомляет их этот час сомнением ума; следует же за сим с силою хула, а иногда приходит на человека сомнение в воскресении и иное нечто, о чем и не должно нам и говорить. Все это многократно дознавали мы опытом и, к утешению многих, описали борьбу сию.

Пребывающие в делах телесных совершенно свободны от сих искушений. На них приходит иное уныние, известное всякому, и оно по своему действию отлично от сих и подобных сим искушений. Здравие и уврачевание (страждущего им) источается безмолвием. Вот утешение для него! В общении же с другими никогда не приемлет он света утешения, и уныние сие беседами человеческими не врачуется, но усыпляется на время, а после сего восстает на человека с большею силою. И ему необходимо нужен человек просвещенный, имеющий опытность в этом, который бы просвещал его и укреплял при всяком случае во время нужды, но не всегда. Блажен, кто претерпит это, не выходя за дверь. Ибо после этого, как говорят отцы, достигнет он великого покоя и силы.

Впрочем, не в один час и не скоро оканчивается борьба сия, и благодать не вдруг приходит в полноте и вселяется в душе, но постепенно, и от нее рождается первое : временем искушение и временем утешение; и в таком состоянии человек пребывает до исхода своего. А чтоб совершенно стать чуждым сего и совершенно утешиться, не будем на это и надеяться здесь. Ибо Бог благоизволил, чтобы так устроялась жизнь наша здесь и чтобы шествующие путем сим пребывали в этом. Тому слава во веки веков! Аминь.

СЛОВО 89. О ВРЕДЕ БЕЗРАССУДНОЙ РЕВНОСТИ, ПРИКРЫВАЮЩЕЙСЯ ЛИЧИНОЮ РЕВНОСТИ БОЖЕСТВЕННОЙ, И О ПОМОЩИ, КАКАЯ БЫВАЕТ ОТ КРОТОСТИ И ДРУГИХ НРАВСТВЕННЫХ КАЧЕСТВ

Человек ревнивый никогда не достигает мира ума, а чуждый мира – чужд и радости. Ибо если мир ума называется совершенным здравием, а ревность противна миру, то, следовательно, тяжкою болезнью страждет тот, в ком есть лукавая ревность. По-видимому, ты, человек, обнаруживаешь ревность свою против чужих недугов, а в действительности свою душу лишил здравия. Поэтому потрудись лучше над оздоровлением своей души. Если же желаешь врачевать немощных, то знай, что больные более нужды имеют в попечении о них, нежели в порицании. А ты и другим не помогаешь, и самого себя ввергаешь в тяжкую, мучительную болезнь. Ревность в людях признается не одним из видов мудрости, но одним из душевных недугов, и именно – она есть ограниченность в образе мыслей и великое неведение. Начало Божественной премудрости – скромность и кротость, которая свойственна великой душе и носит на себе немощи людей. Ибо сказано: *«вы сильнии немощи немощных»* носи́те (Рим.15:1), и согрешающего *«исправляйте духом кротости»* (Гал.6:1). К плодам Духа Святаго апостол причисляет *«долготерпение»* и *«мир»* (Гал.5:22). Сердце, исполненное печали о немощи и бессилии в делах телесных, явных, заменяет собою все телесные дела. Дела телесные без печали ума – то же, что и тело неодушевленное. Кто скорбит сердцем, а чувствам своим дает свободу, тот подобен больному, который страждет телесно, а уста имеет отверстыми для всякой вредной ему снеди. Кто скорбит сердцем, а чувствам своим дает свободу, тот подобен человеку, который, имея единородного сына, мало-помалу закалает его своими руками. Печаль ума – драгоценное Божие даяние. Кто переносит ее как должно, тот подобен человеку, носящему в членах своих святыню. Человек, который дал волю языку своему говорить о людях и доброе, и худое, недостоин сей благодати. Покаяние и сношения с людьми – то же, что разбитая бочка. Честолюбие и вместе заушения – то же, что в меду омоченный меч.

Целомудрие и беседа с женщиною – то же, что львица с овцою в одном доме. Дела без милосердия пред Богом – то же, что человек, который закалает сына пред отцом его. Кто немощен душою – и исправляет друзей своих, тот подобен человеку, который слеп глазами и указывает другому дорогу.

Милосердие и правосудие в одной душе – то же, что человек, который в одном доме поклоняется Богу и идолам. Милосердие противоположно правосудию. Правосудие есть уравнивание точной меры, потому что каждому дает, чего он достоин, и при воздаянии не допускает склонения на одну сторону, или лицеприятия. А милосердие есть печаль, возбуждаемая благодатью, и ко всем сострадательно преклоняется: кто достоин зла, тому не воздает (злом), и кто достоин добра, того преисполняет (с избытком). И если в одном есть часть справедливости, то в другом есть часть злобы. Как сено и огонь не терпят быть в одном доме, так правосудие и милосердие – в одной душе. Как песчинка не выдерживает равновесия с большим весом золота, так требования правосудия Божия не выдерживают равновесия в сравнении с милосердием Божиим.

Что горсть песку, брошенная в великое море, то же грехопадение всякой плоти в сравнении с Промыслом и Божией милостью. И как обильный водою источник не заграждается горстью пыли, так милосердие Создателя не препобеждается пороками тварей. Быть злопамятным и молиться значит то же, что сеять в море — и ждать жатвы. Как светлости огня невозможно поставить преграду, чтобы не восходила она вверх, так и молитвам милосердых ничто не препятствует восходить на небо. Каково течение воды на покатом месте, такова сила раздражительности, когда найдет себе доступ в наш ум. Кто в сердце своем стяжал смирение, тот мертв стал для мира, и омертвевший для мира омертвел для страстей. Кто же омертвел сердцем для своих близких, для того мертв стал диавол. Кто обрел зависть, тот обрел с нею диавола.

Бывает смирение от страха Божия, и бывает смирение из любви к Богу: иной смиряется по страху Божию, другой — по радости. И смиренного по страху Божию сопровождают во всякое время скромность во всех членах, благочиние чувств и сокрушенное сердце, а смиренного по радости сопровождают великая простота, сердце возрастающее и неудержимое.

Любовь не знает стыда, потому не умеет придавать членам вид благочиния. Любви естественно не стыдиться и забывать меру свою. Блажен, кто обрел тебя, пристань всякой радости! Собрание смиренных возлюблено Богом, как собор Серафимов. Драгоценно пред Богом тело целомудренное, паче чистой жертвы. Ибо две сии добродетели, т. е. смирение и целомудрие, уготовляют в душе залог от Троицы.

Перед друзьями своими ходи благоговейно; когда будешь так поступать, принесешь пользу и себе, и им, потому что душа часто под предлогом любви свергает с себя узду осторожности. Остерегайся бесед, потому что не во всякое время они полезны. В собраниях предпочитай молчание, потому что удерживает оно от многого вреда. Наблюдай за чревом, но не как за зрением, потому что внутренняя брань, без сомнения, легче внешней. Не верь, брат, что внутренние помыслы могут быть оставлены без приведения тела в доброе и чинное состояние. Бойся привычек больше, нежели врагов. Питающий в себе привычку – то же, что человек, который дает пищу огню, потому что мера силы того и другого зависит от количества вещества. Если привычка потребует чего однажды, и требование ее не будет исполнено, то в другой раз найдешь ее слабою; а если однажды исполнишь ее волю, то во второй раз найдешь, что нападает она на тебя с гораздо большею силою.

Храни это в памяти касательно всего, потому что помощь предосторожности для тебя важнее помощи самых дел. Кто любит смех и любит осмеивать людей, тот да не будет тебе другом, потому что ведет тебя к привычке предаваться расслаблению. Не весели лица своего с тем, кто распущен в жизни своей; но берегись, чтобы не возненавидеть его; если же пожелает восстать, подай ему руку и до смерти прилагай попечение о том, чтобы приобрести его. Если же ты еще немощен, то отвращайся и от врачевания сего, ибо сказано: дай ему конец жезла твоего, и прочее. С тем, кто высокоумен и страждет завистью, говори осторожно. Ибо, как скоро скажешь что, дает он словам твоим в сердце своем какое ему угодно толкование, и в том, что есть в тебе доброго, находит средство сделать преткновение и другим; и слова твои в уме его извращаются сообразно с его недугом. Когда начинает кто при тебе пересуждать брата своего, сделай печальным лицо свое. Как скоро сделаешь это, и перед Богом, и перед ним окажешься охраняющимся.

Если даешь что нуждающемуся, то пусть веселость лица твоего предваряет даяние твое, и добрым словом утешь скорбь его. Когда сделаешь это, тогда твоя веселость в его сознании побеждает твое даяние, т. е. (она) выше удовлетворения потребности тела. В тот день, когда отверзешь уста свои и станешь говорить что на кого-либо, считай себя мертвым для Бога и суетным во всех делах своих, хотя бы помысл побуждал тебя сказать, по-видимому, нечто по справедливости и к созиданию. Ибо какая нужда человеку разорять собственное свое здание – и поправлять здание друга своего?

В тот день, в который печалишься о страждущем каким-либо недугом, о человеке добром или злом, страждущем телесно или мысленно, почитай себя мучеником и взирай на себя, как на пострадавшего за Христа и на сподобившегося стать исповедником. Ибо помни, что Христос умер за грешных, а не за праведных. Смотри, сколь велико это дело – скорбеть о людях злых и благодетельствовать грешным паче праведных! Апостол воспоминает о сем как о деле достойном удивления (см. Рим.5:6–8). Если можешь оправдаться сам в себе, в душе своей, то не заботься искать другого оправдания. Во всех делах твоих да предваряют у тебя телесное целомудрие и чистота совести. Ибо без них суетно пред Богом всякое дело. О всяком деле, если делаешь оное без размышления и исследования, знай, что оно суетно, хотя и благоприлично; потому что Бог вменяет правду по рассудительности, а не по действованию нерассудительному.

Праведник немудрый – светильник при (свете) солнца. Молитва злопамятного – сеяние на камне. Немилостивый подвижник – бесплодное дерево. Обличение из зависти – ядовитая стрела. Похвала льстеца – скрытая сеть. Глупый советник – слепой страж. Пребывание с неразумными – поранение сердца. Беседа с разумными – сладкий источник. Мудрый советник – стена упования. Глупый и неразумный друг – хранилище вреда. Лучше видеть живущего с плачущими женщинами, нежели мудрого, следующего за глупым. Лучше жить со зверями, нежели с людьми худого поведения. Лучше пребывай с коршунами· нежели с человеком любостяжательным и ненасытным. Лучше будь другом убийце· нежели любителю споров. Лучше беседуй со свиньей, нежели с чревоугодником, потому что свиное корыто лучше прожорливых уст. Живи лучше с прокаженными, нежели с гордыми. Пусть тебя гонят, ты не гони; пусть тебя распинают, ты не распинай; пусть обижают, ты не обижай; пусть на тебя клевещут, ты не клевещи; будь кроток, а не ревностен во зле.

Самооправдание – не христианского жития дело; об этом нет и намека в учении Христовом. Веселись с веселящимися, и плачь с плачущим ; ибо это – признак чистоты. С больными болезнуй; с грешными проливай слезы; с кающимися радуйся. Будь дружен со всеми людьми; а мыслью своею пребывай один. Принимай участие в страданиях всякого, а телом своим будь далеко от всех. Никого не обличай, не поноси, даже и крайне худых по жизни своей. Распростри одежду свою над согрешающим и покрой его. Если не можешь взять на себя грехов его и понести за него наказание и стыд, то будь, по крайней мере, терпелив и не стыди его. Знай, брат, что для того нам и надобно не выходить из дверей келлии, чтобы не знать злых дел человеческих; и тогда в чистоте ума своего во всех увидишь людей святых и добрых. Если же станешь обличать, вразумлять, судить, исследовать, наказывать, укорять, то жизнь наша чем будет отличаться от жизни городской? И если не оставим этого, что будет хуже пребывания в пустыне? Если не безмолвствуешь сердцем, безмолвствуй, по крайней мере, языком. Если не можешь держать в благоустройстве свои помыслы, то хотя чувства свои соделай благоустроенными.

Если не один ты мыслью своею, то будь один хотя телом своим. Если не можешь потрудиться телом своим, поскорби хотя умом. Если не можешь бодрствовать стоя, то бодрствуй сидя или и лежа на ложе твоем. Если не можешь поститься в продолжение двух дней, постись, по крайней мере, до вечера. А если не можешь и до вечера, то остерегайся, по крайней мере, пресыщения. Если не свят ты сердцем своим, то будь чист хотя телом. Если не плачешь в сердце своем, то, по крайней мере, облеки в плач лицо свое. Если не можешь миловать, то говори, что ты грешен. Если ты не миротворец, то не будь хотя любителем мятежа. Не можешь стать рачительным, по крайней мере, в образе мыслей своих будь не как ленивый. Если ты не победитель, то не превозносись мыслью над теми, которые подлежат ответственности. Если ты не в состоянии заградить уста клевещущему на друга своего, то, по крайней мере, остерегись от общения с ним.

Знай, что если от тебя выйдет огнь и пожжет других, то Бог от руки твоей взыщет души, пожженные огнем твоим. Если ты и не ввергаешь в огонь, но соглашаешься с ввергающим и услаждаешься этим, то на суде будешь сообщником его. Если любишь кротость, пребывай в мире. И если сподобишься мира, то во всякое время будешь радоваться. Взыщи разума, а не золота; облекись в смирение, а не в виссон; стяжи мир, а не царство.

Разумен – только имеющий смирение, а не имеющий смирения не будет разумен. Смиренномудр – только мирный, а немирный – не смиренномудр; и мирен – только радующийся. На всех путях, какими ходят люди в мире, не обретают они мира, пока не приблизятся к надежде на Бога. Сердце не умиряется от труда и преткновений, пока не придет в него надежда, и не умирит сердца, и не прольет в него радости. О ней-то изрекли достопоклоняемые и исполненные святости уста: *«приидите ко Мне еси труждающиися и обремененный, и Аз упокою вы»* (Мф.11:28). Приблизься, говорит Он, к надежде на Меня, и упокоишься от труда и страха.

Надежда на Бога возвышает сердце, а страх геенны сокрушает его. Свет ума порождает веру, а вера порождает утешение надежды, надежда же укрепляет сердце. Вера есть откровение разумения и, когда помрачится ум, вера сокрывается, господствует над нами страх и отсекает нашу надежду. Вера, происходящая от ученья, не освобождает человека от гордости и сомнения; освобождает же та, которая зрится разумением и воссиявает (в разуме), и называется познанием и явлением истины. Пока ум разумевает Бога как Бога, явлением разумения не приближается к сердцу страх. Когда бывает попущено впасть нам в омрачение и утратить это разумение, то, пока не смиримся, бывает в нас страх, доколе не приблизит он нас к смирению и покаянию.

Сын Божий претерпел крест; потому мы, грешники, будем смело полагаться на покаяние. Ибо, если один только (внешний) вид покаяния в царе Ахаве отвратил от него гнев, то не будет для нас бесполезною истинность нашего покаяния. Если один вид смирения в нем, без истины (покаяния), отвратил от него гнев, то не тем ли паче отвратит от нас, истинно печалящихся о грехах наших? Скорбь ума достаточна, чтобы заменить всякое телесное делание.

Святой Григорий говорит: тот – храм благодати, кто срастворен с Богом и всегда озабочен мыслью о суде Его. Что же значит иметь попечение о суде Его, как не искать всегда упокоения Его, как не печалиться и не заботиться непрестанно о том, что не можем достигнуть совершенства по немощи естества нашего? Иметь непрестанную печаль о сем – значит непрестанно носить в душе своей памятование о Боге, как сказал блаженный Василий. Нерассеянная молитва производит в душе ясную мысль о Боге. И водружение нами в себе Бога памятованием – вот вселение в нас Бога. Так соделываемся мы храмом Божиим. Вот это и есть попечение и сердце сокрушенное – для уготовления покоя Ему! Ему слава вовеки! Аминь.

СЛОВО 90. О НЕВОЛЬНЫХ ЛУКАВЫХ ПОМЫСЛАХ, ПРОИСХОДЯЩИХ ОТ ПРЕДШЕСТВОВАВШИХ ИМ РАССЛАБЛЕНИЯ И НЕРАДЕНИЯ

Иные подкрепляют тело и желают дать ему малый покой ради дела Божия, пока не соберутся с силами, – и опять возвращаются к делу своему. Посему в немногие дни покоя своего да не разорим совершенно охранения себя и не предадим на разорение души своей, как люди, не имеющие намерения снова возвратиться к делу своему. Иные во время мира поражаются стрелами вражиими: это суть те, которые по дерзновению воли своей собирают вещество душам своим и в стране святой, т. е. в молитве, видят себя одетыми в нечистую одежду. А это есть то самое, что движется в душе их в час помышления о Боге и молитвы. Что приобрели мы во время нерадения своего, то и посрамляет нас во время молитвы нашей.

Трезвенность помогает человеку больше, чем дело, а разрешение вредит ему больше, чем покой. От покоя происходят и тревожат человека домашние брани, но он имеет возможность прекратить их. Ибо, когда человек оставит покой и возвратится на место дел, брани сии отъемлются от него и удаляются. Но не таково то, что порождается разрешением, каково порождаемое расслаблением и покоем. Ибо, пока человек во время покоя пребывает в области свободы своей, может он снова возвратиться и управить собою по установлению правила своего, потому что он еще в области свободы своей. Но, давая себе разрешение, выходит он из области свободы своей. Если бы человек не отринул совершенно хранения себя, то не был бы с насилием и невольно вынужден покоряться тому, что не доставляет ему покоя; и если бы не вышел совершенно из пределов свободы, то не случались бы с ним обстоятельства, насильно привязывающие его к тому, чему не в силах он противиться.

Не давай, человек, свободы которому-либо из чувств своих, чтобы не дойти до невозможности снова возвратиться к свободе. Покой вредит только молодым, а разрешение – и совершенным, и старым. Доходящие вследствие покоя до худых помыслов могут снова возвратиться к охранению себя и утвердиться в высоком своем житии; а которые, в надежде на дело, вознерадели об охранении себя, те от высокого жития отведены пленниками в жизнь распущенную.

Иной хотя поражен в стране вражеской, а умирает во время мира. Иной выходит под предлогом купить себе жизнь и получает в душу свою острое жало. Не тогда будем печалиться, когда поползнемся в чем-нибудь, но когда закосневаем в том, потому что поползновение бывает часто с совершенными, а коснение в нем есть совершенное омертвение. Печаль, какую чувствуем при своих поползновениях, вменяется нам благодатью вместо чистого делания. Кто, в надежде на покаяние, поползнется вторично, тот лукаво ходит пред Богом; на сего неведомо нападает смерть, и не достигает он времени, в которое надеялся исполнить дела добродетели. Каждый, давший волю чувствам, дал волю и сердцу.

Делание сердца служит узами для внешних членов. И если кто с рассудительностью занимается оным, по примеру живших до нас отцов, то сие бывает явно по следующим в нем трем явлениям, а именно: не привязан он к телесным стяжаниям, не любит чревоугодия, и вовсе далека от него раздражительность. Где имеют место три эти явления, т. е. телесное (малое ли то, или великое) стяжание, вспыльчивость и преодоление чревоугодием, там (да будет тебе известно), хотя бы человек, по-видимому, уподоблялся древним святым, разрешение на внешнее происходит у него от невыносливости во внутреннем, а не от различия в небрежении души его. А иначе почему бы, пренебрегая телесным, не приобрести кротости? За рассудительным пренебрежением следуют: несвязанность ничем, пренебрежение покоем и стремлением к людям. И если кто с готовностью и радостью приемлет ущерб ради Бога, то чист он внутренне; если кто не пренебрегает никем за телесные его недостатки, то поистине свободен; если кто не смотрит с приятностью на оказывающего ему честь или не негодует на того, кто его бесчестит, то он в этой жизни мертв стал для мира. Хранение рассудительности лучше всякого жития, каким бы способом и в какой бы человеческой мере оно проводимо ни было.

Не питай ненависти к грешнику, потому что все мы повинны; и если восстаешь на него ради Бога, то плачь о нем. И почему ты ненавидишь его? Ненавидь грехи его – и молись о нем самом, чтобы уподобиться Христу, Который не имел негодования на грешников, но молился о них. Не видишь ли, как плакал Он об Иерусалиме (см. Лк.19:41)? И над нами во многом посмевается диавол, – за что же ненавидеть того, кто, подобно нам, осмеян и над нами посмевающимся диаволом? И за что ты, человек, ненавидишь грешника? Не за то ли, что он не имеет праведности, подобно тебе? Но где же твоя правда, когда не имеешь любви? Почему не плакал ты о нем? Но ты гонишь его. Иные по невежеству возбуждаются к гневу, считая себя умеющими судить дела грешных.

Будь проповедником благости Божией, потому что Бог окормляет тебя, недостойного, и потому что много ты должен Ему, а взыскания Его не видно на тебе, и за малые дела, тобою сделанные, воздает Он тебе великим. Не называй Бога правосудным, ибо правосудие Его не познается на твоих делах. Хотя Давид именует Его правосудным и справедливым, но Сын Его открыл нам, что паче Он благ и благостен. Ибо говорит: *«благ есть»* к лукавым и нечестивым (Лк.6:35). И почему именуешь Бога правосудным, когда в главе о награде делателям читаешь: *«друже, не обижу тебе... хощу и сему последнему дати, якоже и тебе. Аще око твое лукаво есть, яко Аз благ есмь»* (Мф.20:13–15)? Почему также человек именует Бога правосудным, когда в главе о блудном сыне, блудно расточившем свое богатство, читает, что при одном сокрушении, какое явил (сын, – отец) притек, и пал на выю его, и дал ему власть над всем богатством своим? Ибо никто другой сказал сие о Боге, чтобы нам сомневаться о Нем, но Сам Сын Божий засвидетельствовал о Нем сие. Где же правосудие Божие? В том, что мы грешники, а Христос за нас умер? А если так Он милостив, то будем веровать, что не приемлет Он изменения.

Да не помыслим никогда сего беззакония, чтобы Бога наименовать немилостивым: свойство Божие не изменяется, подобно мертвецам, и Бог не приобретает того, чего у Него нет; не лишается того, что у Него есть; не получает приращения, подобно тварям. Что имел Бог от начала, то всегда имеет и будет иметь до бесконечности, как сказал блаженный Кирилл в толковании на книгу Бытия: бойся Его, говорит он, по любви, а не по имени жестокого, Ему приданном. Возлюби Его, как обязан ты любить Его, и не за то, что даст тебе в будущем, но за то, что получили мы в настоящем мире, сотворенном ради нас. Ибо кто в состоянии воздать Ему? Где воздаяние Его за дела наши? Кто побудил Его в начале привести нас в бытие? Кто умоляет Его о нас, когда мы не вспоминаем о Нем? Когда нас еще не было, кто возбудил к жизни тело наше? И еще, откуда мысль ведения западает в персть? О, как дивно милосердие Божие! О, как изумительна благодать Бога и Творца нашего! Какая сила, довлеющая на все! Какая безмерная благость, по которой Он естество нас, грешных, снова возводит к воссозданию! У кого достанет сил прославить Его? Преступника и хулителя Своего восставляет, неразумную персть обновляет, делает ее разумною и словесною, ум рассеянный и бесчувственный и чувства расточенные делает Он природою разумною и достойною Божественной мысли! Грешник не в состоянии и представить себе благодать воскресения Его. Где геенна, которая могла бы опечалить нас? Где мучение, многообразно нас устрашающее и побеждающее радость любви Его? И что такое геенна пред благодатью воскресения Его, когда восставит нас из ада, соделает, что *тленное сие облечется в нетление* (1Кор.15:54), и падшего в ад восставит в славе?

Приидите, рассудительные, и удивляйтесь! Кто, имея ум мудрый и чудный, достойно подивится милости Создателя нашего? Есть воздаяние грешника· и вместо воздаяния праведного воздает Он им воскресением; и вместо тления тел, поправших закон Его, облекает их в совершенную славу нетления. Эта милость – воскресить нас после того, как мы согрешили, выше милости – привести нас в бытие, когда мы не существовали. Слава, Господи, безмерной благодати Твоей! Вот, Господи, волны благодати Твоей заставили меня умолкнуть, и не осталось у меня мысли пред благодарностью к Тебе! Какими устами прославим Тебя, Царь благий, любящий жизнь нашу? Слава Тебе за сии два мира, которые создал Ты к возрастанию и наслаждению нашему, возводя нас от всего, созданного Тобою, к ведению славы Твоей! Слава Тебе отныне и до века. Аминь.

СЛОВО 91. О ТЕРПЕНИИ ИЗ ЛЮБВИ К БОГУ И О ТОМ, КАК ТЕРПЕНИЕМ ПРИОБРЕТАЕТСЯ ПОМОЩЬ

В какой мере человек будет пренебрегать миром сим и ревновать о страхе Божием, в такой приближается к нему Божий Промысл, и втайне ощущает человек заступление Промысла, и к уразумению оного даются ему чистые помыслы. И если кто добровольно лишится мирских благ, то, в какой мере лишается он их, в такой же сопровождает его Божие милосердие и поддерживает его Божие человеколюбие. Слава Спасающему нас десными и шуими, и всем этим Доставляющему нам случай к обретению жизни нашей! Ибо и души тех, которые слишком слабы, чтобы по своей воле приобрести себе жизнь, скорбями невольными приводит Он к добродетели. И оный нищий Лазарь не по воле своей лишен был благ мира, и тело его поражено было язвами, и терпел он два горькие страдания, из которых каждое было хуже другого, однако же после почтен был на лоне Авраамовом. Бог близок к скорбящему сердцу того, кто к Нему вопиет в скорби. Если кого и подвергает Он иногда телесным лишениям и иным скорбям, то претерпение этого обращает нам в помощь, как и врач в тяжкой болезни восстанавливает здравие сечением членов. К душе же скорбящего являет Господь великое человеколюбие, соразмерно тяжести страданий в скорби его.

Поэтому, когда вожделение любви Христовой не столь победоносно в тебе, чтобы от радости о Христе быть тебе бесстрастным во всякой скорби своей, тогда знай, что мир живет в тебе более, нежели Христос. И когда болезнь, скудость, истощение тела и боязнь вредного для тела возмущают мысль твою и препятствуют радости упования твоего и попечению о Господе, тогда знай, что живет в тебе тело, а не Христос. Просто сказать: к чему любовь в тебе возмогает и преобладает, то и живет в тебе. Если же нет у тебя недостатка в потребном тебе, и тело здорово, и не боишься чего-либо сопротивного, и скажешь, что можешь при этом чисто идти ко Христу, то знай, что болен ты умом и лишен вкушения славы Божией. Сужу же тебя не потому, что ты таков уже и есть, а более для того, чтобы ты знал, сколь много недостает тебе до совершенства, хотя и имеешь некую часть жития прежде нас бывших святых отцов. И не говори, что нет человека, у которого бы ум совершенно возвышался над немощью, когда тело его обуревается искушениями и скорбями, и у которого бы любовью ко Христу препобежда-лась печаль ума. Не буду приводить на память святых мучеников, чтобы самому не изнемочь пред глубиною их страданий. Умолчу о том, сколько терпение их, подкрепленное силою любви Христовой, препобедило великую скорбь и болезнь телесную. Оставим это и потому, что одно воспоминание о сем ввергает в скорбь человеческую природу и возмущает величием дела и чудесностью зрелища.

Посмотрим же на безбожных так называемых философов. Один из них положил себе в мысли своей законом – хранить молчание несколько лет. Император римский, удивленный этим слухом, захотел подвергнуть его испытанию. Поэтому приказал привести его к себе, и когда увидел, что он решительно молчит при всяком вопросе, какой ни предлагал ему, и не отвечает, разгневался на него, и велел предать смерти за то, что не уважил престола и венца славы его. Но философ не убоялся, а, напротив того, хранил закон свой и безмолвно готовился к смерти. Император же дал приказ исполнителям казни: «Если убоится меча и нарушит закон свой, умертвите его; а если устоит в своей воле, возвратите его ко мне живого». Итак, когда он приблизился к назначенному месту, и получившие приказание, нанося оскорбления, принуждали его нарушить свой закон и не подвергаться смерти, тогда рассуждал он: «Лучше в один час мне умереть и сохранить волю свою, ради исполнения которой столько времени подвизался, нежели быть побежденну страхом смерти, поругать свою мудрость и подвергнуться нареканию в боязливости при встретившейся крайности». И без смущения простерся он, чтобы принять усечение мечом. Донесено было о сем императору, император удивился и отпустил его с честью.

Иные совершенно попрали естественное вожделение; другие легко переносили злословие; иные без скорби претерпевали жестокие болезни; а иные показали свое терпение в скорбях и великих бедствиях. И если они терпели это ради пустой славы и надежды, то не гораздо ли больше должны терпеть мы, монахи, призванные к общению с Богом? Сего и да сподобимся, по молитвам Пресвятой Владычицы нашей Богородицы и Приснодевы Марии и всех, в поте подвига своего благоугодивших Христу! Ему подобает всякая слава, честь и поклонение со Безначальным Его Отцом и со Присносущным, Единоестественным и Живоначальным Духом ныне и во веки веков! Аминь.

Православная библиотека – Orthodox Logos

- *Песня церкви - Праведники наших дней* – Артём Перлик
- *Сказки* – Артём перлик
- *Патристика* – Артём Перлик
- *Следом за овцами - Отблески внутреннего царства* – Монахиня Патрикия
- *Откровенные рассказы странника духовному своему отцу*
- *Семь слов о жизни во Христе* – праведный Николай (Кавасила)
- *О молитве* – святитель Игнатий (Брянчанинов)
- *Об умной или внутренней молитве* – преподобный Паисий (Величковский)
- *В помощь кающимся* – святитель Игнатий (Брянчанинов)
- *Христианство по учению преподобного Макария Египетского* – преподобный Иустин (Попович), Челийский
- *Философские пропасти* – преподобный Иустин Челийский (Попович)
- *Священное Предание: Источник Православной веры* – митрополит Каллист (Уэр)
- *Толкование на Евангелие от Матфея* – святой Феофилакт Болгарский, архиепископ Охридский
- *Толкование на Евангелие от Марка* – святой Феофилакт Болгарский, архиепископ Охридский
- *Толкование на Евангелие от Луки* – святой Феофилакт Болгарский, архиепископ Охридский
- *Толкование на Евангелие от Иоанна* – святой Феофилакт Болгарский, архиепископ Охридский
- *Таинство любви* – Павел Евдокимов

- *Мысли о добре и зле* – святитель Николай Сербский (Велимирович)
- *Миссионерские письма* – святитель Николай Сербский (Велимирович)
- *Живой колос* – праведный Иоанн Кронштадтский (Сергиев)
- *Дидахе. Учение Господа, переданное народам через 12 апостолов*
- *Домострой* – протопоп Сильвестр
- *Лествица или Скрижали духовные* – преподобный Иоанн Лествичник
- *Слова подвижнические* – преподобный Исаак Сирин Ниневийский
- *Миссионерские письма* – святитель Николай Сербский (Велимирович)
- *Точное изложение православной веры* – преподобный Иоанн Дамаскин
- *Беседы на псалмы* – святитель Василий Великий
- *Смысл жизни* – Семён Людвигович Франк
- *Философия свободы* – Николай Александрович Бердяев
- *Философия свободного духа* – Николай Александрович Бердяев

www.orthodoxlogos.com

www.ingramcontent.com/pod-product-compliance
Lightning Source LLC
Chambersburg PA
CBHW060546080526
44585CB00013B/457